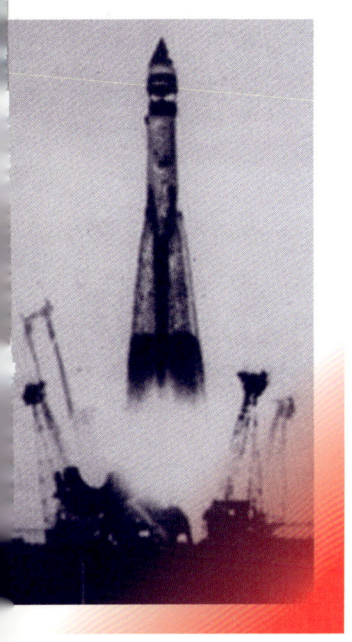

SPUTNIK
MOMENT

30 GEWONNENE JAHRE
DAS BUCH ZUM FILM
HERAUSGEGEBEN VON
BARBARA WACKERNAGEL-JACOBS

INHALT

DANK

Das Film- und Buchprojekt konnte nur mit vielfältiger Mitarbeit und Hilfe realisiert werden. Zunächst danken wir ganz besonders unseren Protagonisten. Sie haben uns für die Dreharbeiten und die langen Gespräche ihre Zeit geschenkt, sie haben geduldig geantwortet und offen aus ihren persönlichen Erfahrungen erzählt.

Wir danken den Menschen, die mit ihren Institutionen die Förderung und die Realisierung des Filmes ermöglicht haben. Die Institutionen sind das Bundesministerium für Familie, Senioren, Frauen und Jugend, das Ministerium für Soziales, Gesundheit, Frauen und Familie Saarland, das Ministerium für Wirtschaft, Arbeit, Energie und Verkehr Saarland, Saarland Medien, der Sozialverband VdK Deutschland e.V., der Generali Zukunftsfonds, die Victor's Bau + Wert AG, die Stiftung ME Saar, die IHK Saarland, die Stiftung Saarländisches Handwerk – Winfried E. Frank Stiftung. Aber entscheidend dort waren die Menschen, deren Einsatz oder auch Entscheidung für das Projekt.

»Das Buch zum Film« wurde durch das Bundesministerium für Familie, Senioren, Frauen und Jugend und das Ministerium für Soziales, Gesundheit, Frauen und Familie Saarland gefördert. Auch hier waren es wieder einzelne Menschen, die das Thema spannend fanden und jedem Klischee von »bürokratisch« widersprechen.

Die Recherche wurde in den USA besonders durch Inger Kirschenbaum befördert, die es ermöglichte, dass wir – ohne zuvor vor Ort gewesen zu sein – direkt nach Ankunft spannende Gesprächspartner für unsere Dreharbeiten hatten.

Es gab eine Vielzahl kluger und konstruktiver Gesprächspartner, die Dialoge haben immer wieder neue Gedanken und Aspekte gebracht, aber besonders danke ich Klaas Huizing für seine wunderbare kritische Begleitung an Wort und Bild, die immer hilfreichen Streitgespräche, die die Dinge vorangebracht haben und für Trost und praktische Hilfe, wenn es mal gar nicht mehr voranging.

Barbara Wackernagel-Jacobs

MANUELA
SCHWESIG

GRUSSWORT DER BUNDESMINISTERIN FÜR FAMILIE, SENIOREN, FRAUEN UND JUGEND

Deutschland ist zu einem Land des langen und zumeist auch erfüllten Lebens geworden. Das ist eine gute Nachricht: Nach der Kindheit, der Jugend und der Zeit des aktiven Berufslebens liegen vor den allermeisten Menschen noch viele Jahre voller Möglichkeiten, die es zu gestalten gilt. Während viele ältere Menschen diese gewonnenen Jahre längst für sich und für andere nutzen, hält sich gleichzeitig hartnäckig die Vorstellung, die wachsende Zahl älter werdender Menschen sei eine Bedrohung: für die sozialen Sicherungssysteme, für die Innovationskraft Deutschlands und nicht zuletzt für die älteren Menschen selbst, deren Versorgung und Pflege in Zukunft nicht mehr sichergestellt werden könne. Ein Nachdenken darüber ist natürlich berechtigt. Aber die Journalistin Margaret Heckel bringt es auf den Punkt, wenn sie sagt, »Es ist ein Unterschied, ob wir sagen, wir leben länger oder wir werden älter!« Die realen Entwicklungen des Alters verändern die Altersbilder in einer Gesellschaft, und umgekehrt wirken sich die Bilder, die sich Menschen vom Alter machen, auf den Umgang mit älteren Menschen und mit dem eigenen Älterwerden aus. Unser Bild vom Alter prägt die Wirklichkeit. Deshalb ist es nicht egal, welches Bild wir uns vom Alter machen! Es lohnt sich, aufmerksam zu sein für die gewonnenen Jahre; für das, was Menschen damit machen und machen können – auch wenn sich neue Altersbilder nicht von heute auf morgen durchsetzen. Eine der Empfehlungen des 6. Altenberichts der Bundesregierung zum Thema »Altersbilder in der Gesellschaft« drückt es so aus: »Das Alter verdient eine neue Betrachtung.«

Die Produzentin Barbara Wackernagel-Jacobs und der Regisseur Lukas Schmid haben sich auf den Weg gemacht, den Wandel des Alters anschaulich mit Bildern und Worten zu unterlegen. Sie machen die gewonnenen Jahre spürbar und tragen mit ihrem Film und mit diesem Buch dazu bei, dass das längere Leben wirklich als das wahrgenommen wird, was es ist: eine große Chance, die Zeit des Lebens nach der Erwerbsphase nach eigenen Vorlieben aktiv zu gestalten. In den Interviews wird deutlich, dass alle davon profitieren, wenn ältere Frauen und Männer sich aktiv einbringen. Die älteren Menschen selbst bleiben beweglich und sind zufriedener. Jüngere gewinnen durch die Erfahrungen der Älteren. Ein lebendiges und wertschätzendes Miteinander der Generationen schließlich bildet den Grundpfeiler für den Zusammenhalt unserer Gesellschaft.

Der Sputnik, der erste künstliche Satellit im Weltraum, zündete Ende der 1950er Jahre: Er zeigte, dass Menschen Großartiges erreichen können. Die Potenziale, die dabei frei wurden, machen Mut auch im Hinblick auf demographische Veränderungen: Menschen können Großes leisten. Gesellschaften können gemeinsam Großes erreichen. Ich wünsche diesem Buch viele junge und ältere Leserinnen und Leser, die durch die Lektüre und beim Anschauen des Filmes den positiven Seiten des Älterwerdens auf die Spur kommen!

Mit freundlichen Grüßen

Manuela Schwesig
Bundesministerin für Familie, Senioren, Frauen und Jugend

MONIKA
BACHMANN

GRUSSWORT DER MINISTERIN FÜR
SOZIALES, GESUNDHEIT, FRAUEN UND
FAMILIE, SAARLAND ————————

Eine der wesentlichen und einschneidenden Veränderungen
in unserer Gesellschaft ist die Tatsache, dass wir alle uns heute
auf ein längeres, erfüllteres Leben freuen dürfen. Älter werden
ist eine Lebensphase für Entdecker geworden. Diese gute Entwicklung gilt es vermehrt in eine gesellschaftliche Diskussion
einzubringen – der demographische Wandel ist weniger Bedrohung für unsere Zukunft, sondern als Einladung zu verstehen,
die Chancen und Möglichkeiten der »30 gewonnenen Jahre«
aufzunehmen und zu gestalten.
Es braucht eine andere Sicht auf das Altern. Wissenschaftler
verweisen seit Jahren auf die veränderte Altersstruktur der
Bevölkerung und die damit verbundenen Chancen für eine
selbst– und mitverantwortliche Lebensführung, die es in allen
Lebensaltern zu fördern gilt.
Ein Großteil der älteren Menschen möchte auch im Ruhestand
das Leben selbstbestimmt gestalten, sich aktiv an gesellschaftlichen Entwicklungen beteiligen, etwas beitragen und die eigene Lebensleistung einerseits bewahren, andererseits auch
neu ausrichten. Vorstellbar für viele wird auch eine Verlängerung ihrer Erwerbsphase. Und mehr und mehr wird deutlich,
dass skeptische Vorstellungen zur Leistungsfähigkeit älterer
Menschen, die auch in der Arbeitswelt überkommen sind, der
Vergangenheit angehören und realistische Altersbilder zum
Bestandteil der Personalentwicklung werden.
Das neue Selbstverständnis älterer Menschen in Verbindung

mit der Entfaltung eines zeitgemäßen Altersbildes ist für das Saarland seit Jahren prägender Bestandteil der Seniorenpolitik – wir wollen eine neue »Kultur des Alterns« entwickeln.

Der Film *Sputnik Moment* der Produzentin Barbara Wackernagel-Jacobs und des Regisseurs Lukas Schmid leistet für diese Überlegungen einen besonderen und vielschichtigen Beitrag und verdeutlicht in anregend nachdenklicher Weise, dass der Gewinn an Jahren ein Geschenk ist, das allen Generationen nützen kann.

Mit dem nun vorliegenden Buch zum Film werden die Aussagen renommierter Wissenschaftler wie auch Erlebnisberichte betroffener Frauen und Männer, die im Rahmen der Dreharbeiten entstanden sind, ausführlich wiedergegeben. Es zeigt sich eine ungeheure Vielfalt von Altersbildern, die Anstoß und Anregung sein können, wie in Zukunft – auch jenseits der Erwerbsphase – Ältere sich in der Gesellschaft entfalten können und wie deren Erfahrungskompetenz und Leistungsbereitschaft ihre verdiente Wertschätzung erhalten.

Wir haben 30 zusätzliche Lebensjahre gewonnen – wie wollen wir diese 30 gewonnenen Lebensjahre gestalten? Buch und Film mögen Sie bei der persönlichen Entdeckung der vielen Gesichter des Alters und des Alterns begleiten. Unsere Gesellschaft erlebt einen »Sputnik Moment« – verbunden mit der Erkenntnis, dass noch viel Unbekanntes zu entdecken ist – in jedem Alter. In diesem Sinne wünsche ich den Lesern des Buchs gute und Mut machende Erfahrungen – für eine weiterhin lebenswerte Zukunft aller Generationen.

Mit freundlichen Grüßen

Monika Bachmann
Ministerin für Soziales, Gesundheit, Frauen und Familie

BARBARA
WACKERNAGEL-JACOBS

PRODUZENTIN

Eigentlich begann es an meinem 50. Geburtstag, als ich noch mit großer Unbefangenheit und vielen Freunden gefeiert habe. Glückwünsche wie »Mach dir nichts draus«, »Tut gar nicht weh«, »Du siehst doch noch gut aus« wiesen eindeutig auf mehr als eine Botschaft hin, und es war damals mehr Ahnung als Wissen, dass wohl von einem Tag zum anderen, mit einer anderen Zehnerzahl in der Altersangabe, der Blick auf mich ein anderer werden würde. Es brauchte einige Monate, bis es sich gesetzt hatte, aber schließlich war klar, dass Zuschreibung und Fremdbild auf eine 50-Jährige anders ist als in den Jahren davor. Nebenbei bemerkt: Bei Männern mag das etwas später kommen, aber es kommt, seien Sie versichert.

Das Bild von einem selbst bleibt davon nicht unberührt, der Irritation folgt Trotz, gefolgt von leichter Panik, Selbstmitleid in kleinen Mustern eingestreut, das Ganze fließt in große abendliche Debatten mit Freunden über das, was noch kommt, was man noch will.

Die Zeit, in der ich mein Alter vorsichtshalber für mich behielt, ging vorüber, dem Schrecken folgte die Neugierde, ob es anderen auch so geht. Ich schaute auf Frauen und Männer im ähnlichen Alter – auf der Suche nach Anregungen und guten Vorbildern – aber auch, weil ich wirklich wissen wollte, wie andere Menschen diese Phase ihres Lebens angehen.

Zunächst fiel mir auf, dass die meisten ihre Lebensplanung bis Mitte 60 anlegten, wo sie den Beginn ihres Ruhestandes erwarteten, und das Danach, das war meist offen, entweder im Nebel oder in rosigen Farben. Aber fast immer klang es nach Bruch, Schnitt, manchmal auch Aufbruch, mehr aber nach nicht abzuwendendem Ausklingen – und es war meist konnotiert mit der Vorstellung, dass in irgendeiner Form spätestens dann wohl das »Alter« beginnen würde. Das alles machte mir nicht unbedingt Mut.

Die mediale Verarbeitung der demographischen Herausforderungen war ebenfalls nicht ermutigend, gab mir eher das Gefühl, in eine Zeit hinein zu reifen, die geprägt ist von immer fragiler werdender körperlicher Verfassung, um dann demnächst zu einer Bevölkerungsgruppe zu gehören, die erschreckend lang lebt und deren scheinbar unvermeidliche Betreuung weder finanziell noch menschlich gepackt werden kann. Das passte alles nicht zu dem, wie es sich bei mir innerlich anfühlte.

Die Literatur war auch kein Helfer, selbst Wilhelm Schmids Buch zur »Gelassenheit« machte mich sehr ungelassen, von Frank Schirrmachers Methusalem-Dämonen ganz zu schweigen. Filme halfen etwas, »Best Exotic Marigold Hotel« oder das »Quartett« waren wenigstens ironisch oder anrührend genug, um der Larmoyanz Einhalt zu bieten. Erst als ich auf den optimistischen Blick amerikanischer Forscher und Wissenschaftlerinnen stieß, verrückterweise in einem Land, das aus meiner Sicht so viel an staatlicher sozialpolitischer Verantwortung vermissen lässt, wurde aus dem Unbehagen ein Projekt, ein Dokumentarfilmprojekt. Denn ich vermisste in Deutschland diese gute und positive Erzählung des Älterwerdens.

Es entstand ein Exposé und mit diesem Entwurf musste ich einen Regisseur oder eine Regisseurin finden, der oder die diesem Thema ebensoviel abgewinnen konnte. Er oder sie sollte jünger sein als ich, ganz einfach um mich nicht in meine Sichtweise zu verlieben. Der Regisseur Lukas Schmid ist Ende 30, wir haben schon einige Filme gemeinsam realisiert und alle Diskurse mit ihm haben für uns beide immer neue Aspekte, Ansichten und Anregungen gebracht.

Er hatte Lust auf den Film, und so war dieses kleine Kernteam klar, und es blieb so klein, weil Lukas auch die Kamera selbst macht und am Ende auch selbst schneidet. Das war letztlich im Entstehungsprozess unseres Filmes sehr hilfreich, da der permanente Dialog über Konzeption und Drehplanung, über die Interviews und die möglichen Protagonisten den Prozess forciert und dynamisch macht, aber auch Raum für spontane Weiterentwicklungen lässt. Wir mussten nicht dauernd erklären, wir konnten miteinander assoziieren.

Die Recherchen begannen mit den Wissenschaftlern in Deutschland (Andreas Kruse, Ursula Lehr, Axel Börsch-Supan) und in den USA (Linda Fried, Ursula Staudinger, Laura Carstensen) und wurden ergänzt durch Gespräche mit den Multiplikatoren (Margaret Heckel als Journalistin, Rudolf Kast für das Demographie Netzwerk, Birgit Steiner mit der Beratungsstelle Ü55, Marc Freedman mit der Organisation Encore in USA). In Deutschland konnten wir konkrete Vorgespräche führen, in USA war aus Kostengründen eine Recherche nur per Mail oder telefonisch möglich. Parallel zu diesen Recherchen war die Finanzierung zu sichern. Und das gelang erfreulicherweise recht zügig, wir hatten das Gefühl, dass zahlreiche der Förderer sehr begeistert waren, das Thema des demographischen Wandels endlich mal positiv besetzt zu sehen. Bei unseren Filmgesprächspartnern war die Resonanz vergleichbar offen.

Die Dreharbeiten begannen im Oktober 2014, wo wir – startend in San Francisco – zwei Wochen Bilder und Eindrücke sammelten, Wissen und Haltungen erfuhren, Lebensgeschichten kennenlernten. Zwischen den Alten-Communities wie Sun City und den Encore-Aktivitäten lagen Welten, wir trafen hinreißende Menschen, die – sehr politisch und durchaus kritisch mit dem eigenen Land – uns doch so viel von Initiativen, Ideen und Engagement vermittelten. Was wir erlebten, waren massive Denkanstöße, spannende Diskussionen, Menschen, die auch neugierig auf uns waren, ohne dass sie viel über uns wussten. Gesprächspartner, die sich allein durch eine Voranfrage, die eine Freundin und Familientherapeutin aus San Francisco, Inger Kirschenbaum, für mich führte, auf uns einließen, uns ihre Geschichte vor der Kamera erzählten.

Wir wollten in USA drehen, um über unseren deutschen Tellerrand zu schauen, um zu erzählen, wie andere Nationen mit dem demographischen Wandel umgehen, um vielleicht davon auch lernen zu können. Bei allem Unterschied der Mentalitäten war doch sehr verblüffend, wie einig sich die Fachwissenschaftler auf beiden Seiten des Atlantiks in ihren positiven Einschätzungen dessen sind, was gesellschaftspolitisch gerade passiert: Wie viel Chancen eigentlich für eine Gesellschaft in der Tatsache liegt, dass wir länger leben und zwar länger gesund leben. Spätestens nach Rückkehr von diesen Dreharbeiten hatte ich persönlich das Gefühl, dass eine Wand, eine unsichtbare Wand, die Vorstellung vom bald älter sein ein ganzes Stück nach hinten weggerückt war. Älter: später! Die Fragestellung wurde eher: Noch 20 bis 25 gute Jahre, wo fange ich an?

Die Dreharbeiten in Deutschland und Dänemark folgten dann der immer klarer werdenden Erzählung unseres Filmes, vieles wurde geplant und war vorrecherchiert, aber auch glückliche Zufälle gab es. Trude Keuth in einer Bäckerei in Mönchengladbach fanden wir nur, weil wir hungrig waren und noch 30 Minuten Zeit hatten bis zu dem nächsten Termin. Ihr zuzuschauen war ein Geschenk, und das wollten wir weitergeben.

Was im Laufe der Dreharbeiten auch immer deutlicher wurde, war die Tatsache, dass wir keine Statistiken und keine parteipolitisch motivierten Rentendebatten mit Für-und-Wider-Statements bieten, sondern Anstöße geben und Diskurse eröffnen wollten.

So individuell jeder Mensch altert, so individuell die Wege und Wünsche sind für die Jahre zwischen 60 und 90, es gibt doch mehrere Erkenntnisse, die sich durch alle Gespräche gezogen haben:

— Wir haben im Verlauf des letzten Jahrhunderts 30 Jahre an Lebenserwartung hinzugewonnen, und das sind überwiegend gesunde Jahre.

— Es gibt ein tief verankertes menschliches Bedürfnis, gebraucht zu werden, einen Sinn zu erfahren oder, wie die amerikanischen Kollegen es formulierten: »You need every morning a reason to get out of your bed«, was die beste Vorbeugung gegen eine Depression ist. Und dieses Bedürfnis geht im Alter nicht verloren.

— Es ist eine wissenschaftlich belegte Tatsache, dass der Mensch in allen Altersstufen enorm lernfähig ist, also auch im hohen Alter noch lernen kann. Das lässt natürlich einen komplett anderen Zugang für den Arbeitsmarkt zu und sollte Unternehmen angesichts des Fachkräftemangels neugierig werden lassen.

— Um dieses lange Leben in guter Verfassung gestalten zu können, kommt es darauf an, aktiv, körperlich und vor allem geistig aktiv zu bleiben – mit Arbeit, mit Ehrenamt, mit einer Aufgabe, vielleicht auch mit einer Herausforderung.

— Diese Erkenntnisse bringen alle Gesprächspartner zu dem Schluss, dass Arbeit eine – wie es Ursula Staudinger ausdrückt – in der Altersforschung bislang unterschätzte Bedeutung im Leben eines Menschen hat. Arbeit macht die Menschen sichtbar in einer Gesellschaft.

— Altersbilder ändern wir, indem wir die älteren Menschen in unsrer Gesellschaft sichtbar machen, ihre Geschichten erzählen, große, kleine, unscheinbare und besondere. »Let's tell their stories.«

— Und für die Jüngeren wird spannend sein, wie wir die gewonnene Zeit besser auf ein Menschenleben verteilen können – also nicht die Hochaltrigkeit verlängern, sondern wie wir im mittleren Alter Arbeits- und Familienzeiten in eine bessere Balance bringen können und diese Zeit verlängern. »Let's make middle age longer«, sagt Laura Carstensen.

Die Gespräche, die wir führen konnten, waren alle so interessant und komplex, dass das Ringen am Schnittplatz um die richtigen Ausschnitte und Zitate sehr intensiv wurde. Während ich, orientiert an den Botschaften, um jeden Satz gefeilscht habe, bestand Lukas – filmisch denkend – auf der richtigen Knappheit. Er hatte Recht, das tat dem Film gut.

Quasi postfilm – beschäftigten uns noch so viele der Einschätzungen und Beispiele. So gibt es nun »Das Buch zum Film«, ein Reader, der zahlreiche unserer Interviews in leicht gekürzter und manchmal komprimierter Form wiedergibt. Das Buch lädt ein zum Schmökern und zum

Diskutieren, regt an, die Dinge weiter zu verfolgen, vielleicht eigene Lebensentwürfe unkonventioneller fortzuführen oder sich einfach neu aufzustellen.

Sie werden feststellen, dass einige Aussagen bei fast allen Protagonisten auftauchen, und wir haben dies bewusst so wiederholend stehen lassen, denn es macht klar, wie eindeutig die Wissenschaft schon heute um die Chancen des längeren Lebens weiß. Um Altersbilder zu verändern, kann man bestimmte Sachverhalte nicht oft genug erwähnen. Die Einhelligkeit der wissenschaftlichen Meinung sollte politische Anregung sein.

Wir leben in einer Phase, für die wir erst wenige Vorbilder oder »Role models« haben, Altersbilder sind im Umbruch, noch fehlt die neue Erzählung des Alters, die neue Sprache, aber das ist auch eine Chance, wir können gestalten. Also, älter: später.

WACKERNAGEL-JACOBS

LUKAS SCHMID

REGISSEUR

Als die Produzentin Barbara Wackernagel-Jacobs mit ihrer Film-idee über *30 gewonnene Jahre* an mich herantrat, war ich mir nicht ganz sicher, wie viel das mit mir persönlich zu tun haben wird. Steckte ich doch in meinen Dreißigern und war mit allem anderen beschäftigt als mit Ruhestand und Rente.

Nicht nur weil ich »jung war und das Geld brauchte«, übernahm ich die Regie in diesem Projekt; meinen persönlichen Zugang zum Thema vermutete ich in der Auseinandersetzung mit der Lebenssituation meiner Eltern. Frisch pensioniert stellte ihre neue Lebenssituation auch Fragen an mich. Mit *Sputnik Moment* hoffte ich besonders auch mit ihnen in den Dialog zu kommen, wie sie mit den 30 gewonnenen Jahren gestalterisch umzuge-hen gedenken. Ich wollte ihnen die filmische Frage stellen, wie sie den Verlockungen des bloßen Ruhestands auswei-chen und weiter aktiv und engagiert leben. Aber spätestens bei den Dreharbeiten in den USA stellte ich fest, dass dieses Thema weit mehr mit mir zu tun hat, als ich mir zu Beginn eingestanden hatte.

»It's a gift of time…« sagte Laura Carstensen in ihrem Interview: Warum nicht die 30 gewonnenen Jahre nehmen und über das ganze Leben verteilen? Mehr Zeit für Bildung, Familie, Muße, Reisen… Die Erkenntnis, meine eigene Lebensgestaltung fälsch-lich in die Jahre zwischen 20 und 50 zu pressen, obwohl mir ganz offensichtlich sehr viel mehr Zeit zur Verfügung stehen wird, traf mich mitten in meinem eigenen Entwurf. Wir sind nicht

einfach nur länger alt – wir leben länger!
Die Dreharbeiten zu *Sputnik Moment* haben meinen Betrachtungswinkel verschoben. Einmal verstanden, dass das Leben sehr viel länger ist als gedacht, lassen sich Entscheidungen anders fällen. Ich kann vieles sein in meinem Leben und noch vieles werden. Ich habe mehr Zeit und freue mich darauf, viel mit ihr anzufangen.

Sputnik Moment ist ein Film, der in einer veränderten Zeit Fragen an die Gestaltung unserer Lebenspanne stellt. Wie konnten wir beachtlich mehr Lebenserwartung erreichen, es aber verpassen, unsere gesellschaftlichen Systeme und Perspektiven mit zu entwickeln? *Sputnik Moment* erzählt anhand von ganz persönlichen Beispielen in Deutschland und den USA von Menschen, ihren Erfahrungen und ihrem Umgang mit diesen 30 geschenkten Jahren und erkennt hinter der vermeintlichen demographischen Katastrophe die faszinierenden Chancen eines längeren Lebens.

URSULA
STAUDINGER

56, PROFESSORIN FÜR PSYCHOLOGIE, WAR VIZEPRÄSIDENTIN DER JACOBS UNIVERSITY BREMEN UND IST NUN DIE GRÜNDUNGSDIREKTORIN DES COLUMBIA AGING CENTERS AN DER COLUMBIA UNIVERSITY NY —————————

FRAU PROF. STAUDINGER, SIE SIND HIER NACH NEW YORK BERUFEN WORDEN. WAS IST IHRE AUFGABE HIER UND WAS HAT SIE GEREIZT, IN DIE USA ZU GEHEN? Ich bin jetzt seit ungefähr anderthalb Jahren hier. Ich bin nach New York gekommen, weil man mich gebeten hat, die Gründungsdirektorin des Columbia Aging Centers zu werden. Dahinter verbirgt sich ein universitätsweites Zentrum für interdisziplinäre Altersforschung hier an der Columbia University. Und es hat mich daran gereizt, die Forschungskraft und Potenz einer Ivy League Universität in den Vereinigten Staaten zu nutzen, um in eine neue Dimension und den nächsten Schritt in der interdisziplinären Altersforschung gehen zu können. Und dann hoffe ich die Übersetzungsarbeit in die Gesellschaft hinein leisten zu können – was auch eine Aufgabe meines Centers ist – zu wichtigen gesellschaftlichen Akteuren, wie den Unternehmen, in den Arbeitsmarkt hinein, aber auch in die Nachbarschaft, in kleinere Bezirke, wo es ja auch um die Gestaltung des Alltags für unsere letzte Lebensphase geht.

ES GIBT DIE MEDIZINER UND GERIATER, DIE SICH MIT DEM THEMA DES ALTERNS BEFASSEN. SIE SIND PSYCHOLOGIN. WIE UNTERSCHEIDEN SICH DIE PROFESSIONELLEN ANNÄHERUNGEN AN DAS THEMA? Es ist für die Altersforschung extrem wichtig, die verschiedenen wichtigen Fachbereiche bzw. Disziplinen zusammenzubringen. Denn der Mensch – wir sehen es an uns selbst – ist ja komplex gestrickt. Die Evolution hat

»Arbeit hat eine unterschätzte Bedeutung für das Wohlbefinden und die Gesundheit des Menschen.«

uns sehr komplex zusammengestellt. Das heißt, man braucht auf jeden Fall Disziplinen, die näher an der Biologie sind, man nennt sie auch die »Lebenswissenschaften«, dazu gehören auch die Medizin oder die Molekularbiologie. Man braucht dann aber auch Wissenschaften, die sich damit beschäftigten, was der Mensch kreiert, und das ist unsere Umwelt. Das bedeutet also: Man braucht Sozialwissenschaftler, Politikwissenschaftler, auch Ökonomen und auch Wissenschaften, die sich mit der physikalischen Gestaltung unserer Umwelt beschäftigen – der Architektur, der Stadtplanung und der Landschaftsplanung. Und dann schließlich in der Mitte brauchen wir all die Disziplinen, die sich mit dem Menschen und seinem Verhalten befassen, und da ist eine der zentralen Disziplinen die Psychologie, im Besonderen – wenn es ums Altern geht – die Entwicklungspsychologie der Lebensspanne. Und ich selbst bin von Hause aus Psychologin, und wir bilden uns ein, weil wir so in der Mitte stehen zwischen der Biologie und dem Kontext, vielleicht hier auch einiges an Vermittlungsarbeit zwischen den Disziplinen leisten zu können.

BLEIBEN WIR BEIM THEMA PSYCHOLOGIE: WAS VERÄNDERT SICH IM PSYCHOLOGISCHEN, EMOTIONALEN UND SOZIALEN KONTEXT BEI EINEM MENSCHEN, DER ÄLTER WIRD? Es ist wunderbar eingerichtet: Je älter wir werden, desto verträglicher werden wir im sozialen Umgang, desto verlässlicher und authentischer werden wir und auch emotional stabiler. Das sind also drei Eigenschaften, wo man ohne Zweifel sagen kann: »Dies ist ein Zuwachs an sozialer Passungskompetenz, an sozialem Meistern des Alltags«, und das passiert im Durchschnitt automatisch einfach dadurch, dass man im Rahmen einer menschlichen Gemeinschaft lebt und älter wird. Es passiert noch eine weitere Sache: Wir entwickeln auch etwas, was man »Widerstandsfähigkeit« nennt. Wir werden immer besser, mit den Einschlägen des Lebens, den kritischen Lebensereignissen, fertig zu werden und umzugehen. Wir sind sehr gut darin, unser subjektives Wohlbefinden zu-

rück zu regulieren, wenn wir einmal einen schweren Schlag einzustecken hatten – wie zum Beispiel nach dem Verlust einer nahen und lieben Person. Wir können aus der Forschung sagen, dass innerhalb relativ überschaubarer Zeiträume sich dieses Wohlbefinden wieder zurück reguliert auf ein fast vorheriges Niveau, das variiert sicher ein bisschen zwischen Personen. Das heißt, diese Widerstandsfähigkeit, diese psychologische Widerstandsfähigkeit ist natürlich auch ein enormes Kapital, denn die Herausforderungen, mit denen wir uns auseinanderzusetzen haben, die werden nicht weniger mit dem Alter. Ich bin mir unsicher, ob es wahr ist, zu sagen: »Sie werden automatisch mehr«, denn ich glaube, wir unterschätzen die Herausforderungen früherer Lebensphasen. Wenn wir zum Beispiel mit einem Jugendlichen sprechen, der sich zwischen 15 und 20 Jahren befindet: Ich glaube, so ein junger Mann, so eine junge Frau kann einem sehr viel erzählen über die enormen Herausforderungen, die es bedeutet, im 21. Jahrhundert eine Identität, seinen Platz zu finden und auch mit der sich entwickelnden Sexualität fertig zu werden. Wenn wir dann ins mittlere Erwachsenenalter wandern, dann hören wir ganz viel von den Herausforderungen, alles auf einen Nenner bringen zu müssen, und die Zeit reicht nicht. Gut, wenn wir dann ins Alter wachsen, treten die beruflichen Herausforderungen etwas in den Hintergrund, dafür bekommt der Körper ein bisschen mehr Platz, denn die Biologie des Alterns ist im Unterschied zu unseren gesellschaftlichen Institutionen nicht unbedingt auf das hohe Alter angelegt. Von der Evolution her sind wir eher optimiert für die ersten 40 Jahre und nicht für die zweiten 40. Insofern ist es normal, dass wir dann im Alter diese biologischen Herausforderungen haben, mit denen wir konfrontiert werden. Und natürlich auch mit der neuen Rolle, die wir dann in der Gesellschaft spielen.

DAS HÖRT SICH NACH GEWINN, NACH ZUGEWINN AN, WAS UNS IM ALTER PASSIERT. WARUM FÜRCHTEN SICH DANN SO VIELE MENSCHEN DAVOR, ÄLTER ZU WERDEN? Ich glaube, es ist eine ganz normale menschliche Reaktion, dass wir dieser letzten Phase unseres

Lebens mit gemischten Gefühlen entgegensehen und ihr begegnen. Das Alter erinnert an unsere Endlichkeit, denn am Ende des Alters steht der Tod. Und es ist sicher eine große Enttäuschung unserer tiefen Überzeugung, dass wir unserer Glückes Schmied sind, dass wir beeinflussen können, was passiert, wenn wir an dieses Ende kommen. Denn diesen Tod können wir in den meisten Fällen eben nicht beeinflussen, wir können ihn auch nicht abschaffen – ich würde sagen: »Gott sei Dank!« Das ist sicher ein Schatten, der auf das Alter fällt.

Es gibt diesen weiteren Schatten, der in der Biologie des Alterns begründet ist, dass unser Körper für die ersten 40 Jahre optimiert ist, und für die zweiten 40 Jahre müssen wir jetzt noch einiges dazu tun, um ihn weiter zu optimieren. Das heißt: Wir werden mit mehr Krankheiten konfrontiert und wir werden mit der Angst konfrontiert, dann am Ende pflegebedürftig zu werden, abhängig zu werden, eventuell auch unsere Würde zu verlieren. Das sind alles Dinge, die einem sehr viel Angst machen, mit denen man sich nicht konfrontiert sehen möchte. Und vielleicht die im Moment größte Angst, die auch sehr geschürt wird, ist die Angst vor der Demenz, im speziellen der Alzheimer-Demenz, die im Verlaufe dieses Krankheitsbildes dazu führt, dass wir vergessen, wer wir sind, dass wir zu dem werden, der wir am Anfang des Lebens waren, also zurückkommen auf unsere Ursprünge. Aber all diese Dinge, die wir im Laufe eines langen Lebens als Identität erworben haben, die gehen verloren. Und das ist natürlich auch sehr, sehr beängstigend, denn alles in unserer Welt dreht sich um Identität und die Person, die wir sind, die wir geworden sind.

DIESER ZUGEWINN, IST DAS ETWAS, WAS FAST IMMER PASSIERT? ODER GIBT ES RAHMENBEDINGUNGEN, DIE DAS BESSER ODER SCHLECHTER ENTWICKELN LASSEN? WAS VERSTÄRKT ZUGEWINNE UND WAS VERHINDERT SIE? Also die Zugewinne, die ich in der Persönlichkeitsentwicklung beschreiben kann, die passieren im Durchschnitt in einer Gesellschaft. Es gibt andere Entwicklungen im Verlaufe des Lebens, die nicht auf alle Menschen in gleicher Weise zutreffen. So zum Beispiel, wenn wir uns mit unserer geistigen Entwicklung beschäftigen, ist es so, dass wir dort zwei Komponenten unterscheiden: Zum einen die Komponente, die etwas damit zu tun hat, wie schnell wir Informationen verarbeiten können, und die andere Komponente, die etwas damit zu tun hat, wie viel Wissen, Erfahrung, Einsichten und Erlebnisse wir im Laufe unseres Lebens angespart haben, angesammelt haben.

Und diese erste Komponente, die etwas mit der Verarbeitungsgeschwindigkeit zu hat und mit der Kontrolle unseres Denkens, die zeigt einen Abbau im Verlaufe des Lebens – und der beginnt schon sehr früh, Mitte der 20er Jahre, so ab 25, 30. Wir sehen aber große Unterschiede zwischen den Menschen in dem Niveau, auf dem wir diese Komponente haben, und dann in der Weise auch, wie sie abfällt. Und hier spielen einige Dinge eine Rolle, zum Beispiel ist das Ausmaß der Bildung, die jemand genossen hat, ein hoher protektiver Faktor. Und zwar nicht nur am Anfang des Lebens, sondern auch später: Wie viel weiteres Lernen hat stattgefunden in diesem Leben, nach dem ersten Abschluss, nach dem ersten Ausbildungsabschluss? Das ist protektiv und schützt einen vor geistigem Verfall, letztlich auch vor Demenz. Die Art der Berufstätigkeit im Verlaufe des Lebens – neueste Befunde, die uns zeigen: Je mehr Wechsel in den Herausforderungen und Tätigkeiten jemand in seinem Arbeitsleben über die Jahre hinweg ausgesetzt war oder sich geschaffen hat, umso besser für das Gehirn und das Altern des Gehirns. Weiterer Einfluss ist, würde man als erstes nicht vermuten, die körperliche Fitness. Man weiß jetzt sehr genau, dass durch ein Erhöhen der körperlichen Fitness, vor allem der Ausdauerfitness, wir unserem Gehirn wieder auf die Sprünge helfen können. Wir konnten das in einer Längsschnittstudie in Bremen zeigen, dass man durch dreimal in der Woche etwa 45 Minuten moderat schweißtreibendes Laufen, Fahrrad fahren, Schwimmen – hier nachweisbar über bildgebende Verfahren, die dann zeigen, wie das Gehirn funktioniert – dass durch körperliche Betätigung und Erhöhung der Fitness das Gehirn wieder effektiver funktioniert. Und wir können das eigentlich so zusammenfassen, dass es sehr, sehr wichtig ist, körperlich fit und aktiv zu bleiben, aber eben auch geistig aktiv zu bleiben, und das schon über das gesamte Erwachsenenleben hinweg. Wir sollten vermeiden, zu viel Routine in unserem Alltag zu haben, und immer wieder die Abwechslung und die neue Herausforderung suchen.

SIE HABEN IN BREMEN EINE UNTERSUCHUNG GEMACHT, DIE ZU DEM ERGEBNIS KAM, DASS FRÜHPENSIONIERTE MENSCHEN NACH ETWA EINEM JAHR ZU 85% WIEDER IN IHRE ALTE ODER IN IRGENDEINE ANDERE ARBEIT HINEIN WOLLTEN. WELCHE ROLLE SPIELT ARBEIT IN DEM PROZESS DES ÄLTERWERDENS? Es spielt nach den Daten, die wir bis dato haben, eine große Rolle. Wir müssen noch mehr Forschung dazu betreiben, aber das, was wir bis jetzt wissen, deutet darauf hin, dass eine strukturierte Tätigkeit, die mit Verpflichtungen einhergeht, auch mit Anforderungen, mit Anstrengung körperlicher und geistiger Art einhergeht, mit der Einbettung in eine soziale Gemeinschaft, Kollegenschaft, eine enorme Bedeutung hat für unsere Entwicklung, und zwar auf mehreren Ebenen. Zum einen bedeutet sie für uns Sichtbarkeit: Wir werden außerhalb unserer Familie sichtbar, mit unserem Beitrag, den wir leisten, innerhalb dieses Unternehmens, mit unserer Arbeit. Das bedeutet für uns Anerkennung, es bedeutet für uns Sinnstiftung. Das Zweite ist, es bedeutet für uns soziale Einbettung, damit sozialer Kontakt, der für uns als soziale Wesen extrem wichtig ist. Zum Dritten bedeutet es eine Art natürliches Training für unseren Geist, für unser Gehirn, wenn wir gefordert sind, uns immer wieder mit Anforderungen auseinander zu setzen. Und dies alles zusammengenommen ist eine Kombination, die so kaum wiederzufinden ist durch eine andere Form des Daseins, sodass wir im Moment eigentlich in der Altersforschung sagen, dass Arbeit eine im 21. Jahrhundert unterschätzte Bedeutung für das Wohlbefinden und die Gesundheit des Menschen im weitesten Sinne hat. Das bedeutet jedoch auch vor dem Hintergrund der jüngsten Debatten in Deutschland, dass bestimmte Berufe nicht dazu gemacht sind, über

ein gesamtes Arbeitsleben hin erträglich zu sein, dass wir nicht die Konsequenz ziehen sollten zu sagen: »Naja, dann müssen wir die Menschen, die diese Berufe ausgeübt haben, eben früher nach Hause schicken«, sondern eigentlich ist die ethische Anforderung eine ganz andere. Die ethische Anforderung ist die, dass wir uns Gedanken machen über Arbeitsbiographien in einem länger gewordenen Leben, dass diese Abnutzung, die mit bestimmten Tätigkeiten einher geht – im körperlichen und im geistigen Bereich – vermieden wird durch rechtzeitigen Wechsel. Dies ist natürlich mit Aufwand verbunden, letztlich mit mehr Aufwand, als Menschen nach Hause zu schicken. Aber aus meiner Sicht wird es den Anforderungen, die wir an uns selbst in einer modernen Wohlfahrtsgesellschaft stellen, wesentlich besser gerecht, nämlich zu sagen: »Kein einziger Mensch, egal welche Tätigkeit er zu einem bestimmten Zeitpunkt ausübt, darf zurückgelassen werden.« Denn mit der Frühverrentung tun wir genau das, wenn wir sagen: »Wir sind uns gewärtig, dass ihr an der Arbeit, ich will jetzt nicht sagen: »kaputtgegangen« seid, aber ganz starke Einbußen zu gewärtigen hattet«, und deswegen sagen wir: »Der Steuerzahler unterstützt euer früheres Ausscheiden«. Damit wird aber gleichzeitig klar, dass dieser Mensch in dem, was er künftig zu der Gesellschaft beizutragen hätte, nicht mehr wahrgenommen wird. Und das, würde ich sagen, wird den Anforderungen einer Gesellschaft im 21. Jahrhundert nicht mehr gerecht.

HEISST DAS, WIR HABEN UNSERE SICHT AUF DIE ARBEIT NOCH GAR NICHT SO WESENTLICH VERÄNDERT: ARBEIT IST IMMER NOCH EINE BÜRDE? DIE DAMALIGEN SCHUTZREGELUNGEN, BEGINNEND MIT BISMARCK, WAREN EIGENTLICH SCHUTZ VOR DIESER BÜRDE. IST ARBEIT HEUTE EINE CHANCE ZUR TEILHABE AN DER GESELLSCHAFT? Ja. Es ist sehr interessant, sich Gedanken darüber zu machen, wieso wir im 21. Jahrhundert eigentlich glauben, dass es ethisch anspruchsvoll ist, Menschen vor Arbeit zu schützen. Und dass eine Gesellschaft umso höherwertig ist, je weniger die Menschen arbeiten müssen. Woher kommt dieses Denken? Das Denken hat eine lange Geschichte, sie geht zurück auf den Beginn des 20. Jahrhunderts, wo ein in Deutschland sehr bekannter Mensch namens Bismarck in Folge der industriellen Revolution die Rente erfunden hat. Er hat sie erfunden zu einem Zeitpunkt – übrigens am Anfang war es die Rente mit 70, dann wurde das Alter herabgesenkt auf 65 – zu einem Zeitpunkt, wo gerade mal 4% eines Geburtsjahrgangs dieses Alter überhaupt erreicht haben. 4%! Heutzutage, wenn jemand in Deutschland 65 geworden ist, hat er im Durchschnitt noch 20 Jahre zu leben, und dies trifft für mehr als die Hälfte der Bevölkerung zu. Das heißt, wir leben in völlig anderen demographischen Verhältnissen. Und diese demographischen Verhältnisse spiegeln wider, was sich in unserem Körper und in unserem Gemeinwesen geändert hat und wie sich auch Arbeit in den letzten 150 Jahren verändert hat: nämlich von einem extrem kraftzehrenden und gesundheitszehrenden Zustand in den Fabriken Anfang des 20. Jahrhunderts hin zu anderen Arbeitsanforderungen. Selbst am Band arbeitende Arbeiter in unseren großen Firmen in Deutschland, sei es nun der Autoindustrie oder auch der Maschinenbauindustrie – wenn man in solche Unternehmen reingeht, hat man nicht das Gefühl, dass man vor Arbeit schützen müsste. Aufgrund dieses Grundparadigmas, dass wir uns eigentlich vor Arbeit schützen müssen, haben wir nie darüber nachgedacht, es müsste eigentlich darum gehen, die Qualität der Arbeit zu verändern. Wir müssten da sehr viel investieren und im Dialog mit den Sozialpartnern Fortschritte erzielen. Was bedeutet die Arbeit? Wie viel Wechsel können wir auch bei Personen mit weniger qualifizierter Ausbildung herstellen, sodass die Arbeit abwechslungsreich bleibt, wie können wir Abnutzung vermeiden? Wie ist all dies, immer auch unter dem Gesichtspunkt der Profitabilität, möglich? Das passiert nicht über Nacht, das ist aufwendig, hier muss investiert werden. Aber ich glaube, es wäre jetzt an der Zeit, diesen Anspruch einzulösen und uns Gedanken über die Qualität der Arbeit und damit dann auch über eine neue Rolle der Arbeit im 21. Jahrhundert zu machen.

IN DEUTSCHLAND HABEN WIR NEBEN DIESER ETWAS SCHWIERIGEN DEBATTE ÜBER DIE FORTSETZUNG DER ARBEIT NACH 65 AUCH IMMER DIE AUFFORDERUNG FÜR DAS EHRENAMT, DAS ABER NICHT SO AUSGEPRÄGT IST WIE IN DEN USA. WIR HABEN IN DEN USA VIEL ENGAGEMENT GESEHEN, ORGANISATIONEN, DIE DIESES BÜRGERSCHAFTLICHE ENGAGEMENT VORANBRINGEN. HAT EHRENAMTLICHES ENGAGEMENT PSYCHOLOGISCH GESEHEN DEN GLEICHEN EFFEKT WIE WEITERARBEITEN MIT LOHN ODER SEHEN SIE UNTERSCHIEDE? Das ist eine sehr spannende Frage, die im Moment nicht abschließend zu beantworten ist. Aber es laufen einige Studien, die genau darauf abzielen zu verstehen, ob verschiedene Arten der Tätigkeit unterschiedliche Effekte auf den Alternsprozess haben. Also jetzt im Vergleich: bezahlte Arbeit versus unbezahlte Arbeit, im Hinblick auf Ehrenamt versus Freizeittätigkeiten, die wir uns selbst suchen, unsere sogenannten Hobbys, die ja auch durchaus mit geistigen Anforderungen einhergehen können – nicht immer müssen, aber können. Also alles, was Tätigkeit ist – gibt es hier Unterschiede in den Effekten? Überlappen sich diese Effekte? Oder sind sie einzigartig? Also: Was ich durch bezahlte Tätigkeit kriegen kann, kriege ich nicht durch unbezahlte, kriege ich nicht durch Freizeitbeschäftigung? Wir wissen die Antwort nicht im Moment. Die ersten wenigen Untersuchungen, die es dazu gibt, scheinen eher darauf hinzudeuten, dass es auswechselbar ist, was zumindest die geistige Entwicklung angeht. Wenn sichergestellt ist, dass die Tätigkeit, die wir ausüben, regelmäßig eine Anforderung, eine geistige Anforderung mit sich bringt, dann werden wir – egal ob sie bezahlt ist, freiwillig oder hobbyartig – auch den Effekt in unserem Gehirn, in unserer geistigen Leistungsfähigkeit sehen. Weniger wissen wir darüber, welche Bedeutung es für die Sinngebung hat, für das Wohlbefinden. Und jetzt mal vom Individuum abgesehen, könnte man natürlich jetzt auch von der gesellschaftlichen Ebene betrachtet sagen: Wenn dem so ist, dass all diese Tätigkeiten vergleichbare positive Effekte haben, könnte es dann nicht sinnvoll sein, aus gesellschaftlicher Sicht zu sagen: »Es wäre aber gut, diese und jene Form stärker zu intensivieren als eine andere und Anreize dafür zu schaffen.« Das ist eine Debatte, die glaube ich, dann zu führen wäre. Und es ist übrigens sehr interessant: Obwohl Amerika ja bekannt ist als das Land der Freiwilligentätigkeit – oder jedenfalls in Europa uns immer so vorgestellt wird –, wenn wir die Prozentsätze anschauen der Personen, die freiwillig tätig sind und sie mit den neuesten Prozentsätzen beispielsweise in Deutschland oder auch in Skandinavien vergleichen, dann sind die nicht so unterschiedlich. Es wird nur in Deutschland unterschiedlich darüber geredet. Also der Diskurs, der öffentliche Diskurs ist ein anderer. Zum Beispiel solche Ansätze in Amerika wie der Encore-Service, der sich darum dreht, Menschen mit viel beruflicher Erfahrung auch nach der Rente wieder in sinnvolle und interessante Tätigkeiten zu bringen, das hat eine lange Geschichte in Deutschland. Es geht zurück auf die 8oer Jahre, auf den Seniorenexpertenservice, der gegründet wurde und sehr erfolgreich seither auch tätig ist. Und das hat natürlich auch eine Ausdehnung erfahren in den letzten Dekaden. Also ich glaube, manchmal unterschätzen wir, wie viel Grassroots-Aktivitäten es auch in Deutschland gibt. Und sehr interessant finde ich in dem Zusammenhang die BAGSO, die Bundesarbeitsgemeinschaft für Seniorenorganisationen – kein sehr glücklicher Titel, viele möchten sich damit vielleicht nicht identifizieren – aber wenn man sich das anschaut, die Vielfalt der Initiativen, die dort zusammenkommen, dann spricht das eigentlich für die Begeisterungsfähigkeit und den Willen der gegenwärtig alten Menschen auch in Deutschland, noch etwas beizutragen.

SIE SIND DIEJENIGE, DIE BEIDE POLITISCHEN SYSTEME KENNT: ZUNÄCHST EINMAL IST IN DEN USA SEHR VIEL ENERGIE UND KREATIVITÄT IN VIELEN PROJEKTEN ZU BEOBACHTEN. DEUTSCHLAND IST EIN SOZIALPOLITISCH REGULIERTES LAND, DIE GROSSEN LEBENSRISIKEN WIE ARBEITSLOSIGKEIT, KRANKHEIT UND ALTER SIND BEI UNS RELATIV ABGESICHERT. IST DIE KREATIVITÄT HIER, FOLGE EINER DOCH SEHR NIEDRIGEN SOZIALEN ABSICHERUNG IN DEN USA? DAS STARKE ZIVILGESELLSCHAFTLICHE ENGAGEMENT FÜLLT HIER TEILWEISE DIESE SOZIALPOLITISCHEN LÜCKEN. SIND DIE AKTIVITÄTEN REAKTION AUF EINEN SOLCHEN MANGEL? Dieser Systemvergleich zwischen Amerika und Deutschland ist eine ganz komplexe Frage, denn neben den vordergründigen Unterschieden in der Sozialpolitik und im Sozialsystem haben die beiden Länder natürlich sehr, sehr unterschiedliche Geschichten und auf Grund dieser Unterschiede in den Geschichten sehr unterschiedliche Mentalitäten, Wertesysteme, Erwartungshaltungen, die uns mitgegeben sind, wenn wir in dem einen oder in dem anderen Land sozialisiert wurden. Insofern lässt sich hier keine einfache Antwort geben. Wenn wir jetzt nur das Umgehen mit dem Altern betrachten, dann finde ich es sehr interessant: Amerika ist eines der Länder, was als Erstes den Schutz der Alten als eine gesellschaftliche Gruppe gesetzlich fixiert hat, weil die amerikanische Gesellschaft eine Gesellschaft ist, die an Diversität glaubt und Diversität schützt, Minoritäten schützt. Natürlich sind die Alten inzwischen keine Minorität mehr, aber es gab eine lange Phase, wo dies so war. Das heißt, man kann aufgrund seines Alters nicht ausgeschlossen werden von bestimmten Positionen in der Wirtschaft. Man kann aufgrund seines Alters nicht in den Ruhestand versetzt werden und so weiter und so weiter – lege artis, nach dem Gesetz. Schauen wir uns jedoch die Realität des Arbeitsmarktes an, dann würde ich sagen, wir sind davon weit entfernt. Dann ist es nach wie vor so, dass jemand jenseits der 50 auf dem amerikanischen Arbeitsmarkt, im Moment jedenfalls, wesentlich schlechtere Chancen hat als jemand in Deutschland, einem Arbeitsmarkt, der, wie wir wissen, von Schrumpfung bedroht ist – er schrumpft noch nicht aufgrund unserer inzwischen erfolgreichen Migrationspolitik, aber ist davon bedroht ist – und insofern haben 50-plus-Personen im Arbeitsmarkt inzwischen in Deutschland bessere Chancen als hier. Denn gleichzeitig ist Amerika ein Land, in dem Jugend als Wert, Perfektion, Schönheit – und zwar jugendliche Schönheit – mit einem hohen Gewicht versehen ist und sich jeder in der Gesellschaft

daran misst. Und dies sieht man dann auch ganz schön in Befunden zum subjektiven Alter, dass in Amerika ältere Menschen ihr eigenes Alter höher, stärker unterschätzen als meinetwegen in europäischen Ländern, was man unter anderem damit interpretieren kann, dass das Wertesystem der amerikanischen Gesellschaft Menschen stärker dazu zwingt, sich jünger zu fühlen, um weiter dabei zu sein. Und das Weiterarbeiten ist auch häufig ein Weiterarbeiten-Müssen. Es gibt natürlich auch ein Weiterarbeiten-Wollen, besonders in den privilegierteren Schichten hier in diesem Lande, ähnlich wie inzwischen in Deutschland. Aber es gibt häufig ein Müssen, und das führt dann auch zu teilweise traurigen Dingen, die man dann beobachten kann, vor allem im Dienstleistungsbereich, auch in sehr anstrengenden Positionen, wo man Menschen jenseits der 70, 75 dann beobachten kann, nicht weil sie es sich unbedingt aussuchen, sondern weil sie es müssen, um überleben zu können.

VERSCHIEDENE STUDIEN HABEN UNTERSUCHT, AUS WELCHEN MOTIVEN MENSCHEN WEITERARBEITEN. DIE MERYLL-LYNCH-STUDIE SAGT, NUR 28 % SIND EARNEST EARNER, ALSO DIE, DIE ARBEITEN MÜSSEN. DAS WÜRDE BEDEUTEN, DASS ZWEI DRITTEL, ALSO 70 %, AUS GEMISCHTEN MOTIVEN ARBEITEN, DAS SIND DIE CHARITY-AKTIVEN, DIE FREIWILLIGEN, DIE VOLUNTEERS, UND DIE, DIE SAGEN: »ICH MUSS AUCH EIN BISSCHEN ARBEITEN, ABER ICH MÖCHTE ES AUCH.« ENTSPRECHEN DIESE ZAHLEN AUCH IHRER EINSCHÄTZUNG?
Also ich glaube, in dem Bereich Arbeitsmarktbeteiligung und Motivlagen zur Arbeitsmarktbeteiligung – also »Wieso arbeite ich?«, »Wieso arbeite ich nicht?« und »Welche Art von Arbeit, in welchem Umfang?« – sind wir im Moment in einer historischen Phase, die extrem dynamisch ist. Und was gestern noch wahr war, ist heute schon vielleicht überholt, sodass diese Umfragen, die im Moment von unterschiedlichen Parteien in den unterschiedlichen Ländern durchgeführt werden, wichtig sind. Ich glaube, man muss an diesem Puls der Zeit bleiben, um zu verstehen, wie schnell sich das auch derzeit ändert. Man muss natürlich immer mitdenken, welche Interessenslagen könnten bei bestimmten Auftraggebern für solche Studien auch eine Rolle spielen. Letztlich lässt es sich dann immer an der Stichprobenziehung und dem Umfang der Stichprobe messen, die dort betrachtet

wurde, um das bewerten zu können, wie seriös ist es und wie ernst muss ich einen solchen Befund nehmen. Ich bin selbst beteiligt in Deutschland an einer im Moment laufenden Studie vom Bundesinstitut für Bevölkerungsforschung in Wiesbaden, die Topstudie, und das soll eine Längsschnittstudie werden, wo wir uns dafür interessieren, wie der Übergang in den Ruhestand im Moment dabei ist, sich zu verändern. Wir bereiten gerade die zweite Erhebung vor, wo wir uns nur dafür interessieren: »Welche Art von Tätigkeit übt jemand aus?«, »Warum tut er das?«, »Möchte er gerne etwas anderes?«, »Warum tut er nicht, was er gerne möchte?« – oder sie, immer Frau/Mann gedacht – um aus diesen Mustern, sozusagen Absichtsmustern, Hindernismustern und Verwirklichungsmustern dann abschätzen zu können: Wie verändert sich die Motivlage der gegenwärtig in den Ruhestand hinein wandernden Geburtsjahrgänge.

GIBT ES ÜBERLEGUNGEN DAZU, DEN EINTRITT IN DEN RUHESTAND ZU INDIVIDUALISIEREN, DAS HEISST: NICHT MEHR EIN STARRES DATUM ZUM TAG X, SONDERN INDIVIDUELL WÄHLBAR. Wir haben uns mit dieser Frage »Gesetzliches Rentenalter, ja oder nein?« in der interdisziplinären Arbeitsgruppe der Nationalen Akademie der Wissenschaften sehr intensiv auseinandergesetzt, die dann ihre Empfehlungen unter dem Titel »Gewonnene Jahre« veröffentlicht hat. Wir sind zu dem Ergebnis gekommen – viele Wissenschaften haben hier zusammengearbeitet –, dass es einen guten Grund gibt, an dem gesetzlichen Rentenalter festzuhalten, weil dieses Alter den Punkt festlegt, zu dem jeder Mann, jede Frau die Freiheit haben sollte, zu entscheiden: »Will ich oder will ich nicht weiterarbeiten?« Daraus abgeleitet haben wir dann formuliert, was sich in Deutschland verändern müsste: die Leichtigkeit, es müsste ein Rückbau der Bestrafungen stattfinden derer, die nach dem Renteneintrittsalter wieder arbeiten möchten. Es müsste erleichtert werden, sich wieder in den Arbeitsmarkt einzufädeln und es müssten die Arbeitgeber gewonnen werden, die Arbeitsformate anbieten, die nachgefragt werden von

dieser Altersgruppe. Man weiß sehr genau aus Untersuchungen, was man mit 65+, mit 70+, in welchem Umfang, in welcher Qualität an Arbeit noch ausüben möchte. Also es sind ganz sicher nicht die 40 Stunden und schon gar nicht die 60. Es geht sehr viel um Gestaltungsspielräume, um Autonomie in diesen Tätigkeiten – eigentlich Anforderungen, die wir möglich machen sollten für alle Altersgruppen, aber in dieser Gruppe werden sie besonders nachgefragt. Und wenn man sie zurückgewinnen will in den Arbeitsmarkt, glaube ich, muss man sie dann auch vorhalten. Das heißt, die Schutzfunktion eines gesetzlichen Rentenalters, die ist verteidigungswert. Denn wenn wir die nicht mehr haben, dann kann es sein, dass Menschen, die aus genetischen Gründen, aus unglücklichen Verkettungsgründen, aus welchen Gründen auch immer, nicht mehr in der Lage sind zu arbeiten, aber gezwungen werden, weiter zu arbeiten, beziehungsweise, wenn sie dies dann nicht tun, dass diese in Armut oder die Sozialhilfe fallen. Und insofern scheint diese Mischlösung zwischen gesetzlicher Rente, aber dann einer Erleichterung des Wiedereinstiegs, vielleicht eine ganz gute Lösung zu sein.

HEISST DAS AUCH ZUM BEISPIEL, ES ATTRAKTIVER ZU MACHEN WEITERZUARBEITEN, INDEM AUCH NOCH EINMAL RENTENANWARTSCHAFTEN ANWACHSEN KÖNNEN? DAS IST JA IM MOMENT NICHT DER FALL. Genau, indem man weiter dann an der eigenen Rentenanwartschaft mitbauen kann, sich ja auch zum Beispiel, was Langzeitpflegeinvestitionen angeht, dort weiter ansparen kann und weiter Beiträge leisten kann. Im Moment ist es sehr prohibitiv, wieder zu arbeiten aufgrund der Kosten der Krankenversicherungen. All diese Dinge müssten gemeinsam in den Blick genommen werden, um dort die Hindernisse zurückzubauen. Das ist auch auf der politischen Ebene identifiziert, da habe ich gar keinen Zweifel daran und wird sich über kurz oder lang, durch den Druck, den demographischen Druck, der im deutschen Arbeitsmarkt herrscht, auch realisieren.

SIE SIND PSYCHOLOGIN. WELCHE STEREOTYPEN HABEN WIR ÜBER DAS ALTSEIN? STIMMEN DIE NOCH MIT DER REALITÄT ÜBEREIN?

WIE KANN MAN STEREOTYPEN BEWEGEN, VERÄNDERN? WELCHE ROLLENMODELLE HAT UNSERE GENERATION, DIE KOMMENDE GENERATION? Ja, die Bilder über das Altern, die wir in unseren Köpfen speichern, haben per se den Nachteil, dass sie aus der Beobachtung vergangener Generationen entstehen, also unserer Elterngeneration und unserer Großelterngeneration und noch weiter zurückgehend, wenn es dann in Büchern geronnen ist. Und darin liegt eine Krux, da der Alternsprozess, das menschliche Altern, kein Prozess ist, der in Stein gemeißelt ist, sondern der im Fluss ist, der sich verändert. Ein gutes Beispiel dafür ist, dass wir diese 30 Jahre unserer durchschnittlichen Lebenserwartung hinzugefügt haben in den letzten 100 Jahren. Das haben wir geschafft durch die Veränderung unserer Kultur, unserer Zivilisation. Das heißt, diese Bilder im Kopf müssen notgedrungen hinterherhinken, immer hinterherhinken, sind aber trotzdem sehr mächtig, denn sie helfen uns Entscheidungen zu treffen, Erwartungshaltungen auszubilden darüber was möglich ist, was nicht möglich ist, und haben von daher eine sehr große handlungssteuernde Kraft. Das heißt, es wäre eigentlich sehr wichtig, dass wir in diesen Zeiten des dramatischen demographischen Wandels dazu beitragen, dass diese Bilder im Kopf sich vielleicht ein bisschen schneller ändern, als sie das üblicherweise tun, nämlich mit dieser Verzögerung des generationellen Wandels. Da gibt es nun mehrere Möglichkeiten, dies zu tun. Einer der Hauptwege ist der, neue Realitäten zu schaffen. Zum Beispiel wissen wir aus einer Untersuchung, wenn wir in Länder schauen, wo mehr über 65-Jährige am Arbeitsmarkt beteiligt sind als in anderen Ländern, sind genau in diesen Ländern die Altersbilder, was Kompetenz im Alter angeht, viel positiver. Plötzlich ist das ein Land, wo die Leute, alt wie jung, sagen: »Jemand über 70 ist noch kompetent!« Wohingegen in Ländern, wo diese Arbeitsmarktbeteiligung über 65 wesentlich niedriger ist, die Kompetenzeinschätzung für den typischen »Alten« wesentlich schlechter ist. Das ist ein Beispiel, wie die Veränderung von Realität, in dem Fall Arbeitsmarktrealität, Effekte auf die Bilder in unserem Kopf hat. Die Beteiligung in der Gesellschaft von älteren Menschen – und häufig wird ja geredet von der Baby-Boomer-Generation, die ja jetzt ins Alter hineinwächst bzw. gewachsen ist – das ist ja dann schlichtweg auch eine Sache der Häufigkeit. Es sind sehr viele, die gleichzeitig in diese Lebensphase hineinwachsen und von daher stärker auffallen, als das vielleicht vergangene Altengenerationen waren, und deren Verhaltensmuster, die werden einen Beitrag leisten. Ob die sich nun dazu entschließen, Freiwilligentätigkeiten aufzunehmen, in ihrer Nachbarschaft tätig zu werden oder ob sie weiter stärker reisend unterwegs sind und ihre Zeit mit Reisen verbringen, das wird alles einen Effekt haben auf die Bilder, die wir im Kopf vom Altern herumtragen. Denn diese Stereotype, diese Altersbilder, entstehen durch die Beobachtung von Realität und dann verselbstständigen sie sich. Dann werden sie zu Prototypen, sie werden schematisch, sie werden vereinfacht und dadurch eben auch holzschnittartig und falsch teilweise. Aber der Urgrund ist immer in der beobachteten Realität.

WO FINDEN WIR EIN LAND, IN DEM DIE ARBEITSMARKTBETEILIGUNG DER ÄLTEREN GRÖSSER IST? Also Deutschland ist inzwischen relativ gut geworden, auch in der Arbeitsmarktbeteiligung der 55+, 65+ holen wir auch sehr schnell auf, sind aber noch nicht so weit entwickelt wie zum Beispiel Dänemark oder zum Beispiel auch die Schweiz. Das sind Länder, in denen die Möglichkeiten, flexibler wieder tätig zu werden, schon besser realisiert sind als bei uns.

KANN DEUTSCHLAND SICH ETWAS ABSCHAUEN VON DEN USA? WO KANN DEUTSCHLAND LERNEN IN DIESEM THEMATISCHEN BEREICH? Es ist immer schwierig, wenn man zwei Länder miteinander vergleicht, zu versuchen zu verstehen oder zu überlegen, ob etwas, was sehr gut läuft in einem Land, vielleicht exportierfähig wäre in das andere Land, weil die Tatsache, dass eine Lösung zustande gekommen ist und dass sie gut funktioniert, in dem einen Land eben eine sehr komplexe Entstehungsgeschichte hat. Und von daher ist es häufig enttäuschend, wenn man dann nur auf der Oberfläche beobachtet, etwas als erfolgreiches Modell betrachtet und dann sagt: »So, und das übernehmen wir jetzt in das andere Land.« Entweder funktioniert es nicht oder es hat überhaupt nicht den guten Effekt, den es in dem anderen Land hatte. Insofern ist dieser Systemvergleich sehr schwierig. Ich glaube, dass wir gut daran tun, den Weg, der bei uns zu einer Flexibilisierung im Arbeitsmarkt beschritten wurde, aber auch zu einer Flexibilisierung in den Lebensstilen und in der Organisation von Lebenszeit über den Lebensverlauf hinweg, weiter voranzuschreiten. Also: diese Flexibilität weiter zu stärken, dort Individualität zu fördern und zuzulassen und nicht zu versuchen, alles in ein Muster zu pressen – ohne jedoch den Schutzgedanken, den wir in uns unserem Wohlfahrtsstaat seit dem zweiten Weltkrieg erarbeitet haben, aufzugeben. Also zu versuchen, diese Flexibilität und damit auch Kreativität und Individualität, die sich in der amerikanischen Gesellschaft so gut realisiert, zu verbinden mit dem Schutzgedanken, der aus guten Gründen sich in Europa so gut verankert hat. Das schiene mir ein bisschen die Quadratur des Kreises. Nicht einfach.

WAS INTERESSIERT SIE PERSÖNLICH AN DIESEM THEMENBEREICH? Es gibt mehrere Gründe, wieso mich diese Thematik interessiert. Es ist zum einen schlichtweg diese geschichtliche Tatsache, dass wir diese 30 Jahre unserem Leben hinzugefügt haben, und es scheint so zu sein, als würden alle dasitzen und darauf warten – wie beim Beamtenmikado –, dass sich jetzt automatisch weiter was verändert. Und es interessiert mich: Wie kann man als Wissenschaftlerin dazu beitragen, mit Forschung, mit Ergebnissen, die Politik, aber auch den Bürger auf der Straße oder die Arbeitgeber davon zu überzeugen, dass es in unser aller Interesse ist, diese gewonnenen 30 Jahre voll ernst zu nehmen, sie zu umarmen und zu nutzen. Auch wenn es damit einhergeht, dass wir lieb gewonnene Traditionen und Strukturen über den Haufen werfen müssen. Das ist für mich eine große Herausforderung, die mir Spaß macht, daran zu arbeiten. Ich glaube, die Innovationskraft, die der demographische Wandel hat – also die Tatsache, dass wir älter werden und dass es mehr ältere Menschen in einer

Gesellschaft gibt – hat für mich eine Explosionskraft, eine Innovationskraft, weil sie uns dazu zwingt, klassische Strukturen im Arbeitsmarkt, im Bildungssystem, im Gesundheitssystem zu revidieren und zu erneuern. Und diese Innovationkraft müssen wir nutzen. Das ist für mich ein ganz treibendes Motiv. Wenn uns das gelingt, dann werden wir feststellen, dass das, was ausgelöst wurde durch einen erhöhten Anteil an Alten in einer Gesellschaft, das gute Leben für alle in dieser Gesellschaft ermöglichen wird, das Wohlbefinden und das gute Leben für alle Altersklassen erhöhen wird. Ich mache nur ein Beispiel: Wenn wir es schaffen, die Sozialpartner an einen Tisch zu bringen und zu sagen: »Wir haben dieses Mehr an Lebenszeit. Wir wissen, dass dieses Mehr an Lebenszeit überproportional gesunde Lebenszeit ist. Wie können wir nun kreativ und intelligent diese Lebenszeit zwischen den drei wichtigen Lebensbereichen Arbeiten, Lernen und Privatleben besser verteilen, als wir dies bisher tun? Wie können wir es schaffen, dass zum Beispiel in der Mitte des Lebens zwischen 35 und 55 oder 60 nicht alle immer mit der Zunge heraushängend durchs Leben hecheln und sich nur wünschen: »Raus aus der Tretmühle«, und das Gefühl haben, sie haben für nichts Zeit. Das Leben geht aber vorbei, während sie für nichts Zeit haben. Nun haben wir dieses Geschenk dieser zusätzlichen Jahre und setzen es aber nicht um, um in dieser Phase zum Beispiel mehr Luft zum Durchatmen zu finden, dadurch dann die Arbeitszeit nach hinten auszudehnen, weil wir vorher Pausen gemacht haben, die uns auch wieder Lust machen zum Arbeiten, was dann automatisch und ganz natürlich sehr viel mehr Sinnstiftung auch in dieser letzten Lebensphase erlauben würde. Das ist für mich ein ganz persönliches Anliegen – für mich im mittleren Lebensalter. Ich ächze und stöhne genauso unter dieser Mehrbelastung wie alle anderen, und auch in einem privilegierten Beruf ist das der Fall, und ich glaube, es würde gar nicht so vielem bedürfen, wenn nur alle Willens wären, mit lieb gewordenen und scheinbar unersetzlichen Strukturen zu brechen.

SIE HABEN MAL GESAGT, ICH DARF SIE ZITIEREN: »ALTERN BEGINNT IM KOPF.« UND

ZWEITENS: »ALTE MENSCHEN KÖNNEN LER-
NEN, SIE LERNEN EINFACH ANDERS.« KÖN-
NEN SIE DAS EIN WENIG BESCHREIBEN? WAS
BEDEUTET DIE EIGENTLICH UNBEGRENZTE
LERNFÄHIGKEIT DER ÄLTEREN MENSCHEN,
AUCH ALS ERMUTIGUNG? WIE LERNEN ÄLTE-
RE MENSCHEN? WAS IST ANDERS UND WIE-
SO BEGINNT ALTWERDEN IM KOPF? Das Lernen ist ja für uns Menschen ein ganz zentraler
Prozess in der Auseinandersetzung mit unserer
Umwelt. Ohne Lernen würden wir eigentlich
sterben. Damit ist auch schon klar, dass wir so
lange lernen, solange wir leben. Aber natürlich
verändert sich der Lernprozess mit zunehmendem Alter, denn am Beginn des Lebens sind wir
wie ein trockener Schwamm, der darauf wartet,
alles aufzunehmen, aufzusaugen, was uns angeboten wird an Informationen. Und nach einer gewissen Zeit, für jeden ist das auch unterschiedlich, findet so eine Saturierung statt, dass man
dann das Gefühl hat: »Ja, jetzt weiß ich eigentlich, wie der Hase läuft und ich weiß gut Bescheid.« Und dann wird es schwieriger, die Motivation zu wecken, weiter zu lernen, Neues zu
lernen. Das heißt, ein ganz wichtiger Unterschied
für uns ist, dass es für uns, je älter wir werden,
immer klarer sein muss: »Was ist jetzt der Anreiz? Wieso soll ich das lernen? Wie passt das?
Was bringt mir das?« Das ist die eine Sache. Die
andere Sache ist: Je mehr Wissen wir ansam-
meln in unserem Gehirn, umso wichtiger wird
es für den Gedächtnisprozess, dass wir Verbin-
dungen schaffen zu dem vorher Daseienden. In
dem Maße, in dem es gelingt, durch die Didak-
tik, durch die Vermittlung, diese Brücken herzustellen, können wir sicherstellen, dass das neu
Gelernte sich auch besser verankert und behalten bleibt. Und das Dritte, was wir berücksichtigen müssen, ist, dass die Geschwindigkeit, mit
der unser Denken vonstattengeht, wenn es um
neue Zusammenhänge geht, eine andere Geschwindigkeit hat. Wir haben nicht die gleiche
Geschwindigkeit, wir sind etwas langsamer, je
älter wir werden. Und auch dies müssen wir in
Rechnung stellen, um nicht zu einem Erlebnis
von Überforderung und damit Entmutigung zu
kommen, was dann dazu führt, zu glauben: »Ich
kann gar nicht mehr lernen!«, was aber nicht

der Fall ist. Zu dieser Kombination, die ich gerade beschrieben habe, also aus der Motivlage,
aus der Verknüpfung mit schon vorhandenem
Wissen und dann auch der Lerngeschwindigkeit,
kommt dann noch hinzu, dass es wichtig ist –
das trifft aber für jedes Lebensalter zu –, dass
wir etwas wissen sollten darüber, wie wir gut
lernen. Also: »Welche Lernstrategien, welche
Vorgehensweisen haben bei mir besonders gut
funktioniert?« Diese Art von »Lernkompetenz«,
wenn man möchte, die wird, je älter wir werden,
auch immer wichtiger, weil wir natürlich immer
individueller werden und es dann wichtig ist,
dass wir uns klar darüber sind, was bei uns gut
funktioniert und was weniger gut. Manch einer
lernt am besten über Bilder, der Andere eher
über Worte. Also dieses sind Dinge, die zu berücksichtigen sind, die dann auch einfließen
müssten in so was wie eine Erwachsenendidak-
tik, die wissenschaftlich betrieben werden muss
und auch an Universitäten angesiedelt sein sollte und Lehrer für Erwachsene und Ältere ausbilden sollte. Idealerweise natürlich sollte ein
Lehrer alle Altersstufen unterrichten können,
aber im Moment ist der Grundstandard: Primar-
schule und dann Sekundärstufe, unter 10 oder
über 10, jetzt mal platt gesprochen. Und dann
eben der Hochschullehrer, der die 20/25-jähri-
gen vor sich sieht. Das heißt, hier verwenden
wir noch zu wenig Aufmerksamkeit darauf: Wie
müssen Lernumwelten gestaltet werden? Sie
sollten besser gestaltet werden in Abhängigkeit
von der Lebensphase.
Und nun zu: Altern beginnt im Kopf! Und da wir
als menschliche Wesen ja die einzige Spezies
auf diesem Planeten sind, die mit der Fähigkeit
ausgestattet ist, über uns selbst nachzudenken
– was auch dazu geführt hat, dass wir erfindungs-
reich sein können, dass wir unsere Umwelt systematisch und mit Ziel verändern können –, hat
dieses Nachdenken über uns selbst auch eine
enorme Bedeutung für unsere Entwicklung und
dafür, wie wir altern. Vielleicht am besten dadurch veranschaulicht, dass in dem Maße, in
dem wir eine Überzeugung von dem haben, was
wir können oder nicht können, sich diese Überzeugung über kurz oder lang in Realität verwan-
deln wird. Wenn ich der Meinung bin: »Jetzt

bin ich 70 und ich kann alles, nur keine neue Sprache mehr lernen!«, dann wird das auch so sein. Wenn ein anderer sagt: »Jetzt bin ich 70, endlich hab ich Zeit! Ran an die Kartoffeln, jetzt will ich endlich mal Französisch lernen«, diese Person wird in der Lage sein und wird in einem gewissen Zeitraum auch Französisch lernen. Will sagen: Die Erwartungshaltungen, die Hoffnungen und die Ängste, die wir in unserem Kopf tragen, realisieren sich über die Zeit. Und das geht so weit, dass eine Studie einer Kollegin hier aus Amerika schon Anfang der 2.000er Jahre gezeigt hat, dass, wenn man Menschen im mittleren Erwachsenenalter danach befragt, was sie erwarten von ihrem Alter, ob sie positive oder negative Erwartungen haben und dann die Gruppe aufteilt in solche, die eher positive und solche, die eher negative Erwartungen haben und sie dann solange verfolgt, bis sie schließlich gestorben sind, 20, 30, 40 Jahre später, und über die beiden Gruppen hinweg vergleicht, dann stellt man fest: dass sich die beiden Gruppen im Durchschnitt um 7 Jahre in ihrer Lebenserwartung unterscheiden. Und das ist kontrolliert für objektive Gesundheit, für sozioökonomische Bedingungen – also wie viel Geld jemand hat, wie viel Ausbildung jemand hat, für den Optimismus, den jemand hat – all das ist statistisch kontrolliert zwischen den beiden Gruppen. Und was sich nur noch unterscheidet zwischen den beiden Gruppen war diese Erwartungshaltung für das eigene Alter. Und in der Studie konnte man dann zeigen, dass der vermittelnde Mechanismus so etwas ist wie ein Lebenswille, dass ich dann einfach keine Lust spüre, in diese Phase zu kommen, wenn ich sehr viele Ängste und negative Erwartungen habe. Das heißt, man tut gut daran, sich bewusst zu sein, welche Ängste oder negativen Erwartungen für das eigene Alter man so im Kopf mit sich herumträgt, und ich glaube, auch eine Gesellschaft tut gut daran, sich klar zu werden, welche öffentliche Bilder des Alterns man sich leistet.

WIE WÜRDEN SIE DIE LERN- UND ARBEITSZEITEN IM LEBEN EINES MENSCHEN VERTEILEN?
Also die gesamtgesellschaftliche Rechnung des demographischen Wandels – das haben wir uns auch in den »gewonnenen Jahren« sehr genau angeschaut, die sieht so aus, dass der zentrale Hebel, den demographischen Wandel zu finanzieren, wenn man das jetzt mal so platt sagen will, an der Arbeitsmarktbeteiligung liegt. Wenn es uns gelingt, in Deutschland die Arbeitsmarktbeteiligung auf einen Prozentsatz zu heben, wie wir ihn in Dänemark und in der Schweiz schon seit Jahren haben – das muss also möglich sein, es sei denn diese beiden Länder haben irgendwas Mirakulöses, was wir nicht haben –, dann werden wir schon in einer guten Lage sein, den demographischen Wandel bezahlbar zu halten durch diese Produktivitätssteigerung, die da drin steckt. Gleichzeitig sagt man sich aber natürlich: »Es wäre doch schön, wenn wir nicht nur mehr Leute in den Arbeitsmarkt bringen, sondern auch versuchen, die Art und Weise, wie wir Arbeit über den Lebensverlauf verteilen, neu denken. Wenn wir davon ausgehen, wir haben jetzt dieses längere Leben und das ist auch zunehmend ein gesundes längeres Leben, könnte man doch sagen, wir können Freiheitsgrade gewinnen, bei gleicher Produktivität, indem wir erst mal die gesamte Arbeitszeit pro Woche absenken

auf etwa 30 Stunden, dafür aber das Fenster, in dem wir arbeiten, verlängern von 20 bis 70.« Und wenn man sich dieses Modell vor Augen führt, wird klar, dass durch diese 10 Stunden geschenkte Zeit pro Woche sehr viel Planungsspielraum und Flexibilität entsteht, in die ich immer wieder Lernphasen einschieben kann, ich kann Sabbaticals einschieben, nicht nur für Professoren, sondern auch für Menschen, die am Band arbeiten, ich kann Familienzeiten einschieben. Es gibt dann interessante ökonomische Modelle, die zeigen: Wenn sogenannte Vorgriffe auf einen angesparten Pensionsfonds – oder wie immer man das nennen will, also die Mittel, die einem eigentlich dann erst am Ende ausgezahlt werden sollen – wenn Vorgriffe erlaubt würden, ließen sich auch Finanzierungsmodelle finden für diese Bildungsphasen. Mit anderen Worten, es könnte durchaus interessant sein, sich sehr nachhaltig zu verabschieden von dieser Blockbildung im Sinne von: Am Anfang ist alles Bildung, ist alles Lernen und möglichst viel davon – und in Deutschland sind wir ziemlich gut da drin, sehr viel Bildung am Anfang, sehr solide und sehr toll – und dann aber ist genug mit der Bildung. Dann haben wir ja auch so viel investiert und dann brauchen wir das auch nicht mehr. Und dann nur noch: Arbeit, Arbeit, Arbeit, Arbeit. Man könnte stattdessen sagen: »Es könnte doch sinnvoll sein, dass der Lernprozess eines Menschen interessanter zu gestalten ist, wenn ich den immer wieder unterbreche. Und wenn ich Menschen erst mal eine Chance gebe, z.B. Universitätsluft zu schnuppern, wie so eine Art Geschmacksprobe, ob diese Art von Denken und Beschäftigung und Auseinandersetzung mit Wissensbeständen unserer Welt mir Spaß macht, etwas für mich ist oder nicht. Und nach diesen drei Jahren, genannt dann Bachelor, sage ich erst mal, jetzt hab ich eigentlich genug, jetzt guck ich mal, was kann ich denn damit anfangen und geh mal an den Arbeitsmarkt.« Ein Anderer sagt aber: »Das war mir noch lange nicht genug, ich hab richtig Blut geleckt, ich will da jetzt weitermachen!« Also hier diese Vervielfältigung von Lernwegen und Lern- und Berufsverknüpfungen und -verwebungen, das scheint mir sehr erstrebenswert zu sein

und ein möglicher Weg, um diese gewonnenen Jahre interessant zu nutzen und vielleicht als Nebeneffekt auch den Gewinn zu haben, dass wir eigentlich nicht mehr aufhören zu lernen. Denn eine Sache, die ganz schlecht ist für uns ist, ist wenn wir aus der Übung kommen. Egal was es ist. Ob Fahrradfahren, ob Autofahren, ob eine Sprache sprechen. Immer wenn wir aus der Übung kommen, ist es erst mal ziemlich mühsam, wieder rein zu kommen und das ist auch das, was viele ältere Mitarbeiter erleben, wenn sie nach 20 Jahren – keinerlei Schulbankerfahrung mehr – jetzt plötzlich auf irgendeine Fortbildung geschickt werden und dann das Gefühl haben: »Um Gottes Willen, was geht hier denn ab?« Und das würde nicht passieren, wenn wir immer wieder diese eingestreuten Lernepisoden hätten – natürlich jeder auf seiner Ebene, es geht nicht nur um akademisches Lernen. Dann, glaube ich, könnten wir dieses Aus-der-Übung-kommen und dieses Einrosten unseres Lernapparates vermeiden und bessere Lernergebnisse und hoffentlich auch mehr Spaß beim Lernen erhalten. Das ist natürlich ein bisschen eine andere Antwort als sie gegenwärtig in Deutschland umgesetzt wird. Da finde ich übrigens hier in den USA dieser Arts and Science Bachelor, der hier ja sogar vier Jahre Freiheit im Lernen gibt und auch im Rausfinden, »Wo mag ich ein Beitrag leisten in dieser Gesellschaft?«, das ist wirklich ein Reichtum.

—

Das Gespräch wurde im November 2014 in New York geführt.

ANDREAS
KRUSE

60, PROFESSOR FÜR PSYCHOLOGIE UND GERONTOLOGIE, SEIT 1997 DIREKTOR DES INSTITUTS FÜR GERONTOLOGIE DER UNIVERSITÄT HEIDELBERG, LEITER DER ALTENBERICHTSKOMMISSION DER BUNDESREGIERUNG

»Du musst die Möglichkeit haben, in irgendeiner Form in deinem Leben Sinn zu verwirklichen.«

HERR PROF. KRUSE, WAS INTERESSIERT SIE AN DER GERON-TOLOGIE? WARUM HABEN SIE SICH FÜR DIESEN SCHWER-PUNKT ENTSCHIEDEN? Gerontologie hat mich besonders des-wegen interessiert, weil – als ich Anfang der 80er Jahre damit begonnen habe – über das Thema Alter sehr wenig bekannt war. Man wusste medizinisch, psychologisch über diese Lebens-phase sehr wenig. Und ich hatte die Möglichkeit, bei der Durch-führung einer Studie zur Lebenssituation chronisch Kranker auch mit hochbetagten Menschen zu sprechen, die mich in einer Hinsicht sehr beeindruckt haben, dass sie körperlich mit vielen Einbußen konfrontiert waren, aber eine seelisch-geistige Kompetenz unter Beweis stellten, die in meinen Au-gen hoch war und die mich nicht nur wissenschaftlich, son-dern auch seelisch sehr berührt hat. Aus dem Grunde kam dann eben auch die Frage, ob ich mich nicht etwas intensiver wissenschaftlich mit Alter beschäftigen sollte.

DER SECHSTE ALTENBERICHT UNTERSCHEIDET ALTERN VERSUS ALTER. WARUM? Also der Begriff »Altern« hat gegen-über jenem des »Alters« noch mal eine ganz besondere Bedeu-tung, dass wir theoretisch schon davon ausgehen – die Biolo-gie, die Physiologie, die Psychologie –, dass wir den Alterns-prozess als einen begreifen müssen, der sich über die gesamte Lebensspanne vollzieht. Das heißt, es gibt kein Lebensalter, ab dem wir sagen können: »Jetzt ist der Mensch alt.« Sondern wir können eigentlich nur sagen, der Alternsprozess erstreckt sich von der Konzeption bis zum Tode, und wir sind eben auf unterschiedlichen Stufen dieses Prozesses, wenn wir in unterschiedlichen Lebensaltern stehen. Für uns ist also bedeutsam, dass das Prozesshafte der Entwicklung im Lebenslauf betont wird, während der Begriff »Alter«, wenn wir ihn sehr statisch verwenden, wenn wir ihn mit einem bestimmten Lebensalter verbinden, doch eher so etwas einschließt wie eine strenge Unterscheidung von Lebensphasen.

WAS SIND EIGENTLICH ALTERSBILDER? Bilder des Alters sind Vorstellungen, intellektuelle Vorstellungen, die aber gleichzeitig auch emotional getönt sind. Wenn wir die Vorstellung eines alten Menschen haben, wenn wir uns Gedanken darüber machen, wie ein alter Mensch beschaffen ist, dann ist das für uns nicht nur eine intellektuelle Angelegenheit, eine geistige Angelegenheit, sondern eben auch emotional, weil wir mit diesen Vorstellungen auch bestimmte Emotionen verbinden. Und Altersbilder bedeutet eben, dass jeder Mensch ein Bild vom eigenen Älterwerden und Alter hat, auch von seinem zukünftigen Altern und Alter. Altersbilder bedeutet auch, dass andere Menschen auf uns als ältere Menschen blicken: Wie nehmen die eigentlich Alter wahr? Und Altersbilder bedeutet natürlich auch, dass eine Kultur, dass eine Gesellschaft, dass ein bestimmtes Milieu auch eine spezifische Vorstellung vom Alter hat. Und wir sprechen von Bildern, weil es im Grunde genommen auch bildhafte Vorstellungen sind. Wenn man zum Beispiel die Frage stellt: »Wie stellst du dir einen alten Menschen vor?«, dann werden ja auch zunächst Bilder, Körperbilder generiert, bevor man dann vielleicht diese Körperbilder auch noch etwas erweitert, etwas differenziert und die geistigen Fähigkeiten, die emotionalen Qualitäten und die sozial-kommunikativen Qualitäten eines Menschen betont. Das Bildhafte macht sehr viel Sinn, weil es einfach nicht nur abstrakte Dinge sind. Und aus diesem Grund spricht man eben auch von Altersbildern.

WIE WIRKEN SICH ALTERSBILDER AUS? SIE KÖNNEN EINE POSITIVE ODER EINE NEGATIVE AUSWIRKUNG HABEN: SIE KÖNNEN SO ETWAS WIE NORMIERUNG SEIN, SIE KÖNNEN AUCH GRENZEN ÜBERWINDEN, TÜREN ÖFFNEN. WIE

WIRKEN ALTERSBILDER IN UNSEREN KÖPFEN? Ein sehr wichtiger Punkt, den wir immer wieder mit dem Begriff Altersbilder verbinden, ist, dass Menschen in aller Regel mehrere Altersbilder haben und nicht nur eines. Und das ist ganz interessant. Wenn Sie mit bestimmten älteren Menschen zusammen kommen, beispielsweise mit solchen, bei denen körperliche Einbußen auch relativ gut nach außen hin sichtbar sind, dann ist es durchaus möglich, dass ein Bild erzeugt wird der Art: »Alte Menschen sind pflegebedürftig.« Und wenn die betreffende Person aber jetzt einen anderen älteren Menschen sieht, der von seinem ganzen Auftreten und seiner ganzen Argumentation her wie ein sehr Kompetenter erscheint, nicht nur kompetent ist, sondern auch wie ein Kompetenter erscheint, dann ist es durchaus möglich, dass diese Person, die eben noch von »pflegebedürftigen Alten« gesprochen hat, sagt: »Alte Menschen sind weise.« Das heißt, wir haben sehr unterschiedliche Bilder des Alters. Jede Person hat mehrere Bilder des Alters, und in unterschiedlichen Situationen werden dann eben auch ganz spezifische Bilder ausgelöst und angestoßen.

Die Frage, welche Bilder nun angestoßen werden, ist wichtig, weil wir natürlich vor dem Hintergrund der Altersbilder uns auch in einer bestimmten Art und Weise gegenüber alten Menschen verhalten. Wenn ich mit einem alten Menschen zu tun habe und ich assoziiere mit ihm Pflegebedürftigkeit und sage: »Alte Menschen sind pflegebedürftig«, werde ich mit diesem Menschen eine ganz andere Art des Gesprächs führen. Nicht nur vom Inhalt her, sondern auch von der Form, als in jenem Falle, bei dem ich es mit einem alten Menschen zu tun habe, von dem ich sagen würde: »Der ist weise« und »Alte Menschen sind weise.« Das heißt, mein Verhalten gegenüber alten Menschen wird durch die Altersbilder in hohem Maße beeinflusst.

Die gesellschaftlichen, die kulturellen Altersbilder beeinflussen natürlich, wie wir auch auf gesellschaftlicher Ebene überhaupt über Alter sprechen. Stichwort: »Alter ist eine Belastung für Gesellschaft.« Oder andere sagen: »Alte Menschen sind ein Potenzial für die Gesellschaft.« Und schließlich, mein eigenes Altersbild bestimmt schon erheblich mit, in welchem Maße ich körperlich aktiv bin, in welchem Maße ich seelisch, geistig aktiv bin, sozial aktiv bin, inwiefern ich eigentlich mein Leben im Alter als etwas Gestaltbares betrachte oder eben als nicht Gestaltbares. Aus diesem Grunde gibt es ja viele Studien, die uns zeigen, dass es systematische Zusammenhänge gibt zwischen dem Altersbild einer Person auf der einen Seite und dem Gesundheitszustand der Person auf der anderen Seite. Und die vermittelnde Größe zwischen Altersbild und Gesundheitszustand ist dann eben die Aktivität. Wenn jemand ein positives, differenziertes Altersbild hat, möchte er in einem ganz anderen Maße aktiv sein als jener, der ein sehr negatives Altersbild hat. Und die Aktivität ist eben doch eine sehr wichtige Einflussgröße mit Blick auf Gesundheit.

WOHER KOMMEN IHRE PERSÖNLICHEN ALTERS-BILDER? WAS HAT SIE GEPRÄGT? Also die persönlichen Altersbilder bei mir haben sicherlich viel mit meiner Familie, meiner Herkunftsfamilie zu tun, also beispielsweise mit den Großeltern. Auch sehr viel damit, wie meine Eltern über ihre Großeltern gesprochen haben. Sie haben natürlich auch sehr viel damit zu tun, dass ich im Laufe der wissenschaftlichen Untersuchungen, in denen ich mit vielen hundert alten Menschen zusammengekommen bin, sogar mehr als tausend, dass ich natürlich in den wissenschaftlichen Untersuchungen auch sehr viele Eindrücke, nicht nur Erkenntnisse, sondern Eindrücke von Alter bekommen habe. Wobei ich immer wieder sagen muss: Es waren die ersten Eindrücke, die ich in den wissenschaftlichen Untersuchungen bekommen habe, die mir gezeigt haben: Du musst unterscheiden zwischen einem körperlichen Altern und einem seelischen Altern oder einem geistigen Altern. Diese Eindrücke haben sich eigentlich auch immer wieder bestätigt. Von daher bin ich für diese ersten Eindrücke, die ich in den frühen wissenschaftlichen Arbeiten gewonnen habe, auch dankbar. Sie wirken eigentlich bis heute fort.

WAS HABEN WIR IN DEUTSCHLAND FÜR EIN ALTERSBILD? UND WIE HAT SICH DAS ALTERS-BILD IN DEN LETZTEN HUNDERT JAHREN VER-ÄNDERT? Ich möchte schon sagen, dass wir im internationalen Vergleich in Deutschland wirklich differenzierte Altersbilder haben. Ich würde sagen, in Deutschland wird über das Thema Alter in einer differenzierten Weise gesprochen, und es haben eigentlich auch sehr viele Bürgerinnen und Bürger unseres Landes eine relativ klare Vorstellung davon, wie differenziert man auf das Alter blicken muss. Übrigens wird auch in der Bundesrepublik Deutschland, das ist mir besonders wichtig, der ethische Diskurs, die ethische Auseinandersetzung mit Fragen des Alters, überhaupt mit Fragen der Lebensqualität, mit Fragen der Lebenswürde auf einem sehr hohen Niveau geführt. Aber wenn es um die Frage geht, inwiefern haben nun die Erkenntnisse, die die einzelnen Bürgerinnen und Bürger gewonnen haben, eine unmittelbare Relevanz für ihr eigenes Verhalten: Diese Frage steht nochmal auf einem anderen Blatt. Da hat man bisweilen doch den Eindruck, dass über das Alter dann eher in einer negativen Weise gesprochen wird, dass das Alter dann doch eher als eine Belastung für die Gesellschaft betrachtet wird. Mit anderen Worten: Wir wissen eine ganze Menge über Alter, und das würde ich schon ganz gern auf unsere Bevölkerung insgesamt übertragen, wobei wir in den verschiedenen sozialen, in den verschiedenen Bildungsschichten auch große Unterschiede finden. Aber insgesamt wissen wir doch eine ganze Menge über das Alter. Inwiefern das jetzt auch eine unmittelbare Relevanz für unser Verhalten gegenüber Alten hat, da bin ich schon etwas vorsichtiger. Das ist für uns eine wichtige Zielsetzung, dass wir dieses Wissen, über das Menschen vielfach verfügen, auch handlungs- und verhaltensleitend machen. Und das bedeutet, dass wir gesellschaftlich, dass wir kulturell Räume schaffen, in denen sich Ältere bewegen können, in denen Ältere sich in ihren Leistungen, in ihren Interessen, in ihrem Engagement zeigen können.

WELCHE ROLLE SPIELEN DIE MEDIEN? MAN HAT DAS GEFÜHL, DASS DIE MEDIEN NICHT IMMER EINE GUTE ROLLE SPIELEN, SONDERN EHER KATASTROPHEN SKIZZIEREN. Also ich denke schon, dass man, gerade was die mediale Darstellung des Alters angeht, zu zwei Aussagen berechtigt ist. Die eine: wir kennen eine ganze Menge Medien, Printmedien, aber natürlich auch Rundfunk, Fernsehen, die eigentlich differenziert über das Alter schreiben. Und wir beobachten auch, dass es sehr anerkannte Medien gibt, die über das Thema »Alter« im wirtschaftlichen Bereich, im sozialen Bereich, im kulturellen Bereich, im politischen Bereich insgesamt auch differenziert sprechen, auch sehr gut darüber informieren.

Es gibt andere Medien, die neigen bisweilen dazu zu vereinfachen, trotz einer differenzierten Einstellung zum Thema »Alter«, auch trotz einer differenzierten Berichterstattung, immer dann, wenn in irgendeiner Form auch gesellschaftlicher Protest formuliert werden könnte – also beispielsweise, wenn die Frage gestellt wird: »Sind die Renten sicher?« Denn im Kontext einer solchen Frage könnte ja dann beispielsweise auch mal ein gesellschaftlicher Protest artikuliert werden: Die Renten sind nicht sicher, die nachfolgenden Generationen werden belastet – diese Medien neigen bisweilen dazu, draufzuhauen und dann hochproblematische, sehr vereinfachte Bilder des Alters zu vermitteln, die dann übrigens auch in der Bevölkerung auf eine gewisse Resonanz stoßen. Beispielsweise Schlagzeilen wie die »Demenzwelle«, der »Rentnerberg«, der »Generationenkonflikt«, der »Generationenkrieg«: Das sind ja alles Begriffe, wenn die mal über mehrere Tage in der Gesellschaft präsent sind, dann gibt es natürlich schon Medien, die mit großer Freude das aufgreifen, das sehr stark machen und vielleicht dabei nicht immer bedenken, dass derartige einseitige Darstellungen von Alter natürlich schon auch längerfristige Konsequenzen haben. Deswegen finde ich es bei solchen Diskussionen gut, wenn jetzt beispielsweise über Generationenkonflikt oder Generationenkrieg gesprochen wird – den wir ja nun in keiner Weise in Deutschland haben –, dass man sich als Medienvertreter immer wieder vor Augen führt: Du hast großen Einfluss darauf, in welcher Weise, wie differenziert, auch ethisch differenziert, eine solche Diskussion vorangetrieben wird.

WIE WIRD DIE DISKUSSION IM POLITISCHEN RAUM GEFÜHRT? Auch politische Entscheidungsträger haben diese Verantwortung. Wenn die beispielsweise über ein Phänomen des Alters sprechen – Pflegeversicherung, hat ja unmittelbar mit Alter zu tun, Rentenversicherung, hat unmittelbar mit dem Alter zu tun, die Belastungen des Gesundheitssystems, um mal einige Beispiele zu nennen –, ist es wichtig, immer sehr differenziert zu argumentieren. Wenn es beispielsweise um die Rentenversicherung geht: dass man natürlich sagt, die Rente ist etwas, was Menschen erworben haben. Und: Menschen, die in Rente sind, sind häufig ehrenamtlich aktiv und engagiert. Die bürgerschaftliche, die ehrenamtliche Arbeit ist für unser Gemeinwohl von allergrößter Bedeutung. Das heißt, betrachten wir bitte ältere Menschen nicht nur als jene, die Leistungen aus der Rentenversicherung beziehen, betrachten wir sie bitte nicht nur als jene, die da so etwas wie eine mildtätige Gabe bekommen, sondern als solche, die sich das verdient haben und die vielfach bis in das hohe Lebensalter hinein in bürgerschaftlicher Weise engagiert sind, was für unser Gemeinwohl von genauso großer Bedeutung ist wie die berufliche Arbeit.

GIBT ES IN UNTERSCHIEDLICHEN SOZIALEN SCHICHTEN ODER MILIEUS UNTERSCHIEDLICHE ALTERS-BILDER? HÄNGT EIN ALTERSBILD MIT BILDUNG UND QUALIFIZIERUNG ZUSAMMEN, WIE SIND DIE UNTERSCHIEDE? In den verschiedenen Sozialschichten, die wir ja auch immer ökonomisch definieren, die wir auch bildungsbezogen definieren, haben wir schon unterschiedliche Altersbilder. Vor allen Dingen in der Weise, dass Menschen, die aus sozialen Grundschichten kommen, die einen vergleichsweise niedrigeren Bildungsstand und auch niedrigere finanzielle Ressourcen haben, dass diese Menschen das Alter eher als etwas deuten, was biologisch, genetisch bestimmt ist, und zwar einzig und allein biologisch-genetisch bestimmt ist, und was wir eigentlich kaum beeinflussen können. Das bedeutet also, die Möglichkeiten der Selbstgestaltung des Lebens im Alter werden weitgehend unterschätzt. Also hier sehen wir natürlich schon auch einen großen Bildungsauftrag.

Auf der anderen Seite muss man sehen: Das sind natürlich auch Sozialschichten, deren Mitglieder im Laufe des Lebens immer wieder erfahren haben, dass sie gar nicht so viele Möglichkeiten haben, ihr Leben zu gestalten, weil sie einfach unter sehr einengenden sozialen Bedingungen leben. Das wird dann mit Blick auf das Alter noch einmal stärker. Man erwartet eben, das Alter ist biologisch-genetisch determiniert, man kann relativ wenig dagegen machen. Und wir können auch in diesen Schichten immer wieder erkennen, dass vielfach soziale Leistungen, die ihnen zustehen und die dazu beitragen würden, beispielsweise die gesundheitliche Entwicklung, die Teilhabe im Alter zu fördern, dass diese sozialen Leistungen nicht abgerufen werden. Das ist auch ein sehr wichtiger Punkt, weil diese sozialen Leistungen, die dem Menschen zustehen, eben für Gesundheit, für Selbstständigkeit, für Kompetenz und vor allen Dingen für Teilhabe so bedeutsam sind. Zum Beispiel medizinische Leistungen: dass man zum Beispiel nicht zum Arzt geht, wenn man bestimmte Symptome verspürt, weil man einfach auch dazu neigt zu sagen: »Das ist eben das Alter.« Dass man in keiner Weise der Frage nachgeht, gibt es beispielsweise in der Volkshochschule oder bei einem kirchlichen Bildungsträger, gibt es da Bildungsangebote, die du in Anspruch nehmen könntest, weil man es eigentlich bis dahin noch nie getan hat. Oder wenn einem finanzielle Unterstützung zusteht, dass man diese einfach nicht in Anspruch nimmt, auch wenn sie einem zusteht, wenn man eine Veränderung in der Wohnung vornimmt. Denken Sie an das Sozialgesetzbuch V, wenn Pflegebedürftigkeit droht, haben Sie ja die Möglichkeit, auch solche baulichen Veränderungen vornehmen zu lassen. Dass man das einfach gar nicht in Anspruch nimmt, weil man auch gar nicht davon ausgeht, a) dass es solche Dienstleistungen, solche Unterstützungen gibt, b) weil man auch gar nicht davon ausgeht, dass solche Unterstützungen einen wichtigen Beitrag leisten würden zur Selbstgestaltung des Alters.

DER SECHSTE ALTENBERICHT SPRICHT DAVON,

DASS ES NOTWENDIG IST, DIE BEGRIFFE ALTER UND KRANKHEIT ZU ENTZERREN. WARUM WIRD ALTER, NICHT ALTERN, HÄUFIG GLEICHGESETZT MIT KRANKHEIT? WARUM IST ES UMGEKEHRT WICHTIG, HIER EINE ENTZERRUNG, EINE KLARE UNTERSCHEIDUNG EINZUFÜHREN? Unsere Bevölkerung neigt dazu, die Veränderungen im Alter primär als Krankheit oder als Ausdruck von Krankheiten zu betrachten, als Symptome von Krankheiten. Das ist aus unserer Perspektive problematisch, weil wir in der Tat ganz natürliche biologisch-genetische Veränderungen im Alternsprozess beobachten können. Also beispielsweise haben Sie ganz systematische Veränderungen, sensorische Funktionen, sensorische Organe, denken Sie beispielsweise an die Altershörigkeit, denken Sie an die Alterssichtigkeit, denken Sie daran, dass die Leistungsfähigkeit unserer Organsysteme im hohen Lebensalter zurückgeht, wobei wir auch immer wieder einen Zusammenhang zwischen dem Ausmaß der Aktivität über den Lebenslauf und der Leistungsfähigkeit der Organsysteme bis in das hohe Lebensalter hinein feststellen können. Solche natürlichen Veränderungen werden in der Bevölkerung gerne als Krankheiten interpretiert. Für uns sind es aber keine Krankheiten, sondern für uns sind es natürliche Veränderungen der körperlichen Substanz im Lebenslauf. Es ist sogar mal in der Biologie und der Medizin der Begriff, den ich sehr schön finde, der »Biomorphose« geprägt worden. Das bedeutet: Der Bios, der Organismus, verändert sich, Morphose ist ja ein Veränderungsprozess, ein Gestaltungsprozess, der Organismus verändert sich über den gesamten Lebenslauf. Auf diese Veränderungen natürlich können sich dann auch Krankheiten auflagern. Also beispielsweise, wenn Sie im Lebenslauf das Muskoskeletalsystem immer in einer starken Weise beanspruchen, beispielsweise durch intensive körperliche Arbeit, dann ist es durchaus möglich, dass aus einem natürlichen Veränderungsprozess irgendwann auch einmal Pathologie wird. Dann ist es durchaus möglich, dass wir eine Gelenkdeformation bekommen, Gelenkschädigung, Gelenkverschleiß, also das, was man gemeinhin Arthrose nennt. Für uns ist es sehr wichtig, den natürlichen

Veränderungsprozess, der einfach ein Prozess der Umgestaltung im Lebenslauf ist, abzugrenzen von einem Krankheitsprozess. Aber immer wieder auch der Frage nachzugehen, inwiefern sich Krankheiten auf diesen natürlichen Veränderungsprozess auflagern können.

Das Gleiche haben Sie beispielsweise mit den Gefäßen, also ist natürlich klar: Wenn Sie sich vorstellen, Sie haben über viele Jahre und Jahrzehnte einen kontinuierlichen Blutfluss in den Gefäßen, dass sich da irgendwann einmal eine Arteriosklerose ausbildet, ist völlig klar. Aber da würden wir eben sagen, es gibt eine Arteriosklerose einer sehr leichten Art und fast kaum sichtbar, und die würden wir dann aber abgrenzen von einer Arteriosklerose, in der Sie eine deutlich starke, eine deutlich schwerere Symptomatik haben. Und das letztere wäre für uns Krankheit, das erstere wäre für uns ein natürlicher Alterungsprozess.

In anderen Worten: Wir sagen, bis in das höchste Lebensalter hinein haben wir immerzu Fragen, was ist eigentlich eine natürliche Veränderung im Altern, dabei immer bedenkend, wie wichtig es ist, dass durch unsere eigene Aktivität diese natürlichen Veränderungen im Altern positiv beeinflusst werden können. Wir haben Menschen, die sind 80 oder 85 mit einer bemerkenswerten intellektuellen und körperlichen Leistungsfähigkeit. Und was ist eben Krankheit? Wo können wir dann wirklich Krankheitsursachen feststellen?

Vielleicht ein Beispiel dafür: Wir sprechen gerne von einer Altersdemenz. Das ist ein Begriff, dem wir an der Universität Heidelberg sehr skeptisch gegenüber stehen, weil man so tut, als führte das Alter selbst zur Demenz. Demenz ist aber eine Erkrankung beziehungsweise ist ein Oberbegriff für viele Erkrankungen, deren Ursache wir klar benennen können. Und deswegen sagen wir: Wir sprechen nicht von einer Altersdemenz, sondern wir sprechen beispielsweise von einer gefäßbedingten Demenz oder einer Alzheimer Demenz, um nur mal zwei Beispiele zu nennen. Und wollen damit klarmachen, für diese Erkrankungen haben wir auch ganz klare Ursachen, die können wir auch ganz eindeutig benennen. Das hat erst einmal mit Alter nix zu tun, aber natürlich nimmt insgesamt das zu,

was wir kognitive Verletzlichkeit im Alter nennen. Und auf diese kognitive Verletzlichkeit können sich natürlich Erkrankungen auch nochmal ganz anders aufsetzen, in diesem Falle Demenzerkrankungen, sodass wir dann eine gewisse Mischung von Alter und Krankheit haben. Aber es gilt für uns immer der Satz, klar zu differenzieren: Was ist Alter und was ist Krankheit?

WAS GIBT ES POSITIVES IM PROZESS DES ALTERNS, WAS SIND DIE ZUGEWINNE? Das ist eine wichtige Frage, dass wir eben nicht nur unterscheiden zwischen Altern und Krankheit, sondern dass wir auch klar unterscheiden zwischen Altern und seelisch-geistiger Kompetenz. Es wird nicht jemand kompetent, es wird nicht jemand emotional, motivational, intellektuell differenziert, nur weil er alt ist. Also die Gleichsetzung beispielsweise von Alter und Weisheit, wenn man überhaupt den Begriff »Weisheit« in diesem Zusammenhang verwenden will, also diese Gleichsetzung erscheint uns als sehr problematisch. Der Mensch ist nicht weise, weil er 80 ist. Nur muss man bedenken, wenn er 80 ist, hat er viele Möglichkeiten in seinem Lebenslauf gehabt, Erfahrungen zu machen und, was ja sehr wichtig ist, diese Erfahrungen systematisch zu reflektieren. Wenn er nun viele Erfahrungen gemacht hat und wenn er diese auch systematisch reflektiert hat und damit im Grunde genommen auch so etwas ausgebildet hat wie eine Lebensgestalt, so etwas wie eine Skulptur, dann würden wir sagen, wir haben es mit einem alten Menschen zu tun, der eine bemerkenswerte seelisch-geistige Kompetenz entwickelt hat. Das heißt, das Alter, das hohe Lebensalter bietet uns quantitativ, einfach durch die lange Lebenszeit, viele Möglichkeiten, Erfahrungen zu gewinnen und zu reflektieren. Und wenn wir das tun, dann werden wir natürlich auch eine bemerkenswerte seelisch-geistige Kompetenz im Alter zeigen, auch wenn wir beispielsweise mit körperlichen Einschränkungen konfrontiert sind. Aber es gilt auch der Satz, dass sich bei einem 20-jährigen, 25- oder 30-jährigen, vielleicht schon bei einem 15-jährigen, der oder die mit zahlreichen Erfahrungen, Erlebnissen, zum Teil auch Belastungen konfrontiert war, eine bemerkenswerte Fähigkeit entwickelt hat, diese Belastungen, diese

Erfahrungen und Erlebnisse zu reflektieren. Mit anderen Worten: Die Psyche entwickelt sich vor allen Dingen unter dem Einfluss neuer Eindrücke, unter dem Einfluss neuer Erfahrungen, unter dem Einfluss der Möglichkeit, diese Erfahrungen systematisch zu reflektieren.

HAT DIE VORSTELLUNG, DASS DAS LEBEN END-LICH IST ODER BALD ENDEN KÖNNTE, EINEN EINFLUSS AUF DIE INNERE HALTUNG? Wir haben schon seit vielen Jahren empirische Befunde, die uns zeigen, dass die Bewusstwerdung der eigenen Endlichkeit großen Einfluss auf Psyche, auf Prozesse hat, positiver Art, möglicherweise aber auch negativer Art.

Positiver Art, dass die Auseinandersetzung mit der Endlichkeit auch die Offenheit des Menschen für neue Erfahrungen in besonderer Weise anstoßen kann, dass die Auseinandersetzung mit der Endlichkeit auch das anstoßen kann, was ich gerne eine »Introversion« nenne. Aber jetzt nicht im Sinne einer Introvertiertheit, sondern einer stärkeren Auseinandersetzung mit dem eigenen Selbst und auch eine stärkere Auseinandersetzung mit der Welt. Und dass die Bewusst-

werdung der eigenen Endlichkeit einen ganz besonderen Anstoß geben kann für das, was wir Generativität nennen, das heißt, die erlebte und praktizierte Verantwortung für nachfolgende Generationen.

Es kann aber auch negative Konsequenzen haben. Es gibt Menschen, für die die Bewusstwerdung der eigenen Endlichkeit etwas sehr Bedrohliches hat. Das ist vor allen Dingen dann der Fall, wenn sich Menschen über viele Jahrzehnte hinweg gar nicht mit dieser Thematik befasst haben, das gibt's ja auch. Und die jetzt im höheren Lebensalter, beispielsweise unter dem Eindruck von Krankheitssymptomen oder dem Eindruck des Verlusts anderer Menschen, auf einmal mit der Endlichkeitsthematik konfrontiert sind und im Grunde genommen jetzt nicht über die entsprechenden seelisch-geistigen Ressourcen verfügen, auch nicht über die entsprechenden spirituellen und religiösen Ressourcen verfügen, diese Endlichkeitsthematik dann auch in ihr Gesamtlebenskonzept zu integrieren. Und dann beobachten Sie hier eher einen Rückzug, Niedergeschlagenheit, zum Teil eben auch Angstzustände. Mit anderen Worten: Die Endlichkeit ist für uns kein triviales Thema. Wir sagen hier in der Uni Heidelberg: Der Tod ist alles andere als eine Trivialität. Wenn Menschen uns sagen: »Wir haben Angst vor dem Sterben, aber keine Angst vor dem Tod«, das ist eine Aussage, die wir eigentlich den Menschen nicht abnehmen, weil es eben nicht trivial ist, davon auszugehen, dass man aus der Welt geht. Es ist nicht trivial, viele Bindungen, die man zur Welt hat, aufzulösen.

Aus diesem Grunde sollten wir eine ganz andere Kultur des Umgangs mit Endlichkeit entwickeln, wir verdrängen ja nicht die Endlichkeit, wir verdrängen auch nicht den Tod, also von der Todesverdrängungshypothese halte ich nicht viel. Es geht vielmehr darum, wie wir uns mit der eigenen Endlichkeit auseinandersetzen und ob es uns gelingt, uns früh genug der Tatsache bewusst zu sein, dass es nicht nur eine Ordnung des Lebens gibt, sondern eben auch eine Ordnung des Todes. Und unsere Erkenntnisse, unsere Erfahrungen gehen eigentlich dahin, dass Menschen, wenn sie sich schon früh mit diesem Faktum auseinandersetzen – es gibt eine Ordnung des Lebens, es gibt eine Ordnung des Todes, du bist endlich, du bist in deinen Handlungsmöglichkeiten begrenzt, auch einfach in deiner Lebenszeit – dass Menschen dann eben auch zu einer ganz anderen Einstellung und Haltung ihrem Leben gegenüber kommen.

WIE ÄNDERN SICH ALTERSBILDER IN EINER GESELLSCHAFT? ALLE HANDELNDEN PERSONEN, OB POLITIKER, ARBEITGEBER ODER JOURNALISTEN, HABEN SELBST ALTERSBILDER IN IHREN KÖPFEN, DIE NICHT THEMATISIERT WERDEN, ABER DEREN AUSWIRKUNG WIR ERFAHREN IN VERHALTENSWEISEN, IN BERICHTERSTATTUNGEN, IN EINER EINSTELLUNGSPRAXIS, IN GESETZESVORLAGEN ODER POLITISCHEN PROGRAMMEN, ALTERSBILDER, DIE IMMER DURCHSCHEINEN. WIE GEHEN WIR MIT DEN SUBKUTANEN ODER UNTERSCHWELLIGEN ALTERSBILDERN DIESER »GESTALTER« UM, DIE JA NICHT TRANSPARENT SIND. Man muss sich immer wieder vorstellen – und dieser Befund gilt eigentlich bis heute – dass »alt« die anderen sind, aber man selbst nicht. Das beobachten Sie bei etwa 80-Jährigen, 85-Jährigen, dass sie klar differenzieren zwischen den anderen Alten und der eigenen Person, die eben nicht alt ist, beziehungsweise wenn sie alt ist, doch den anderen körperlich und geistig überlegen ist. Das beobachten wir in vielen Studien: Menschen vergleichen sich mit Anderen und dieser Vergleich geht häufig eben zu Gunsten jener Person aus, die die Vergleiche zieht. Das heißt also, der Begriff »Alter« ist natürlich immer noch negativ besetzt, negativ konnotiert.

Und das erste wäre einmal, dass wir weiter unsere medialen Bemühungen fortsetzen, in einer viel differenzierteren Art und Weise vom Alter zu sprechen. Ich bin mir da relativ sicher, dass die Medien durch die kontinuierliche Fortsetzung einer guten Aufklärungsarbeit sehr interessanter Lebensformen im Alter, sehr interessanter Kompetenzformen im Alter dazu beitragen, dass wir zu differenzierteren, nicht einfach nur positiveren, zu differenzierteren Altersbildern gelangen. So zum Beispiel, was uns als so wichtig erscheint, beispielsweise in der Arbeitswelt, ist, dass wir älteren Menschen die Möglichkeit geben, sich in der Arbeitswelt zu bewähren. Was uns so wichtig jenseits der Arbeit ist, dass beispielsweise ältere Menschen im politischen Raum, im gesellschaftlichen und kulturellen Raum die Möglichkeit haben, sich zu bewähren.

In der Arbeitswelt z.B., dass ein 60-Jähriger, ein 62-, ein 65-, ein 66-Jähriger, meinetwegen ein 68-Jähriger oder ein 69-Jähriger durch seine berufliche Motivation, durch seine berufliche Kompetenz, durch seine Kreativität zeigen kann, dass er eine bemerkenswerte Leistungsfähigkeit besitzt, dass man möglicherweise nur das Arbeitsportfolio verändern muss, in Teilen verändern muss – das heißt, von den körperlich anspruchsvollen Arbeiten einfach deutlich stärker wegzugehen und jetzt mehr die kognitive Leistungsfähigkeit in das Zentrum stellen. Und wenn Menschen die Möglichkeit haben, in dieser Weise in der Arbeitswelt zu agieren und sich zu zeigen in ihrer Kreativität, in ihrer Kompetenz, dann merken natürlich Unternehmen auch, das ist ein Juwel! Und das beobachten wir ja schon in der Kommunikation, die wir mit vielen Unternehmen führen, dass diese sagen: »Allmählich wird uns klar, die älteren Mitarbeiterinnen und Mitarbeiter sind für uns eine bedeutsame Größe, die wir viel mehr pflegen müssen, als wir das früher getan haben.« Mit anderen Worten, wir sagen immer: Gib den Alten, gib den Älteren die Möglichkeit, sich im öffentlichen Raum, sei es in der Arbeitswelt, sei es im zivilgesellschaftlichen Bereich, sei es im kulturellen Bereich zu zeigen, ihre schöpferischen Qualitäten, ihr kreatives Potenzial unter Beweis zu stellen, und vor allen Dingen gib ihnen die Möglichkeit, das ist mir besonders wichtig, mit jungen Generationen zusammen zu arbeiten. Da haben wir viel aus der Arbeitswelt gelernt, dass uns jüngere Arbeitnehmerinnen und Arbeitnehmer sagen: »Die Kooperation mit den Älteren ist für uns ein großer Gewinn«, wie umgekehrt die Älteren sagen: »Die Kooperation mit den Jüngeren ...« Also diese Generationentandems, diese Generationenteams sind für uns sehr bedeutsam. Zum einen, weil ganz unterschiedliche Kompetenzen in den Arbeitsprozess einfließen und zum anderen, weil sich die Generationen gegenseitig befruchten. Alter im öffentlichen Raum zu zeigen, Alten oder Älteren die Möglichkeit zu geben, sich wirklich einzusetzen, das halte ich für eine sehr wichtige Größe, um Altersbilder zu ändern.

Zum Zweiten ist es bedeutsam, dass wir im zivilgesellschaftlichen Bereich erkennen, dass viel politische Partizipation mittlerweile von älteren oder alten Menschen ausgeht, dass sehr viel bürgerschaftliches Engagement, viel Nachbarschaftshilfe von Älteren oder Alten ausgeht, und das kann natürlich dann irgendwann dazu führen, dass man auch mit politischen Entscheidungsträgern darüber reflektiert: »Wie denkt Ihr über euer eigenes Alter, was glaubt Ihr eigentlich, inwiefern der eigene Altersprozess euch auch nochmal sehr viel differenziertere Wissenssysteme gibt mit Blick auf bestimmte politische Aufgabenfelder, beziehungsweise Entscheidungsfelder?«

Ganz wichtig ist es allerdings auch, dass wir immer im Auge haben, dass Menschen schon danach streben, Sinn zu verwirklichen. Viktor Frankl hat das mal so schön definiert: »Ich strebe nach etwas, nach der Verwirklichung von etwas, was außerhalb meiner Person liegt.« Also, ich muss in irgendeiner Form eine Aufgabe haben, die außerhalb meiner Person liegt. Und hier sehe ich es als notwendig an, dass wir sehr viel mehr Möglichkeiten schaffen jenseits der Arbeitswelt, noch kreativ, noch schöpferisch zu sein, für unsere Gesellschaft etwas zu tun. Darüber müssen wir viel nachdenken. Die ganze Diskussion über das bürgerschaftliche Engagement ist ja schon einmal ein sehr guter Auftakt und wir sehen ja, dass diese Diskussion große Resonanz unter Älteren findet. Wir gehen davon aus, dass ungefähr 40 Prozent der älteren Menschen in der Bundesrepublik Deutschland in irgendeiner Form nachbarschaftlich bzw. bürgerschaftlich aktiv sind. Hier interessante Rollen zu schaffen, die von Älteren aufgefasst werden als etwas, was man auch mit Freude nach Ausscheiden aus dem Beruf ausfüllt. Das erscheint mir als eine ganz wichtige Grundlage für die weitere Differenzierung von Altersbildern, weil viele der negativen Altersbilder der einzelnen Personen damit zu tun haben, dass sie Angst haben, nicht mehr anerkannt zu sein, nicht mehr gebraucht werden, wenn sie aus dem Erwerbsleben ausscheiden, beziehungsweise wenn sie aus irgendeiner Vereinsaktivität, einer verantwortlichen leitenden Vereinsaktivität ausscheiden. Das gibt es ja die großen Probleme. Da sagt dann auf einmal der 70-Jährige oder 75-Jährige: »Ich bin ja noch ganz jung. Die anderen sind doch die Alten.« Aber wenn man ihm sagen würde: »Mit 70 oder 75, vielleicht können ja mal die nachfolgenden Generationen in eine derartige leitende Funktion nachrücken, aber es gibt da für dich noch genügend Möglichkeiten, dich weiter im Verein zu engagieren ...«, wenn wir gute Rollen hätten und gute Arten und Weisen, wie man einen derartigen Übergang vermittelt, moderiert, gestaltet, das hätte sicherlich sehr positive Einflüsse auf das eigene Altersbild.

WELCHE ROLLE SPIELT SPRACHE? WELCHE ROLLE SPIELT DIESE ERZÄHLUNG, SPIELEN SPRACHE ODER BEGRIFFE? KÖNNEN WIR DENN AUCH MIT SPRACHE EIN WENIG DIE BILDER UND DAS DENKEN VERÄNDERN? Für eine Erzählung über Alter, also die Darstellung von

Altern und Alter in Erzählung und Geschichten ist es sehr bedeutsam, dass wir überhaupt mit älteren Menschen zusammenkommen. Und zwar mit älteren Menschen, die uns in einer bemerkenswerten Weise etwas von ihrem Lebenswissen, ihrem beruflichen Wissen, ihrem Alltagswissen vermitteln. Für mich ist erst einmal wichtig, dass wir Menschen verschiedener Generationen zusammenbringen, dass junge Menschen Geschichten, Erzählungen über alte Menschen immer wieder aktivieren können, und zwar Erzählungen und Geschichten von Begegnungen, in denen man den Eindruck gewonnen hat: Die haben dich wirklich beflügelt, die haben dich befruchtet, die haben dein Erleben noch einmal vertieft. Deswegen legen wir großen Wert auf generationenübergreifende Projekte, wir sind im Institut stark daran interessiert, Generationen zusammenzubringen und zwar in wissenschaftlichen Grundlagenforschungsprojekten genauso wie in angewandten praktischen Projekten. In diesen Geschichten, in diesen Erzählungen kann sich auch das sprachliche Bild vom Alter nochmal erheblich verändern. Also wenn man beispielsweise erlebt hat, wie kreativ Menschen mit 80 sein können, spricht man von diesem Lebensalter 80 nicht als einem Lebensalter des Ruhestandes, sondern man spricht davon, dass Menschen nicht mehr im Erwerbsleben sind, dass sie jetzt sehr viel mehr Freiheiten in der Zeitgestaltung haben, aber dass sie gleichzeitig das Interesse haben, noch etwas für die Gesellschaft zu tun, für andere Menschen. Man würde dann auch nicht mehr einfach von einem Senior oder einer Seniorin sprechen, weil man sagt: »Das ist ein derartig abstrakter Begriff, der ist so einseitig, letzten Endes so wenig aussagefähig, dass ich den gar nicht verwenden will.« Da würde nicht jemand sagen: »Ich hab gestern ein Gespräch mit einer Seniorin geführt«, wenn man mit einer oder einem 80-Jährigen über sehr zentrale Fragen des Lebens gesprochen hat, sondern dann würde man sagen: »Ich habe das Gespräch mit einem älteren Menschen, mit einer älteren Frau, mit einem älteren Mann geführt, die beziehungsweise der mich auch einfach sehr beeindruckt hat.« Das bedeutet: Wir werden dann solche Begriffe wie »Ruhestand«,

wie »Senior« eher aufgeben können, wenn wir viel mehr Begegnungsmöglichkeiten zwischen den Generationen vermitteln, und ich glaube, dass dann eben in diesen Begegnungen sich auch noch mal eine ganz andere Ansprache entwickeln wird, was die verwendeten Begriffe angeht, die man zur Bezeichnung der jeweils anderen Generation verwendet, aber natürlich auch was die Haltung gegenüber der anderen Generation angeht. So finden wir es auch schon ganz interessant, dass wir heute im Gespräch mit politischen Entscheidungsträgern, aber auch in Kommissionsberichten weniger von einer Seniorenpolitik sprechen, sondern von einer generationenübergreifenden Politik für ältere Menschen. Das ist eine ganz andere Konnotation, als wenn ich nur von einer Seniorenpolitik spreche, weil damit schon mal klar gemacht wird, das ist immer generationenübergreifend, wir würden das Alter nicht abspalten von den anderen Lebensphasen. Und weil man einfach sagt: Älterer Mensch, gut, das kann jemand sein der ist 65, 70, 75, 80, 85. Es geht uns eben vor allen Dingen darum, das Individuum in das Zentrum zu stellen, aber das Individuum jetzt nicht als Glied einer bestimmten Klasse, die wir mit dem Begriff »Senior« umschreiben.

DER RUHESTAND WIRD VON VIELEN HERBEIGESEHNT, ABER WENN MAN DANN DORT ANGEKOMMEN IST, TUT SICH – NICHT IMMER, ABER HÄUFIG – EIN »SCHWARZES LOCH« AUF. ANDERE WIEDERUM HABEN BAUCHWEH VOR IHREM RUHESTAND, ABER ES IST NICHT EINFACH, OFFEN DARÜBER ZU SPRECHEN, WEIL MAN FÜRCHTET, SICH ALS JEMAND DARZUSTELLEN, DER »LEER« IST, KEINE HOBBIES, KEINE INTERESSEN HAT. Die Rente beziehungsweise das Rentenalter hat natürlich für Menschen schon sehr unterschiedliche Bedeutung. Sagen wir mal, es hat jetzt jemand 45 Jahre gearbeitet in einer Berufstätigkeit, in der er nur noch wenig Anregung bekommt, die ihn vielleicht auch körperlich belastet, bei der er auch den Eindruck hat, als älterer Mitarbeiter, als ältere Mitarbeiterin auch nicht so gerne gesehen zu sein, dann ist es durchaus möglich, dass einfach die Vorstellung, von dieser Berufstätigkeit befreit zu sein, die Funktion einer Entlastungsphantasie hat. Dass man einfach sagt: »Das fällt alles von mir ab«, was man dann auch zum Teil verstehen kann, also je nachdem in welcher Berufstätigkeit die betreffende Person gestanden hat. Wenn das beispielsweise eine sehr gleichförmige Tätigkeit war, die die betreffende Person schon auch körperlich gefordert hat, ist das dann auch nachvollziehbar. Das bedeutet: Wenn wir über den Wunsch, aus dem Erwerbsleben auszuscheiden beziehungsweise möglichst früh in Rente gehen zu können, reden, dann müssen wir immer sehr sensibel sein für die unterschiedlichen Arbeitsbedingungen in den verschiedenen sozialen Schichten. Die Diskussion, die wir jetzt über eine Erhöhung des Renteneintrittsalters führen, die Diskussion, die geführt wird darüber, ob wir nicht die Altersgrenzen in einem stärkerem Maße liberalisieren sollten, möglicherweise auch ganz wegnehmen sollten, diese Diskussion ist natürlich schon eine, die ja sehr gerne von Menschen geführt wird, die aus oberen Bildungsschichten kommen, aus höheren Sozialschichten. Das heißt, die haben ganz andere Möglichkeiten, ganz andere Ressourcen, ihren beruflichen Alltag in einer Weise zu gestalten, dass da Vielfalt, Variabilität, Eigeninitiative drin ist.

Auf der anderen Seite müssen wir natürlich auch Folgendes fragen: Was macht jetzt eine Person, die sagen wir mal mit 63 aus dem Erwerbsleben ausgetreten ist und auch froh ist, dass sie nicht mehr im Erwerbsleben ist? Es ist durchaus möglich, dass die betreffende Person sich während der Zeit ihrer Erwerbstätigkeit nie mit der Frage auseinandergesetzt hat: »Wie gestaltest du denn eigentlich die freie Zeit im Alter?« Dann ist es durchaus möglich, dass die betreffende Person in Konflikte, in Belastungen kommt, weil sie einfach nicht weiß, wie jetzt der Alltag rhythmisiert werden soll, wie er gestaltet werden soll. Mit welchen Menschen will ich das zusammen machen? Das ist dann wirklich eine hochproblematische Situation, auf der einen Seite aus der Arbeitswelt heraus zu wollen, weil man den Eindruck hat, das belastet mich zu sehr, aber auf der anderen Seite sich den Alltag auch nicht in einer Weise gestalten zu können, dass man sagen

würde: »Diese freie Zeit wird wirklich genutzt.« Und in dem Zusammenhang ist mir der Gedanke wichtig: Du musst die Möglichkeit haben, in irgendeiner Form in deinem Leben Sinn zu verwirklichen. Der Sinn liegt außerhalb deiner Person, das heißt, du erfährst Sinn, aber die Tätigkeit, die dir diesen Sinn vermittelt, beziehungsweise das Ziel, das du anstrebst, das muss außerhalb deiner Person liegen. Das bedeutet: Du brauchst eine Tätigkeit, die dich erfüllt, eine Tätigkeit, die die Welt, die soziale Welt, die Gesellschaft oder die Kultur in irgendeiner Form voran bringt. Und wenn das Menschen nicht haben, dann kann die lange Lebensphase »Alter« zu einem großen Problem werden. Aus diesem Grunde sagen wir in der Tat: »Gelingt es uns als Gesellschaft, gelingt es uns als Kultur jenseits der Arbeitswelt soziale Rollen aufzubauen, Betätigungsmöglichkeiten, Engagementmöglichkeiten aufzubauen, die Menschen aus unterschiedlichsten sozialen Schichten, aus unterschiedlichsten Bildungsschichten anziehen, in denen sie sich nicht ausgeschlossen fühlen, sondern den Eindruck haben, da können wir mitmachen? Finden wir Bildungsmöglichkeiten, damit alle Menschen in irgendeiner Form sich so qualifizieren können, dass sie eben auch Tätigkeiten jenseits der beruflichen Tätigkeit ausführen können? Das wäre eine erste wichtige Argumentationsfigur, die wir auch in die Gesellschaft einbringen.

Die zweite wichtige Argumentationsfigur ist: Wenn Menschen länger arbeiten können und länger arbeiten wollen, warum sollen sie dann nicht die die Möglichkeit haben. Und da wird ja immer gerne argumentiert: Sie nehmen jüngeren Menschen die Arbeitsplätze weg. Das stimmt ja nicht. Man kann die Arbeitsplätze in einer Weise definieren, man kann sie in einer Weise ausgestalten, dass hier jung und alt gleichzeitig arbeiten können. Wenn Menschen länger arbeiten, haben wir auch eine Entlastung des Rentenversicherungssystems, was ja bedeuten würde, dass man die frei werdenden Ressourcen auch wieder in die Arbeitswelt reinbringen kann, um auf diese Art und Weise auch junge Menschen in Lohn und Brot zu bringen. Dass jetzt Ältere dadurch, dass sie länger arbeiten, Jüngeren die Arbeitsplätze wegnehmen, dafür gibt

es keinen empirischen Befund. Im Gegenteil: Wenn Menschen in einer Region länger arbeiten, haben wir dort eine deutlich niedrigere Arbeitslosigkeit unter jungen Menschen, weil die Wertschöpfung durch die Berufstätigkeit, die längere Berufstätigkeit im Alter nochmal eine ganz andere ist. Und da würden wir in der Tat sagen: Wenn jemand länger arbeiten kann, wenn jemand länger arbeiten will, können wir eigentlich nicht verstehen, warum er das nicht soll, weil wir in der Tat in der ganzen Arbeitsforschung, in der ganzen Kompetenzforschung, in der ganzen Leistungsforschung nachweisen können, dass ältere Arbeitnehmerinnen und Arbeitnehmer eine bemerkenswerte Kreativität haben – unter der Voraussetzung, sie hatten die Möglichkeit, im Laufe ihrer Berufstätigkeit solche Kreativitätspotenziale aufzubauen. Da würden wir in der Tat sagen: Wenn er's kann, wenn sie's kann und will, dann wäre eine längere Arbeitszeit durchaus zu empfehlen.

Und noch ein sehr wichtiger Punkt: Wir neigen dazu, in die Arbeitswelt einzutreten, dann Jahrzehnte zu arbeiten, von morgens bis abends. Und dann kommt irgendwann der Tag X, dann treten wir aus der Arbeitswelt aus und machen gar nichts mehr. Das halten wir für hochproblematisch. Man sollte dem Menschen vielmehr Möglichkeiten eröffnen, Sabbaticals zu nehmen. Man sollte dem Menschen die Möglichkeit geben, sehr viel variabler mit der Arbeitszeit, die er wöchentlich, monatlich, jährlich verwirklicht, umzugehen. Also beispielsweise das Arbeitsvolumen in der Mitte des Lebens vielleicht etwas zu reduzieren, aber dann eben zu sagen: Dieses reduzierte Arbeitsvolumen bedeutet, dass du eben länger arbeiten wirst. Die Gestaltung von Zeit, die Gestaltung unseres Lebenslaufes, der verschiedenen Lebensalter, auch mit Blick auf Arbeit, mit Blick auf Familie, mit Blick auf Freizeit, mit Blick auf bürgerschaftliches Engagement müsste sehr viel variabler sein, damit wir diese starren Altersgrenzen auflockern.

SIND DIE GESETZLICHEN RAHMENBEDINGUNGEN BEI UNS IN DEUTSCHLAND AUSREICHEND UNTERSTÜTZEND? IST ES ATTRAKTIV, AUCH LÄNGER ZU ARBEITEN? WENN ICH SIE FRAGE ALS POLITIKBERATER: WAS WÄRE IHR WUNSCHMODELL? WIE MÜSSTEN DIE GESETZE REFORMIERT WERDEN? Ich glaube, dass die gesetzlichen Rahmenbedingungen eigentlich ganz gut sind. Sie können in der Bundesrepublik Deutschland, wenn Sie sich die rentenrechtlichen Regelungen anschauen, so lange arbeiten, wie Sie wollen. Ich glaube, wir haben schon gute rechtliche Bedingungen, wenn es jetzt darum geht, dem Menschen, wenn er will und wenn er kann, eine längere Arbeitszeit zu ermöglichen. Angesprochen sind natürlich hier vor allen Dingen die Tarifpartner, angesprochen sind hier natürlich Tarifverträge. Inwiefern geben dir die Tarifverträge die Möglichkeit, dann auch länger zu arbeiten? Weil – wie gesagt – rentenrechtlich ist es überhaupt kein Problem, länger zu arbeiten. Das Einzige, was man vielleicht bedenken müsste: dass wir versicherungsmathematisch noch konkreter, noch präziser werden, das ist eine wichtige Aufgabe, die sich die Regierungsparteien gestellt haben, wenn es darum geht, Rentenleistungen auf der einen Seite und Lohn auf der anderen Seite systematisch zu kombinieren. Also wenn jetzt beispielsweise jemand sagt: »Ich will aber nur noch 20 % berufstätig sein und 80 % möchte ich die Rentenleistung in Anspruch nehmen«, dann müssen ja im Grunde genommen versicherungsmathematische Modelle erstellt und auch verwirklicht werden. Das ist im Augenblick zwischen den Regierungsparteien auch ein bedeutsamer Diskussionsgegenstand. Aber wenn man das hinbekommen hat, dann sehe ich eigentlich unter den Rahmenbedingungen, die wir in der Bundesrepublik Deutschland haben, gar nicht mehr so große Probleme. Wir können dann in der Tat sagen: Die Leute können länger arbeiten.

Aber ich glaube, das ist nicht primär eine Aufgabe der Politik, sondern primär eine Aufgabe der Unternehmen und eine Aufgabe der Gewerkschaften. Und hier fände ich es beispielsweise hochinteressant, Tarifverträge zu entwickeln, in denen man beispielsweise die Perspektive, länger zu arbeiten, ausdrücklich festhält. Aber Tarifverträge, die auch dem Mitarbeiter beziehungsweise der Mitarbeiterin die Möglichkeit geben, während der Berufstätigkeit viel variabler mit Zeit umzugehen, sich während der Berufstätigkeit systematisch zu bilden und zwar durch alle Bildungsschichten hindurch, um sich auf diese

Art und Weise auch in einer viel tieferen Art auf das Alter vorzubereiten. Tarifverträge, die auch auf eine mögliche Fortsetzung der Berufstätigkeit im Alter vorbereiten, die gesundheitliche und betriebsmedizinische Rahmenbedingungen schaffen, dass Menschen sehr viel länger ihre körperliche Leistungsfähigkeit und ihre Gesundheit erhalten. Ich glaube, wenn man das alles mit bedenken würde: Schafft gute Bildungsbedingungen über die gesamte Berufstätigkeit, schafft gute medizinische Rahmenbedingungen, sowie gute zeitliche Flexibilitätsbedingungen, schafft Sabbatical Bedingungen, wenn man das gut in Tarifverträge einbauen würde, hätte man meines Erachtens ein sehr gutes Fundament dafür geschaffen, dass Menschen – wenn sie können und wenn sie wollen – auch über die gesetzlich definierte Altersgrenze hinaus arbeiten. Wenn man jetzt politisch sagen würde: »Wir werden jetzt einfach die gesetzlich definierten Arbeitsgrenzen immer weiter erhöhen, oder wir werden sie irgendwann sogar mal freigeben«, das könnte eben in bestimmten Segmenten der Bevölkerung auch mit Sorgen und Ängste verbunden sein, weil wir natürlich auch Menschen kennen, die sagen: »Die Rahmenbedingungen der Arbeitswelt sind für mich lange nicht so, dass sie für mich eine Attraktivität über das gesetzlich definierte Renteneintrittsalter hinaus haben, und aus diesem Grunde würde ich, wenn jetzt das Renteneintrittsalter immer weiter erhöht wird, das wie eine Bedrohung erleben.« Also da sehr differenziert vorzugehen und zu sagen: Lasst uns gute Rahmenbedingungen während der Berufstätigkeit schaffen, Rahmenbedingungen in der Zeitsouveränität des einzelnen Menschen, so dass er gesundheitlich, dass er bildungsbezogen, was seine Perspektive angeht, auch über das 63., 65. oder 67. Lebensjahr hinaus blicken kann.

IN DEN 80ER UND 90ER JAHREN WURDEN DIE MENSCHEN AUS ARBEITSMARKTGRÜNDEN SEHR FRÜH VERRENTET UND NACH HAUSE GESCHICKT. MITTLERWEILE BEGINNT EIN WERBEN UM DIE ÄLTEREN WEGEN FACHKRÄFTEMANGEL. GIBT ES EINE GESELLSCHAFTLICHE TROTZHALTUNG GEGEN DIESE WECHSELNDEN STRATEGIEN? Was wir beobachten konnten – das nimmt jetzt allerdings mittlerweile auch wieder ab mit zusätzlicher zeitlicher Entfernung –, dass ältere Arbeitnehmerinnen und ältere Arbeitnehmer gesagt haben: »Warum muss ich länger arbeiten, wenn meine Kollegen noch vor einigen Jahren mit 55, 58 oder 60 aus dem Erwerbsleben ausscheiden konnten.« Das wurde innerbetrieblich, aber auch gesellschaftlich schon als eine Ungerechtigkeit wahrgenommen, als mangelnde Fairness. Das geht allmählich jetzt zurück. Wir sagen eigentlich immer den Unternehmen: »Seid wahrhaftig in der Argumentation, warum ihr Arbeitnehmerinnen und Arbeitnehmer länger haltet, beziehungsweise warum ihr euch jetzt auch sehr viel mehr für die Bildung und für die medizinische Versorgung von älteren Arbeitnehmerinnen und Arbeitnehmern einsetzt. Sagt einfach, weil es ja auch so ist: Mitte der 80er Jahre, Mitte der 90er war die Frühverrentung ein Instrument, um einfach sehr viele Mitarbeiterinnen und Mitarbeiter zu entlassen.« Man hat ja damals gesagt: »Wir wollen Jüngere einstellen!« Wir wissen heute, dass da kaum Jüngere eingestellt wurden. Das muss man einfach auch mal zugeben. Und dass man natürlich heute auch ganz klar sagt: »Wir wissen, dass wir mehr und mehr auch das ältere Erwerbspersonenpotenzial brauchen, damit wir unsere Wirtschaftskraft aufrecht erhalten können.« Das kann man auch ganz offen sagen. Aber man sollte gleichzeitig sagen: »Wir haben natürlich auch in den letzten Jahren und in den letzten zwei Jahrzehnten dazu gelernt, was Kreativität, was Leistungsbereitschaft, was Leistungsfähigkeit im Alter angeht, vor allen Dingen, wenn man diese über Jahre hinweg auch systematisch fördert. Und aus diesem Grunde stehen wir hier und wollen euch davon überzeugen, dass es gut ist, sich weiter hochgradig engagiert in der Arbeitswelt zu bemühen.« Das sagen Sie dann beispielsweise einem 58-, einem 60-, einem 62-Jährigen: »Deswegen werden wir die Bildung fortsetzen. Deswegen werden wir auch Gesundheitsprogramme fortsetzen. Wir haben irgendwie erkannt: Wir brauchen euch. Wir haben aber auch erkannt, dass Alter mit bemerkenswerter Kreativität verbunden ist. Wir haben das bei uns im Unternehmen erkannt beispielsweise, wenn wir Alt und Jung zusammengeführt haben.« Ich bin felsenfest davon überzeugt, und wir haben im Institut auch diese Erfahrung gemacht, wenn man mit Mitarbeiterinnen und Mitarbeitern spricht, bevor beispielsweise eine Bildungs- oder Qualifizierungsmaßnahme beginnt, also man auch wahrhaftig ist und es genau erklärt, ganz anders als früher, da findet man viel Anklang. Wenn man das nicht tut, wenn man so tut, als sei sozusagen über Nacht einem die Erkenntnis gekommen, die älteren Mitarbeiter sind eben kreativ, dann wird man wenig überzeugend wirken. WENN MAN MENSCHEN FRAGT, SAGEN SIE FAST ALLE, DASS SIE SICH AUF DEN RUHESTAND FREUEN. WENN MAN DANN GENAUER NACHFRAGT, DANN GIBT ES IN JEDEM BEKANNTEN- ODER FREUNDESKREIS BEISPIELE VON UNGLÜCKLICHEN VERLÄUFEN UND SIE ERZÄHLEN, »ALS DER DANN IN RUHESTAND GING, DANN IST ER KRANK GEWORDEN...« ODER »DANN HING ER NUR NOCH ZU HAUSE RUM UND HAT ABGEBAUT« ODER »DANN HAT ER NUR NOCH BEIM ARZT GESESSEN«. WIE KOMMT DAS? Das ist schwer einschätzbar. Ich finde allerdings Ihre Argumentation sehr gut. Der Punkt ist, dass wir, wenn wir mit Unternehmen zusammenarbeiten und Bildungsprogramme, medizinisch unterlegte Programme für ältere Mitarbeiterinnen und Mitarbeiter entwerfen, entwickeln, weiterentwickeln, dass wir immer auch sagen, diese Bildungsaktivitäten müssen auch die Zeit nach Austritt aus dem Beruf intensiv behandeln. Die Menschen sollen sich in einer Bildungsmaßnahme auch mit der Frage beschäftigen: Was passiert jenseits des Berufes, schon heute, wenn ich nach Hause gehe, was mache ich in meiner freien Zeit, aber auch dann, wenn ich auch aus meinem Erwerbsleben ausscheide? Wenn man mit den Mitarbeiterinnen und Mitarbeitern darüber spricht, sagen wir mal, die sind jetzt 58 oder 60 oder 62, »wie stellst du dir eigentlich die Zeit nach Austritt aus dem Beruf vor und wie können wir dich auch jetzt in einer beruflichen oder betrieblichen Bildungsmaßnahme auf diese Zeit vorbereiten?«, dann sehen Sie, dass in einer sehr viel differenzierteren Art und Weise über Alter nachgedacht und auch geplant wird und dass es übrigens auch Mitarbeiterinnen und Mitarbeiter gibt, die sagen: »Wenn ich jetzt beispielsweise zeitliche Freiheiten hätte, also wenn ich mit entscheiden könnte, wie viel ich denn in der Woche arbeiten will, könnte ich mir vorstellen, das weiterzumachen.« Das bedeutet: Man muss natürlich während der Berufstätigkeit anfangen – was man so gemeinhin Antizipation, gedankliche emotionale Vorwegnahme nennt – man muss eigentlich anfangen, sich schon während der Berufstätigkeit intensiv mit der Frage auseinanderzusetzen: »Wie sieht das eigentlich nach der Berufstätigkeit aus, wie willst du dein Leben gestalten, wie willst du dich darauf eigentlich auch angemessen vorbereiten«, und das kann durchaus dazu führen, dass sehr interessante Pläne entwickelt werden, dass man eben sagt: »Ich könnte mir übrigens vorstellen, länger zu arbeiten, aber würde gerne die Konditionen, unter denen ich das tue, mitbestimmen.« Das haben wir übrigens in den Bildungsmaßnahmen gar nicht so selten erlebt, dass wir Mitarbeiterinnen oder Mitarbeiter hatten, die uns gesagt haben: »Eigentlich wollten wir mit 63 raus, jetzt, wo wir diese Bildungsmaßnahme durchlaufen haben und festgestellt haben, welche Kompetenzen wir haben, wie man auch eine zeitliche Souveränität hat, wenn man das Renteneintrittsalter erreicht hat und vielleicht länger arbeiten will, wo wir jetzt diese Vorstellung haben, können wir uns sogar vorstellen, länger zu arbeiten.«

IN DEN USA HABEN WIR EINE SCHLAGZEILE IN DER NEW YORK TIMES GEFUNDEN: »WHATEVER YOU DO, CALL IT WORK!« SOLLTEN WIR VON ARBEIT IN EINER BREITEREN FORM ERZÄHLEN UND DEN BEGRIFF IN EIN POSITIVES LICHT RÜCKEN? Ich finde bedeutsam, dass man zwischen unterschiedlichen Formen der Arbeit differenziert. Wir haben die berufliche Arbeit, die natürlich nochmal etwas ganz eigenes ist, aber wir haben beispielsweise auch Familienarbeit, wir haben auch die bürgerschaftliche Arbeit. Es gibt unterschiedliche Formen von Arbeit und diese unterschiedlichen Formen von

Arbeit finden in unserer Gesellschaft hohe Anerkennung. Dass man eben den Arbeitsbegriff nicht nur auf die Arbeitswelt beschränkt, sondern sagt, Menschen können arbeiten, natürlich auch über die Arbeitswelt hinaus, und sie tun es häufig auch. Dass wir beispielsweise Familienarbeit auch wirklich als eine Arbeit würdigen oder bürgerschaftliche Arbeit, Sorgearbeit für andere Menschen, dass wir eben sagen: Das ist eine wirkliche Arbeit, auch wenn die Arbeitsformen nochmal unterschiedlicher Natur sind. Und hier könnte übrigens auch der Begriff von Hannah Arendt sehr wichtig werden, die ja das Handeln als die höchste Form der Vita Activa umschrieben hat, und Handeln, das ist der Austausch zwischen Menschen in Tat und Wort. Dass man sich auch mal mit solchen Begriffen auseinandersetzt und das nicht immer nur reduziert auf berufliche Arbeit. Übrigens Hannah Arendt hat das auch in den 60er Jahren schon gesagt: Man muss vorsichtig sein, dass man das Handeln als die höchste Form der Vita Activa, als Tätigkeit, nicht nur auf die Arbeitswelt bezieht. Wir leben in der Bundesrepublik Deutschland in einem Staat, in dem die Ausgestaltung des öffentlichen Raumes, über die Arbeitswelt hinaus, in einer Weise möglich ist, das ist das Wesen der Demokratie. Wir haben viele Institutionen, die eigentlich dazu einladen, mitzuarbeiten, bürgerschaftlich, zivilgesellschaftlich, ehrenamtlich, so dass ich sagen würde: Hier müssen wir uns noch in einem ganz anderen Maße Gedanken machen, wie wir diese Formen von Arbeit, die wir jenseits der beruflichen Arbeit gesellschaftlich wertschätzen, kulturell in einer ganz anderen Art und Weise achten. Diese Arbeit wird immer bedeutsamer werden. Dass wir Quartiersarbeit machen, nachbarschaftliche Arbeit machen, dass wir uns engagieren und dass wir bürgerschaftlich tätig sind, dass wir partizipieren, das wird in einer alternden Gesellschaft ein immer bedeutsamerer Aspekt von Arbeit werden.

Eine weitere wichtige Überlegung geht eben dahin, dass wir sagen: Wie müssen die Rahmenbedingungen beschaffen sein, dass eine Frau, dass ein Mann sagt, »diese Arbeit, die ich da ausführe, hat für mich etwas Sinnstiftendes, das mache ich gern, hier habe ich den Eindruck mitwirken zu können, etwas von meinem Wissen weiter geben zu können, mein Wissen in einer produktiven Art und Weise einsetzen zu können.« Das hat natürlich auch mit der Art und Weise der Ansprache eines Mitarbeiters, einer Mitarbeiterin zu tun, sehr viel auch damit, mit ihm oder mit ihr darüber nachzudenken, was sind deine Aufgaben, was sind deine Pflichten, was sind deine Rechte. Was können wir dazu tun, um Bedingungen zu verbessern, was könntest du vielleicht tun, um die Arbeitsbedingungen auch noch weiter zu verbessern. Inwiefern ist eigentlich deine Bewertung von Arbeitsbedingungen wichtig, wie nehmen wir dich als Arbeitnehmer, als Arbeitnehmerin wahr? Das bedeutet, das Thema Arbeit in der Personalentwicklung, der Personalführung auch viel stärker auf individueller Ebene zu einem Thema zu machen. Und nicht so zu tun: Der wird eingestellt, ist dann Jahrzehnte bei uns und dann gibt es irgendwann den Handschlag, sondern vielmehr den Aspekt der Gestaltung von Arbeit und der Gestaltung von Lebensqualität im Arbeitsprozess zu einem großen Thema zu machen. Und ich bin mir absolut sicher, wenn wir das tun, dann werden wir auch eine andere Einstellung zur Arbeit bekommen und dann werden wir natürlich auch eine andere Einstellung zur Frage bekommen: »Kann ich mir vorstellen länger zu arbeiten?«

UND HAT DAS ARBEITEN AUCH POSITIVE AUS-WIRKUNGEN AUF DEN PROZESS DES ALTERNS? HÄLT ARBEITEN JUNG? Unbedingt! Also wir würden sagen: wenn Menschen unter Arbeitsbedingungen arbeiten, die ihnen das Gefühl vermitteln, du kannst dein Leben gestalten, auch in der Arbeitswelt, dann wird da in einer Weise Aktivität, Kreativität und Kompetenz angestoßen beziehungsweise aufgebaut, dass wir sagen würden, das hat positive Einflüsse auf das körperliche, auf das geistige und auf das seelische Altern. Unbedingt.

WARUM SOLLTE SICH JEMAND VON ENDE 30 FÜR DAS THEMA »ALTERN« INTERESSIEREN? Weil wir halt im 5. und im 6. Lebensjahrzehnt durch unsere Orientierungen, durch die Entwicklung von Interessensradius, durch unsere Haltungen zum Leben, durch Kompetenz und Krea-

tivitätsaufbau, durch die Offenheit für Neues wichtige Grundlagen dafür schaffen, wie wir eigentlich im Alter selbst leben werden. Die Weichen für das Alter werden im frühen und vor allen Dingen im mittleren Erwachsenenalter gestellt. Das heißt, wenn wir mit 30, wenn wir mit 35, wenn wir mit 40 sehr bewusst leben, ein breites Kompetenzspektrum entwickeln, eine Vorstellung von unserer eigenen Kreativität, von unseren schöpferischen Potenzialen entwickeln, schaffen wir damit eine sehr wichtige Rahmenbedingung für gutes Leben im Alter. Und gerade im jungen und mittleren Erwachsenenalter entwickelt sich unser Gesundheitsverhalten immer weiter, es wird immer prägnanter, immer eindeutiger. So ist es sehr bedeutsam, dass wir mit 30 oder 40 einfach auch darüber nachdenken, wie sehr wir eigentlich durch unser Gesundheitsverhalten unsere Lebenserwartung beeinflussen, aber natürlich auch Lebensqualität bei einer steigenden Lebenserwartung.

WAS WOLLTEN SIE BERUFLICH WERDEN, ALS SIE EIN KLEINER JUNGE WAREN? Als ich ein kleiner Junge war, wollte ich entweder Musiker werden, ich hab ja dann später auch Musik studiert, oder Lokführer. Und die Lokführer haben wir ja nun qualifiziert bei der Deutschen Bahn, also insofern kam ich ganz in die Nähe meiner Kinderwünsche zurück.

—

Das Gespräch wurde im Januar 2015 in Berlin geführt.

LAURA
CARSTENSEN

61, PSYCHOLOGIN UND GERONTO-
LOGIN, PROFESSORIN AN DER
STANFORD UNIVERSITY CA

*»Es ist ein Geschenk
an Zeit.«*

**WAS HAT SICH MIT DEM DEMOGRAPHISCHEN WANDEL VER-
ÄNDERT UND WIE GEHT DIE GESELLSCHAFT DAMIT UM?**
Wenn Sie 100 Jahre zurückgehen, da hatten wir noch keine
genormte Lebensphase des Altseins. Im Laufe des 20. Jahrhunderts haben wir in den Vereinigten Staaten und Europa 30
Jahre der Lebenserwartung hinzugefügt. Wenn Sie sich nur
mal die vergangenen 50 Jahre ansehen, das ist, geschichtlich
gesehen, der Zeitraum, in dem wir das Ansteigen der Lebenserwartung im Erwachsenenalter beobachten konnten. In der
ersten Hälfte des 20. Jahrhunderts nahm die allgemeine Lebenserwartung zwar zu, aber größtenteils dadurch, dass die
Leben der Jüngsten gerettet wurden, die Kindersterblich-
keitsrate war sehr hoch gewesen. Aber dann stieg in der
zweiten Hälfte des 20. Jahrhunderts die Lebenserwartung
im Erwachsenenalter.
Ich finde es sehr interessant, dass der öffentliche Diskurs über
das Altern sich fast nur um die Krise dreht, die noch in der
Zukunft liegt, und um die Probleme, mit denen Individuen und
Gesellschaft konfrontiert sind durch die Tatsache, dass wir
länger leben und die Zahl der Älteren zunimmt. Das ist eigentlich total ironisch. Wir haben frühe Todesfälle, vor allem
während des letzten Jahrhunderts, in einem solchen Maße
verringert, dass die meisten Menschen die Chance haben
werden, ihre Lebenszeit vollständig ausleben zu können. Dies
ist eine außergewöhnliche kulturelle Errungenschaft, ein Er-

folg. Aber wir fühlen uns damit unwohl, und meine Analyse dieses Phänomens ist auch historischer Natur. Ich denke, der Grund liegt darin, dass wir diese Jahre sehr schnell dazugewonnen haben, dass wir aber noch immer in einer Kultur leben, die sich rund um Menschenleben entwickelt hat, die nur halb so lang dauerten, wie sie es mittlerweile tun.

Der Mensch ist eine Kreatur der Kultur. Die Kultur bestimmt, wann wir uns bilden, wann wir arbeiten, wann wir heiraten, wann wir Kinder haben und wann wir uns zur Ruhe setzen. Die Kultur, in der wir leben, schließt medizinischen Fortschritt, Verhaltenspraktiken und soziale Normen ein. Und die Kultur, in der wir leben, funktioniert in den ersten 50 Jahren ziemlich gut – so lange, wie die Lebenserwartung damals war, als sich diese Kultur entwickelt hat. Jetzt fügen wir unserer Lebenserwartung plötzlich viele zusätzliche Jahre hinzu und wir haben uns damit als Bevölkerung, als Gesellschaft noch nicht arrangiert. Ich kenne keinen Ort auf der Erde, wo man sich mit dieser außergewöhnlichen Errungenschaft zufriedenstellend arrangiert hat. So machen wir uns Sorgen und klagen. Es ist einerseits interessant, dass wir das tun und andererseits beunruhigend, weil dies die größte Chance sein könnte in der Geschichte der Menschheit.

SO SIND UNSERE ALTERSBILDER ÜBERHOLT, AUS EINER ANDEREN ZEIT. ABER WIE ÄNDERN SICH ALTERSBILDER IN EINER GESELLSCHAFT? Ich glaube, dass wir diese Bilder ändern über die Art, wie wir leben. Ich glaube nicht, dass wir die Probleme, die wir haben, ausschließlich der Altersdiskriminierung zuschreiben können. Ich glaube, es ist tatsächlich viel beunruhigender: Es ist nicht so sehr die negative Vorstellung von unserer Zukunft oder dem Alter, es ist vielmehr die Abwesenheit der Vorstellung davon, wie ein gesundes, glückliches 80- oder 100-jähriges Leben aussieht. Wir haben keine Bilder, keine Vorstellungen für diese Jahre, und wir müssen damit anfangen. Und Geschichten zu erzählen ist eine Methode, um das zu tun. Wenn wir damit anfangen, Menschen kennenzulernen und mit ihnen zu sprechen, wenn wir sehen, wie ihre Leben aussehen, diese Nuancen schätzen lernen und verstehen, dass ältere Menschen ebensolche Menschen sind wie jüngere Menschen – mit vielen Unterschieden, Stärken und Schwächen –, dann werden wir in der Lage sein, diese Unterschiedlichkeiten und Nuancen auch in den längeren Leben zu sehen.

WO FANGEN WIR AN? WAS IST ZU TUN? Wir müssen damit beginnen, die längere Lebenszeit umzugestalten. Historisch gesehen haben wir sehr schnell 30 zusätzliche Jahre geerbt, und was wir im wesentlichen getan haben, ist, dass wir sie einfach alle an das Ende unseres Lebens »geklebt« haben. Der Lebenserwartung sind also 30 Jahre hinzugefügt worden, aber die einzige Lebensphase, die länger geworden ist, ist das Alter, das von uns so genannte »hohe Alter«. Lebensalter und Lebensphasen sind kulturelle Geschichten, kulturell bedingt. Wir könnten diese Jahre überall nutzen. Wir können die Kindheit verlängern, wir können das Jugendalter bis zum Alter von 25 oder 30 Jahren ausweiten. Wir könnten ein paar dieser Jahre ins mittlere Alter stecken, was für viele Menschen reizvoll ist. Aber wir dachten nicht sehr kreativ, wo wir diese zusätzlichen Jahre hinstecken könnten, wo wir sie hinzufügen könnten, welche Lebensphasen mehr Zeit brauchen. Ich frage regelmäßig Menschen: »Wir haben 30 zusätzliche Lebensjahre, wo würden Sie diese anfügen?« Und niemand hat gesagt: »Ich würde gerne das Alter verlängern.« Also, lassen Sie uns das mittlere Alter verlängern: Sagen wir, das mittlere Alter dauert, bis man 80 Jahre alt ist, und dann fangen wir damit an, älter zu werden – vielleicht wenn wir 80, 85 oder 90 sind. Wir können diese neuen Modelle gestalten, wir können unsere Leben auf völlig neue Art und Weise leben. Dies ist in der Tat genau das, worum es bei diesem Geschenk geht: Es ist ein Geschenk an Zeit. Wir haben mehr Zeit, was machen wir damit? Wie verwenden wir sie und zwar auf eine Weise, dass sich die Lebensqualität in allen Lebensphasen verbessert? HABEN WIR VORBILDER, WOHER NEHMEN WIR ANREGUNGEN? Wenn wir nach Vorbildern für diese neue Lebensphase suchen, können wir uns außergewöhnliche Leben und außergewöhnliche Menschen vornehmen. Die meisten Menschen aber sehen sich andere Menschen aus ihrer Umgebung an, sie schauen zu ihren Eltern oder ihren Großeltern: Was haben diese getan und wie haben sie sich auf ihr Alter vorbereitet? Wie haben sie im Alter gelebt? Und in diesem Moment der Menschheitsgeschichte sind diese Menschen für uns keine sehr guten Vorbilder, wir wissen nicht, wie unser zukünftiges Alter aussehen wird. Aber eine Sache, denke ich, ist sicher, dass es nicht wie das Alter unserer Eltern und Großeltern aussehen wird. Da ist etwas Neues, etwas Neues im Gange und Menschen, die heutzutage alt sind, sind gewissermaßen Pioniere, die Entdecker einer neuen Lebensphase. Wir haben also nicht viele Vorbilder zur Verfügung. In gewisser Weise können wir davon profitieren, erfinderisch sein und sagen: »Es gibt keine strengen sozialen Vorschriften darüber, was ich jetzt tun soll, also kann ich mein Leben leben und tun, was ich will.« Und manche Menschen machen das außergewöhnlich gut, aber die meisten Menschen brauchen Vorbilder, sie brauchen gewisse Normen, eine gewisse Führung und soziale Strukturen, die sie durch die langen Lebensphasen leiten.

IN DEN USA GIBT ES MITTLERWEILE EINIGES AN AUFBRUCH, ORGANISATIONEN, DIE SICH MIT DEM ÄLTERWERDEN BESCHÄFTIGEN. Es gibt Organisation wie Encore.org, die wirklich innovativ sind. Auf zwei unterschiedlichen Wegen erreichen sie viel: Zum einen bieten sie ein anderes Altersbild an und zum anderen bieten sie echte Unterstützung dafür an, wie man ein neues Leben, einen neuen Lebensstil verfolgen kann, eine neue Lebensphase, eben ein »Encore«. Sie vergeben den »Purpose prize«, ein Preis, der an Menschen vergeben wird, die in ihrer späten Lebensphase noch außergewöhnliche Beiträge geleistet haben. Das ist etwas, was diesen außergewöhnlichen Menschen große mediale Aufmerksamkeit verschafft, und das ist großartig, da wir diese Art von Geschichten für die kulturelle Erzählung des Alters brauchen: Lassen Sie uns Menschen ansehen, die unglaubliche Dinge vollbringen. Encore schafft so eine wundervolle Sache, schlichtweg dadurch, dass es die Beiträge anerkennt, die alte Menschen für die Gemeinschaft, für Familien und für die Gesellschaft

bringen. Aber die andere Sache, die Encore tut, ist, dass sie mit Firmen, Non-Profit-Organisationen, Individuen und Gemeinschaften zusammenarbeitet, die Menschen dabei helfen, genau solche Beiträge zu verwirklichen. Sie vergeben Patenschaften und Stipendien an Menschen, wenn diese in Ruhestand gehen, damit diese Zeit damit verbringen, sich in einen anderen Bereich einzuarbeiten. Sie ermutigen beispielsweise Menschen, die Karrieren und Geschäfte gemacht haben und kürzlich in den Ruhestand gegangen sind, dazu, mit Non-Profit-Organisationen zusammenzuarbeiten und ihnen beim Aufbau ihrer Organisation zu helfen. Und diese Art von Strukturen tragen viel dazu bei und helfen den Menschen zu erkennen, wie sie von A nach B gelangen können.

WELCHE ROLLE SPIELT ARBEIT IM LEBEN EINES MENSCHEN? Aus meiner Sicht müssen und werden sich der Arbeitsplatz und das ganze Konzept von Arbeit verändern, wenn wir in diese Ära des langen Lebens hinüber wechseln. Momentan haben wir diese Arbeitsmodelle, wo wir von unseren 20ern bis in die 60er schuften wie ein Pferd. Während wir arbeiten, erziehen wir unsere Kinder und versorgen manchmal auch noch ältere Familienmitglieder. Wir packen all das in die Mitte unseres Arbeitslebens und ermöglichen den Menschen dadurch keine richtige Verschnaufpause. Die Menschen arbeiten also sehr hart während eines Großteils ihres Lebens und dann erreichen sie ein bestimmtes Alter und sagen: »Bingo! Jetzt Freizeit, jetzt kannst du Urlaub machen.« Viele Menschen, eine furchtbar große Zahl von Menschen, die in der Mitte ihres Lebens sehr viel gearbeitet haben, sind begierig darauf, eine Auszeit zu nehmen. Aber dieses Modell funktioniert nicht gut, wenn wir 80 oder 90 Jahre alt werden oder sogar noch älter. Oftmals funktionieren sie aus finanziellen Gründen nicht. So ist es für viele Individuen und Gesellschaften sehr schwer, ihre Mitglieder 40 Jahre lang arbeiten zu lassen und dann weitere 30 Jahre lang nicht mehr. Ich meine, Ökonomie funktioniert nicht so einfach, weder für Individuen noch für Gesellschaften. Der Verlust an Humankapital, der damit einhergeht, ist enorm. Aber anstatt einfach zu sagen: »Lasst uns länger unter Hochdruck arbeiten«, könnte man an diesem Punkt der Menschheitsgeschichte sagen: »Da wir sowieso lange arbeiten werden – wie können wir die Qualität unseres Arbeitslebens verändern?« Und dann würden wir damit anfangen, viel interessantere Gespräche zu führen. Lassen Sie uns zum Beispiel überlegen, dass junge Erwachsene während des Zeitraums, in dem sie kleine Kinder großziehen, Teilzeit arbeiten können. Sie arbeiten flexibel, so etwa von 20 bis 40, Mütter und Väter arbeiten Teilzeit. Das ist möglich. So nähert man sich der vollen Arbeitskraft schrittweise an und wenn die Kinder älter sind und wir um 50 oder 60 – vielleicht ist das dann der Zeitpunkt, dass die Menschen den Höhepunkt ihrer Karriere erreichen. Und dann, wenn sie älter werden, könnten sie weiterhin kommen und wieder Teilzeit arbeiten. Sie könnten ihr Arbeitspensum stufenweise und flexibler verringern, abhängig von ihren persönlichen Lebensumständen und dem, was sie möchten. Dieses Arbeitsmodell könnte qualitativ viel wertvoller sein, nicht nur für Menschen im Ruhestand. Es bedeutet, dass die Menschen den Rest ihres Lebens besser leben können, da sie länger arbeiten. Und wir drehen die Geschichte damit um und sagen: »Wie kann Arbeit unser Leben auf eine erfüllende Art und Weise erleichtern?« Zusätzliche Zeit und zusätzliche Jahre zu haben gibt uns viele Chancen, das Arbeiten zu verbessern.

Wir haben die Möglichkeit, das Arbeitsleben in einer Weise zu verändern, dass der Ruhestand zu einem eher überholten Konzept wird. Sie würden nicht darüber nachdenken, mit dem Arbeiten aufzuhören, wenn Sie anders arbeiten könnten. Viel eher würden wir Arbeit als etwas sehen, was wir unser Leben lang tun und was wir in unseren unterschiedlichen Lebensphasen mal mehr oder mal weniger tun. Es macht für die Menschen sehr viel Sinn, beispielsweise ein bisschen weniger zu arbeiten, wenn sie kleine Kinder haben. Es macht sehr viel Sinn, weniger zu arbeiten, wenn sie sehr alt sind und eventuell weniger Energie haben. Aber das heißt nicht, dass sie dann gar nichts mehr tun können. Der Trick hierbei ist also, unterschiedliche Arten des Arbeitens herauszukristallisieren, sodass

auch die Ressourcen, die wir in älteren Menschen vorfinden, genutzt werden können, auf eine Weise, die gut für sie ist.

Arbeiten ist also nicht schlecht für den Menschen. Arbeiten scheint doch viele Vorteile zu haben, kognitive und emotionale, es gibt den Menschen eine Idee vom Sinn des Lebens. Leider ist die Art, wie wir momentan arbeiten, keine gesunde Art. Wir arbeiten so hart und so viele Stunden, dass es nicht erstrebenswert klingt, die Zeit der Arbeit, die Arbeitsjahre weiter auszudehnen. Aber wir können die Geschwindigkeit und den Arbeitsdruck ändern, so dass wir unser Leben lang etwas zu tun haben, Beiträge leisten können, was sehr gut für den Menschen ist. Psychologisch gesehen ist es sehr gut für die Gesundheit, wenn man eine Aufgabe hat und Beiträge leistet.

WAS VERÄNDERT SICH EMOTIONAL, WENN MENSCHEN ÄLTER WERDEN? Viele Jahre lang haben Sozialwissenschaftler schlichtweg angenommen, dass die Emotionalität zu einer ebensolchen Talfahrt verdammt ist, wie wir es bei dem biologischen Altern beobachten können, dass also die emotionalen Funktionen abbauen, wenn der Mensch älter wird. Aber als die empirischen Studien begannen, bot sich uns ein ganz anderes Bild: Es scheint, dass sich Menschen emotional verbessern, wenn sie älter werden. Ältere Menschen erfahren weniger stark negative Gefühle als junge Menschen, aber genauso viele positive Gefühle. In der Gesamtheit können sie also mehr positive Erfahrungen in ihrem Alltag erkennen. Mit dem Alter werden die Menschen normalerweise emotional ausgeglichener, sie regulieren ihre Gefühle besser, und es gibt weniger himmelhoch jauchzend, zum Tode betrübt. Das kommt daher, dass die Menschen besser in der Lage sind, ihren Gefühlszustand zu regulieren und kontrollieren. Wenn Menschen älter werden, vermischen sich die Gefühle mehr und mehr. Je älter wir werden, desto unwahrscheinlicher ist es, dass wir irgendein positives oder negatives Gefühl isoliert von anderen Gefühlen erleben. Es passiert, dass wir Traurigkeit gemeinsam mit Freude und Zufriedenheit erfahren oder dass wir stolz und gleichzeitig gedemütigt sind. Ich glaube, dass es das Zusammenspiel von Lebenserfahrung und der Erkenntnis ist, dass wir nicht alle Zeit der Welt haben, wenn wir älter werden. Bei vielen Menschen geschieht emotional also folgendes: anstatt morbid und depressiv zu werden, beginnen sie das Leben zu genießen. Zu wissen, was wichtig ist, zu sehen, was wichtig ist und es zu erkennen, wenn es da ist. Das emotionale Leben scheint also besser zu werden. Ältere Menschen neigen eher dazu, emotional ausgeglichen zu sein. Diese Qualität, dieses Charakteristikum bedeutet eine enorme soziale Ressource, die wir in der Menschheitsgeschichte nie hatten. Zum ersten Mal in der Geschichte der Menschheit haben wir Millionen von Menschen, die den Höhepunkt ihrer Karriere erreicht haben, die Kinder großgezogen und in deren eigenes Leben entlassen haben. Sie haben die Fähigkeit und das Wissen über die praktischen Dinge des Lebens und sie haben die emotionale Fähigkeit, dieses Wissen auch einzusetzen. Dies ist eine überwältigende Ressource, und wir müssen eine Möglichkeit finden, diese zu nutzen. Denn wenn Sie eine Liste mit den Hauptproblemen erstellen, die wir heute in der Welt haben, dann passen diese sehr gut zu dieser neuen Ressource, die wir jetzt haben. Wenn wir also eine Möglichkeit finden, die soziale und emotionale Kompetenz, die in der älteren Bevölkerung vertreten ist, anzuzapfen und sie bei Problemen in der Welt anzuwenden, kann die Welt durch die alternde Gesellschaft viel besser werden.

GIBT ES GESELLSCHAFTEN, DIE DIESE DINGE SCHON BESSER GELÖST HABEN? Es wäre naiv zu sagen, dass wir uns auf diese alternden Gesellschaften ohne Probleme zubewegen. Natürlich haben wir Probleme, da wir eine völlig neue Lebensphase haben, die sich entwickelt hat, und wir noch nicht herausgefunden haben, wie wir sie nutzen sollen. Es würde uns aber viel besser gehen, wenn wir es als Chance sehen würden, die wir realisieren möchten, anstatt dass wir uns schlicht auf Niedergang vorbereiten und hoffen, dass es nicht zu schrecklich wird. Ich weiß zu diesem Zeitpunkt von keinem Land, das diese Alterungsentwicklung managt oder

wirklich in den Griff bekommen hat. Es gibt Orte auf der Welt, wo es soziale Normen gibt, wo ältere Menschen geehrt und respektiert werden. Das ist ja schön, aber es scheint weniger wichtig, ältere Menschen nett zu behandeln, wenn sie im Dunkel verschwinden, als vielmehr das zu nutzen, was sie haben und für den sozialen Vorteil aller zu nutzen. Denn das ist die beste Art, jemanden zu respektieren, die Gesundheit und das Wohlbefinden der älteren Menschen zu verbessern und gleichzeitig die Gesellschaft davon profitieren zu lassen.

WIE GEHT DIE POLITIK IN DEN USA MIT DEM DEMOGRAPHISCHEN THEMA UM? Es gibt natürlich Politikfelder, die sich um das Altern drehen. Ich sehe die politischen Diskussionen in den Vereinigten Staaten, die sich mit dem Altern beschäftigen, allerdings als nicht sehr ergiebig. Wenn Menschen über das Altern nachdenken, wird in der Politik eher darüber diskutiert, wie viel Geld in die medizinische und gesundheitliche Versorgung fließen soll. Um solche Dinge drehen sich die Debatten. Das sind schwierige und wichtige Fragen, aber sie sind meist nicht sehr erfinderisch. Es entwickelt sich eher zu Debatten, bei denen eine Gruppe sagt: »Finger weg von meinen Mitteln«, und die andere Gruppe sagt: »Ihr bekommt schon zu viel, wir müssen etwas davon wegnehmen«, anstatt zu sagen: »Lasst uns unseren gesamten Lebensverlauf ansehen und überlegen, wie wir unsere Leben besser leben können, sodass sich jede Lebensphase verbessert.« Das ist der Diskurs, von dem ich glaube, dass er geführt werden muss, aber er wird nicht von der Politik angeregt. In den Vereinigten Staaten stehen wir außerdem noch weiteren Herausforderungen gegenüber, da wir nicht wie in Deutschland oder anderen Teilen Europas eine Partei wählen, sondern ein Individuum, das für eine bestimmte Dauer im Amt ist. Statt langfristig zu denken, versuchen sie, die ganze Zeit den Menschen Dinge zu versprechen, die sie in kurzer Zeit erfüllen können, und somit haben wir in den Vereinigten Staaten ein echtes Problem. Und Dinge wie die soziale Sicherheit und die medizinische Versorgung sind langwierig, und in der Politik ist es sehr schwierig, langfristige Dinge zu besprechen.

Ich glaube, was passieren wird, ist, dass Individuen damit beginnen müssen, ihre Lebensweise zu ändern, und dann wird die Politik folgen. Ich glaube nicht, dass eine kreative Veränderung in den Vereinigten Staaten von der Regierung kommt.

WOHER KOMMEN IHRE ALTERSBILDER? WAS HAT SIE GEPRÄGT? Ich hatte den großen Vorteil, dass meine Großeltern interessante Menschen waren. Sie waren so unterschiedlich wie nur irgendwie möglich. Auf der Seite meiner Mutter waren sie frech und kühn, Kartenspieler und spaßig. Und die Eltern meines Vaters waren stoisch, vornehm und hart arbeitend. So wuchs ich als Kind auf und kannte solche ältere Menschen persönlich und gut. Es war für mich schwerer, Stereotypen zu entwickeln, ohne darüber nachzudenken, wie unterschiedlich ältere Menschen sein können, denn für mich gab es eine Bandbreite und das ist wahrscheinlich eine gute Erfahrung. Ich glaube, wir haben viele Stereotypen von älteren Menschen, da für viele Menschen das einzige Vorbild, das sie haben, nur eine einzige Person ist, ein Großelternteil. Alte Menschen sind also so, wie ihre Großmutter gewesen ist, und wenn sie wunderbar war und nett und klug, dann ist das ihr Stereotyp. Und wenn sie Alzheimer hatte, dann haben Sie eine völlig anderes Stereotyp. Die Stereotypen des Alterns tendieren dazu, genau dieser Art zu sein: Sie sind Extreme. Sie sind entweder extrem positiv oder extrem negativ. Meine persönliche Erfahrung hat mir das nicht erlaubt. Zusätzlich dazu habe ich einen Wissenschaftler und Professor als Vater, der momentan 95 Jahre alt und der klügste und aufmerksamste Mensch ist, den ich je gekannt habe, egal wie alt. Und ich rede weiterhin über das Altern und habe es über die Jahre hinweg getan, das ist es, was ich mit ihm erforsche. Damit habe ich definitiv von seinem Leben profitiert, von seiner Art und von dem, was er tut. Er hat den führenden Aufsatz über biomedizinischen Ultraschall veröffentlicht, als er 86 oder 87 war, und ich habe ihm ein Jahr später erzählt, dass ich damit angeben würde. Ich habe gesagt: »Weißt du, ich erzähle meinen Freunden, dass du Aufsätze veröffentlichst.« Da hat er mich angeschaut und gesagt: »Du weißt, dass ich gerade Aufsätze im Druck habe?« Und er veröffentlicht noch immer Aufsätze und geht zur Universität und arbeitet. Er ist außergewöhnlich, er war immer außergewöhnlich. Er war ein außergewöhnlicher 40-Jähriger und ein außergewöhnlicher 50-Jähriger, der Mann ist einfach außergewöhnlich. Was er jedoch repräsentiert und mit ihm viele andere außergewöhnliche Menschen, ist die Möglichkeit, die man hat. Denn wenn mein Vater und mit ihm ungefähr 20% der älteren Menschen wirklich nicht viel altersbedingten Rückgang in ihren fortgeschrittenen Jahren zeigen, dann bedeutet das, dass die Probleme, die wir vor uns sehen, nicht durch das Altern an sich kommen, sondern ihren Ursprung woanders haben, dass sie davon abhängen, wie wir unser Leben leben, wie die Gesellschaft ihre Menschen behandelt. Diese außergewöhnlichen Geschichten sollten uns also inspirieren, weil es nicht nur eine oder zwei sind. Es existiert eine bedeutende Menge von Menschen, die ihr späteres Leben wirklich gut im Griff haben, die wirklich aufblühen – nicht nur für sich selbst, sondern die auch Beiträge für andere leisten, die kraftvoll sind. Und wir können es uns nicht leisten, diese nicht anzunehmen.

WARUM BETRIFFT DAS THEMA DES ALTERNS AUCH JÜNGERE MENSCHEN? Wenn wir über alternde Gesellschaften zu diesem Zeitpunkt in der Geschichte im beginnenden 21. Jahrhundert sprechen, bezieht sich fast jeder, mit dem ich über ältere Menschen spreche, auf seine Eltern, egal wie alt sie sind, sie sprechen über die nächstältere Generation. Aber diese Sache mit dem Altern betrifft die ältere Generation nicht mehr, als es jede andere Generation betrifft. Diese Alternsache betrifft die Jugend, betrifft das junge Erwachsenenleben, betrifft das mittlere Alter. Und die wirklich spannende Sache für junge Menschen heute ist, dass sie anders als alte Menschen, die sagen: »Schau mal, was wir alles durchgemacht haben, ist das nicht interessant?«, die Möglichkeit haben, die Art, wie sie ihr Leben leben, wirklich dramatisch zu verändern. Junge Menschen könnten sich heute dafür entscheiden, zum Beispiel Familie zu haben, Kinder großzuziehen und danach erfüllende und produktive Karrieren zu haben. Sie könnten das nacheinander tun. Junge Menschen könnten sich entscheiden, zwischen zwei Jobs 2 bis 3 Jahre lang zu reisen, ohne sich darüber Sorgen machen zu müssen, was passieren wird, wenn sie zurückkommen. Es ist Zeit da. Wir haben mehr Zeit. Wenn Sie Menschen fragen, was das größte Problem in ihrem Leben ist, dann ist es, dass wir nicht genug Zeit haben. Und wissen Sie was? Wir haben sie! Zum ersten Mal in der Geschichte der Menschheit haben wir genug Zeit. Wenn Sie sich also fragen, ob Sie sich Zeit für einen Freund nehmen sollen oder sich einem neuen Thema widmen sollen, das Sie interessiert: Nehmen Sie sich Zeit zu lesen, zu reisen, ihre Träume und Ziele zu verfolgen. Tun Sie es, tun Sie es jetzt, tun Sie es in jedem Alter. Das ist nichts, womit man warten muss, bis man alt ist, um es sich zu erfüllen. Die Chance auf ein »längeres Leben« sollten wir jeden Tag leben.

—

Das Gespräch wurde im November 2014 in Washington geführt.

CARSTENSEN

URSULA
LEHR

85, PROFESSORIN FÜR PSYCHOLOGIE UND GERONTOLOGIN, EHEMALIGE BUNDESMINISTERIN FÜR JUGEND, FAMILIE, FRAUEN UND GESUNDHEIT, SEIT 2009 VORSITZENDE DER BAGSO

FRAU PROF. LEHR, SIE HABEN BEREITS IN DEN 80ER JAHREN EIN BUCH GESCHRIEBEN, IN DEM SIE VOR DER ARBEITSZEITVERKÜRZUNG UND AUCH DER LEBENSARBEITSZEITVERKÜRZUNG GEWARNT HABEN. WARUM? WAS WAREN IHRE ARGUMENTE? In den 80er Jahren wusste man ja schon, dass sich die Lebenserwartung verlängert hat. Es ist doch unmöglich, dass man mit 60 oder 63 schon in Rente geht und dann noch im Durchschnitt 25 Jahre vor sich hat. Wir können doch nicht erst 25 Jahre lang aufwachsen und Ausbildung machen, dann, wenn wir Glück haben, 40 Jahre berufstätig sein und dann noch mal 25 Jahre in Rente sein und nichts tun. Im Übrigen, ich habe damals schon gesagt, eine Berufstätigkeit, eine Arbeit, die weder überfordert noch unterfordert, ist die beste Gerontoprophylaxe. Denn durch die Berufstätigkeit bleiben wir körperlich aktiv, wir müssen aus dem Haus gehen, wir haben Sozialkontakte, wir reden mit anderen Menschen, in welchem Beruf auch immer, wir haben außerdem durch den Beruf eine gewisse geistige Anregung, und man hat das Gefühl, was geschafft zu haben, man hat eine Aufgabe. Und der Mensch braucht eine Aufgabe. Wer keine Aufgabe hat, der gibt sich auf. Wir reden so viel von burn out, von ausgebrannt sein, von zu viel arbeiten. Das stimmt und bei bestimmten Berufen, bestimmten Tätigkeiten ist das der Fall, ich denke an Altenpflege und viele andere Tätigkeiten auch. Aber, darauf hat die Psychiatrie hingewiesen, es gibt auch ein bore out, von boredom, Langeweile.

»Wer keine Aufgabe hat, der gibt sich auf.«

Und einer, der beruflich unterfordert ist, der zeigt die gleichen Symptome wie einer, der überfordert ist, nämlich Schlaflosigkeit bis hin zu Depressionen, keine Lust mehr, irgendetwas zu unternehmen, der ist motivationslos, antriebslos. Und von daher gesehen ist die Arbeit, richtig dosiert, durchaus ein Lebenselixier. Und warum wollen wir den älteren Menschen die Möglichkeit zur Arbeit nehmen? Gewiss, es gibt Situationen, in denen für manch einen es besser ist, früher aufzuhören. Aber wir wissen ja sehr genau, das hat die Psychologie sehr deutlich gemacht, dass die Anzahl der Lebensjahre sehr wenig über Fähigkeiten, Fertigkeiten, Verhaltensweisen, Erlebnisweisen aussagt. Für manch einen mag es besser sein, mit 60 aufzuhören oder mit 63. Doch für viele wäre es weit günstiger und besser, über die 65 Jahre hinauszuarbeiten, vielleicht nicht gerade mit einer 38-Stunden-Woche, aber doch mit reduzierter Zeit, vielleicht mit mehr Flexibilität, aber eine Tätigkeit, auch eine berufliche Tätigkeit, wäre für viele wünschenswert. Ich könnte mir auch vorstellen, dass der eine oder andere sich ehrenamtlich so engagiert, dass er oder sie sagt: Meine finanzielle Situation reicht, ich will jetzt etwas tun, was mir auch Spaß macht, aber dann bitte eine neue Tätigkeit, ruhig nach meinem Geschmack, nach meinen Fähigkeiten, auch nach meinem Zeitaufwand. Aber irgendetwas tun sollte der Mensch.

DAS SIND KLUGE ARGUMENTE, DIE SIE AUCH ÜBER IHRE PROFESSION ALS PSYCHOLOGIN GEWONNEN HABEN. SIE WAREN AUCH POLITIKERIN. WIE KONNTEN SIE SICH MIT DIESEN ARGUMENTEN IN DER POLITIK DURCHSETZEN? Ich war ja nicht zuständig für die Verlängerung der Lebensarbeitszeit. Und das Durchsetzen dauert lang, das ist das Bohren dicker Bretter. Ich habe damit angefangen, dass ich den ersten Altenbericht in Auftrag gegeben habe, der etwas mühsam durchzusetzen war, denn meine Kabinettskollegen haben gesagt: Wozu einen Altenbericht? Aber da bereits 4 Familienberichte vorlagen und 8 Jugendberichte, war das nun mal an der Zeit. Und es ist eine gewisse Genugtuung, dass nachdem der abgegeben wurde, einstimmig im Parlament beschlossen wurde, in jeder Legislaturperiode einen Altenbericht zu erstellen. Und wenn ich daran denke, dass der letzte, der 6. Altenbericht zum Thema Altersbilder all das, was wir damals gesagt haben, jetzt mit moderner, neuer Forschung genau bestätigt, nämlich die interindividuellen Unterschiede, also die Fragwürdigkeit einer jeden Altersnorm, dann kann man doch sagen: Langsam setzt es sich durch. Jetzt müssen nur noch die politischen Konsequenzen gezogen werden.

SPANNENDES STICHWORT: FRAGWÜRDIGKEIT JEDER ALTERSNORM, WAS HAT MAN SICH DARUNTER VORZUSTELLEN? Man kann ja ein festes Ruhestandsalter – Klammer auf: Ruhestand ist ein schrecklicher Begriff, schlimmer ist nur noch die Ruhelage, gute Nacht, Klammer zu – nicht festlegen, weil nämlich der Mensch sowohl körperlich als auch geistig, ja auch emotional, sehr unterschiedlich altert. Wir sind in unserem Leben vielen Einflüssen ausgesetzt, einmal haben wir unterschiedliches Erbgut, aber wir sind außerdem sehr unterschiedlichen Sozialisationsbedingungen ausgesetzt, unterschiedlichen Anforderungen und unterschiedlichen Lebensschicksalen, die einen prägen und die einen auch unter Umständen früher altern lassen – wobei Sie mich jetzt fragen können: Was ist altern? Das sind Abbauerscheinungen oder Veränderungserscheinungen in bestimmten Bereichen. Und da wäre es für manch einen sicherlich gut, schon früher aufzuhören oder etwas anderes zu tun. Ich könnte mir durchaus vorstellen, dass der genervte Lehrer oder die genervte Lehrerin dann irgendwann mit 50, 55 sagt, mir reicht's, ich komm mit den jungen Leuten nicht mehr zurecht. Versteh ich. Aber warum kann sie dann nicht etwas anderes tun und sei es vielleicht in einen Kindergarten gehen – das ist nur ein Vorschlag. Aber ich meine, irgendetwas anderes tun, was auch Spaß macht, wo er oder sie eine neue Aufgabe findet und wo man sich auch in die Gesellschaft einbringt.

DER STELLENWERT VON ARBEIT IM LEBEN EINES MENSCHEN – WAS WÜRDEN SIE SAGEN, WIE HAT SICH DIES IN DEN LETZTEN 100 JAHREN VERÄNDERT? Ja, der hat sich wohl verändert. Meine Söhne haben mal zu meinem Mann und mir gesagt, wir machen es mal anders als ihr, wir leben nicht um zu arbeiten, sondern wir arbeiten um zu leben. Aber heutzutage, auch bei meinen Söhnen, die mittlerweile 64 und 58 sind, auch heutzutage kommt einer, der sich engagiert, der Interesse am Beruf hat, nicht mit einem 8-Stunden-Tag aus. Also Überstunden sind selbstverständlich, teilweise auch Sonntagsarbeit, vielleicht dann aber auch mal längere Freizeiten. Darauf kommt's an, auf eine Flexibilität der Arbeitszeit, dann kann man auch vorübergehend weit mehr bewältigt bekommen, als wenn man regelmäßig immer 8 Stunden arbeitet. Man muss also etwas verschieben können, flexibler müssen wir sein, Zeit gewinnen.

DER DEMOGRAPHISCHE WANDEL AUS IHRER SICHT: WIE VERÄNDERT SICH DIE GESELLSCHAFT? Demographischer Wandel ist Veränderung der Demographie, Veränderung des Bevölkerungsaufbaus. Man sprach die ganze Zeit von einer Pyramide, das heißt, unten breite Jahrgänge der bis 10-Jährigen, etwas weniger bis 20, etwas weniger bis 30. Diese Pyramide hat sich dann mehr oder weniger verwandelt in eine Litfaßsäule, auch durch den Rückgang der Kindersterblichkeit, durch den Fortschritt der Medizin. Es sterben weit weniger Leute im Alter von 10, bis 20, bis 30 Jahren, so dass hier keine Abflachung kommt, sondern praktisch eine Säule. Nun werden auch immer weniger Kinder geboren, so dass demographischer Wandel auch bedeutet: mehr Ältere. Wir werden älter, wir werden weniger und wir werden bunter, denn das gehört auch noch zum demographischen Wandel dazu, die Tatsache, dass wir große Einwanderungszahlen haben.

Aber die Frage des Alterns und die Frage der Bedeutung der Arbeit für ältere Menschen stellen sich auch unabhängig vom demographischen Wandel, denn wir haben auf jeden Fall eine Erhöhung der Lebenserwartung. Man spricht von jährlich 3 Monaten, und das Rostocker Institut für Demographie, das Max-Planck-Institut hat ja ausgerechnet, dass 50 % der heute geborenen Mädchen mit 100 Lebensjahren rechnen können. Ich habe so schöne Vortragsfolien, die zeigen, wie die Zahl der runden 100. Geburtstage zugenommen hat. Wir hatten im letzten Jahr über 6.000 Menschen in Deutschland, denen der Bundespräsidenten zum 100. Geburtstag gratuliert hat. Und 611, die 105 Jahre und älter wurden. Also wir haben die Chance, immer älter zu werden. Die Gruppe der über 80-Jährigen ist die am schnellsten wachsende Bevölkerungsgruppe. Und wenn wir schon mit einer so langen Lebenszeit rechnen können, die können wir doch nicht als Ruheständler verbringen.

WARUM WIRD DIESE ENTWICKLUNG, DIE SIE BESCHRIEBEN HABEN, IN DEN MEDIEN ÜBERWIEGEND MIT KATASTROPHE, MIT PROBLEMEN, MIT SCHWIERIGKEITEN GLEICHGESETZT? Weil das die Menschen am meisten interessiert. Wenn Sie ein normales Leben oder den Durchschnittsbürger schildern, dann findet es nicht so viel Aufsehen. Ich habe früher mal gesagt, was bringen uns die Medien: Entweder den superaktiven Hochaltrigen, der noch auf die Fidschi-Inseln reist und dort so sexuell aktiv ist, dass mancher 30-Jährige neidisch wäre. Oder aber den Älteren, der in der Psychiatrie festgebunden liegt, überhaupt völlig desorientiert ist und gar nichts mehr mit seinem Leben anzufangen weiß. Also das sind zwei krasse Extreme, die vielleicht 2 % ausmachen, je nachdem wie alt der psychiatrische Fall ist. Wenn Sie über 90-Jährige betrachten, dann haben wir dementielle Erkrankungen zu einem Drittel, aber die liegen auch nicht alle in der Psychiatrie und sind festgebunden. Es gibt so krasse Fälle in der Presse. Und diese breite Norm dazwischen, die interessiert im Allgemeinen nicht. Aber das ist besser geworden, seit es den 6. Altenbericht gibt, der sich sehr gründlich mit Altersbildern auseinandergesetzt hat.

IHRE KOLLEGIN URSULA STAUDINGER SAGTE UNS IN NEW YORK: DIESE DEMOGRAPHISCHE VERÄNDERUNG KÖNNTE EIGENTLICH EINE CHANCE FÜR EIN BESSERES LEBEN ALLER IN EINER GESELLSCHAFT BIETEN. WORIN SEHEN SIE DIE CHANCEN? Also, dass wir älter werden ist erst einmal eine Chance! Und könnte vor allem dann eine bieten, wenn man auch den älteren Menschen die Möglichkeit gibt, sich offiziell weiterzuentwickeln. Natürlich, wir entwickeln uns alle weiter. Aber man muss auch weit mehr Lern- und Weiterbildungsmöglichkeiten für Ältere anbieten – anbieten, nicht zur

Pflicht machen –, man sollte Ältere motivieren, sich eine Aufgabe zu suchen, die ihnen Spaß macht, die ihnen selber nützt, aber auch der Gesellschaft. Und eine Chance ist es insofern, als demographischer Wandel ja dann das Problem des mangelnden Nachwuchses löst, wenn sie das so sehen wollen. Aber das heißt gleichzeitig, dass wir die Fähigkeiten der Älteren schätzen und achten müssen.

WIE IST HEUTZUTAGE DIE GESUNDHEITLICHE VERFASSUNG EINES MENSCHEN AB 60, WIE STEHT ES UM DIE GESUNDHEIT DER ÄLTEREN MENSCHEN IN DEUTSCHLAND? Was den Gesundheitszustand der heutigen älteren Bevölkerung angeht, so ist der relativ gut. Wenn wir genau schauen, in welchem Jahrzehnt welche Krankheiten vorkommen, dann haben wir sogar eine Reduzierung von Krankheiten. Andererseits spricht man natürlich – und stellt es als Schreckgespenst hin – von zunehmenden dementiellen Erkrankungen. Das heißt aber nicht, dass in dem Alter, sagen wir von 70 bis 80 oder 80 bis 90, der Prozentsatz der dementiell Erkrankten zunimmt, sondern allein die Tatsache, dass wir weit mehr Menschen über 90 haben, die macht es aus, dass eben mehr dementiell erkranken, aber der Prozentsatz innerhalb der Gruppe der über 90-Jährigen ist geringer. Nur die objektive Zahl ist größer, weil eben mehr über 90 Jahre alt werden.

Insgesamt ist der Gesundheitszustand der jetzigen älteren Generation besser, sie leben gesundheitsbewusster, sie haben natürlich auch die Chance gehabt, weit mehr gesundheitsbewusste Ernährung auszusuchen. Wenn Sie an die über 80-Jährigen denken, an die Kriegszeiten, in denen man froh war, wenn man überhaupt etwas zu essen bekommen hat, auch an die Nachkriegszeit, an Zeiten, in denen man für ein Stück Speck, was man heute wegwirft, angestanden hat. Daher haben viele der über 80-Jährigen noch heute die Einstellung, der Teller muss leer gegessen werden. Sie können kein Brot wegwerfen, das wird dann aufgehoben und morgen zu Fleischbrötchen verarbeitet. Da haben wir noch sehr viel Aufklärungsbedarf, gerade bei der durch Kriegserlebnisse gezeichneten Gruppe. Aber bei den Jüngeren ist das was ganz anderes. Die sind schon nicht mehr so erzogen worden wie wir, wie meine Generation, »iss mal den Teller leer, damit die Sonne scheint«, »ein Löffel für Opa, ein Löffel für Oma, ein Löffel für den und den«, sondern die dürfen stehen lassen, das ist auch richtig so, und die wissen auch, dass Obst und Gemüse gut ist, die haben vielfach das Rauchen aufgegeben oder gar nicht erst angefangen. Sicher, da ist ein anderes Problem, die Drogen, aber im Grunde genommen lebt man heute gesünder, man weiß um den Wert der Bewegung und selbstverständlich der körperlichen Aktivität, Spaziergänge bis hin zum Marathonlauf. Das alles führt dazu, dass trotz Luftverschmutzung doch die Gruppe der über 60-Jährigen gesünder ist, als sie früher war. Sicher auch durch die Medizin und Medikamente.

WIE STEHT ES UM DIE LERNFÄHIGKEIT DER MENSCHEN AB 60 AUFWÄRTS? KANN EIN ÄLTERER MENSCH GENAUSO GUT NOCH NEUES LERNEN WIE EIN JÜNGERER MENSCH? Was die Lernfähigkeit anbetrifft: Ältere Menschen können genauso lernen wie jüngere, oft muss man sagen, es dauert etwas länger, sie lernen teilweise auch anders. Der Lehrstoff muss anders angeboten werden. D.h. sie lernen im Ganzen, während der Jüngere in der Lage ist, Teile zu lernen. Der Wissenschaftler Olochowski hat ein spannendes Experiment gemacht hat: Er hat ein und dasselbe Gedicht lernen lassen, einer Gruppe wurde das Gedicht erst ganz vorgelesen und dann Strophe für Strophe. Die zweite Gruppe bekam nur Strophe für Strophe zum lernen vorgelegt. Die erste Gruppe, die das Gesamtgedicht hatte, lernte viel schneller als die zweite Gruppe – bei Älteren. Bei Jüngeren macht es keinen Unterschied. Jüngere können auch in Teilen lernen und zusammensetzen, während der Ältere zunächst wissen will, wo es lang gehen muss. Und insofern muss man vielleicht die Unterrichtsstunde etwas anders gestalten. Aber Lernfähigkeit und Lernen ist heute unbedingt notwendig im Zeitalter der zunehmenden Digitalisierung. Der ältere Mensch kann es auch lernen, mit dem Computer umzugehen. Er muss nur mehr Mut haben, auszuprobieren. Für ältere

Menschen ist der Computer oder die Technik etwas, was man gar nicht anfasst, denn man könnte ja 'ne falsche Taste drücken und alles kracht zusammen. Da sind Jüngere viel risikofreudiger und experimentieren freudiger. Aber es gibt Beispiele, dass selbst eine 94-Jährige plötzlich innerhalb von drei Wochen gelernt hat, Computer und Internet zu bedienen, bei entsprechend hoher Motivation.

OHNE PARTEIPOLITISCH ZU WERDEN, WIE FLEXIBEL SIND DIE RENTENREGELUNGEN IN DEUTSCHLAND? Hier brauchen wir gar nicht parteipolitisch zu werden, weil sie nämlich in allen Parteien Befürworter der Flexibilität der Altersgrenze haben und auch Gegner. Nun ist es ja so, dass wissen Sie so gut wie ich ich, dass nach dem Papier durchaus eine Flexibilität möglich ist, nur, sie wird noch nicht umgesetzt. Allerdings ist auch notwendig, dass der ältere Mensch dann auch bereit ist, in die zweite Reihe zu treten. Also ich muss nicht unbedingt Institutsdirektor bleiben bis über 90. Sondern von irgendeinem Alter an – ich möchte mich auf keine Altersgrenze festlegen, in Baden-Württemberg ist es ab 68 – haben sie noch die Rechte, an der Uni zu lehren, aber nicht mehr die Pflichten. Man könnte ja durchaus auch noch kleine Pflichten haben, aber bitte die Direktion, die sollten sie einem Jüngeren überlassen. Also ich finde es schon ganz notwendig, dass der Ältere weiter tätig ist, aber mit mehr Flexibilität, vielleicht auch mit weniger Verantwortung, je nach Gebiet, aber dann auch mit der Bereitschaft, in die zweite Reihe zu treten.

WIE KANN MAN EINE ENTWICKLUNG SO BEFÖRDERN, DASS SICH DIE ALTERSBILDER IN EINER GESELLSCHAFT ÄNDERN? ALTERSBILDER WERDEN JA AUCH ZU SELBSTBILDERN. AUSGEHEND AUCH VON DEM 6. ALTENBERICHT, WIE ÄNDERN SICH ALTERSBILDER IN DEN MEDIEN, IN DEN KÖPFEN, IN DEN KÖPFEN DER POLITIKER, DER JOURNALISTEN, IN UNSER ALLER KÖPFE. Altersbilder zu ändern ist sehr schwer, weil die sehr weit verbreitet und stark verwurzelt sind. Man kann sie eigentlich nur durch gute Beispiele ändern, aber bitte Beispiele von dem Normalbürger. Denn es hat wenig Zweck, auf Picasso hinzuweisen, der noch im höchsten Alter, über 90 Gott weiß wie produktiv, kreativ war. Oder gehen wir zurück auf Michelangelo, der als 83-Jähriger noch die Kuppel vom Petersdom entworfen hat, die heute noch hält, das würde man heute keinem Architekten mehr zutrauen, obwohl er es sicher könnte. Wir brauchen neue Altersbilder von Menschen wie du und ich. Und wir müssen zeigen, wie die auch im kleinen Rahmen durchaus noch das Ihre leisten, aber auch das Leben dabei genießen, nicht etwa arbeiten müssen, sondern arbeiten wollen oder besser tätig sein wollen, eine Aufgabe haben wollen. Der Mensch, der keine Aufgabe hat, der gibt sich auf.

WARUM SOLLTEN JUNGE MENSCHEN SICH FÜR DIESE DISKUSSIONEN INTERESSIEREN? GIBT ES EIN ARGUMENT, WARUM MENSCHEN ZWISCHEN 20 UND 40 GENAU JETZT SCHON SICH MIT ALTERSBILDERN BEFASSEN SOLLTEN? Also viele junge Menschen verdrängen das Alter. Sie wollen nicht alt werden. Dazu muss man wissen, für einen 5-Jährigen ist ein 20-Jähriger schon alt. Und für einen 20-Jährigen, »oh Gott, wenn ich mal 30 werde, schrecklich«, und für einen 30-Jährigen ist es der 40. Geburtstag, da fällt manch einer in eine mehr oder minder schwere Depression. Und je älter sie werden, umso eher – ab einem gewissen Alter, da kann ich auch keine Altersnorm nennen – freundet man sich mit dem Älterwerden an. Ich bring immer das Beispiel Professor Gadamer, der Philosoph von Heidelberg, der war bei einer kleinen 100-Jährigen-Feier bei uns im Heidelberger Institut für Gerontologie. Da waren 6 oder 8 über 100-Jährige, die wir untersucht hatten, die kamen ins Institut und er war 99, er wäre in 2 Monaten 100 geworden. Den haben wir dazu genommen, und das war ein gemütlicher Nachmittag bei Tee und Unterhaltung, und dann gegen Ende, als die kleine Gruppe aufbrach, hat Herr Gadamer gesagt, es wäre für ihn ein einmaliges Gefühl gewesen, als jüngster in einem Kreis zu sein. Sie sehen also, da betrachtet man sich dann noch als jung. Die Verschiebung, wann man alt ist, die erfolgt mit zunehmendem Lebensalter.

WIR HABEN EINEN RUN AUF ANTI-AGING-PRODUKTE. WIE STEHEN SIE DAZU? Also ich bin sehr gegen Anti-Aging, bin für Pro-Aging.

Wir sind nicht gegen das Alter, denn wir altern ohnehin, wir können es ja nicht verhindern. Pro-Aging – ja sagen zum Alter, aber das Beste daraus machen. Und ich glaube mit dieser Einstellung lebt man länger, hat auch was vom Leben und scheut auch den Tod weniger. WIE WIRD EHRENAMTLICHES ENGAGEMENT VON ÄLTEREN ANGENOMMEN? WIE SIEHT DIE SITUATION IN DEUTSCHLAND AUS? Das ehrenamtliche Engagement oder bürgerschaftliche Engagement, wie man es jetzt nennt, wird eigentlich in Deutschland relativ gut angenommen. Rund 40 % der über 60-Jährigen sind irgendwo ehrenamtlich tätig. Natürlich sind es diejenigen, die es schon vor dem Ruhestand waren, eher als diejenigen, die jetzt erst überhaupt mal anfangen mit der Frage, wo kann ich noch was tun. Nun muss man natürlich wissen, dass der Begriff ein sehr weiter ist: von einem Kassenwart, der einmal im Monat tätig wird für 2 Stunden, auch da spricht man vom Ehrenamt, bis hin zu jemandem, der 3 oder 4 Tage in der Woche sich einsetzt, sei es bei Kindern, sei es bei Erwachsenen, sei es im Bahnhofsmissions-

dienst und so weiter. Also, das Ehrenamt hat eine sehr breite Palette. Ideal ist es, wenn wir von den Kommunen oder von den Gemeinden oder von wem auch immer so etwas wie einen Ehrenamtskoordinator oder eine -koordinatorin haben, die einmal die Bedürfnisse und die Bedarfe aufnimmt und andererseits auch die Bereitschaft, etwas zu tun. Sicher geht in die Statistik nicht ein, wenn sie für die Nachbarin einkaufen gehen oder wenn sie den Herr Müller vom Nachbarhaus mal in die Stadt fahren. Das wird nicht erfasst, aber wie viele Menschen haben eben keine Nachbarin und keinen Nachbarn, die auch mal irgendwohin gefahren werden müssen oder für die auch mal schnell in der Apotheke was besorgt werden muss. Da wäre es ganz gut, wenn wir da eine Sammelstelle hätten, bei der man Bedürfnisse und Bedarfe anmeldet und auch die Leute sich melden, die sagen, ich bin jeden Mittwochnachmittag frei und da können sie mir sagen, was ich für wen tun kann. Also, die Bereitschaft, ein Amt zu übernehmen, eine Aufgabe zu übernehmen und aber auch eine Aufgabe nachzufragen. Wir stellen hier fest, dass auch eine gewisse Scheu besteht, von Jüngeren und Älteren, eine Hilfe zu erbitten. Und ich glaube auch, da muss noch was getan werden. Manch eine ältere Dame oder älterer Herr gehen bei dem schönen Wetter nicht spazieren, weil sie keinen haben, der sie begleitet. Sie können noch laufen, aber alleine gehen, da sind sie vielleicht unsicher. Und wenn das ein anderer wüsste, der würde das gerne tun.

Hier erinnere ich mich an einen Besuch bei Wilhemine Lübke. Bundespräsident Lübke war bereits gestorben und seine Frau war Schirmherrin und Gründerin vom Kuratorium Deutsche Altershilfe (KDA) und hat in diesem Kontext auch den Wilhelmine-Lübke-Preis für ein positives Altersbild geschaffen. In diesem Zusammenhang habe ich sie besucht, ich bin Kuratorin im KDA, und da saß ich bei ihr oben im Hagerweg 44 beim Tee. Sie war ja eine sehr sympathische, aber sehr burschikose ältere Dame und übrigens sehr an Alter interessiert. Sie las die Post zwischendrin und machte dann einen Brief auf, überflog ihn und dann sagte sie: »Hier Frau Lehr, da schreibt mir doch eine: »Ich bin 85 und bin so einsam, was soll ich tun?« Wissen Sie was ich der sage, suchen Sie sich eine andere 85-Jährige und besuchen Sie die, dann fühlen Sie sich nicht mehr einsam und dann wissen Sie, was sie tun können.« Sie sagte es in ihrer burschikosen Art. Das zeigt doch, wie man manchen älteren Menschen, die sich einsam fühlen, wieder aus der Einsamkeit heraushelfen kann.

GIBT ES DENN EINEN UNTERSCHIED INNER-HALB DER SOZIALEN STRUKTUREN, DER SO-ZIALEN SCHICHTEN? HABEN ES ÄRMERE MENSCHEN SCHWERER, OPTIMISTISCH ALT ZU WERDEN? Unglückliche Menschen haben es schwerer, optimistisch alt zu werden. Zufriedene Menschen, die nicht nur die schwarzen Seiten vom Leben sehen, die jeder hat, altern besser, zufriedener. Aber wir können nicht sagen, dass Reiche zufrieden sind und Arme unzufrieden. Vielleicht kann man sagen, dass es bei den sogenannten Wohlhabenderen etwas mehr Zufriedene gibt, aber Sie kennen sicherlich viele, die genug finanzielle Mittel haben und extrem unzufrieden sind und eben dann auch nicht zu den Hochaltrigen zählen, während manch einer, der sich zufrieden gibt oder zufrieden ist mit weniger, aber vielleicht gut funktionierende soziale Kontakte oder Familienverhältnisse hat, zufriedener altert. Also, es gibt eine Beziehung zwischen Zufriedenheit und Alter, Optimismus und Alter, aber nicht eine eindeutige Beziehung zwischen viel Geld und Optimismus und viel Geld und Zufriedenheit.

SIE SIND JA SEHR AKTIV, SIE SIND EIGENT-LICH FAST TÄGLICH BERUFSTÄTIG, SIE SIND IMMER AUF REISEN. HABEN SIE SICH, ALS SIE 50 ODER 55 WAREN, DAS SO VORGESTELLT, DASS IHR LEBEN MIT 85 SO REICH, SO VOLL UND SO AKTIV IST? Ich hatte als junger Mensch überhaupt gar keine Pläne als 80-Jährige. Ich bin Jahrgang 30 und ich dachte schon, ob du überhaupt mal die Jahrhundertwende, die Jahrtausendwende erleben wirst, wahrscheinlich nicht. Dass es mir bei der Jahrtausendwende ausgesprochen gut ging, hätte ich nie erwartet. Ich hab aber auch, wenn ich dann an die Zukunft gedacht habe, eigentlich nie Rentenpläne gemacht. Ich dachte, zu forschen gibt es immer etwas, ich bin ja in der Wissenschaft gelandet, und da geht der Stoff nicht aus und da geht auch das Interesse nicht aus. Dass ich dann dazu kam, die Wissenschaft mehr oder minder in die Praxis umzusetzen, indem mich dann die BAGSO, die Bundesarbeitsgemeinschaft der Seniorenorganisation, gebeten hat, ehrenamtlich zunächst mitzuarbeiten und dann 2009 den Vorsitz zu übernehmen, hatte ich nicht erwartet. Das ehrenamtliche Mitarbeiten war eigentlich selbstverständlich, also hab ich die BAGSO begleitet über 20 Jahre weg, dann den Vorsitz übernommen – auch deshalb sicherlich, weil mein Mann gestorben ist, weil die Kinder, ich habe schon Urenkel, längst aus dem Haus sind, auch die Enkel mich jetzt nur manchmal am Wochenende besuchen, weil ich frei bin. Und wenn ich etwas mache, auch im Ehrenamt, dann mache ich es richtig und das macht natürlich Spaß. Und wenn man jetzt sieht, dass Dinge, die man schon vor über 50 Jahren gefordert hat, dass die sich jetzt irgendwie so allmählich durchsetzen, dass sich das Altersbild verändert, wenn auch langsam, noch nicht schnell genug, dann macht das direkt Vergnügen. Insofern muss ich sagen, meine Tätigkeit ist zwar sehr anstrengend, ist auch mehr als eine 40-Stunden-Woche, aber sie macht Spaß. HAT DIESE FRÜHVERRENTUNGSWELLE, DIE TATSACHE, DASS IN DEN 80ER JAHREN DIESE RENTENGESETZGEBUNG AUCH ZUM ARBEITSMARKTINSTRUMENT GEMACHT WURDE, HAT DIE MIT DAZU BEIGETRAGEN, DASS DIE ALTERSBILDER SICH NEGATIV VERÄNDERT HABEN, HAT DAS DAZU BEIGETRAGEN, DASS DIE RENTE, DER RENTENBEGINN SOWAS WIE EIN MARKER WURDE FÜR ALTER? Vorsichtig, die Frühverrentungswelle hat eine vielfache Veränderung bewirkt. Die Frühverrentung – ich war immer gegen die Frühverrentung, darüber sprachen wir ja – hat zunächst durch die Begründung sogar ein etwas positiveres Altersbild geschaffen. Wir hatten im Bonner Institut unsere ersten Einstellungsuntersuchungen zum Berufsende 1968 veröffentlicht, und da war sehr deutlich – damals hatten wir die feste Arbeitsgrenze mit 65 – davor hatte jeder Angst: Wenn ich aus dem Berufsleben draußen bin, dann bin ich ein alter Hund, sitze in der Ecke, keiner will mich mehr. Das war ein ganz negatives Altersbild, die Leute haben gar nicht weiter gedacht. Aus dem Beruf auszuscheiden bedeutete das Ende. Nun kam aber Norbert Blüm, der die Begründung gebracht hat: Warum soll der noch fähige alte Opa weiterarbeiten, wenn der Enkel arbeitslos ist? Jetzt war das Aufhören eine gute Tat der jungen Generation gegenüber: Ich höre nicht auf, weil ich nicht mehr brauchbar bin oder weil ich ein alter Hund bin und in der Ecke sitze, sondern ich höre auf, weil ich meinen Platz freimache für einen Jungen. Dass das nicht so geworden ist, konnte keiner vorhersehen, denn wir haben ja nur 7% der freigemachten Plätze wieder besetzen können, und es dauerte sehr lang. Insofern wandelte sich schon Anfang der 80er Jahre das Altersbild ein bisschen zum Positiven. Also das müssen wir zugeben, obwohl ich gegen die Frühverrentung war.

Aber die weiteren Jahren haben natürlich sehr viel zur Verbesserung der Altersbilder beigetragen, auch die Seniorenorganisationen, auch die BAGSO, auch mit den jetzt 11 Deutschen Seniorentagen: »Ja zum Alter«, »Aktiv im Alter«, »Alt, na und«. Ältere Menschen wollen etwas leisten und können etwas leisten. Und ich glaube, da hat Frau Staudinger Recht, dass ältere Menschen ein Gewinn für die Gesellschaft sind.

WIRD DER RUHESTAND ROMANTISIERT? WARUM IST HÄUFIG VOR DER VERRENTUNG DIE VORSTELLUNG WUNDERBAR, SPÄTER FOLGT HÄUFIG DIE DESILLUSIONIERUNG? Diese Glorifizierung des Ruhestandes ist eine Folge von unrealistischen Erwartungen. Solche Erwartungen wie »ich reise um die Welt«, »ich mache dies, ich mache jenes« – das hat der Zukunftsforscher Opaschowski ja schön geschrieben: »Aus den großen Plänen wird dann, dass der Fernsehabend mittags um drei beginnt.« In Wirklichkeit ist es dann so, dass die Reisen gar nicht mehr so interessant sind. Sicherlich, das erste Mal frei sein, okay, aber uns haben gerade in unserer Altersforschung viele Menschen erzählt, »wissen Sie, Urlaub war schön, wenn die anderen gearbeitet haben«. Oder »das Wochenende war toll, weil das von der Arbeit eine Pause war, aber jetzt habe ich ja immer Pause«. Das ist wie immer Schokolade essen. Und immer Schokolade essen schmeckt auch nicht. Und die Belohnung der freien Zeit, sich mal eine Reise gönnen, die entfällt, wenn der Hintergrund der Arbeit fehlt.

—

Das Gespräch wurde im April 2015 in Bad Godesberg geführt.

TRUDE
KEUTH

73, ARBEITET SEIT 8 JAHREN IN EINER BÄCKEREI IN MÖNCHENGLADBACH UND IST GLÜCKLICH MIT DIESER ARBEIT

FRAU KEUTH, WARUM ARBEITEN SIE HIER? Ich bin jetzt im Oktober 73 geworden, habe mit 65 Jahren mein Rentenalter erreicht und wollte dann einfach nur Urlaub machen, das Rentnerleben ein bisschen genießen. Ich habe das ein Jahr ausgehalten, und dann bin ich einfach aus Langeweile – ich habe dann auch meinen Chef hier kennengelernt – noch einmal eingestiegen in das Berufsleben. Ich war viele Jahre selbstständig, mache es wirklich aus Freude, aus Liebe zu den Leuten, zu den Menschen und eben halt auch, um in einem gewissen Alter auch noch eine Aufgabe zu haben.

IST DENN RUHESTAND GAR NICHT SO ATTRAKTIV WIE MAN MEINT? Den Ruhestand finde ich zwar auch schon hin und wieder mal sehr schön, das ist ganz klar, aber für mich persönlich – ich brauche das Leben um mich herum. Es ist mir einfach zu langweilig, nur zu putzen, vorne anfangen, hinten aufhören, das Gleiche dann wieder von vorne. Also mir fehlt einfach der Kontakt zu den Menschen. Ich liebe das unheimlich, und es macht vor allen Dingen auch Freude. Vor allem bleibe ich jung bei den jungen Menschen, die ich um mich herum habe, ich lerne auch noch viel, sie lernen von mir. Ganz klar, ich hab ja auch viel Lebenserfahrung, aber ich persönlich lerne auch sehr viel von den jungen Leuten. Wir sind wie eine kleine Familie hier. Wir gehen mit Freude alle an die Arbeit. Und wir haben einen super tollen Chef, das kommt noch dazu.

IHR CHEF HAT JA OFFENSICHTLICH EINE GUTE EINSTELLUNG

»Den Ruhestand finde ich zwar hin und wieder mal sehr schön, aber ich brauche das Leben um mich herum.«

GEGENÜBER ÄLTEREN MENSCHEN, ER HÄLT DIE ÄLTEREN FÜR LEISTUNGSFÄHIG. Für ihn bin ich hier die Seele des Geschäftes, so drückt er sich auch aus, er hält auch viel von den älteren Leuten. Er gibt ihnen eine Chance, ich habe auch eine Kollegin, die ist etwas über die 50, das ist unsere Brigitte. Also ich finde das ganz hervorragend, denn wir haben es ja auch schwer, sage ich jetzt mal, in unserem Alter, irgendwo noch einzusteigen.

DAS HEISST, SIE KOMBINIEREN IHRE BISHERIGE RENTE MIT DEM NEUEN LOHN JETZT? Ja, genau. Mein Mann ist sehr früh verstorben, dadurch kriege ich eine kleine Witwenrente, und so bin ich froh, dass ich hier auch noch etwas dazu verdienen kann. Und das ist für mich auch sehr wichtig.

ABER IHRE RENTE WÄCHST NICHT MEHR AN DURCH DAS, WAS SIE HIER VERDIENEN? Nee, das auf jeden Fall nicht. Ich bin hier auf der 450-Euro-Basis angestellt und die Rente wächst nicht mehr, das bleibt so.

IST ES WICHTIG, EINE AUFGABE ZU HABEN, AUCH IM ALTER? Es macht mir schon Spaß, man lernt so viele Menschen hier kennen. Man denkt oft selber, man hat ja auch mal Tage – bei mir merkt man es nicht so –, die nicht so gut sind. Aber Sie glauben gar nicht, wie viel Leid unter den Menschen ist, ob es jüngere Leute sind, ältere Leute, man erlebt hier so viel. Ich gebe auch gute Ratschläge, aber ich bekomme auch viel Gutes zurück. Ich kenne viele auch aus meiner Generation oder aus meinem Alter, die so – wie soll ich sagen – unter Depressionen leiden, weil sie immer sehr aktiv gewesen sind, immer für die Menschen da gewesen, und dann werden die auf einmal abgeschoben.

Und es sind halt eben viele Chefs, die auch Vorurteile haben. Obwohl ja heute – ich sehe es ja auch in den Medien – zieht man auch schon manchmal die ältere Generation vor.

Hier passt das wunderbar zusammen, wir haben jüngere Leute, ältere Leute. Ich habe keine Enkel, eine Tochter, die hat genug mitgemacht. Aber hier habe ich genug Kleinkinder, die mich lieben.

—

Das Gespräch wurde im Dezember 2014 in Mönchengladbach geführt.

LINDA FRIED

66, MEDIZINERIN UND PROFESSORIN AN DER COLUMBIA UNIVERSITY NY, BERATERIN DES NEW YORKER BÜRGER-MEISTERS FÜR EINE ALTERSFREUND-LICHE STADT ───────────────────

FRAU PROF. FRIED, SIE ARBEITEN UND LEHREN IN NEW YORK AN DER COLUMBIA UNIVERSITY. WOMIT GENAU BE-SCHÄFTIGEN SIE SICH? Ich bin Geriaterin und Gerontologin sowie Bevölkerungswissenschaftlerin, also Epidemiologin. Als klinische Geriaterin bin ich Ärztin, speziell für die Gesundheits-bedürfnisse älterer Menschen ausgebildet. Ich bin ich geschult, mich um die Bedürfnisse älterer Menschen zu kümmern, Pfle-ge innerhalb von Gesundheitssystemen bereitzustellen, die an die Bandbreite von Bedürfnissen angepasst sind, die ältere Menschen haben, wenn sich ihre Gesundheit mit der Zeit ver-ändert. Ich bin auch Gerontologin, also eine Wissenschaftle-rin, die sich mit der Erforschung von Alterung und alterungs-verwandten Themen beschäftigt und ich habe meine Karriere speziell damit verbracht, meine epidemiologischen Kenntnis-se für Fragen zu nutzen, wie wir die Menschen durch ihr jetzt längeres Leben besser gesund erhalten können, wie wir die gesellschaftlichen Organisationen aufbauen und verändern können, die wir benötigen, um die Chancen – von denen ich glaube, dass wir sie haben – zu nutzen, wenn wir uns in einer alternden Gesellschaft befinden. Und zwar auf eine Art und Weise, die gut für Menschen jeden Alters ist, ältere Menschen eingeschlossen. Im Besonderen interessiert es mich, wie wir den Menschen, die jetzt ein längeres Leben haben, helfen kön-nen, gesünder zu bleiben. Und ich nutze meine Kenntnisse aus dem öffentlichen Gesundheitswesen, der Epidemiologie, um

»Im Laufe der Geschichte haben wir nicht oft die Möglichkeit, eine komplette Lebensphase zu entwerfen.«

herauszufinden, wie wir nachteilige Folgen, die aus dem Altern entstehen, verhindern können. WAS HAT SICH IN DEN LETZTEN 100 JAHREN DEMOGRAPHISCH VERÄNDERT? Wir haben in den letzten 50 Jahren so viele Veränderungen erlebt. Wo soll ich anfangen? Natürlich haben wir in den Industriestaaten in den letzten 100 Jahren dem Menschenleben dreißig Jahre hinzugefügt, aber davon kamen 20 Jahre allein innerhalb der letzten 50 Jahre. In maximal 40 Jahren werden auch die Entwicklungsländer der Lebenserwartung dieselbe Anzahl an Jahren hinzugefügt haben. Weitere 30 Jahre, aber ohne die Vorbereitungszeit von 100 Jahren, um Lösungen zu entwickeln. Und die Industriestaaten haben ihrerseits auch noch nicht all die benötigten Lösungen umgesetzt.

Was bedeutet das für junge Menschen? Ich glaube, dass die Thematik des Alterns gerade jetzt vor allem junge Menschen und deren Zukunft betrifft: Im Jahr 1900 betrug die Lebenserwartung in den Industriestaaten 47 Jahre, 1960 um die 60 Jahre und jetzt weit mehr als 80 Jahre. Es bedeutet, dass die Menschen tatsächlich einen ganz anderen Lebensverlauf haben, auf den sie sich einstellen können. Und wir entwickeln uns auf eine Welt zu, in der es nicht nur eine Karriere gibt, sondern in den Vereinigten Staaten in einem Lebensverlauf ganz sicher drei bis fünf Karrieren. Außerdem wird es so kommen, dass in einer Familie nicht mehr nur zwei oder drei Generationen sind, sondern dass in Mehrgenerationenfamilien drei oder sogar fünf Generationen gleichzeitig am Leben sind. Wir stehen also im Moment einer sehr großen Herausforderung gegenüber. Wir müssen abschätzen, inwiefern unsere Vorstellung vom Altern korrekt ist und inwiefern sie uns dabei hilft – wie alt wir auch immer sind –, eine optimistische Vorstellung von der Zukunft zu erstellen.

Als die Vereinigten Staaten in den 1930er Jahren die Altersvorsorge einrichteten, erwartete man, dass die wenigsten Menschen das 60. Lebensjahr erreichen würden. Mittlerweile haben wir über die Zeit hinweg eine ganze Reihe an Verrentungs-Experimenten durchgeführt, die

auf 65 ausgelegt waren. Wir wollten herausfinden, was diese Ruhestandsperiode bedeutet, als mehr und mehr Menschen in ihren 70ern und 80ern damit begonnen haben, nach Wegen zu suchen, wie sie in ihrem Ruhestand leben können, vor allem in den 1980ern in den Vereinigten Staaten. Wir haben beobachtet, wie eine große Zahl an Communities von Rentnern entstanden sind, das waren Gemeinschaften fortwährender Freizeit. Für manche Menschen war dies etwas, aber nicht für alle. Viele Menschen, unter anderem meine Mutter, die gesagt haben, dass sie sich niemals in eine solche Community einsperren lassen würden. Das war aber eine Art von Experiment. Jetzt, wo die Baby-Boomer-Generation älter wird, haben wir neue Einsichten, mit denen wir uns auseinandersetzen müssen: Nämlich dass die Menschen länger leben, aber auch länger gesund leben und dass sie die Absicht haben, auch weiterhin aktiver Teil der Gesellschaft zu sein, dass sie es ablehnen, per se altersschwach zu sein, sondern zunehmend sichtbar sein wollen. Das ist, glaube ich, was diese Generation gerade erfährt, aber sie erfahren auch, dass wir die gesellschaftlichen Einrichtungen noch nicht geschaffen haben – für diese neue Generation und für diese neue Lebensphase, die dadurch entstanden ist, dass wir 30 Jahre gewonnen haben.

WAS BEDEUTET DIES HIER UND HEUTE? WAS IST ZU TUN? Ja, was sind also die Möglichkeiten und woher bekommen wir das Rüstzeug dafür? Ich glaube, dadurch dass wir uns die Chancen vorstellen, bekommen wir dieses Rüstzeug. Wir haben eine tief verwurzelte menschliche Angst vor dem Älterwerden. Wir haben zwar 30 Lebensjahre hinzugefügt, aber wir haben dies als Gesellschaft noch nicht mit einem Fahrplan über die wirklichen Chancen eines längeren Lebens ausgefüllt. So neigen wir dazu, diese geöffnete Schachtel mit den 30 Jahren nur mit all unseren persönlichen Ängsten über das Altern, über Altersschwäche, über Bedeutungslosigkeit als Person und über den Tod zu füllen. Und der Mensch wird mit der Angst vor dem Tod geboren. Manche Gesellschaften, wie die Vereinigten Staaten, investieren enorm in die Vermeidung des Todes, koste es was es wolle, da wir eine solch große Angst vor dem Tod haben. Und in diese geöffnete Schachtel, in der sich eigentlich der Plan für eine neue Gesellschaft befinden sollte, stürzen nun all diese Ängste, die wir kennen und nicht der Blick auf die Chancen, die wir noch nicht herausgearbeitet haben. Und so erwarten wir große und einzigartige Probleme, die, wie ich glaube, stark auf unseren Ängsten basieren. Denn wenn man sich mal die Anzeichen ansieht, die Anzeichen sprechen für eine viel optimistischere Betrachtung.

WIE KÖNNEN WIR DIESE GEÖFFNETE SCHACHTEL FÜLLEN? Wie wir diese Lücke füllen? Das ist etwas, was ich mich schon in den späten 1980er Jahren begonnen habe zu fragen, als mich das Puzzle, das sich bot, mehr und mehr faszinierte. In den Vereinigten Staaten gab es zu dieser Zeit täglich Schlagzeilen in den Zeitungen, die darauf hinwiesen, dass diese alternde Bevölkerung ein Desaster für die Gesellschaft bedeutet, dass wir uns diese ganzen alten Menschen nicht leisten könnten, Szenarien, in denen all unsere öffentlichen Ressourcen in die Unterstützung älterer Menschen fließen würden, was notwendigerweise den jungen Menschen die Ressourcen wegnehmen würde. Und zu dieser Zeit schienen es mir alles unbewiesene Vermutungen zu sein. Und es schien mir außerdem nicht gut für Gesellschaft zu sein, sich auf Vermutungen zu stützen, die eine Generation gegen die andere aufbringen würde. Denn dies zerstört eine Vielfalt an Möglichkeiten, psychologischen, ökonomischen und politischen, und es vertreibt die Menschen, die unsere Gegenwart gestaltet könnten. Das ist nicht das Kennzeichen einer erfolgreichen oder anteilnehmenden Gesellschaft, Gesellschaften, die schlicht entscheiden, dass Menschen fertig sind, obwohl sie noch 30 Jahre lang zu leben haben. Also habe ich begonnen mich zu fragen, wie wir die Chancen erkennen können und ob sie tatsächlich existieren. Das ist eine empirische Frage. Und ich bin zu dem Schluss gekommen, dass wir keine richtigen Vorbilder anzubieten hatten und dass vielleicht, wenn ich einige mögliche Vorbilder herausarbeiten und zum Leben erwecken könnte, wir wiederum erkennen könnten, was unsere Optionen sind. Ich dachte, wenn wir keinen Grund

für Optimismus finden, könnte es aus politischer Perspektive, aber auch aus emotionaler Perspektive hart werden, unsere Gesellschaft dazu zu bewegen, in die notwendigen Schritte zu investieren, die mit dem Älterwerden einhergehen. So begann ich mich persönlich dieses Problems anzunehmen. Ich habe Jahre damit verbracht für mich herauszufinden, was die zentralen Fragen sind, und dann versucht, ein hoffentlich kluges Konstrukt zu entwickeln, mit dem man beginnen könnte, unseren analytischen Blickwinkel zu erweitern. Und das Konstrukt, mit dem ich schließlich aufwartete, liegt an der Schnittmenge dessen, worauf die Erkenntnisse hindeuteten, was die Basics sind, Menschen zu helfen, bis in ihr hohes Alter gesund zu bleiben.

WAS IST IHR KONSTRUKT, WAS SIND IHRE SCHLUSSFOLGERUNGEN ALS MEDIZINERIN UND WISSENSCHAFTLERIN? Also, mit meinem »Hut« öffentliches Gesundheitswesen und meinem geriatrischen »Hut«, verbunden mit dem, was die Erkenntnisse gezeigt haben, kam ich zu dem, was Menschen in dieser letzten Lebensphase benötigen: Ob es 10 oder 30 Jahre sind, sie brauchen das Gefühl, dass ihre Anwesenheit auf dieser Erde einen Unterschied für die Zukunft macht. Und sie wollen wissen, ob dieses noch nie dagewesene Sozialkapital, welches durch eine alternde Gesellschaft ermöglicht wird, wo es so viele ältere Menschen gibt, wie es Kinder gibt, gewünscht wird. Eröffnet das Möglichkeiten, die genutzt werden können? Diese drei Dinge zusammengenommen: 1. das noch nie dagewesene Sozialkapital und die einzige natürliche Ressource auf der Welt, die zunimmt, 2. ein tief empfundenes menschliches Bedürfnis, beteiligt zu sein, einen Unterschied für die Zukunft zu schaffen, sowie den 3. der Beweis, dass es wirklich gut für die Gesundheit ist, dass man physisch, sozial und mental weiterhin beteiligt bleibt – und im Besonderen auch einen Grund hat, morgens aufzustehen. Ich gliedere diese drei Aspekte in ein spezifisches Design und füge eine 4. Dimension hinzu: An welcher Stelle hat die Gesellschaft große Bedarfe, bei denen dieses neue Sozialkapital helfen könnte?
Und so entstand ein erstes Modell, nicht das

einzige Modell, bei dem gut ausgebildete alte Erwachsene als Freiwillige in öffentlichen Grundschulen in den Vereinigten Staaten eingesetzt wurden, um die Zukunft von Kindern zu verbessern und zu sichern, indem sie ihnen dabei helfen, vor der dritten Klasse erfolgreich zu sein. Untersuchungen in den Vereinigten Staaten haben sehr klar gezeigt, dass Kinder, die bis zur dritten Klasse keine Erfolge verzeichnen können, wahrscheinlich die Schule abbrechen. Diese Erfolge in der dritten Klasse sind also absolut wichtig. Und darum habe ich daran gearbeitet, ein Modell zu kreieren, das diese vier Dinge zusammenbringt, um wichtige und sinnvolle Aufgabenbereiche zu schaffen, die ältere Menschen als Freiwillige ausfüllen können, das große Mengen an Sozialkapital in Schulen bringen kann, die diese benötigen, um auf die Notwendigkeiten einzugehen. Es ist so gestaltet, dass es das Bedürfnis der älteren Erwachsenen erfüllt, diese Welt ein Stück besser zu verlassen, dass es Aufgaben anbietet, die bedeutend für sie sind und ihnen tatsächlich dabei helfen, gesünder zu sein und ein größeres Wohlbefinden und mehr Befriedigung zu empfinden.

ERZÄHLEN SIE ETWAS KONKRETER ÜBER DAS PROJEKT, DAS SIE ENTWICKELT HABEN. Das Projekt, das entstanden ist, heißt nun Experience Corps. Ich hatte das Vergnügen, es mit meinem Kollegen Marc Freedman zu realisieren, der jetzt der Chef von Encore ist und der – mit einem ganz anderen Hintergrund als ich – sich etwas sehr ähnliches vorgestellt hat. Und als wir festgestellt haben, dass wir vor völlig unterschiedlichen Hintergründen auf dasselbe Ziel hinarbeiteten, haben wir unser Fachwissen kombiniert, um das zu kreieren, was jetzt Experience Corps ist.

Ich kann Ihnen sagen, dass, als Experience Corps ursprünglich 1995 bis 1996 in Zusammenarbeit mit dem National Service der Vereinigten Staaten gestartet wurde, es Unsicherheit gab darüber, ob Schulleiter, Lehrer, Eltern und die Kinder alte Menschen in ihren Schulen akzeptieren würden und ob sie diese als Gewinn oder als Klotz am Bein sehen würden. Es gab viele Schulleiter,

an die ich mich erinnere, die sich nicht sicher, aber trotzdem willens waren, es zu versuchen. Und diese Abenteuerfreudigen würden heute alle sagen, dass es sich überhaupt nicht als Risiko, sondern als riesiger Gewinn entpuppt hat. Die Ressourcen, die ältere Menschen in jede Art von Umfeld einbringen, sind auf vielfältige Art einzigartig, durch ihre Entwicklung und ihre lebenslangen Erfahrungen und ihr Fachwissen. Einzigartig für die Entwicklungsstufe des Altseins ist dieses tief empfundene Bedürfnis nach Bedeutung im Leben und das tief empfundene Bedürfnis danach, ein Vermächtnis zu hinterlassen. Das ist gepaart mit sehr viel Erfahrung, die wirklich wichtigen Probleme in der Welt zu erkennen und der Geduld, über einen längeren Zeitraum hinweg einen Beitrag zu leisten, zu verstehen, dass es nicht reicht, nur einmal zu erscheinen.

DAS BEDÜRFNIS, EINE SPUR ZU HINTERLASSEN, DEM LEBEN EINEN SINN ZU GEBEN, SEHEN SIE EINEN UNTERSCHIED, OB DIES MENSCHEN EHER IN ARBEITSZUSAMMENHÄNGEN ODER EHER IN FREIWILLIGENAKTIVITÄTEN REALISIEREN KÖNNEN? Da ist eine große Frage, ob ältere Erwachsene besser in freiwilligen sinnstiftenden Aktivitäten aufgehoben sind oder in Arbeitsaktivitäten. Und ich würde sagen, dass es darauf keine einfache allgemeingültige Antwort gibt, da es natürlich viele ältere Erwachsene gibt, die auch aus finanziellen Gründen weiter arbeiten müssen. Viele Menschen haben keine Wahl, und viele Arbeitgeber benötigen das Humankapital, das ältere Erwachsene bieten können, das Fachwissen, die Erfahrung und die Tatsache, dass interdisziplinäre Teams an vielen Arbeitsplätzen tatsächlich sehr viel produktiver sind als Teams, die nur aus einer Generation bestehen. Das ist also ein komplizierter Faktor. Ich glaube, eine Frage dabei ist, ob ein Arbeitsumfeld genügend Bedeutung und Sinnstiftung bieten kann für Menschen, wenn diese älter werden. Und da kommt es definitiv auf die Art von Arbeit an. Wenn Sie sich zum Beispiel die Daten zu meinem eigenen Arbeitsbereich ansehen, der Wissenschaft, dann zeigt dieses Datenmaterial, dass Wissenschaftler für gewöhnlich nicht in den Ruhestand gehen. Sie haben das Privileg, nicht in den Ruhestand

zu müssen, und für gewöhnlich lieben sie, was sie tun. Es gibt ihnen große Bedeutung, und sie haben durch das Gestalten von Wissen das Gefühl, wirklich etwas zur Welt beizutragen. Also gehen sie nicht in den Ruhestand und bleiben beschäftigt, ohne aber an Produktivität zu verlieren – laut dem Datenmaterial, das momentan existiert.

Nun, es ist wissenschaftlich bewiesen, dass ältere Erwachsene die Fähigkeit besitzen, sowohl ihr objektives Wissen aus ihrer Lebenszeit als auch ihre subjektive Erfahrung bei Problemlösungen zu erkennen und anzuwenden. Das könnte Akademiker und Forscher dazu bringen, einzigartigen Fragestellungen nachzugehen, zu denen sie sich mit 20, 30 oder sogar 40 noch nicht hingezogen gefühlt hatten, und komplexen Problemen nachzugehen, die eine große Bedeutung für die Gesellschaft, die Welt oder den eigenen Forschungsbereich haben.

Eine Sache, die im Zusammenhang mit der bezahlten Arbeit noch nicht erforscht ist, ist, ob es – zusätzlich zu den Aufgabenbereichen, von denen die Arbeitgeber mittlerweile wissen, dass sie sie gerne mit älteren Menschen füllen möchten, Aufgabenbereiche, die bereits existieren –

auch Aufgabenbereiche gibt, die wir uns in der Arbeitswelt niemals haben träumen lassen, die ältere Menschen mit ihren Fähigkeiten und besserer Gesundheit, besetzen könnten. Aufgabenbereiche, von denen wir bisher nie realisiert haben, dass wir sie brauchen, weil wir niemanden hatten, der sie hätte übernehmen können.

Dies sind offene Fragen für unsere Zukunft. Aber viele Menschen müssen arbeiten, sie lieben es zu arbeiten, viele Menschen möchten arbeiten und viele Arbeitgeber wollen ältere Menschen wegen deren Stärken einstellen. Es gibt weitere Aufgaben, die in einer Gesellschaft getan werden müssen, und vielleicht könnten diese durch ein Ehrenamt übernommen werden, oder aber wir stellen fest, dass eine Gesellschaft dafür zahlen sollte.

In Experience Corps haben wir herausgefunden, dass wirklich eindrucksvolle Ergebnisse dann entstehen, wenn die Freiwilligen auch eine bestimmte Menge an Zeit beisteuern. Wir haben dies aus mehreren Gründen auf 15 oder mehr Stunden pro Woche festgelegt. Einer dieser Gründe ist, dass dies die Anzahl an Stunden ist, bei denen eine Schule jemanden so gut kennt, dass sie ihm oder ihr die wichtigsten Methoden an-

vertrauen kann, um den Erfolg des Projektes zu sichern. Mit weniger Stunden könnten sie diese Anforderung nicht erfüllen und nicht den Erfolg der Kinder unterstützen.

Aber daraus haben wir gelernt, wenn wir Menschen nach so viel ehrenamtlichem Einsatz fragen, müssen wir ihnen zumindest eine finanzielle Unterstützung bieten, die ihre Ausgaben ausgleicht, und das machen wir in den Vereinigten Staaten. Wenn wir erkennen und nachweisen sollten, dass diese Aufgabenbereiche, die ausschließlich ältere Erwachsene übernehmen, so wichtig sind, dann sollten wir Wege finden, sie dafür zu entschädigen.

Generell müssen wir einen neuen Plan erstellen für eine neue Phase des Lebens, die wir bisher noch nie hatten. Das sind Fragen, die wir beantworten müssen und ich glaube nicht, dass wir die Antworten schon haben.

WELCHE ERFAHRUNGEN HABEN SIE IN IHRER MEDIZINISCHEN UND THERAPEUTISCHEN ARBEIT MIT MENSCHEN GEMACHT, DIE IN DEN RUHESTAND GEGANGEN SIND? Aus meiner langjährigen Arbeit mit älteren Erwachsenen habe ich gelernt, dass das Gefühl eines »schwarzen Lochs« existiert, das bei manchen vor dem Ruhestand, in Erwartung des Ruhestandes und für einige Menschen 6 bis 12 Monate nach dem Ruhestand auftaucht, wenn sie in der Routine angekommen sind. Nicht jeder fühlt so, aber für viele Menschen besteht das Risiko, und ich zitiere einige meiner Patienten: »Dass man einen Schrank nur begrenzt oft ausmisten kann«, »dass es keinen Grund mehr gibt, morgens aufzustehen«, »dass sie das Gefühl nicht ertragen können, für die Menschen um sie herum keinen Beitrag mehr leisten zu können«, ob es Familie ist, Nachbarschaft, die Gemeinde oder die Welt, und dass das, was sie anbieten können, nicht geschätzt wird. Und das steht im Gegensatz zu dem ureigenen Gefühl von nicht nur Selbstwert, sondern auch von den Fähigkeiten, die sie hatten bis zu dem Tag, an dem sie in den Ruhestand gegangen sind. Für viele andere Menschen, vor allem für Hausfrauen, die Kinder großgezogen haben, die jetzt aus dem Haus sind und deren Ehemänner vielleicht gerade in den Ruhestand gegangen sind, ist es, dass sie nie die Chance hatten, eine Art Vermächtnis zu gestalten, das über ihre Kinder hinausgeht. Und sie sehnen sich dann danach. Es gibt viele verschiedene Erscheinungsformen des schwarzen Lochs, aber eine der häufigsten ist das Gefühl der Depression. Als Ärztin habe ich versucht, die Depression auf viele unterschiedliche Arten und Weisen zu behandeln. Manche Ärzte verschreiben Medikamente, ich verschrieb schließlich Experience Corps. Das funktioniert viel besser.

WANN IST EINE PERSON ALT? Darüber muss ich eine Sekunde nachdenken. Viele Menschen fragen sich, wann eine Person alt ist. Ich glaube nicht, dass wir das schon wissen. Wir lernen gerade, dass sich das chronologische Alter bei vielen Menschen vom biologischen Alter und auch von der inneren Selbstwahrnehmung unterscheidet. Wie alt wir sind, liegt an der Schnittstelle, wie wir diese drei unter einen Hut bringen. Aber für viele Menschen ist es ein Running Gag, dass »alt« immer 5 oder 10 Jahre älter ist, als man selbst ist, wenn man 60 ist, oder dann 70 oder vielleicht 80. Und auch das Alter, in dem Menschen überhaupt erst damit anfangen, diese Frage zu stellen, erhöht sich. Es hängt eng mit dem Gesundheitszustand zusammen. Das ist der Aspekt, der es möglich macht, mit 80, 90 oder sogar 100 noch nicht alt zu sein: Ob Sie gebrechlich sind, ob Ihre kognitiven Fähigkeiten beeinträchtigt sind, ob Sie körperlich behindert sind und wie viel Energie Sie haben. Und vielleicht auch, wie das alles Ihren Optimismus und ihren Humor fördert, das spielt alles mit rein, ob Sie alt werden oder nicht. Manche Menschen würden sagen, dass es der Punkt ist, an dem Menschen beginnen, sich in sich zurückzuziehen mit dem Gefühl, kein Teil von etwas mehr zu sein, vielleicht mit dem Verlust des Optimismus, vielleicht mit der realistischen Einschätzung, dass sie am Ende ihres Lebens sind – was natürlich zusammenhängt mit den Chancen, die sie um sich herum haben.

WAS HILFT DEN MENSCHEN, GUT ZU ALTERN? Für mich ist das sehr klar – auch meine Erfahrung hat dies gezeigt –, was die Gesundheit betrifft: Menschen, die die Möglichkeit haben, eine Bedeutung zu haben, engagiert zu bleiben, wo auch immer es wichtig ist für sie und wo auch immer die Gesellschaft ihnen bieten kann, beteiligt zu sein, diese Menschen werden nicht in der Geschwindigkeit alt wie andere, die diese Möglichkeiten nicht bekommen

WELCHE ROLLE SPIELT DIE WISSENSCHAFT IN DIESEN FRAGEN? Ich würde sagen, dass Gerontologen und Gerontowissenschaftler, all diese Wissenschaftler und Ärzte, die sich mit diesen Themen beschäftigen, großen Druck verspüren, Wissen anzubieten, das es uns ermöglichen könnte, es richtig zu machen. Und ein großen Druck, dass falsche Antworten jedem schaden würden. Das ist das, was gerade stattfindet. Tatsächlich würden wir alle davon profitieren, denn es existieren sehr umfangreiche Fragen, die wir jetzt erkennen und zu denen wir die Lösungen brauchen.

Wenn wir bekannt geben würden, dass wir dabei sind, ein alles veränderndes wissenschaftliches Investment zu starten, wie den Sputnik zu entwickeln und auf dem Mond zu landen, dann könnten wir die ganze Nation mobilisieren. Wir haben das in den 60er Jahren gezeigt, wir konnten die Menschen absolut dafür begeistern, die Möglichkeiten zu entwickeln, um jemanden auf den Mond zu bringen. Dies ist ein ähnlicher Moment. Wenn wir der Lebenserwartung 30 zusätzliche Jahre hinzufügen und das so gestalten könnten, dass es großartig für jeden ist, sollten wir dann nicht enorm investieren, diese Frage zu beantworten? Das ist eine andere Art von »Sputnik Moment«. Aber wir investieren nicht sehr viel, und wir werden von unseren Ängsten geleitet. Aber was, wenn unsere Ängste falsch sind? Was, wenn wir politische Messwerte nehmen, die in diesem Bereich ungenau sind wie zum Beispiel der Altersabhängigkeitsquotient? Der ist von vor 50 Jahren, aber er beeinflusst noch immer unsere Richtwerte. Er besagt, dass es in der Bevölkerung zu viele alte Menschen gibt, die nicht für sich selbst sorgen können in Relation zu den im Arbeitsalter sich befindenden Menschen, die diese unterstützen könnten, und dass alle älteren Menschen abhängig sind und alle Menschen mittleren Alters arbeiten.

Nun, so sieht die Welt nicht mehr aus, da in den Industriestaaten nur wenige ältere Menschen abhängig sind. Viele von ihnen arbeiten und noch mehr von ihnen wollen Teil der Gesellschaft sein und Beiträge leisten. Und am Wichtigsten ist, dass sie die nachkommenden Generationen finanziell mehr unterstützen, als sie selber von diesen unterstützt werden. Alle diese Tatsachen suggerieren also, dass unsere momentane Art und Weise, die Situation zu beurteilen, falsch ist. Also, wie gestalten wir effektiv ein wissenschaftliches Programm, um das richtig zu stellen? Wenn wir endlich verstehen würden, dass die Beiträge, die ältere Menschen machen, weil sie älter sind, unsere Erwartungen bei weitem übertreffen können und Gutes zu unseren Gemeinschaften beitragen können, zu unseren Familien und zur Arbeitswelt. Und was, wenn wir verstehen würden, wie wir investieren können, damit Ziele und Bedürfnissen der älteren Menschen mit den Bedürfnissen der Gesellschaft zusammenpassen. Was wäre, wenn wir uns dazu endlich Gedanken machen würden? Wir müssen herausfinden, wie wir eine Gesellschaft umgestalten. Unsere Gesellschaft. Um alt, mittelalt und jung zusammenzubringen, damit jeder für den anderen Beiträge leistet auf neue Art, sodass jeder gewinnt. Und dies sind Fragen, auf die wir Antworten brauchen. Das ist die Forschungsvorhaben, denen wir Gerontologen, Gerontowissenschaftler, Geriater, Wissenschaftler im öffentlichen Gesundheitswesen uns alle fest verschrieben haben. Und wir brauchen die Partnerschaft der Gesellschaft, wir brauchen sie, um an einem Strang zu ziehen.

WIE WICHTIG SIND GUTE VORBILDER? Wir müssen unsere Angst durch Vorbilder ersetzen. Ich werde das jetzt einfach mal sagen, wissen Sie, nach dem Zweiten Weltkrieg herrschte in den Vereinigten Staaten eine gewaltige Angst davor, dass, wenn Frauen arbeiten dürften, den Männern die Jobs weggenommen würden. Das hat sich nicht als wahr herausgestellt. Ähnlich haben wir Angst, dass, wenn wir Menschen erlauben weiterzuarbeiten und im höchsten Alter bezahlt zu werden – sofern sie produktiv sind und ihren Beitrag leisten –, dies den jungen Menschen die Jobs wegnimmt. Dieser Angst entbehrt jeglicher Grundlage. Tatsächlich gibt es Belege dafür, dass es die wirtschaftliche Dynamik er-

höht, wenn ältere Erwachsene arbeiten, da sie dann mehr Geld haben, das sie ausgeben können, wodurch sich das Jobangebot für junge Menschen erweitert. Es gibt keine Beweise für unsere auf Angst gegründeten Strategien. Und dann stellt sich die Frage: Wie sollten wir das als Individuen angehen? Ich hatte das Glück, eine Mutter zu haben, die arbeitete, bis sie mit 88 gestorben ist, und das, was sie in ihren späteren Jahren gemacht hat, jede Minute geliebt hat. Tatsächlich sogar mehr als das, was sie als jüngere Frau gemacht hat. Sie wurde nicht sehr gut bezahlt, das war das Problem. Und in Bezug auf die Bezahlung, die sie erhielt, existierte eine starke Doppelmoral. Aber im Bezug auf den Inhalt ihrer Beiträge, die sie, bis sie im Alter von 88 starb, leistete, stellt sie ein wundervolles Vorbild dar. Wir müssen auch nach anderen Vorbildern suchen und deren Geschichten erzählen, und ich glaube, dass diese Geschichten da sind und auftauchen und sehr wichtig für uns alle sind, da sie uns helfen, Möglichkeiten und Alternativen zu sehen. Diese Geschichten sind sehr wichtig.

WIE LEBT MAN ALS ÄLTERER MENSCH IN EINER STADT WIE NEW YORK? Ich finde New York ist ein fantastischer Ort, um älter zu werden. Mir fallen nicht viele Orte ein, die besser sind. Es gibt ein paar, die gleich gut sind, aber New York bietet Zugang zu allem, was man braucht und das Herz begehrt. New York hat auch die feste Absicht, noch altersfreundlicher zu werden, und ich habe das Vergnügen, in dem Ausschuss des Bürgermeisters zu arbeiten, um New York zu einer altersfreundlichen Stadt zu machen. Und wir haben über die Stadt verteilt bereits 59 Projekte angepackt, um die Lebensqualität und die Zugänge für ältere Menschen zu verbessern. Die Kultur ist fabelhaft und für Menschen, die Dinge machen wollen und Orte besuchen wollen, für die macht New York das als begehbare Stadt möglich. Momentan gibt es ernstzunehmende Herausforderungen und New York versucht, sie zu stemmen. Das betrifft die Lebenshaltungskosten, die eine sehr große Herausforderung sind. Es ist eine Herausforderung für jede Stadt auf der Welt, sicherzustellen, erschwingliche Unterkünfte für Menschen jeden Alters zu bauen,

Unterkünfte so zu gestalten, dass Inklusion und Betreuung funktionieren, sodass Menschen in ihrem eigenen Zuhause älter werden können. New York hat ein sehr interessantes Modell, das sich Natural Occuring Retirement Communities nennt: Es sind Mehrfamilienhäuser, große Hochhäuser, in denen die Menschen ihr gesamtes Erwachsenenleben gelebt haben. Sie haben hier ihre Kinder großgezogen, sie leben noch immer hier, sie haben Gemeinschaften und sie werden jetzt hier älter. Und wenn ein gewisser Anteil der Bewohner eines Hochhauses älter wird, dann entsteht ein Kostenvorteil, um Dienstleistungen für ältere Menschen in ihrem Gebäude zu platzieren, um die Betreuung bereitzustellen, sodass sie in ihrem eigenen Zuhause älter werden können. Und New York hat viele Beispiele von Natural Occuring Retirement Communities entwickelt, die von allen sehr geschätzt werden.

SIE ERWÄHNTEN BEREITS DIESE COMMUNITIES DER RENTNER WIE SUN CITY. WIE STEHEN SIE DAZU? Communities wie Sun City stellen eine Option dar, die viele Menschen mögen. Aber es gibt auch viele Menschen, die niemals ein Teil dessen sein wollen. Was wir vor allem benötigen für diese nächsten 30 Lebensjahre ist eine breite Auswahl an Möglichkeiten, um die Wünsche der Individuen zu erfüllen. Ich glaube, dass diese Auswahl etwas beinhalten sollte, was Modelle wie Sun City nicht bieten, nämlich: Wie man neue Aufgabenbereiche schaffen kann, wo ältere Erwachsene ein Teil der Gesellschaft sind, einer Gesellschaft, die das Sozialkapital nutzt, das diese anbieten und das die übrigen Generationen und der Rest unserer Gemeinschaften und Gesellschaft wirklich benötigen. Wir haben in unseren Gesellschaften, überall auf der Welt, so viele unerfüllte Bedürfnisse, bei denen ältere Erwachsene das fehlende Puzzlestück sein können. Bedürfnisse, die erfüllt sein müssen, damit wir alle gedeihen können und belastbar sind. Und wenn diese älteren Erwachsenen als fehlende Puzzlestücke fungieren würden, wenn wir eine Bühne schaffen würden, auf der sie mit dem größtem Effekt zusammenarbeiten könnten, dann könnten wir wirklich verstehen, warum eine alternde Gesellschaft so wunderbar für jeden ist. Und durch ihre Leistung könnten wir besser in der Lage sein, unsere gemeinsame Zukunft zu sichern. Wir können es uns nicht leisten, diese Ressourcen, die die älteren Erwachsenen mit sich bringen, nicht zu nutzen. Unsere jungen Menschen benötigen Hilfe dabei, ins Leben zu starten, unsere Menschen mittleren Alters leiden an großer Erschöpfung und Zeitnot, indem sie versuchen, alles unter einen Hut zu kriegen. Ältere Erwachsene bringen lebenslange Erfahrung und würden gerne ihren Beitrag zu einer besseren Zukunft leisten. Wir müssen lernen, wie wir das nutzen können.

Ich glaube wir sollten über die Chance nachdenken, die unser längeres Leben mit sich bringt und herausfinden, wie wir diese für Individuen und Generationen gemeinsam gestalten und wie die Gesellschaften diese nutzen können. Das ist ein Plan, den wir noch nie zuvor erstellt haben, ein Pfad, den wir noch nie gegangen sind, aber genau das ist die entscheidende Frage. Und ich glaube, dass wenn wir die Chance bekommen, als Gesellschaft zu reifen, wenn wir uns auch um die Menschen kümmern, die verletzlich sind, die neue Gesundheitssysteme und neue Arten von Sozialschutz brauchen. Wir müssen als Gesellschaft die Fähigkeit des Mitgefühls verstärken.

WARUM SOLLTEN SICH JUNGE MENSCHEN FÜR DAS THEMA DER DEMOGRAPHISCHEN VERÄNDERUNGEN INTERESSIEREN? Eine unglaublich wichtige Sache ist, dass Menschen, die jetzt in ihren 20ern sind, verstehen müssen, dass dieser Diskurs sich um ihre Zukunft dreht. Um die Gesellschaft aufzubauen, in der sie leben möchten, wird es dauern, bis sie 60 sind. Das sind nur 40 Jahre. Sie müssen uns dabei helfen, diese Gesellschaft aufzubauen, und sie müssen verstehen, dass dies für sie sein wird.

—

Das Gespräch wurde im November 2014 in New York geführt.

JAMES VAUPEL

70, AMERIKANER, LEBT IN DÄNEMARK UND DEUTSCHLAND, LEITET DAS MAX-PLANCK-INSTITUT FÜR DEMOGRAPHISCHE FORSCHUNG IN ROSTOCK SOWIE EIN JOINT VENTURE INSTITUT IN ODENSE

SIE SIND DEMOGRAPH, ALSO FÜR UNS DER FACHMANN, UM UNS DEN DEMOGRAPHISCHEN WANDEL IN KNAPPEN ZAHLEN ZU ERLÄUTERN. Wenn ich darüber nachdenke, was sich in Deutschland hinsichtlich der Bevölkerung im Vergleich zu 1900 geändert hat: Die Lebenserwartung in Deutschland lag damals bei 45, heute liegt sie über 80. Sie liegt noch höher für Frauen, aber 80 Jahre im Durchschnitt. Es hat also eine enorme Verlängerung der Lebensdauer gegeben. Darüber hinaus ist ein Großteil dieses zusätzlichen Lebens in Deutschland und in anderen Ländern auch gesundes Leben. Also leben die Leute heutzutage bis in ihre 60er und 70er, manchmal sogar bis in ihre 80er in einer ziemlich guten Verfassung: Sie leben nicht nur länger, sondern sie leben länger gesund. Genaugenommen ist der Grund dafür, dass die Leute länger leben, die Tatsache, dass sie länger gesund sind. Das ist die erste Veränderung, eine wirklich große Veränderung.

Zweitens, Deutsche hatten früher in der Regel ziemlich große Familien, aber ab den 1980er fingen die Deutschen an, weniger und weniger Kinder zu haben, deswegen sank die Anzahl an Kindern und die Leute begannen, anstatt drei Kindern nur eins oder zwei zu haben und manchmal gar keins, sodass die Anzahl von Babys stark sank. Das bedeutet, der Anteil älterer Personen in Prozenten an der Gesamtbevölkerung nahm zu. Insofern gab es einen Umschwung in der Zusammensetzung der deutschen Bevölkerung, die älter ist, als sie es vorher war.

»25 % unserer Lebenslänge hängt von genetischen Faktoren ab, die anderen 75 % von Verhalten und Umwelt.«

Eine dritte große Veränderung über die letzten 100 Jahre ist, dass es eine Massenimmigration nach Deutschland gegeben hat. Um 1900 gab es viel Migration, allerdings raus aus Deutschland, zum Beispiel in die USA, aber seit kurzem gibt es viel Migration nach Deutschland und das verändert die Zusammensetzung der deutschen Gesellschaft ebenfalls.

SIE HABEN SEHR SPANNENDE ZAHLEN, DIE ANSCHAULICH MACHEN, WAS SICH IN BEZUG AUF DIE LEBENSERWARTUNG VERÄNDERT HAT.
Oh ja, die Lebenserwartung geht immer weiter nach oben. Seit 1840 ist die Lebenserwartung in den Staaten, die sich am besten entwickelt haben, um 2,5 Jahre gestiegen pro Jahrzehnt. Im Jahr 1840 war die Lebenserwartung in Schweden die längste. Schwedische Frauen lebten 45 Jahre. Aber heute leben schwedische Frauen 85 Jahre und japanische Frauen leben 87 Jahre. Man kann also sehen, dass es einen enormen Anstieg an Lebenserwartung gegeben hat. 2,5 Jahre pro Jahrzehnt sind 3 Monate im Jahr, und sie steigt weiter an. 3 Monate pro Jahr sind 6 Stunden pro Tag. Leute in Deutschland, Dänemark und anderen Ländern gewinnen im Durchschnitt 6 Stunden jeden Tag in Form von Langlebigkeit. Einige Menschen denken manchmal, dass ihr Leben so kurz sein wird wie das ihrer Großeltern oder das ihrer Eltern, nein, sie werden viel länger leben. Die Leute können heute erwarten – sogar Leute, die heute 50 oder 60 sind – bis in ihre 90er zu leben. Und Kinder heute in Deutschland: Die meisten von ihnen, werden – wenn der aktuelle Trend weitergeht, es gibt kein Anzeichen dafür, dass er nachlässt – über 100 Jahre alt. Und es sieht so aus, als würde es weiter gehen. Es gibt absolut keinen Beweis für ein langsamer werden. Tatsächlich deuten die Beweise eher darauf hin, dass es ein wenig schneller wird aufgrund biomedizinischer Forschung, weil es ein besseres Wissen über Krankheiten gibt, die ältere Leute betreffen. Somit könnte es sein, dass wir tatsächlich aufgrund von besserer gesundheitlicher Versorgung und des besseren Verständnisses darüber, wie man sich um sich kümmern muss, den Prozess noch beschleunigen werden, sodass es anstatt 6 Stunden pro Tag vielleicht 7 Stunden werden.

WAS IST DIE URSACHE, DASS DIE MENSCHEN LÄNGER LEBEN? Der Hauptgrund, dafür dass Menschen in Deutschland länger leben, liegt darin, dass sie das hohe Alter gesund erreichen, nicht jeder, aber die meisten Leute. In der Vergangenheit waren viele Leute mit 60 oder 65 Jahren krank, das ist einer der Gründe, weswegen die Rente auf 65 Jahre festgelegt war, weil viele Leute nach 65 nicht mehr arbeiten konnten, sie waren nicht mehr gesund genug. Heute erreichen Menschen ein hohes Alter in einem gesundheitlichen guten Zustand, zumindest die meisten Leute, und deswegen leben sie länger. Und wie kommt es, dass die Leute ein hohes Alter in guter Gesundheit erreichen? Nun, das liegt daran, weil sie sich besser um ihre Gesundheit kümmern, wenn sie jünger sind. Die Deutschen haben eine bessere Ernährung, mehr und mehr Deutsche trainieren, sie kümmern sich auf diesem Weg um sich, sie achten auf ihr Gewicht, sie gehen zum Arzt, wenn sie krank sind und es gibt eine sehr gute medizinische Versorgung in Deutschland, eine exzellente medizinische Versorgung. Das bedeutet, dass die Menschen, die krank sind, ins Krankenhaus gehen, auch wenn sie jung sind und aus dem Krankenhaus in guter Verfassung herauskommen. Also, es gab eine große Verbesserung für die jüngeren Menschen und das hat eine bessere Gesundheit der älteren Menschen zur Folge.

Auch die Arbeit ist heute für die meisten Leute leichter geworden. Es gibt immer noch Menschen, die eine Arbeit machen, die Muskeln erfordern und die physisch sehr anspruchsvoll ist. Aber die meisten Leute heute arbeiten im Büro oder sie machen eine Arbeit, bei der sie mit anderen Menschen in Kontakt sind, sie sind Lehrer oder Krankenschwestern oder sie arbeiten für Unternehmen, aber machen nicht die Schwerstarbeit, sondern arbeiten an einem Schreibtisch mit Papier und Stift. Das ist eine viel leichtere Arbeit und sie ist weniger schwächend für die Menschen. Das ist einer der Gründe dafür, dass die Menschen bis in ein spätes Alter gesund überleben, weil sie ein gesünderes Arbeitsumfeld haben.

WIR WOLLTEN EIN LÄNGERES LEBEN, HABEN ES AUCH ZIEMLICH GUT ERREICHT, ABER DIE BEGEISTERUNG DAFÜR IST NICHT EINDEUTIG.

Ja, jeder will für eine lange Zeit leben, aber keiner will alt sein. Die guten Neuigkeiten sind, dass die Zeitspanne, in der man alt ist, also in der man nicht mehr arbeiten kann, nicht mehr gut funktioniert, in der man krank ist, auf ein immer späteres Alter verschoben wird. Also gibt es eine viel längere Zeit des Lebens, in der man immer noch gut funktioniert und aktiv in der Gesellschaft sein kann und man noch nicht alt ist. Die Leute in Deutschland und auch anderswo werden heute alt, wenn sie 90 sind und nicht schon mit 65. Das bedeutet, dass wir einen neuen Verlauf des Lebens haben können. Wir können die Zeit unseres Lebens anders verbringen, weil wir länger ein gesundes Leben haben. Wir müssen also nicht die ersten 20 oder 25 Jahre damit verbringen, uns zu bilden und die nächsten 30 Jahre mit harter Arbeit füllen, und dann kommen ein paar wenige Jahre Rente. Wir können die Dinge länger ausweiten, wir können noch einmal zurückkehren zur Bildung, immer und immer wieder, können zusätzliche Kurse belegen, neue Dinge lernen, wir können mehr Zeit für unsere Familien und Freunde haben, wenn wir jünger sind, solange wir auch bereit sind, halbtags zu arbeiten später, dann wenn wir älter sind. Somit wird es zu einer neuen Denkweise kommen, glaube ich, einer Denkweise, die das Leben nicht länger in drei Boxen aufteilt: Bildung, gefolgt von Arbeit, gefolgt von Freizeit. Stattdessen wird sich alles miteinander vermischen, werden die Dinge sich mehr verteilen, die Dinge besser ausdehnen, man wird länger arbeiten, mehr Jahre eines Lebens arbeiten, aber vielleicht weniger Stunden in der Woche.

DIESE GEDANKEN SIND KLUG, ABER SIND SIE AUCH POPULÄR? Nun ja, ich denke, es gibt eine Fülle von Gründen, warum das nicht populär ist. Der erste Grund ist, dass die Leute, die 60 Jahre alt sind, erwarten, dass sie bald in Rente gehen. Wenn man sie dann auffordert, länger zu arbeiten, dann fühlen sie sich, als hätte man ihnen etwas weggenommen, was ihnen zusteht. Natürlich würden es viele Menschen bevorzugen, nicht arbeiten zu müssen anstatt weiter zu arbeiten, und deswegen sind sie überrascht, wenn sie plötzlich etwas länger arbeiten sollen. Wenn Leute schon mit 20 oder 30 gesagt bekämen, dass sie länger arbeiten müssen, stünden sie dieser Idee viel aufgeschlossener gegenüber, sie könnten ihren Lebensstil entsprechend anpassen. Ich denke, dass es einen gewissen Ausgleich für das längere Arbeiten geben muss. Und was ich bevorzugen würde, wäre, dass die Leute zwar mehr Jahre ihres Lebens arbeiten, aber als Ausgleich dafür weniger Stunden pro Woche. Und so lange die Menge an Arbeit, die gemacht wird, dieselbe bleibt, könnte die Arbeit so gerechter verteilt werden. Also anstatt auf eine relativ kleine Gruppe von Leuten zwischen 25 und 60, die die gesamte Arbeit leisten, könnte man diese auf mehr Altersgruppen verteilen, wenn es mehr Menschen als Arbeitskräfte gibt, und so mehr Leute dazu beitragen. Dann kann die Anzahl an Stunden, die jeder einzelne dieser Menschen pro Woche leisten muss, reduziert werden. Und ich habe einige Berechnungen in Dänemark angestellt: Wenn die Leute bis 70 anstatt bis 62 oder 65 arbeiten würden, könnte man die Arbeitswoche um 5 oder 6 Stunden verkürzen. Man kann, anstatt einer 37-Stunden-Woche eine 32-Stunden-Woche haben.

WIE BRINGT MAN SOLCHE GEDANKEN AN DIE BEVÖLKERUNG? Wir sind eine Demokratie, es muss eine allgemeine Diskussion geben. Die Entscheidung über den Zeitpunkt, wann die Leute in Rente gehen dürfen, wann die Leute in Rente gehen können, es muss einen allgemeinen öffentlichen Diskurs über diese Frage geben. Und es gibt mehr und mehr Diskussionen. Dieser Film, dieses Interview mit mir ist Teil der Diskussion. Und die Leute sollten darüber nachdenken, insbesondere jüngere Leute, sie sollten darüber nachdenken, weil es ihr Leben wirklich ernsthaft betreffen wird. Jüngere Menschen müssen ein Leben planen, in dem sie, wie ich gesagt habe, mehr Jahre ihres Lebens arbeiten, aber als Ausgleich hierzu weniger Stunden pro Woche in den Arbeitsmarkt einbringen müssen.

SIE KENNEN USA, DÄNEMARK UND DEUTSCHLAND. KANN DEUTSCHLAND VON ANDEREN LÄNDERN LERNEN? Ja, in den USA ist es so: Leute können dort arbeiten, so lange sie möchten. Man kann jemanden nicht dazu zwingen, in Rente zu gehen aufgrund des Alters, das gibt den Menschen Flexibilität, und als Konsequenz gibt es einige Leute, die sehr früh in Rente gehen und dann nur noch von dem Einkommen leben, welches sie früher in ihrem Leben gemacht haben. Andere Leute arbeiten länger und haben dementsprechend mehr Einkommen. Viele Leute in den USA arbeiten Teilzeit, wenn sie älter werden, sie ziehen das vor, weil sie gerne ausgehen und Leute treffen oder etwas tun wollen, einen Beitrag zur Gesellschaft leisten wollen. In den USA ist es also eine individuelle Wahl, es wird nichts erzwungen, und daraus folgt, dass es eine Vielfalt an Entscheidungen gibt, was das Beste ist. Und ich denke, es wäre auch gut für Deutschland, nicht alle dazu zu zwingen, zu einem bestimmten Zeitpunkt in Rente zu gehen, sondern den Leuten selbst die Wahl zu überlassen, wie lange sie arbeiten wollen und wie wichtig es für sie ist, zu arbeiten, wie sehr sie ihre Arbeit genießen und die Leute selbst entscheiden lassen, wann sie aufhören wollen zu arbeiten. Dänemark erlaubt es nun Menschen so lange zu arbeiten, wie es ihnen möglich ist, ihrer Arbeit nachzugehen. Dänemark übernimmt damit nun das US-System, in dem es kein festgelegtes Renteneintrittsalter gibt, sondern individuell variiert. Ich denke, das ist viel besser, und ich glaube, die Dänen sind froh damit. Es ist erst der Beginn, aber die Dänen sind glücklich darüber, dass sie nun eine Wahl haben. Und als Folge hieraus arbeiten mehr und mehr Dänen bis ins hohe Alter, und die Gesellschaft sieht, dass ältere Arbeitnehmer sehr gute Arbeiter sind, dass sie Erfahrung haben, dass sie wissen, wie sie mit Leuten umgehen müssen; ältere Mitarbeiter haben ein gutes Urteilsvermögen und ältere Leute sind grundsätzlich einfach nette Leute. Die Dänen beginnen zu erkennen, dass es für die Gesellschaft besser ist, wenn es mehr alte Arbeitnehmer gibt.

WAS VERBINDEN DIE MENSCHEN MIT DEM GEDANKEN AN DIE RENTE? Nun, wenn man an Rente denkt, denkt man daran, Zeit zu haben, das zu machen, was man will, dass man die Bücher lesen kann, die man immer schon lesen wollte oder die Filme sehen kann, die man immer schon mal sehen wollte, oder nach Mal-

lorca reisen kann. Deswegen scheint es in einer gewissen Weise sehr verlockend. Aber generell, nicht immer, generell wird es nach ein paar Jahren etwas langweilig, und dann nach ein paar weiteren Jahren wird es sehr langweilig. Also neigen die Leute, die weiter arbeiten, dazu, glücklicher zu sein, vielleicht nicht sofort, aber nach einigen Jahren neigen sie dazu, glücklicher zu sein als die Leute, die früher in Rente gegangen sind. Und sie neigen dazu, glücklicher zu sein, weil sie sich als Teil der Gesellschaft fühlen und ihren Teil beitragen, auch verschiedene Verantwortungen übernehmen. Das verbessert ihr Selbstbild und lässt sie ihr Leben besser genießen. Rente scheint so wünschenswert, aber wenn man tatsächlich in Rente ist – nach ein paar Jahren ist es für die meisten Leute nicht mehr so wünschenswert.

GIBT ES IN DER BEVÖLKERUNG EINE ANGST VOR DEMOGRAPHISCHER VERÄNDERUNG? Viele Deutsche verstehen Demographie nicht, sie haben es nicht studiert, es wird nicht in den Schulen gelehrt. Somit haben sie kein tiefes Verständnis von Demographie, und viele Deutsche haben eine vage Angst vor Veränderung. Sie mögen es nicht, darüber nachzudenken, dass ihr Renteneintrittsalter sich eventuell ändern muss. Dass es vielleicht von 65 auf 70, 75 hoch gehen muss. Sie haben auch Angst vor der Anzahl an älteren Menschen, denn die Anzahl an älteren Menschen verdoppelt, verdreifacht sich über die Jahrzehnte. Deswegen haben die Leute eine vage Angst, dass dies die Gesellschaft auf die eine oder andere Weise schwieriger machen wird, dass es schwerwiegende Probleme verursachen wird. Ich denke, dass ist vor allem so, weil sie nicht genug über Demographie wissen, sie haben nicht genug darüber geredet, sie haben nicht genug darüber gelesen. Je mehr man über Demographie lernt, desto mehr realisiert man, dass längere gesunde Leben nichts Schlechtes sind. Es ist eine Chance, eine sehr gute Sache, den Menschen zu ermöglichen, ein längeres Leben gesund zu verbringen, damit sie mehr mit ihren Freunden interagieren können, mit ihren Familien, mit ihren Kindern und Enkeln. Das ist eine sehr gute Sache, und die Gesellschaft sollte sich einer grundlegend guten Sache anpassen können. Das bedeutet, die Regeln verändern. Die Regeln müssen geändert werden, damit die Leute die Chance bekommen, länger zu arbeiten, wenn sie länger leben. Ich persönlich sehe dies nicht als einen Anlass zur Sorge, ich denke, es ist gut für die Menschen, die Chance zu bekommen, länger zu arbeiten.

WIE VIEL SACHWISSEN ÜBER DEMOGRAPHIE HABEN DIEJENIGEN, DIE POLITISCHE ENTSCHEIDUNGEN TREFFEN MÜSSEN? Ich war sogar sehr beeindruckt, wie intelligent die meisten Entscheidungsträger sind, in Deutschland zum Beispiel und in Dänemark, wie gut sie unterrichtet sind über den Bevölkerungswandel und was dieser bedeutet. Ich denke, es könnte mehr Dialog stattfinden, denn eigentlich glaube ich, die Entscheidungsträger und die Meinungsführer, die Leute, die Entscheidungen über die öffentliche Ordnung treffen, sind sehr gut informiert über das, was passiert. Das Hauptproblem ist, dass die Allgemeinheit nicht so gut unterrichtet ist. Ein Entscheidungsträger kann bis zu einem gewissen Maß führen, aber es ist sehr schwierig, Strategien aufzudrängen, solange man nicht die Unterstützung eines breiten Teils der Bevölkerung hat. Entscheidungsträger sind also wie »Broker«, sie sind Vermittler, sie versuchen Kompromisse zu machen, Kompromisse zwischen dem, was getan werden sollte und dem, was die Leute gemacht haben wollen. Irgendwie muss man einen Mittelweg finden. Aber ich denke, die Öffentlichkeit wird immer gebildeter und wird erkennen, dass das Altern der Bevölkerung eher eine Chance ist als ein Problem. In dem Maße, wie die Bevölkerung in dieser Hinsicht wissender wird, denke ich, werden sich auch die Strategien ändern, damit Menschen länger arbeiten können, wenn sie länger gesünder leben.

WARUM TUN WIR UNS MIT VERÄNDERUNGEN SO SCHWER? Die wichtige Frage ist in der Tat, warum es nicht mehr Fortschritte bei der Erhöhung des Renteneintrittsalters gegeben hat und warum es nicht mehr Fortschritte gegeben hat bei dem Vorhaben, das Rentenalter zu flexibilisieren, so dass es nur an der Person liegt, für sich selbst zu entscheiden, wann sie in Rente gehen will. Der Fortschritt, der bisher erreicht wurde, ging sehr langsam, und in Deutschland gab es einen Rückschritt, als das Renteneintrittsalter herab- anstatt heraufgesetzt wurde. Das ist enttäuschend, für einen Demographen ist das enttäuschend. Ich denke, mein Gefühl ist, dass dies vorübergehend sein wird und dass es wieder daran liegt, dass die deutsche Öffentlichkeit die Auswirkungen eines längeren gesunden Lebens nicht vollständig begreift. Die deutsche Öffentlichkeit versteht noch nicht vollständig, dass, wenn es den Leuten erlaubt wäre, länger zu arbeiten, wenn sie es denn können, dass die Menschen dann ein besseres Leben haben könnten und dadurch die Arbeit für alle verringert werden könnte. Ich denke, die meisten alten Deutschen wollen in Rente gehen, weil sie gerne die Gelegenheit hätten, das zu tun, worauf sie Lust haben. Aber dann, wenn sie darüber eine Weile nachdenken, dann sollten sie daran denken, wie viele Jahre sie gerne in Rente wären, wie lange man Fernsehen gucken kann? Ich meine, wie lang kann man Freizeit ausbreiten? Und wenn sie über die Konsequenzen nachdenken, bis 90 zu leben und in Rente mit 62 oder 63 zu gehen – möchte man wirklich so lange in Rente sein? Ich denke, wenn ältere Deutsche darüber mehr nachdenken würden, dann würden sie realisieren, dass die Rente keine so wundervolle Geschichte ist.

Die andere Sache ist die: Ich denke, alle Deutschen sollten über die jüngeren Deutschen nachdenken, und sie sollten realisieren, dass junge Leute in Deutschland sehr hart arbeiten müssen, um die Steuern zu zahlen, die dazu genutzt werden, die Renten und Pensionen älterer Leute zu zahlen. Und die jüngeren Leute haben Kinder, müssen sich um ihre Kinder kümmern, und zusätzlich dazu müssen sie sehr hart arbeiten. Es wäre viel gerechter und viel besser, wenn die Arbeit gleichmäßiger verbreitet und aufgeteilt wäre. Jedem, denke ich, ginge es dann besser. Den älteren Deutschen ginge es besser, weil sie arbeiten könnten, vielleicht halbtags, aber sie würden zum Arbeitsmarkt beitragen, und das würde sie glücklicher und gesünder machen. Und den jüngeren Deutschen ginge es besser, wenn sie mehr Zeit für ihre Familien und Kinder hätten. Ich denke, die Einstellung der alten Leute ändert sich, und wir sehen das nun in Dänemark, wir sehen es in Schweden und Norwegen und in ein paar anderen Ländern, dass ältere Leute anfangen zu realisieren, dass ein gewisses Maß an Solidarität gefordert ist. Im heutigen Deutschland ist die Fruchtbarkeit sehr, sehr gering, und der Hauptgrund dafür ist, dass jüngere Leute nicht daran glauben, genug Zeit zu haben, um Kinder zu bekommen, weil sie ihre Zeit damit verbringen müssen, Geld für einen einfachen Lebensstandard zu verdienen. Wenn das System geändert würde, dass mehr ältere Menschen arbeiten, sodass die Steuern gesenkt werden könnten für jüngere Menschen, dann könnten jüngere Menschen weniger Stunden die Woche arbeiten und hätten mehr Zeit, um Kinder zu haben und sich um diese zu kümmern.

IST DAS DEUTSCHE RENTENSYSTEM FÜR SOLCHE IN DIE ZUKUNFT WEISENDEN GEDANKEN GERÜSTET? Ein Teil des Problems des deutschen Rentensystems ist, dass es unflexibel ist und dass, wenn man zusätzliches Einkommen verdient, in bestimmten Fällen die Rente sinkt. Deswegen gibt es keinen wirklichen Anreiz, bis ins späte Alter zu arbeiten, weil man dann nur sehr geringfügig mehr Rente bekommt. Wenn man Teilzeit arbeitet, gibt es ein paar mehr Regeln hierfür, aber grundsätzlich verliert man mehr Geld als man verdient, weil es die Rentenansprüche kürzt. Somit muss das Recht geändert werden, damit die Leute dafür belohnt werden, dass sie länger arbeiten, anstatt dafür bestraft zu werden. Die Leute werden Berechnungen anstellen und sich sagen, wie viele Euros pro Stunde verdiene ich, wenn ich die Steuern berücksichtige, die ich zahlen muss und die Rentenansprüche, die mir gekürzt werden. Und es stellt sich heraus, dass es nicht wirklich vorteilhaft für die meisten Leute ist, nach der Rente noch weiterzuarbeiten. Wenn man will, dass jemand arbeitet, muss man ihm ein angemessenes Gehalt zahlen – nach Steuern und nach dem Verlust von Ansprüchen. Das System in Deutschland zielt darauf, früh in Rente zu gehen, und es gibt zu wenig Anreize, länger zu arbeiten.

WIE KAM ES DAZU, DASS SIE DEMOGRAPH GEWORDEN SIND? Wie ich über die Demographie gestolpert bin? Also 1975 starben drei meiner engsten Verwandten, zwei Onkel und mein Cousin ersten Grades. Und sie waren alle relativ jung. Deswegen begann ich darüber nachzudenken, was die Regierung tun könnte, um den Tod jüngerer Leute zu verhindern? Was konnte die Regierung machen, um Leben zu retten? Deswegen fing ich an, viel über Lebensrettung zu lesen, und als ich das tat, entdeckte ich, dass ich das nicht wirklich verstehen kann, ohne Demographie zu verstehen. Ich musste die Systeme von Sterblichkeit und Morbidität in der Gesellschaft verstehen, das ist Demographie. Deswegen fing ich an, Demographie zu studieren und ich verliebte mich in Demographie. Aber ich habe seitdem immer daran gearbeitet, wie man die Demographie nutzen kann, um zu verstehen, wie viel länger wir leben werden, wieviel länger wir gesund leben werden und was die wichtigsten Dinge sind, die Regierungen tun können, um uns zu helfen, länger zu leben und länger gesund zu bleiben. Ich finde Demographie sehr interessant, vor allem weil Demographen zu öffentlichen Diskussionen beitragen können. Es gibt viele Menschen in der Regierung, viele in der Allgemeinheit, die etwas über die Bevölkerungstrends wissen wollen, sie wollen hören, was mit der Lebenserwartung passiert, sie wollen hören, was wir machen können in Bezug auf unser Leben mit mehr Arbeitsjahren, aber kürzeren Arbeitswochen. Die Leute sind interessiert an Demographie. Zweitens: Demographen können mit den luftigen Höhen der Entscheidungsträger sprechen. Aber Demographie redet nicht nur, Demographie ist im Grunde eine mathematische Disziplin. In der Demographie kann man wirklich Theoreme beweisen. Man kann den Zusammenhang von dem einen Aspekt der Bevölkerung und einem anderen Aspekt der Bevölkerung beweisen, und es ist nicht nur eine Annahme, sondern ein mathematischer Beweis. Und außerdem sind die Demographen gesegnet mit Daten, Mengen an Daten über das Alter der Leute, wann sie sterben und wie alt sie werden, wann sie verheiratet sind, wie viele Kinder sie haben, wann sie sich scheiden lassen, wann sie migriert sind, einfach Millionen an Daten, mit denen sie arbeiten können. So kann Demographie auf statistischer Analyse basieren, auf mathematischen Statistiken. Die Basis ihrer Ergebnisse resultiert aus Mathematik und Statistik, ein Fels in der Brandung. Aber die andere gute Sache der Demographie ist: Demographie liegt an der Schnittstelle zwischen Biologie, den Biowissenschaften und den Gesellschaftswissenschaften. Demographen können mit Soziologen reden, sie können mit Ökonomen reden, sie können mit Historikern reden, weil es viel gemeinsames Interesse gibt. Viele Dinge, die Demographen untersuchen, sind biologisch. Tod ist sehr biologisch, Krankheit ist biologisch und ein Kind bekommen ebenfalls, es gibt einige wichtige biologische Elemente über das Kinderkriegen. Demographen haben also eine enge Verbindung zur Biologie, zur Epidemiologie, aber auch zur Genetik und zur Bevölkerungsbiologie. Es ist also eine sehr interessante Disziplin, die Schnittstelle zu sein zwischen dem Fels der Mathematik und Statistik und den Höhen der öffentlichen Ordnung, und die Schnittstelle zwischen der Biologie und den Gesellschaftswissenschaften.

SIE ARBEITEN NEBEN ROSTOCK AUCH IN DÄNEMARK, HIER IN ODENSE. WARUM? Einer der größten Vorteile der Universität von Süd-Dänemark hier in Odense ist, dass sie die weltbeste Zwillings-Registrierung besitzt und sie schon 1870 angefangen haben, sie folgen Zwillingen seither immer, seit 1870, 1880, 1890, 1900 usw. Es gibt also viele sehr alte Zwillinge, die Teil des Registers sind, genauso wie auch sehr junge Zwillinge. Indem man Zwillinge untersucht, kann man herausfinden, wie wichtig die Genetik ist. Insbesondere wenn man eineiige Zwillinge untersucht und sie mit zweieiigen vergleicht wie einem Bruder-Schwester Zwillingspärchen. Und man kann fragen, wie ähnlich sich das Todesalter der eineiigen Zwillinge im Vergleich zu dem der zweieiigen Zwillinge verhält. Dann kann man die Wichtigkeit der genetischen Faktoren in etwa abschätzen.
Wir haben eine sorgfältige Studie in Dänemark gemacht, und diese wurde nun in anderen Zwillings-Registern in der ganzen Welt nachgebildet.

Ungefähr 25 % unserer Lebenslänge hängt von genetischen Faktoren ab. Die Gene sind also verantwortlich für ca. 25 % des Zeitraums, wie lange man leben kann, aber nur 25 %. Das ist sehr wichtig. Die anderen 75 % sind nicht genetisch, sondern hängen von Verhalten und Umwelt ab. Ein Teil der verbleibenden 75 % ist, was dir passiert, wenn du ein kleines Kind bist. Wenn man z.B. eine schwere Krankheit als kleines Kind bekommt, könnte es einen beeinflussen, wenn man älter wird. Die Bildung, die man als Kind erlangt, die Einkünfte, die man von seinen Eltern erbt und so weiter. Also 25 % genetisch, 10 % frühe Kindheit. Die restlichen 65 %, die verbleibenden ⅔, sind abhängig von Faktoren, die einem während des Erwachsenenlebens passieren. Und der wichtigste Zeitpunkt ist gestern. Also das, was man gerade macht, das ist wirklich wichtig. Weil – es nie zu spät. Indem man seine Verhaltensweisen ändert, indem man einen gesünderen Lebensstil wählt, kann man radikal und schnell seine Todeswahrscheinlichkeit reduzieren. Studien anhand von Zwillingspärchen ermöglichen uns dies zu verstehen. Sie lassen uns außerdem besondere Todesursachen verstehen wie z.B. Herzkrankheiten und Krebs, welche anderen Faktoren diese Todesursachen beeinflussen und wie wichtig genetische Faktoren sind verglichen mit frühkindlichen Faktoren, verglichen mit dem, was man gerade tut.
In Bezug auf das, was man aktuell gerade tut, haben wir herausgefunden, dass man eine gute Ernährung haben sollte. Es gibt viele gute Ernährungsweisen. Es muss keine mediterrane Ernährung sein, es kann japanische Kost sein, aber eine gute Ernährung. Man sollte eine gute Nacht voll Schlaf haben, viele Leute schlafen nicht so viel, wie es gut für sie wäre, und das ist sehr ungesund. Man sollte trainieren. Wenn es kalt ist, sollte man einen Pullover anziehen, und wenn es regnet, sollte man einen Regenschirm oder Hut dabei haben, man sollte ein paar Freunde haben und das Leben genießen, aber nicht zu sehr. Aber man sollte das Leben genießen. Man sollte ein bisschen Rotwein oder Bier trinken, aber nicht zu viel. Es wurde also schon einiges dafür getan, um länger gesünder zu leben. Aber unterm Strich sollte man einfach

auf seine Mutter hören. Wenn man auf seine Mutter hört, lebt man lange. Es gibt 100 Millionen Jahre an Forschung über dieses Thema, aber die Quintessenz ist, dass man einfach auf seine Mutter hören sollte.

WIE ÄNDERN SICH ALTERSBILDER IN EINER GESELLSCHAFT? Wir können uns Leute angucken, die älter sind, Leute, die in ihren 70ern und 80ern sind, die immer noch arbeiten und die glücklich sind, und wir können uns mit ihnen anfreunden oder die Bücher lesen, die von ihnen geschrieben wurden oder Artikel lesen über solche Leute. Und wir sollten versuchen zu verstehen, wie es dazu kommt, dass diese Person, die sehr nett ist, die das Leben mag, gesund ist im Alter von 87 und immer noch zur Gesellschaft beitragen kann. Oder diese andere Person, die gesund mit 72 ist und auch immer noch zur Gesellschaft auf eine sehr sinnvolle Art und Weise beiträgt. Es gibt so viele solcher Menschen. Trotz des zwingenden Renteneintrittsalters – fast alle Deutschen gehen Anfang 60 in Rente – machen es einige Menschen nicht so und einige Politiker machen es auch nicht, beispielsweise ein paar Leute, die Forschung betreiben, tun es nicht, sie arbeiten weiter. Und wenn man mehr

über diese Leute lernt, glaube ich, kann es einem helfen herauszufinden, was das Beste für einen selbst ist. Ich denke, man sollte die Augen öffnen für gesunde alte Menschen, die immer noch etwas beitragen.

SEHEN SIE EINEN ZUSAMMENHANG ZWISCHEN DER WIRTSCHAFTLICHEN SITUATION EINES MENSCHEN UND SEINER LEBENSERWARTUNG? Es gibt einen starken Zusammenhang zwischen dem sozialen-wirtschaftlichen Status, zwischen dem Bildungslevel, dem Armutslevel, dem Einkommen und der Art von Arbeit, die man ausübt, also zwischen diesen Faktoren und der Dauer, wie lange man lebt. Menschen, die an der untersten Stufe von Einkommen und Bildung stehen und die schwerste Arbeit machen, leben ungefähr 10 Jahre weniger als die Leute, die auf der höchsten Stufe an Einkommen und Bildung stehen. Die Menschen auf der höchsten Stufe an Einkommen und Bildung, sie ziehen einen Vorteil aus der modernen Medizin und aus dem, was sie darüber wissen, wie man sich gut um sich selbst kümmert. Wir können ihnen also nicht viel helfen, weil sie das, was sie tun können, ziemlich gut tun, aber den Leuten, die 10 Jahre jünger sterben,

denen können wir sehr helfen. Wir können sie ermutigen, aufzuhören zu rauchen, auf ihr Gewicht zu achten und eine bessere Ernährung zu haben, wir können sie ermutigen, sich besser um sich zu kümmern, wir können sie ermutigen, zum Arzt zu gehen und ihnen eine bessere medizinische Versorgung bieten. Ich glaube, dass die immer größer werdende Schere zwischen Arm und Reich schlecht ist für die Lebenserwartung, und der beste Weg, um die Lebenserwartung zu steigern, ist, den armen Menschen zu helfen, sich den reichen Menschen anzunähern. Die Frage stellt sich: Warum rauchen die Leute, warum trinken die Leute, warum werden Menschen fettleibig, warum kümmern sie sich nicht besser um sich selbst? Und einer der Hauptgründe ist, dass sie nicht denken, dass ihr Leben lebenswert ist und dass sie unglücklich sind. Sie sind unzufrieden mit der Gesellschaft, sie sind unzufrieden mit ihrem eigenen Leben und ihrer eigenen Zukunft. Um Menschen also zu helfen, sich auf gesündere Verhaltensweisen einzulassen und um ihnen zu helfen, sich besser um sich zu kümmern, ist es wichtig für die Menschen, bedeutsame Leben zu haben.

GIBT ES IN IHREN AUGEN BERUFE, DIE KÜRZER ARBEITEN SOLLTEN, IN DENEN MAN AUSNAHMEN ZULASSEN SOLLTE? Es mag Berufe geben, bei denen 67 als Renteneintritt spät ist. Für mich ist es offen wie für die meisten Dänen. Berufe wie Polizisten oder Offiziere in der Armee, sie könnten vielleicht noch Einschränkungen unterliegen. Aber wohin sich die Dänen bewegen, ist ein fließendes Renteneintrittsalter. Es ist also wichtig, zwischen zwei Sachen zu unterscheiden: Die eine ist das Durchschnittsalter des Renteneintritts, und die andere Sache ist es, den Leuten mehr Flexibilität zu geben, damit man ein bisschen früher oder später in Rente gehen kann. Und wenn man früher in Rente geht, bekommt man etwas weniger Geld, und wenn man später in Rente geht, bekommt man mehr Geld. Aber was ist der Durchschnitt? Die Dänen versuchen ihn nach oben zu bewegen, und das aktuelle Ziel ist es, die Lebenserwartung zu nehmen, die in Dänemark bei ungefähr 82 liegt,

und dieses dann mit dem Renteneintrittsalter in Verbindung zu setzen. Wenn man also 82 minus 17 rechnet, bekommt man 65, damit können sich die Menschen auf 17 Jahre Rente freuen, was etwas mehr als genug ist. Aber wenn die Lebenserwartung von 82 auf 92 steigt, dann würde auch das Renteneintrittsalter von 65 auf 75 steigen und man hat immer noch die 17 Jahre Rente, aber sie käme erst im späteren Alter.

MÖCHTEN SIE AUCH IRGENDWANN IN RENTE GEHEN? Ich mag meine Arbeit wirklich sehr. Und lassen Sie mich betonen, nicht jeder mag seine Arbeit, aber viele Leute mögen ihre Arbeit und ich mag meine Arbeit. Ich genieße es, Studenten zu treffen, ich habe Spaß zu unterrichten und zu forschen, ich interagiere gerne mit meinen Professorenkollegen und den anderen Leuten, die an der Universität und für die Max-Planck-Gesellschaft arbeiten. Ich finde das sehr stimulierend und interessant. Ich mag es so sehr, dass ich hoffe, dass ich so lange weiter arbeiten kann, wie ich in der Lage bin zu unterrichten, zu forschen, so lange, wie meine Professorenkollegen denken, ich mache Sinnvolles, so lange würde ich gerne weiter arbeiten.

Ich versuche gerade herauszufinden, wie – wenn zum Beispiel in Dänemark die Leute im Durchschnitt bis 68 oder 70 arbeiten können – es umsetzbar ist, die Arbeitswoche von 37 Stunden pro Woche auf 32 Stunden zu kürzen. Ich denke das geht, aber ich arbeite immer noch daran, um sicher zu sein, dass ich das richtig verstehe.

—

Das Gespräch wurde im Januar 2015 in Odense, Dänemark geführt.

MARC FREEDMAN

57, SOZIOLOGE, SIEHT GROSSE
CHANCEN FÜR DIE AMERIKANISCHE
GESELLSCHAFT, WENN ÄLTERE
MENSCHEN SICH ENGAGIEREN

WIE KAM ES DAZU, DASS SIE SICH SCHON SEIT VIELEN JAH-
REN MIT ÄLTEREN MENSCHEN UND DEREN AKTIVITÄTEN
BEFASSEN? Ich liebe die Künste und vor allem die Musik. Also
war es mein Ziel, im Management einer Musikproduktion zu
arbeiten. Ich schloss mein Studium ab und versuchte vergeb-
lich einen Job in dieser Branche zu finden. Aber ich ergatter-
te einen Job als Managing Director in einer Tanzproduktion,
obwohl ich vorher noch nie modernen Tanz gesehen hatte. Jedenfalls nahm ich den Job an und arbeitete mehrere Jahre für
das Unternehmen. Der Job stellte sich als ausgezeichnete Wahl
heraus, obwohl der künstlerische Teil nicht wirklich überra-
gend war. Allerdings war das Projekt sehr gut darin, Tanz im
Rahmen von sozialer Arbeit zu nutzen, mit Kindern in Schulen
oder mit älteren Leuten in Heimen. Das weckte bei mir das Interesse an älteren Menschen und vor allem daran, wie diese
aktiv werden, wenn man ihnen die Möglichkeit dazu gibt. So
wandelte sich mein Versuch, etwas Künstlerisches zu machen,
in eine soziale Aktivität.
Dann arbeitete ich 15 Jahre lang für eine Organisation, die versuchte, mit neuen Ideen Schul- und Gemeinschaftsprogram-
me für Kinder, die in ärmlichen Verhältnissen aufgewachsen
sind, aufzubauen. Ich fand es spannend, was an menschlichen
Beziehungen im Rahmen von Mentoren-Programmen zwischen
Erwachsenen und Kindern entstand. Wir untersuchten das Großer Bruder/Große Schwester-Programm, das in Amerika sehr

*»Wir brauchen eine
neue Sprache, neue
Begriffe und eine
neue Erzählung.«*

bekannt ist. Dieses Programm führt Kinder und Erwachsene eins zu eins zusammen und wir entdeckten, dass diese Mentorenbeziehung einen großen Einfluss auf das Leben der Kinder hat. Wir beobachteten 1.000 Kinder, die auf der Warteliste des Programms waren und deren Wartezeit 1½ Jahren war. Wir vermittelten ihnen Mentoren und verglichen diese mit 500 Kindern, deren Wartezeit kürzer war. Es gab große Unterschiede. Die Wahrscheinlichkeit, Drogen zu nehmen, war für Kinder ohne Mentor um 46% höher, 50% höher für Schulschwänzen und 33% für gewalttätiges Verhalten. All das wurde durch die An- oder Abwesenheit einer sozialen Beziehung ausgelöst. Zu Beginn war dies eine wundervolle Entdeckung, dass die Art von Beziehung einen so großen Einfluss auf das Leben der Kinder haben konnte. Andererseits war es erschreckend, wie viele Kinder auf einer Warteliste standen und nicht von solch einer Beziehung profitieren konnten.

Als ich mir das Programm näher anschaute, wurde mir klar, dass ein Problem war, dass relativ junge Mentoren rekrutiert wurden, die kaum Zeit für ihre eigenen Kinder hatten, weniger als 10 bis 12 Stunden im Monat, und das war in etwa der Richtwert im Rahmen des Programms für fremde Kinder. So begann ich darüber nachzudenken, wo es in der Gesellschaft ungenutzte menschliche Ressourcen gibt. Und wenn man nachdenkt, fällt auf, dass die größer werdende Gruppe der Älteren, heute noch mehr, die größte Ressource an menschlichem Kapital sind. Durch diese Recherche wurde auch deutlich, dass alte Menschen ein besonderes Talent für diese Art von Arbeit haben. Mentor zu sein ist keine Aufgabe, die man schnell »durchziehen« kann. Es braucht Zeit, wie das Backen eines guten Soufflés. Mentoren, die mit einem vorgefertigten Plan für das Leben der Kinder ankamen, scheiterten, weil sich die Kinder vor ihnen versteckten. Die Kinder wollten vor allem jemanden, der ihnen zuhört. Ich glaube, ältere Leute haben nicht nur mehr Zeit, sondern auch eine andere Beziehung zu Zeit, und diese Langsamkeit stellte sich hierbei als wahrer Segen heraus.

Das hat mich darüber nachdenken lassen, wie man einen proaktiveren und freiwilligen Weg schaffen könnte, die Talente der älteren Menschen an Stellen einzusetzen, wo diese benötigt werden. Und aus dieser Einschätzung entstand Experience Corps. Das ging zurück auf John Gardner, der Minister für Gesundheit und Soziales unter Präsident Lyndon B. Johnson in den 1960er Jahren war, einer der Helden der Gesellschaft in Amerika. Er war es, der Medicare eingeführt hat und 1965 den Older Americans Act durchbrachte (eine Initiative, die erstmals umfassende Einrichtungen für ältere Menschen plante, die Hrsg.). Aber schon in den 60er Jahren erkannte er, dass man die Probleme der jungen und der älteren Bevölkerung auf einmal lösen könnte. Seine These: Die älteren Menschen brauchten vor allem eine Aufgabe in ihrem Leben, so wie die jungen Leute mehr Unterstützung von der Gesellschaft brauchten. Daher verfasste er 1988 ein Papier mit dem Titel »The Experience Corps«, in dem er über eine Mission des Zurückgebens schrieb. Er sagte, es sei falsch zu glauben, dass ältere Menschen keine Bedürfnisse haben. Sie haben vor allem das Bedürfnis, gebraucht zu werden.

Er schlug eine Bewegung der älteren Menschen vor, die sich dafür einsetzen, der Gesellschaft zu dienen. Jahre später traf ich ihn und wir redeten darüber, wie wir diese Idee in die Realität umsetzen könnten. Und dann kam Linda Fried dazu und wir hatten eine Menge toller Ideen. Also schlossen wir uns alle zusammen und gründeten »Experience Corps«.

WIE BEURTEILEN SIE DIE AMERIKANISCHEN MÖGLICHKEITEN, IN RENTE ZU GEHEN? Zunächst: Warum sollte jemand nicht in Rente gehen, wenn er die Möglichkeit dazu hat? Haben sich die Leute nach Jahren harter Arbeit das nicht verdient? Wenn jemand das machen will und die finanziellen Ressourcen dazu besitzt, ist dies absolut dessen Recht.

Aber als wir 65 Jahre als Grenze für das Alter festsetzten, war dies im Jahr 1935. Ein Ökonom der Stanford University sagte, wir würden im Jahr 2013 niemals Dollars von 1935 benutzen, ohne sie der Inflation anzupassen. Aber wir benutzen die Altersdefinition von 1935, als wäre es eine allumfassende Wahrheit – aber das ist es nicht! Ich glaube, jemand der mit 65 oder 60 oder 55 – das Renteneintrittsalter ist ja sogar teilweise gesunken – in diesem Land in Rente gehen will, muss sich die Frage stellen, wie er die nächsten 2 oder 3 Dekaden seines Lebens verbringen will. Die Rente war niemals als bezahlte Freizeit gedacht, die in ihrer Länge der vorherigen Arbeitszeit entsprechen sollte. Können wir es uns überhaupt leisten, die erfahrensten Menschen unserer Gesellschaft aufs Abstellgleis zu schicken, obwohl sie noch voller Energie sind?

Ich denke, dass wir unsere Definition von Ruhestand überdenken müssen, und ich sehe mehr und mehr Leute, die ihren Ruhestand in zwei Teile teilen, indem sie ihn als eine Art Auszeit oder Pause zwischen intensiver Arbeit, dem Großziehen der Kinder im mittleren Alter und einem neuen Kapitel ihres Lebens nutzen. Es ist eine Chance, sich zunächst auszuruhen und sich dann auf eine andere Art des Engagements vorzubereiten. Und die Leute kommen, wie eine Studie zeigt, in großer Anzahl aus dem Ruhestand zurück. Die RAND-Studie zeigt, dass dies geplant ist. Die Rückkehr ist nicht wegen finanzieller Engpässe oder Langeweile, sondern sie wollten eine Pause im Leben einlegen und dann ein anderes Kapitel der Arbeit und Beschäftigung angehen. Ich denke also, dass die Menschen etwas ausprobieren und eine neue Kombination von Arbeit und Freizeit schaffen und diese zwei Dinge auf eine viel sinnvollere Weise auf ihre viel längere Lebensdauer verteilen. Denn wir haben in den USA tatsächlich eine Lebensplanung geschaffen, bei der wir 70 Lebensjahre im Sinn hatten. Aber was geschieht, wenn man 80 oder 90 oder sogar noch mehr Jahre lebt? Man muss Bildung, Arbeit und Freizeit und deren Verteilung über dieses viel längere Leben überdenken.

WAS SIND IN DEN USA DIE VORSTELLUNGEN, DIE ALTERSBILDER, DIE STEREOTYPEN ÜBER ÄLTERE MENSCHEN? Nun, wir sind heutzutage verwirrt darüber, was in diesem Land im späteren Leben normal ist. Auf der einen Seite soll 60 das neue 40 sein, wir sollen an unserer schnell schwindenden Jugendlichkeit festhalten. Auf der anderen Seite bekommt man mit 50 Jahren und in manchen Fällen sogar viel früher Senioren-rabatt. Also ist in mancher Hinsicht 50 oder 60 das alte 80 und zur gleichen Zeit das neue 40. Wir haben Klischees von Leuten, die in diesem Lebensabschnitt eine weitere Jugendlichkeit haben wollen, und ich denke, das ist wahrscheinlich eine der mächtigsten Vorstellungen eines späteren Lebens, dass es eine verblasste Version der Jugend ist. Das ist eine falsche Vorstellung, aber eine verständliche, denn in einem Großteil der amerikanischen Geschichte war das Land jung, die meisten Menschen waren jung. Wenn man also über das spätere Leben nachdenkt, ist es naheliegend, dass wir darüber als eine Variante von Jugend nachdenken. Ich denke, das trug dazu bei, diese Communities zu gründen, die alterssegregiert waren, wo jeder alt war – wenn jeder alt war, war keiner alt. Man konnte so tun, als ob es eine zweite Jugend sei. Dann kamen die Schlagzeilen über die habgierigen alten Knacker, Ältere wurden beschrieben als Menschen, die ihre Zeit mit Freizeit und Erholung verbringen, die mit Spielen beschäftigt sind, während sie ergrauen und die gleichzeitig jeden im mittleren Alter mit den Kosten für ihre Herumspielerei belasten.

Andere Stereotypen von älteren Menschen sind die Bilder von Zerbrechlichkeit, Menschen mit geschrumpften Kapazitäten, eine große Last für die Gesellschaft. Und natürlich haben beide Versionen etwas Wahres an sich.

Doch ich denke, was nun passiert und bedeutend ist, ist das Entstehen eines komplett neuen Lebensabschnitts zwischen dem mittleren Alter und dem Greisenalter. Das widerspricht allen Stereotypen. Ich denke nicht, dass 60 das neue 40 ist. Wir sehen, dass Millionen von Menschen in einen neuen Lebensabschnitt kommen werden, der noch nicht mal einen Namen hat. Doch ich denke, es birgt enorme Möglichkeiten und ähnelt auf vielerlei Art der Entdeckung der Pubertät und Jugend vor 100 Jahren, wo wir eine große Zahl von jungen Menschen hatten, die keine Kinder und noch keine Erwachsenen waren und wir besorgt waren, dass sie körperlich reif, aber emotional unreif waren, also voller Widersprüche. Folglich kreierten wir eine Periode – als eine Art Moratorium –, die Pubertät genannt wurde, und ironischerweise war die

Person, die in den Vereinigten Staaten womöglich mehr für die Pubertät als für jeden anderen Lebensabschnitt verantwortlich ist, ein 60-Jähriger. Im Alter von 60 Jahren hat Stanley Hall, der führende amerikanische Psychologe des letzten Jahrhunderts, sein Buch »Adolescence« geschrieben. Ironischerweise machte sich Hall 20 Jahre später den Vorwurf: »Ich habe einen großen Fehler gemacht, ich hätte einen neuen Lebensabschnitt zwischen mittlerem und hohem Alter erfinden sollen.« Er beschrieb die Phase als einen »Indian Summer« und sagte, dass Menschen erst den Höhepunkt ihre Lebens erreichen würden, wenn die Schatten beginnen, sich nach Osten zu neigen. Und ich denke, was er meinte, war, dass Menschen sich in diesem einzigartigen Moment befinden, wo sie gelebte Zeit haben, die Vorteile der Lebenserfahrung und das Bewusstsein, dass da weniger Jahre vor ihnen liegen würden als hinter ihnen. Das schafft die Motivation, etwas Bedeutenderes zu tun und den Wunsch, in dieser wertvollen Zeit tiefer in die Welt involviert zu sein. Ich denke, er hatte da einen großartigen Gedanken, was das Kennzeichen dieses neuen Abschnitts sein könnte, den wir nun, fast 100 Jahre nach Hall, entwickeln.

HABEN WIR EINEN BEGRIFF FÜR DIESE NEUE PHASE, FÜR DIESE ENTDECKUNG? Wir brauchen eine neue Sprache, neue Begriffe und eine neue Erzählung für diesen Lebensabschnitt, der sich zwischen dem mittleren Alter und dem Greisenalter öffnet. Aber wir finden meistens Verwirrung. Wir haben einen Begriff, Oxymoron, ein Widerspruch in sich. Menschen, die in ihren 50ern, 60ern, 70ern sind, finden, dass sie als die jungen Alten beschrieben werden, die arbeitenden Rentner, weder jung noch alt. Und es ist schwer, einen Lebensabschnitt zu leben, der ein Viertel Jahrhundert lang sein kann, ohne eine Sprache zu haben, die diese Phase beschreibt. »Ruhestand-Retirement« funktioniert nicht länger, das Wort kommt von einem altfranzösischen Wort, das bedeutet, in die Zurückgezogenheit gehen. Die Menschen sehen Ruhestand nicht als treffende Beschreibung für das, was sie tun. Und anstatt auf eine neue Sprache zu warten, drän-

gen Millionen von Menschen voran, sie krempeln ihre Ärmel hoch und leben eine neue, nachhaltigere Version dieses Lebensabschnitts. Es gibt eine Soziologin, die verstorbene Mathilda White Riley, die das Phänomen, das sie »strukturelle Lücke« nannte, beschrieb. Menschen beginnen, ihr Lebensbild realistisch zu leben, aber gesellschaftliche Institutionen hinken hinterher, Politik und die Kultur hinken hinterher. Es gibt einen Schriftsteller, William Gibson, der sagt, die Zukunft ist schon da, sie ist nur ungleich verteilt, und ich denke, dass dies die aktuelle Situation genau charakterisiert. Wir müssen also nur herausstellen, was Millionen von Leuten bereits tun. Und wenn wir das tun, werden wir ein neues Narrativ schaffen, aber ein Narrativ, das bereits zur Wirklichkeit wird.

Meine Schwiegermutter, die wunderbar mit Worten umgehen kann und sich selbst in diesem Lebensabschnitt befindet, gab mir einen Begriff, von dem ich nicht sicher bin, dass er sich durchsetzen wird, aber sie sagte, sie sei an ihrem »nächsten letzten Hund«. Sie ist eine Hundeliebhaberin und hatte im Gefühl, dass sie noch fünf oder sechs Jahre mit ihrem Schnauzer habe. Und dann sagte sie, sie würde noch einen kleinen Hund bekommen, der nochmals 10 oder 15 Jahre leben würde. Sie maß das Leben in der Lebenserwartung ihrer Hunde. Das ist eine alltägliche Charakterisierung, also wird »der nächste letzte Hund« vielleicht die neue Sprachbezeichnung werden.

ERZÄHLEN SIE UNS VON ENCORE. Wir beschreiben Encore als einen zweiten Akt, diesmal für das Gemeinwohl. Er mag nicht so lang sein wie der Hauptakt des mittleren Alters, aber er ist genau so bedeutend wie einprägsam. Und für viele Leute ist es der Beitrag zum Leben, für den sie am meisten in Erinnerung bleiben wollen. Encore erwuchs aus Experience Corps. Was wir bei Experience Corps entdeckten ist, dass die Menschen immer wieder kommen, um Jahre später wieder ein Jahr abzuleisten; sie realisierten, dass sie einen substantiellen Beitrag zur Gesellschaft leisteten. Ich denke also, dass auch Encore-Karrieren so sind, sie dauern bis zu ein Jahrzehnt, manchmal länger. In einer Untersuchung, die wir im Jahre 2011 durchführten, fanden wir heraus, dass 9 Millionen Amerikaner schon in diesen zweiten Akt für das Gemeinwohl engagiert sind und Karrieren an der Schnittstelle zwischen Sinnstiftung und Gehaltsscheck fortführen, wobei der Sinn der wichtigste Aspekt hierbei ist. Und 31 Millionen weitere Personen sagten 2011, dass es eine hohe Priorität für sie hat, in diese Richtung zu gehen. Das sind 40 Millionen Menschen, und wenn diese Encore-Karrieren 10 Jahre dauern, sind das 400 Millionen Jahre Humankapital, die auf viele dieser nicht gelösten Probleme unserer Gesellschaft angewendet werden könnten. Das ist ein Glücksfall und von großer Bedeutung.

WAS SIND DIE MOTIVE DER MENSCHEN? Ich denke, dass viele Menschen, die sich dazu entscheiden, einen finanziellen Grund dazu haben. Sie haben nicht genügend Ersparnisse, sie haben nicht genug staatliche Rente, um sich selbst über diese längere Lebenszeit zu versorgen. Aber ich denke, viel wichtiger ist hier das Bedürfnis und der Wunsch nach Sinnstiftung. Ich denke, Menschen brauchen einen Grund, um morgens aufzustehen, sie wollen mit Anderen verbunden sein, Menschen möchten Teil einer Gemeinschaft sein. Das ist nichts, was mit 65 oder 60 oder irgendeinem anderen Alter ein natürliches Verfallsdatum hat. Und so denke ich, Menschen arbeiten aus psychologischen Gründen, finanziellen Gründen und ich denke aus einem Verantwortungssinn für die Zukunft heraus. Erik Erikson, ein großer Entwicklungspsychologe, sagte, dass das Kennzeichen einer erfolgreichen Entwicklung in dieser Lebensphase jenseits der 50 in der Formulierung »Ich bin, was von mir überlebt« enthalten sein könnte: Diese Erkenntnis, dass wir sterblich sind, dass der Weg nicht ewig weitergeht, aber dass wir durch unseren Einfluß auf die jüngere Generationen weiterleben können.

Die meisten Menschen, die eine Encore-Karriere durchlaufen, suchen einen Sinn, wollen einen Beitrag zu leisten und etwas zu hinterlassen. Und sie müssen zur gleichen Zeit weiter ein Einkommen sichern, um Gesundheitsleistungen zu beziehen. Es ist also eine Mischform aus »etwas geben« und längerem Arbeitsleben. Sie repräsentieren eine wunderschöne Vision für diesen Lebensabschnitt, was mit einschließt, aus der Not eine Tugend zu machen. Sie wissen, sie werden länger leben, sie werden länger arbeiten, sie wissen, sie können aus psychischen wie finanziellen Gründen nicht 30 Jahre lang Golf spielen und sie haben einen tiefen Wunsch, noch nützlich zu sein.

Encore versucht, eine Bewegung von Menschen in ihrer zweiten Lebenshälfte aufzubauen, die ihre Zeit, ihr Talent und ihre Erfahrung einbringen wollen, um das große Ganze voranzubringen. Sie stärken die Gesellschaft und tun etwas für das Wohlbefinden zukünftiger Generationen. Eine Sache, die wir bei Encore tun, ist die Geschichten von Menschen zu erzählen, die bereits dieses Lebensmuster leben. Eine Möglichkeit ist der »Purpose-Prize«, eine jährliche Auszeichnung für soziale Unternehmer, die über 60 Jahre alt sind, die von ihrer Erfahrung im mittleren Alter zehren und neue Lösungen für dringende soziale und Umweltprobleme im Land schaffen. Aber es gibt auch viele andere Menschen, die für bereits existierende Organisationen, die wichtige Arbeit leisten, arbeiten. Wir versuchen, einen Scheinwerfer auf diese Menschen zu werfen, die eine Art Sherpas auf der Reise sind, denen so viele andere folgen, die zeigen können, wie man es schaffen kann, ihrem Weg zu folgen und zur gleichen Zeit neue, bessere Pfade für Leute schaffen, die in ihre Fußstapfen treten wollen. Denn was wir hören, wenn wir mit Menschen sprechen, die eine Encore-Karriere anstreben, ist, dass es ein »Do it yourself-Prozess« ist, eine Improvisation, bei der die Menschen selbst herausfinden müssen, wie sie vorankommen. Sie erkennen nicht, dass sie Teil eines größeren Phänomens in der Gesellschaft sind, sie wissen auch nicht, wie sie sich neu ausrüsten sollen, um in dieses neue Kapitel voranzuschreiten.

Wir machen das mit den Instrumenten, die auch junge Amerikaner nutzen, um zu ihren Jobs im mittleren Alter zu kommen. Und das sind Praktika und Stipendien. Wir haben ein einjähriges Halbtags-Stipendium geschaffen für Menschen, die vom Unternehmenssektor oder anderen Teilen der Wirtschaft abwandern und sich auf die sozialen Tätigkeitsfelder von NGOs konzentrieren wollen. Sie arbeiten in dieser Zeit halbtags, bekommen 25.000 Dollar und in vielen Fällen Gesundheitsleistungen. INTEL hat das größte Encore-Stipendienprogramm gesponsert. Jeder INTEL-Beschäftigte in Amerika, der das Rentenalter erreicht und in eines dieser Stipendien geht, kann voll unterstützt werden, einschließlich Gesundheitsleistungen. So sind sie Wegbereiter eines komplett neuen Humankapital-Ansatzes, der Menschen nicht nur helfen soll, ihren Ruhestand zu planen, sondern Menschen helfen soll, das neue Kapitel in ihrem Leben zu planen. Der andere Weg, den wir entwickeln, ist Schule für ihre zweite Lebenshälfte. Wir haben Bildung für junge Leute entwickelt, aber Bildung für ältere Menschen – das ist wirklich lebenslanges Lernen. Wir konzentrieren uns also sehr stark auf Selbstentwicklung, aber nicht wirklich auf ein weiteres Kapitel des gesellschaftlichen Gebens. Ich denke, dass wir Schulen für Menschen mittleren Alters brauchen, kombiniert mit dem, was bereits da ist. Und einige Eliteuniversitäten in Amerika haben das schon getan. Harvard und Stanford haben einjährige Programme für Menschen, die im mittleren Alter ungeheuer erfolgreich waren und eine Encore-Karriere anstreben. Allerdings kostet das 60.000 Dollar jährlich. Wenn man also ein erfolgreicher Rechtsanwalt war, ein Geschäftsführer oder ein Chirurg, kann man es sich leisten, so etwas zu tun. Wir hoffen, diese Idee demokratisieren zu können und es zu schaffen, mehr Wege für mehr Menschen mit bescheideneren Hintergründen zu öffnen, um ihnen in der Mitte des Lebens zu helfen, zurück in die Schule zu gehen, so dass sie darüber nachdenken können, was sie als nächstes tun möchten und neue Fertigkeiten erwerben können.

AUCH IN DEN USA WIRD VIEL INVESTIERT, DAMIT DIE LEBENSWARTUNG DER MENSCHEN NOCH MEHR STEIGT. Wenn es um alt werden und langes Leben geht, haben wir in Amerika einen Widerspruch. Wir feiern die Errungenschaften eines langen Lebens, die Erhöhung der Lebenserwartung in Amerika um 30 Jahre seit 1900. Und nicht nur das, wir tun alles Mögliche, um das Leben noch mehr zu verlängern.

Wir gehen zu seinem Arzt und dieser sagt einem, man solle Stress reduzieren und Sport treiben und das richtige Essen zu sich nehmen, so dass man noch länger leben kann, und dann greift man zur Zeitung und hört von dieser grauen Welle von gierigen alten Säcken, die das Land in den Ruin treiben und zukünftige Chancen zerstören. Und es stellt sich die Frage: Wie kann das Beste, das uns jemals als Individuen passiert ist, das Schlechteste sein, das uns als Gesellschaft heimgesucht hat? Und wenn das der Fall ist, warum investieren wir spektakuläre Summen von zusätzlichen Geldern, um die Lebenserwartung noch mehr zu erhöhen? Jeder scheint daran zu klammern, das Leben über die 100 und vielleicht weit darüber hinaus auszudehnen. Und dann raufen wir uns die Haare, wie furchtbar es sein wird, all diese Menschen zu haben, die so viel länger leben. Und es hat sogar in der Kultur in Amerika Filmserien inspiriert, die davon handeln, was wir dagegen tun werden. »The Best Exotic Marigold Hotel«, ein britischer Film, der nach einer Investition von 10 Millionen 136 Millionen Dollar einspielte, ist auf der Idee gegründet, die Älteren auszulagern. Nun, das ist ein Weg, dieses Paradoxon zu lösen. Wir schicken einfach alle in andere Kontinente. Es gibt sogar einen satirischen Roman von Christopher Buckley in Amerika, der sich »Boomsday« nennt, in dem es um Sterbehilfe für Baby-Boomer im Alter von 70 Jahren geht. Das ist eine andere Möglichkeit.

Ich denke, wir sollten die Realität und den Segen längerer Leben akzeptieren und die öffentlichen Strategien, sozialen Innovationen und neuen Bildungs- und Ausbildungsarten stärken. Wir haben so viele politische Notwendigkeiten, so dass es nicht nur ein Paradoxon ist, sondern eine Bankrotterklärung wäre für Einzelne, für die Gesellschaft, nicht nur für die Baby-Boomer, sondern für all diese jungen Menschen, die noch länger leben werden. Können wir ihnen eine Vision des langen Lebens bereitstellen, in der sie gerne leben möchten?

WAS SIND IHRE ROLLENVORBILDER? Mein großes Vorbild war die Person, die als erstes die Idee für »Experience Corps« hatte, John Gardner, der im Jahre 1964 die höchste zivile

Ehre empfing, die man in den USA bekommen kann. Nachdem er eine wundervolle Karriere als Autor und Bildungsreformer gehabt hatte, machte er nach dieser Periode weiter, um seine wichtigste Arbeit zu leisten. Er führte die groß-artige Gesellschaft unter Präsident Lyndon Johnson an, er schuf eine Innovation nach der anderen, und zwar in der Zeit, in der er angeblich fertig war, von der Gesellschaft abgeschrieben. Folglich inspiriert mich sein Lebensmuster und es inspirierte mich, als er noch lebte. Aber noch mehr als das ist es seine Weisheit. Im Jahre 1965, während der Kämpfe über Medicare, die US-Gesundheitsversicherung für Ältere, sagte er, dass Amerika heute atemberaubenden Möglichkeiten ins Gesicht sieht, die als unlösbare Probleme getarnt sind. Und ich denke, er hatte diese brillante Art, Lösungen klar zu sehen, da wo die meisten Leute desasträse Probleme sahen.

WAR IHR VATER EIN VORBILD FÜR SIE? Mein Vater war ein Lehrer und Schulleiter. Ich bewundere seine Kompetenz. Doch ich habe aus seiner Erfahrung auch über die Gefahren des Ruhestands gelernt. Er war eigentlich mittendrin in seiner Karriere, als das Bildungssystem, für das er in Pennsylvania arbeitete, die älteren Beschäftigten loswerden wollte. Er war erst 57, so alt wie ich in ein paar Monaten sein werde. Und er bekam finanzielle Anreize, um zu diesem Zeitpunkt in Rente zu gehen – was bedeutete, dass er im Ruhestand genauso viel Geld bekommen würde, als wenn er weiter arbeiten würde. Obwohl die Arbeit für ihn Gemeinschaft bedeutete und Zufriedenheit brachte, wählte er den Ruhestand und ist nun schon so lange in Rente, wie er gearbeitet hat, was eine sehr teure Sache für die Gesellschaft ist und für ihn eine Tragödie zugleich, da er nicht an den Spielfeldrand gehen wollte.

WIE SEHEN SIE COMMUNITIES VON ALTEN MENSCHEN WIE SUN CITY? Eine der größten sozialen Innovationen des vergangenen letzten Jahrhunderts war es, alterssegregierte Kommunen mit Namen wie Sun City und Leisure World zu schaffen, was Menschen über 50 oft hinter Mauern zusammenbrachte, um dem Stigma der Älterseins in der Gesellschaft zu entkommen und in manchen Fällen auch, um keine Steuern für Schulen und Kosten für andere Generationen übernehmen zu müssen. Wissen Sie, ich stand Orten wie Sun City und Leisure World sehr kritisch gegenüber, von Alterssegregation geprägte Kommunen, die dazu da waren, eine zweite Jugend auszuleben. Seit ich ihre Ursprünge verstanden habe, sehe ich, dass sie im Kontext ihrer Entstehungszeit Sinn machten. Es war zu einer Zeit, in der ältere Menschen im Land komplett abgelehnt wurden, als sie keine wirkliche Rolle im amerikanischen Leben hatten. Unter diesen Umständen muss es sehr ansprechend gewesen sein, in eine Kommune zu gehen, in der man nicht täglich damit konfrontiert wurde.

Aber sie hatten auch viele nachteilige Konsequenzen. Sie riefen die gesamte Gated-Community-Bewegung hervor, mit hohen Mauern, um Menschen draußen zu halten, und das war sehr destruktiv für das Sozialgefüge des Landes. Also ich schätze mehr die Entwicklungen, die sich gegen die Ausgrenzung der Alten richten und die ältere Menschen und Menschen verschiedener Generationen im täglichen Leben, in Schulen, in vielen anderen Schauplätzen zusammenbringen – das fühlt sich für mich normal an.

SIE REISEN SEHR VIEL, HALTEN VORTRÄGE, SEHEN WIE DIE ENTWICKLUNG IN ANDEREN LÄNDERN UND KONTINENTEN IST. Als ich nach Deutschland, Großbritannien und Asien kam, war ich erleichtert, weil ich sah, dass wir in den USA nicht alleine damit sind, dass alle sich mit diesen großen demographischen Veränderungen, mit der Revolution des langen Lebens auseinandersetzen. Ich habe viele Menschen weltweit gesehen, die das Potenzial und die Vorzüge dieser neuen gesellschaftlichen Entwicklung erkennen. Und ich war sehr gespannt, aus Innovationen zu lernen, die sich gerade in anderen Ländern abspielen. Die nationale Stiftung für Wissenschaft, Technologie und Künste in Großbritannien hat gerade einen 50-Millionen-Pfund-Fonds für Innovationen im Altern aufgelegt. Und ich würde es gerne sehen, wenn solche Investitionen auch in den USA und Europa getätigt würden, ich denke, wir investieren viel mehr Zeit, Anstrengung, Denkleistung und finanzielle

Ressourcen in die Verlängerung des Lebens, in medizinische und technische Innovationen, um länger leben zu können, und viel zu wenig Aufmerksamkeit und Dollars in die sozialen Innovationen, die die vollen Möglichkeiten des längeren Lebens erst sichtbar machen.

—

Das Gespräch wurde im Oktober 2014 in Phoenix, Arizona geführt.

FREEDMAN

GLENN
HINTON

67, WAR IN DER ARMEE, DANACH IN
GESUNDHEITSORGANISATIONEN UND
ARBEITET NUN IN EINEM MEDIZIN-
ZENTRUM MIT OBDACHLOSEN

Ich bin 67 und bin in dem Projekt *Circle the City* in Phoenix der
Personalmanager. Ich bin hier seit Mai 2012, und ich bin das,
was wir hier einen »Encore Fellow« nennen. Das ist ein besonderes Programm für Ruheständler, die Fähigkeiten haben,
die sie an Non-Profit-Organisationen zurückgeben können. Das
hier ist eine Gesundheitsorganisation, und ich habe fast 30
Jahre Erfahrung in der Personalführung von Gesundheitsorganisationen. Und die Encore-Organisation *Experience Matters* brachte mich mit Schwester Adele zusammen, sie inter-
viewte mich und engagierte mich von der Stelle weg. Und so
haben wir diese Organisation groß gemacht und zu einem voll
funktionierenden Medizin-Zentrum entwickelt.

Ein Grund, warum ich es richtig gut finde, hier zu arbeiten, ist,
dass ich weiß, dass ich hier die Chance habe, Teil von etwas
Neuem zu sein, von etwas, was bisher hier noch nicht gemacht
wurde. Ich habe das Gefühl, ich kann die Dinge mitprägen, wenn
Sie so wollen, es ist mein Geschenk an die Welt. Das hier ist
eines der Medizinischen Zentrum im Staat Arizona, und es gibt
noch 50 oder 60 über die Staaten verteilt. Und ich bin in der
Lage, diese Organisation hier vor Ort zu starten, sie hochzu-
ziehen und sie ans Laufen zu bringen. Nun wächst sie und ich
will weiter ein Teil dieses Zentrums sein.

Nachdem ich als Sergeant Major in den Ruhestand gegangen
war, arbeitete ich für verschiedene Gesundheitsorganisationen.
Danach zog ich mit meiner Frau nach Arizona, um näher bei

*»Ich denke, ich
bekomme kein
Alzheimer, weil ich
immer am denken
und machen bin.«*

meinen Enkeln zu sein und um ihr Baseball-Coach zu sein. Wir haben auch die Meisterschaft gewonnen! Aber meine Enkel wurden größer – ich bin wirklich stolz auf sie, sie sind sehr erfolgreich – aber sie brauchen ihren Großvater nicht mehr so sehr, sie brauchen mich als Vertrauter, aber andere Coaches habe sich ihrer Karrieren angenommen.

Ich denke, ich war gut in der Armee, wurde Sergeant Major, wurde Ausbilder an der Akademie, habe meine Ziele erreicht. Aber als ich aus der Armee ausschied war ich 40. Und ich brauchte eine zweite Karriere, das war in den Gesundheitsorganisationen, und das hier ist nun meine dritte Karriere.

Ich arbeite hier 5 Tage die Woche, ich wohne eineinhalb Stunden außerhalb, daher komme ich etwas später. Aber da ich das hier so schätze, bin ich von Montag bis Freitag hier. Es fordert mich heraus, weil wir alle etwas Neues tun, obwohl ich bisher fast alles schon mal gemacht habe in Personalführung. Das hier hält mein Hirn in Bewegung. Ich muss nachdenken, was als nächstes kommt, wo die Organisation sich hin entwicklen muss, und das hält meinen Geist aktiv.

Ich denke, ich bekomme kein Alzheimer, weil ich immer am denken und machen bin.

Das hier ist ein Medizin-Zentrum mit Betten, aber kein Krankenhaus. 40 für Männer, 8 für Frauen und 2 Spezialräume für Menschen mit besonderen Schwierigkeiten. Wir bekommen unser Geld dadurch, dass wir Verträge mit Krankenhäusern haben und Obdachlose nach einem Krankenhausaufenthalt aufnehmen. Wir würden nach Hause gehen, aber sie haben kein zuhause. Sie brauchen noch weiter medizinische Versorgung, und wir machen das für sie. Also, wir geben ihnen ein Dach, medizinische Versorgung und soziale Betreuung, denn wir wollen sie nicht wieder auf die Straße entlassen, sondern in eine Wohnung. Hier arbeiten ca. 50 Leute bezahlt und ca. 150 Freiwillige, die engagiert sind und uns unterstützen. Meine Frau findet, dass mir das gut tut, hier zu sein, sie sieht, dass ich stolz bin auf das, was ich hier mache, und sie wird demnächst hier mit mir zusammen anpacken.

—

Auszug aus dem Interview. Das Gespräch wurde im Oktober 2014 in Phoenix, Arizona geführt.

LINDA
MUSHKATEL

67, ARBEITET EHRENAMTLICH AUF EINEM OBDACHLOSEN-CAMPUS

Ich bin ein »Encore Fellow« hier auf dem Campus. Ich komme aus der öffentlichen Verwaltung, und der wichtigste Teil meiner Berufsgeschichte war im Gesundheitsbereich, wo ich viele Jahre lang Gesundheitsangebote in *Maricopa County* gemanagt habe. Ich habe beschlossen, als Encore Fellow auf diesem *Human Services Campus* zu arbeiten, weil ich mit dieser Organisation die letzten 10 Jahren befasst war, als ich noch bei *Maricopa County* angestellt war. Ich war damals Teil des Teams, das das Geld eingeworben hat, um diesen Campus aufzubauen, ihn zu planen mit seinen vielen Organisationen, die hier zusammenarbeiten, und die Angebote zu strukturieren. Ich ging am 8. Januar 2014 in Ruhestand und am 9. Januar um 8 Uhr morgens war ich hier und hatte meine erste Besprechung.

Den Campus gibt es im November nun 9 Jahre. Und er wurde in diesen 9 Jahren national zum Vorbildprojekt. Die wichtigste Tätigkeit ist, die Menschen, die hierher kommen, zu unterstützen, zu begleiten. Sobald sie den Boden hier betreten, sind sie willkommen, sie werden beschäftigt, verpflichtet und können bestimmen, welche Dienste sie brauchen, in welcher Menge und Dosierung, immer mit dem Ziel, sie aus der Obdachlosigkeit rauszuholen und sie in Behausungen zu bringen. Das ist das Wesentliche. Ich verbringe die Hälfte meiner Zeit, etwa 20 Stunden in der Woche, mit Papierkram, da muss ich nicht immer körperlich anwesend sein, das kann ich auch in meinem Home-Office machen. Derzeit allerdings verbringe ich wohl die ganze Zeit

»Ich ging am 8. Januar in Ruhestand und am 9. Januar um 8 Uhr morgens war ich hier und hatte meine erste Besprechung.«

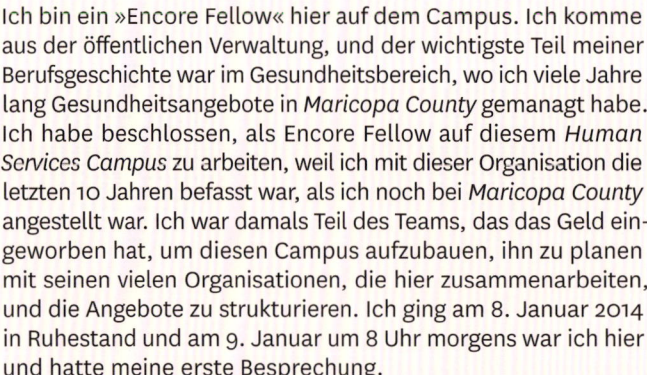

auf dem Campus, denn das ist das, wofür mein Herz schlägt.

Die Mitarbeiter hier verblüffen mich so. Sie sind überwiegend jung, einige sind ehemalige Obdachlose, die ihr Leben wieder auf die Reihe kriegen. Sie sind engagiert, sie sind innovativ, sie verurteilen nicht. Wenn man diese Menschen kennenlernt, sieht man, wie sich Lebensläufe wandeln können. Man sieht hier Menschen, die 20 Jahre auf der Straße gelebt haben, die einem zunächst nicht in die Augen schauen können, sie waren für so lange Zeit unsichtbar, die jetzt wieder in Wohnungen leben, die arbeiten, die mit ihren Familien wieder beschäftigt sind, und das ist so erfüllend.

Ich stehe gegen 4:30 Uhr auf, jogge oder mache Gymnastik, mache alle Dinge frühmorgens, die andere nachts machen. Ich muss ein Haus in Schuss halten, mein Leben organisieren, das mache ich alles morgens. Aber ab 8 Uhr bin ich entweder auf dem Campus oder habe eine Besprechung, die mit dem Campus zusammenhängt, oder sitze in meinem Home-Office und arbeite für den Campus. Weil ich das als Ruheständler mache, kann ich um 14 Uhr einfach mal unterbrechen und nachts um 23 Uhr etwas fertigmachen. Ich kann den Tag mit meiner Familie und den Enkeln verbringen, und das steht meiner Arbeit nicht im Wege. Es ist eine hohe Flexibilität, mit der ich meine Sachen machen kann, ich kann es nach meinem eigenen Fahrplan zusammensetzen. Wahrscheinlich haben nicht alle Encore Fellows diesen Vorteil, für mich ist es allerdings perfekt.

Experience Matters ist so wie ein Kuppler, es bringt Non-Profit-Organisationen zusammen mit dem, was gebraucht wird, das kann in einer Kunst-Einrichtung sein, in einer Musik-Einrichtung, die ein Projekt machen wollen, für das sie keine Ressourcen haben. Und so bringen sie Rentner, die weitermachen wollen, zusammen mit diesen Non-Profit-Organisationen, und die beiden werden »verkuppelt«. Hier gibt es eine Menge an Dingen, die getan werden müssten und ebenfalls eine Menge an Rentnern, die sich dafür interessieren, so dass für beide Gruppen eine *Win-win-Situation* entsteht. Die Rentner bekommen für ein Jahr eine Art Stipendium, das Geld wird zusammengebracht von Experience Matters und den Non-Profit-Organisationen, die den *Fellow* aufnehmen. Einige Rentner würden gerne ehrenamtlich arbeiten, aber sie brauchen ein wenig Unterstützung für ein Übergangsjahr, bis sie herausgefunden haben, wie sie mit ihrer Rente leben können, einige schaffen das besser, aber für die anderen ist das eine wunderbare Übergangszeit.

Ich kann mir ein Leben ohne den Campus nicht vorstellen. Es kann sein, dass ich mit der Zeit meine Einsatzzeit etwas reduzieren muss, ich kann mich dann zurückziehen in ein Gremium einer der Organisationen, die hier arbeiten, aber ich werde nicht meinen konkreten Einsatz hier auf dem Campus verändern. Erst wenn ich nicht mehr laufen kann oder meinen Rollstuhl hier nicht mehr bewegen kann, dann muss ich wohl meinen Einsatz hier beenden.

—

Auszug aus dem Interview. Das Gespräch wurde im Oktober 2014 in Phoenix, Arizona geführt.

ERIKA
BREUER

68, WAR ANGESTELLTE, HATTE SICH
INNERLICH GUT AUF DEN RUHESTAND
VORBEREITET UND WURDE IM
SCHREBERGARTEN-VEREIN AKTIV

ERINNERN SIE SICH ZURÜCK AN DIE SITUATION DAMALS VOR
DREI JAHREN, ALS SIE IN DEN RUHESTAND GEGANGEN SIND:
WIE WAR DAMALS DIE SITUATION? HABEN SIE SICH GEFREUT
AUF DEN RUHESTAND? HATTEN SIE ANGST VOR DEM RUHE-
STAND, DAVOR, WIE SICH DER ALLTAG VERÄNDERN WÜRDE?
HABEN SIE SICH IRGENDWIE DARAUF VORBEREITET? HABEN
SIE ÜBER DEN ÜBERGANG NACHGEDACHT? Der Ruhestands-
beginn war der 15. Februar 2012. Und als ich in den Ruhestand
gegangen bin, war ich sehr gut darauf vorbereitet. Ich habe
nämlich mit 60 schon angefangen, darüber nachzudenken, was
ich dann alles mache. Und dann kam dieser Garten dazu, den
hatte ich schon ein paar Jahre vorher. Aber ich hatte Pläne, den
Plan, in Frauenberatungsstellen mitzuarbeiten, mit denen ich
früher auch zu tun hatte. Aber als ich damit anfangen wollte,
da ging hier in der ganzen Gartenanlage plötzlich das Wasser
aus und es hieß, die Stadtwerke haben es gesperrt, weil nicht
bezahlt worden ist. Es stellte sich so ganz allmählich das Ausmaß heraus, dass die Zahlen im tiefsten Rot waren, überall Schulden, Darlehen. Es war eine einzige Katastrophe, und so haben
meine Gartenleute mich gebeten, das doch in Ordnung zu bringen. Ich konnte mir das eigentlich überhaupt nicht vorstellen,
gerade so eine Aufgabe zu übernehmen und hab es aber dann
getan. Ich habe mich überreden lassen, habe es gemacht mit
dem Ergebnis, dass wir jetzt wieder in den schwarzen Zahlen sind.
DAS HEISST, SIE SIND JETZT VORSITZENDE DIESES VEREINS?

»Seit ich in Rente
bin, fühle ich mich
sehr frei.«

Also 2012 trat der alte Vorstand zurück, nachdem ihm vorgeworfen wurde, dass er wahrscheinlich Geld veruntreut haben könnte. Die waren dann beleidigt, sind zurückgetreten. Und das mit der Veruntreuung hat sich mittlerweile ja auch herausgestellt, denn das Geld, was hier von den Mitgliedern eingenommen wird, reicht aus, um die Ausgaben zu bewältigen.

HATTEN SIE IN DER ZEIT VOR DEM RUHESTAND BEFÜRCHTUNGEN ODER MEHR VORFREUDE? Ja, ich hab mich sehr gefreut auf den Ruhestand, weil ich es halt an meinem Arbeitsplatz auch nicht mehr so gut aushalten konnte. Wir hatten damals einen Vorgesetzten, der hat einem das Leben so schwer gemacht, das hat für mich keinen Sinn mehr gehabt. Daher war ich sehr froh, als es endlich zu Ende war.

WÄRE DIESE AUFGABE MIT DEM VORSITZ UND DEN GELDPROBLEMEN NICHT GEKOMMEN, WÄRE DANN DER GARTEN GENÜGEND HERAUSFORDERUNG FÜR SIE? Also der Garten ist schon eine schöne Aufgabe, ich arbeite gern im Garten. Aber ich wollte ja eigentlich ehrenamtlich weiter arbeiten in Frauenprojekten. Das war für mich ganz klar, in welchen Projekten: Therapie interkulturell und Aldona e.V., das wären die beiden gewesen. Da hatten sich im Laufe der Zeit so langsam Freundschaften entwickelt, ich habe ja viel mit denen zu tun gehabt, daher wäre ich da gerne hingegangen, das hätte mir Spaß gemacht. Ich bin auch zweite Vorsitzende von Aldona e.V. geworden, weil auch sie jemanden gebraucht haben, der sich mit den Finanzen auskennt.

ALSO SIE HATTEN AUF JEDEN FALL VOR, DEN RUHESTAND NICHT IM SINNE VON RUHE ZU VERBRINGEN. Nein, um Gottes willen, das wäre nie mein Ding gewesen, zu Hause zu sitzen und den Ruhestand, wie manche Leute sagen »zu genießen«. Nein, ich brauche Betätigung und bin gern auch unter Leuten. Ich kann mir nicht vorstellen, irgendwo in der Ecke zu sitzen.

JETZT IST MIT DEM SCHULGARTEN NOCH EIN PROJEKT DAZU GEKOMMEN. Ja, wir haben ja nicht nur unsere persönlichen Gärten hier, wir haben auch einen Schulgarten für die Weyersberg-Grundschule. Und da kommen Klassen, die dann im Schulgarten arbeiten und Aufgaben bekommen. Das Procedere besprechen wir am Anfang der Monate immer mit den Lehrern und den Schülern, dann werden Gruppen zusammengestellt, die bestimmte Aufgaben übernehmen. Das macht Spaß.

UND DIE BEKOMMEN EINEN ERSTEN KONTAKT MIT PFLANZEN, BLÜTEN UND DEM GÄRTNERN? Ja, die haben vorher meist überhaupt keine Gartenerfahrung, weder die Lehrer noch die Kinder. Und das heißt, die müssen das alles erst lernen, wie man zum Beispiel Unkraut zupft. Die sind gewöhnt, einfach zu reißen, aber dann bleibt die Wurzel drin. Dann hab ich ihnen zum Beispiel halt beigebracht, dass man ein kleines Schäufelchen nimmt und erst mal ein bisschen drunter geht und dann das raushebt. Das sind so Sachen, die sie lernen. Sie lernen, welche Pflanzen das sind, sie lernen eine ganze Menge.

WAS IST FÜR SIE PERSÖNLICH AN DER ARBEIT IM GARTEN SO SCHÖN? WARUM GEFÄLLT IHNEN DAS? Also ich denke, dass es irgendwo zurückliegt in meiner Kindheit. Ich hatte eine Tante und eine Oma, die hatten einen riesigen Garten, der war mindestens so zehn Gärten lang, also riesig. Und da gab es immer zu tun, und ich habe das gern gemacht. Mir hat das Spaß gemacht. Und das hat dann dazu geführt, dass – weil wir nie irgendwo hingezogen sind, wo ein Garten dabei war und mein Mann ein reiner Stadtmensch ist – wir überein gekommen sind, dass ich dann halt eben einen Schrebergarten bekomme. Und das ist sehr schön! Wenn ich hier reingehe in den Garten, besonders wenn noch mehr blüht, die Rosen schon blühen, dann gehe ich immer erst mal gucken, überall hin, und guck mir die Pflanzen an, und erst dann fange ich an zu arbeiten.

WIE SIEHT DENN SO EIN WOCHENABLAUF BEI IHNEN AUS? WIE VIEL ZEIT BINDET DER SCHULGARTEN, DAS EHRENAMT IN DEM VEREIN UND DIE TÄTIGKEIT IM GARTEN? Ich bin fast jeden Tag beschäftigt. Also selbst wenn ich mal zu Hause bleibe, dann kommen die Anrufe von irgendeinem Gärtner, der Hilfe braucht und so weiter. Irgendwas ist immer. Eigentlich jeden Tag, selbst am Sonntag rufen die einen an.

Aber wenn man Rentnerin ist, dann ist es völlig egal, ob Samstag oder Sonntag jemand anruft, weil es ist immer gleich, jeder Tag: frei. Das, also Freiheit, ist für mich eine ganz wichtige Sache. Als ich noch gearbeitet habe, waren meine Passwörter »Freiheit 1«, »Freiheit 2« und so weiter, bis ich aufgehört habe. Dann hab ich mir einen PC gekauft, so einen Laptop, und dann hieß es auch »Freiheit«, das Zugangswort.

DAS HEISST, DIESE ZEIT DES »RUHESTANDES« IST KEINE RUHIGE ZEIT FÜR SIE, SONDERN EINE ZEIT, IN DER SIE FREI GESTALTEN KÖNNEN. Ja, ich habe angefangen die Freiheit zu genießen, tun zu können, was ich machen will. Seit ich in Rente bin, fühle ich mich sehr frei, frei zu tun, was ich will und wann und wo ich will. Nur, was jetzt den Verein hier betrifft, den Kleingartenverein, da ist es mit der Freiheit nicht so weit mehr her. Da steht eine ganze Menge an, ach, man muss dauernd irgendjemand hämeln, weil irgendjemand wieder mal beleidigt ist. Und so ist dauernd irgendwas los. Im Vorstand genauso wie drum herum. Also ich versteh mich mit meinen Gartennachbarn halt sehr gut. Aber im Vorstand ist immer mal wieder ein hin und her. Das war auch nicht so leicht für die, mit

mir zurecht zu kommen, oder ist nicht so leicht. Denn ich bin ja eigentlich hier in der Gartenlandschaft eine Art Exotin. Ich denke anderes, bin anders als die anderen Gärtnerinnen und Gärtner, und ich denke, die haben auch mit mir ihre Schwierigkeiten.

ABER DENNOCH WOLLTEN SIE, DASS SIE DIE AUFGABE ÜBERNEHMEN. Ja, und die wollen, dass ich es nochmal drei Jahre mache. Das ist das Schlimme daran, dass es nicht aufhört. Ich würde ganz gerne mal was anderes machen und nicht nur Garten.

ZUM BEISPIEL? Wie gesagt, ich würde gerne ehrenamtlich bei verschiedenen anderen Vereinen mitarbeiten. Das würde mir genauso Spaß machen, wie hier ehrenamtlich zu arbeiten, wäre eigentlich noch mehr in dem Bereich, aus dem ich komme.

IST DAS NICHT KOMBINIERBAR? KÖNNEN SIE DAS IN DEN ALLTAG NICHT NOCH INTEGRIEREN? Also schlecht. Das einzige, was ich mache ist, dass ich alle Frauen aus den Frauengruppen einmal im Jahr hier in den Garten einlade, für sie grille und Salate aus meinem Garten hole. Dann kommen die Frauen von Therapie interkulturell, dann kommen die Frauen von der Beratungsstelle,

ehemalige Hurenselbsthilfe, ja und dann ist der Garten hier voll und ein Gelächter bis tief in die Nacht. Das ist dann schön, das mach ich gerne.

WIE SCHAFFT MAN SICH SELBER TAGESSTRUK- TUR? VIELE LEUTE VERSCHÄTZEN SICH. SIE SA- GEN: »JETZT BIN ICH FREI« UND DANN FALLEN SIE EHER IN EINE DEPRESSIVE HALTUNG. Nun, ich stehe morgens zwischen 6 und halb 7 auf und schau erst mal, wie das Wetter ist. Wenn es ein Wetter ist, wo man besser zu Hause blei- ben muss, dann weiß ich schon, was ich sonst noch zu erledigen habe. Aber wenn das Wetter schön ist, dann geh ich meistens in den Garten, weil das einfach Spaß macht, zu sehen wie alles wächst, neu zu pflanzen und so weiter.

WIE FUNKTIONIERT ES HIER IN DEN GÄRTEN SO IM ALLGEMEINEN? WER BEWIRBT SICH? WAS SUCHEN DIE MENSCHEN HIER? WAS FIN- DEN SIE HIER? GIBT ES VIELE SOZIALKONTAK- TE? SPRICHT MAN MIT DEN NACHBARN? ODER GEHT ES TATSÄCHLICH NUR UM BLUMEN? Das ist unterschiedlich. Es gibt Leute, die sind je- den Tag in den Gärten und arbeiten an irgend- was rum. Und es gibt Leute, die kommen nur am Wochenende und grillen mit Freunden und benutzen den Garten also eher als Partyzelt. Und die anderen, die Dritten, kommen vielleicht auch wegen Freundschaften, die sich in den Gärten gebildet haben. Aber es gibt auch viele, die nur ganz alleine in ihren Garten gehen und sonst niemand haben. Und die reden auch kaum mit anderen Leuten. Also es gibt auch Einzelgänger. Es gibt alles Mögliche hier. Ich hab hier italieni- sche Nachbarn und die sind mir sehr lieb. Als ich mir diesen Garten angeschaut habe und wusste, dass der leer ist, dann bin ich zum Nachbarn, der hat mich rein gebeten, dann konnte ich mir dieses Chaos hier angucken, so wie es jetzt ist, die Beete und so, das gab's ja alles nicht. Es war ja alles nur Chaos. Und die Nachbarn haben mich gleich so freundlich emp- fangen, und seitdem ist das eigentlich auch eine Freundschaft geworden, so über den Zaun. Und manchmal hilft er mir im Garten, bietet mir an, zum Beispiel Unkraut wegzufahren. Das finde ich ganz nett. Also solche nachbarschaftlichen Verhältnisse gibt es hier, eigentlich von hier bis ganz hinten hin.

WIE IST DAS KLIENTEL? JUNG UND ALT, BUNT GEMISCHT? Es sind gut die Hälfte Rentner. Es gibt ein paar wenige, die sind 30. Es gibt wieder 30%, das sind 40-Jährige und wieder ein paar 50-Jährige. Aber die meisten sind älter. Ich habe da draußen eben einen Gärtner getroffen, der ist 81, der ist aber ein absolut super Ausnahme- talent. Der bewirtschaftet drei Gärten, seinen eigenen und noch zwei andere.

HAT IHR MANN AUCH EIN EHRENAMT? ODER VIELE EHRENÄMTER? Also, mein Mann hat nur ein einziges Ehrenamt und zwar im deutsch- ausländischen Jugendclub, da ist er stellvertre- tender Vorsitzender. Aber mir wäre das viel zu wenig. Ansonsten hockt er nämlich vor dem Com- puter und schreibt irgendwas. Er schreibt alles auf, was passiert. Ich weiß gar nicht, wieso er das macht. Und ansonsten liest er. Das ist alles. Lesen tu ich ja auch hier oft mal im Garten, wenn ich Pause mache. Aber mir wär das viel zu lang- weilig, so ein Leben wie mein Mann es führt.

—

Das Gespräch wurde im April 2015 in Saar- brücken geführt.

AXEL
BÖRSCH-SUPAN

60, PROFESSOR DER VOLKSWIRT-
SCHAFTSLEHRE, LEITER DES MAX-
PLANCK-INSTITUTES FÜR SOZIALRECHT
UND SOZIALPOLITIK IN MÜNCHEN,
KOORDINATOR DER SHARE*-STUDIE

SIE KOORDINIEREN DIE SHARE-STUDIE. WARUM WURDE
DIESE STUDIE ANGESCHOBEN? WAS WAR DIE IDEE DAHIN-
TER? Um den langsamen Prozess der Alterung zu verstehen,
wie Menschen sich auf den Ruhestand vorbereiten, wie das
Leben sich so peu à peu verändert, braucht man eigentlich
sehr viele verschiedene Dimensionen: Man möchte was über
die Gesundheit wissen. Man möchte wissen, wie es ökonomisch mit dem Einkommen funktioniert, mit dem Haushalts-
geld. Man möchte wissen, wie die Verbindung zu Freunden
ist. Und diese Kombination von Daten, die sammelt SHARE,
das hat es vorher nicht gegeben. Mittlerweile gehen wir da
sehr weit, bis weit in die Biomedizin rein. Wir nehmen Blut,
untersuchen das Blut, wir wissen eine ganze Menge über den
Gesundheitszustand dieser Menschen. Aber wir fragen sie auch
nach Freunden und was ihnen Spaß macht und weniger Spaß
macht. Das Typische, was man bei wissenschaftlichen Daten
findet, ist doch eine sehr enge Sichtweise der eigenen Disziplin. Und hier verbindet man das. Und das ist für das Verständnis, was im Alter passiert – wir fangen mit 50 an, also relativ
jung – ganz wichtig.
WIE VIELE MENSCHEN HABEN BISHER DARAN TEILGENOM-
MEN? WELCHE EUROPÄISCHEN LÄNDER NEHMEN TEIL?
WELCHE PROFESSIONEN NÄHERN SICH INTERDISZIPLINÄR
DIESEN FRAGEN? Das Besondere an SHARE ist, dass die Da-
tenerhebung nicht nur in Deutschland stattfindet, sondern in

»Man kann von
den Amerikanern
Flexibilität lernen.«

* Survey of
Health
Aging and
Retirement in
Europe

21 Ländern in Europa. Aber wir haben auch, in der ganzen Welt verteilte Schwesterunternehmen. Ich komme gerade aus Japan, wir haben eine große japanische Studie, auch in China, in Indien, in Brasilien, in den Vereinigten Staaten natürlich. Wir sehen, wie in verschiedenen Umgebungen Menschen dann eben auch verschieden altern. Damit in jedem Land genug sind, braucht man so 5.000 bis 6.000 Teilnehmer pro Land, und jetzt können Sie multiplizieren: An so einer typischen Studie nehmen ungefähr 80.000 Menschen teil. Nicht alle Jahr für Jahr, aber doch so, dass wir insgesamt im Augenblick fast 300.000 Interviews gesammelt haben. Das ist ein sehr umfangreicher Datensatz. Der wird gemanagt hier in München. Ich selbst bin Ökonom und interessiere mich also vorwiegend für die wirtschaftlichen Aspekte. Aber es sind eben auch Mediziner, Medizinerinnen dabei, relativ viele Soziologen, Demographen, zwei Biologinnen mittlerweile. Es ist sehr interdisziplinär und das ist auch wichtig.

WANN HAT DIE SHARE-STUDIE BEGONNEN?

Wir haben 2004 mit den ersten Datensammlungen begonnen, aber da war natürlich ein gewisser Vorlauf. Das Design der Studie, das Aufbauen, das Geld sammeln, also die eigentliche Arbeit hat 1999 angefangen, 2004 waren wir zum ersten Mal im Feld. Ein Jahr wurden die Daten gesammelt, ein Jahr aufbereitet, dann wieder neu gesammelt, wieder neu aufbereitet. Wir sind der europäischen Kommission sehr dankbar, die hat das meiste Geld bislang gegeben, aber erstaunlicherweise auch das amerikanische National Institute on Ageing, obwohl bei SHARE nichts in Amerika passiert. Sie sind sehr interessiert, ihre eigenen Altersprozesse mit denen in Europa zu vergleichen. die sind ja sehr verschieden, weil wir in Europa trotz Verbots der Altersdiskriminierung noch feste Rentenalter haben, was in Amerika längst illegal ist, und daher sich die Menschen auch dementsprechend anders anpassen an das Alter.

21 EUROPÄISCHE LÄNDER: WELCHE LÄNDER NEHMEN NICHT TEIL? UND WARUM?

Wir haben die Grundfinanzierung von der europäischen Kommission und von dem amerikanischen NIA, aber den Großteil der Umfragen in den jeweiligen Ländern müssen die Länder selber finanzieren. Das ist insbesondere seit der Schuldenkrise nicht mehr ganz so einfach. Wir haben also Länder, die sparen so stark, dass an solchen Projekten primär gespart wird: Portugal, Griechenland. Wir haben ein Land, das ist aus politischen Gründen ausgeschieden: Ungarn. Ungarn wollte keine offiziellen Daten haben zu Dingen, die der Regierung unter Umständen nicht ins Konzept passen. Dann haben wir einige kleine Länder, da macht es sehr wenig Sinn, große Umfragen zu machen. In Malta kennen sich alle untereinander, da kriegt man kaum eine Stichprobe von 6.000 Menschen zusammen. In den baltischen Staaten haben wir Estland, Litauen wird in zwei Jahren anfangen, Lettland früher oder später. Die Schweiz ist dabei, auch Israel ist dabei. Also wir bauen das peu à peu auf.

DIE FRAGE NACH DEN INDIKATOREN: KÖNNEN SIE SAGEN, WAS GEMESSEN WURDE?

Also SHARE hat einen sehr breiten Kranz an Indikatoren. Auf der Gesundheitsseite fragen wir die Menschen, wie es ihnen geht, ganz subjektiv, und da können sie sagen »gut« oder »weniger gut«. Wir nehmen ihnen aber auch Blut ab und untersuchen, ob sie zum Beispiel Diabetes haben oder andere Dinge, die man im Blut feststellen kann. Und dazwischen angesiedelt sind Fragen wie: »Können Sie eine Münze mit zwei Fingern von der Tischplatte hochheben?«, also was Taktilität angeht. »Wie viele Stufen können Sie hochgehen, ohne dass Sie eine Pause machen müssen?«. Also eine ganze Reihe von Indikatoren, was man funktional kann. Wir fragen nach mentaler Gesundheit, wie man sich fühlt. Wir zählen aber auch, wie viele Wörter man sich merken kann, wir lassen die Leute rückwärts von 100 in 7er-Schritten zählen und bei Menschen, bei denen wir Sorgen haben, was die geistige Gesundheit angeht, fragen wir, welcher Wochentag ist oder wie der Bundespräsident heißt. Also ein großes Spektrum. Wir fragen die Leute nach ihrem Einkommen. Wir fragen die Leute – und das ist sehr kritisch und deswegen sind die Daten ganz streng anonymisiert und wir geben die Daten auch nur an Wissenschaftler weiter, nicht an kommerzielle Stellen, auch nicht an staatliche Stellen – wir fragen Leute nach ihrem Vermögen. Wenn ein Erbe da war, fragen wir: »Wie hoch war das Erbe? Von wem kam es?« Also die ökonomische Seite. Wir fragen die Leute nach der Arbeitsbeteiligung, wir fragen, wie ihr Arbeitsplatz ist, ob sie Spaß an der Arbeit haben, ob sie sich ausgebeutet fühlen, ob sie belohnt werden, also nicht nur finanziell, sondern auch sich vom Arbeitgeber gewürdigt fühlen in ihrer Arbeit. Wir fragen nach Familien: »Wer lebt noch in Ihrer Familie? Wie oft sehen Sie Ihre Kinder, Ihre Enkelkinder, falls welche da sind? Wie viele Freunde haben Sie? Mit wie viel Kollegen treffen Sie sich regelmäßig?« Es ist ein breiter Datenkranz an sozialen Indikatoren, ökonomischen Indikatoren und auch Gesundheitsindikatoren.

IN WELCHEM LAND KANN MAN AM BESTEN ALTERN ODER ÄLTER WERDEN UND WARUM? Auf die Frage, wo man am besten altert – über »am besten« muss man ja nachdenken –, da gibt es keine einheitliche Antwort. Ich mach das jetzt mal ganz persönlich: Ich selber würde wohl am liebsten in Deutschland alt werden: nicht so weit weg von den Alpen. Oder vielleicht in Italien, aber dann auch ganz im Norden. Und ich denke, die Süditaliener sehen das anders und die Skandinavier sehen das auch anders. Also jeder ist eigentlich mit seinem Land doch sehr stark verwurzelt, das sieht man sehr stark an den Daten, das ist das Emotionale. Auch sehen wir, dass es eine gewisse Wanderung gibt und zwar im wesentlichen von Norden nach Süden, das was man auf Englisch »snowbirds« nennt – in Amerika gehen die von Massachusetts runter nach Florida –, so was sehen wir auch in Europa, aber das ist die Ausnahme. Die Regel ist, man bleibt da, wo man doch im Leben schon gerne gewohnt hat. Wenn man schaut, wo man am Gesündesten altert, dann sind es eher die skandinavischen Länder. Wir haben so das Vorurteil, dass mediterrane Kultur, das Olivenöl und das andere Essen die mediterranen Länder gesünder machen. Das findet man in den Daten nicht wieder. Und wenn man genauer schaut, wie sich die Menschen ernähren, dann ist das zumindest in Griechenland nicht so sonderlich gesund.

Wenn man schaut, wo die Leute am glücklichsten sind – also wirklich anhand von Zufriedenheitsindikatoren –, wo die Depressionen relativ niedrig sind, auch da ist man erstaunt: Das ist eher im Norden als im Süden. Also die Fröhlichkeit der Südländer, das spiegelt sich nicht in den Daten, die Depressionsraten sind deutlich höher im Süden als im Norden, trotz der langen Winter!

WAS STECKT AN ERGEBNISSEN FÜR DEUTSCHLAND IN IHRER UNTERSUCHUNG? WIE SIEHT HIER DER ALTERNSPROZESS AUS? WELCHE BEDEUTUNG HAT ARBEIT FÜR DIE MENSCHEN? WELCHE BEDEUTUNG FÜR DAS ÄLTERWERDEN HAT DER EINTRITT IN DEN RUHESTAND ODER IN DIE RENTE? Unser eigenes Land, Deutschland, ist in sehr vieler Hinsicht ein mittleres Land. Das ist nicht nur geographisch so, in der Mitte Europas, sondern auch, was die diversen Extreme angeht, zwischen gesund und weniger gesund, fröhlich oder weniger fröhlich. Man kann praktisch jeden der Indikatoren nehmen, die wir so sammeln, und: Wir sind nicht unter den Extremen. Das erklärt vielleicht auch, warum insgesamt die Lebenssituation in Deutschland recht positiv ist. Wir haben zwar gelernt zu stöhnen und zu schimpfen, aber wenn man genauer fühlt, sind die Leute recht zufrieden in Deutschland. Und da können wir, glaube ich, sehr stolz drauf sein. Das beruht ja letztlich doch auf einer Ausgewogenheit der Politik, der sozialen Mechanismen, die wir in unserem Land haben. Also, da sollten wir mit zufrieden sein!

Der Alterungsprozess ist in Deutschland ziemlich abrupt – abrupter, als er eigentlich sein müsste. Und das liegt im Wesentlichen an der Verrentung. Ein gutes Beispiel, das den meisten ja auch bekannt ist: Wir haben in der Altersteilzeit die Möglichkeit des graduellen Übergangs in die Rente oder aber das sog. Blockmodell. Und die meisten Menschen nehmen das Blockmodell. Also, sie arbeiten bis zum Anschlag und dann gar nicht mehr. Und das steht im Gegensatz zu dem natürlichen Alterungsprozess, der graduell ist. Also man sieht: Die Gesundheit macht keine Sprünge, sondern sie wird peu à peu weniger. Um ein Beispiel zu machen: Wir messen die Greifkraft, die geht nicht etwa plötzlich von 50 kg auf 30 kg, sondern wird jedes Jahr ein bisschen weniger. Und das ist so in vielen anderen Dingen, die wir messen. Altern ist ein sehr, sehr langsamer, gradueller Prozess. Und der Unterschied zwischen 60 und 70 – das ist ja ein großes Zeitfenster, sowohl in den subjektiven als auch in den objektiven Maßen, wie sich Leute gesund fühlen, fröhlich fühlen, lebenszufrieden sind – ist relativ gering, viel geringer als man denkt und vor allen Dingen viel geringer als die Spannbreite in jedem Alter: Wenn man die Gesündesten mit 60 und die Ungesündesten mit 60 nimmt, die Spannweite ist viel größer als der Unterschied zwischen 60 und 70. Das sagt aus, dass man eigentlich, wenn man über Alterung nachdenkt, in langen Zeiträumen nachdenken muss, dass eine plötzliche Rente etwas Unnatürliches ist. Und dass man sich mehr Gedanken machen muss über die Heterogenität der Menschen. Man muss sich über diejenigen, die schon mit 60 gesundheitliche Probleme haben, viel mehr Gedanken machen als über die, die mit 70, 10 Jahre älter, eigentlich noch kräftig beieinander sind. Und ich denke, da haben wir noch eine Menge zu lernen. Die sozialen Institutionen in Deutschland passen eigentlich nicht auf die Natur von uns Menschen.

WENN DER UNTERSCHIED ZWISCHEN 60 UND 70 NUR GRADUELL IST, GIBT ES EIN ALTER, WO SPÜRBAR ODER MESSBAR NACHZUWEISEN IST, DASS ES SCHNELLER BERGAB GEHT? Nein. Es gibt kein Alter, das man generalisieren kann, ab dem es rasant bergab geht. Das ist von Mensch zu Mensch ganz verschieden. Bei vielen Menschen geht es überhaupt nicht rasant bergab, sondern läuft bis zum Schluss sehr gleichmäßig. Es gibt Menschen, die sehr früh abbauen aus Gründen, die wir oft auch nicht verstehen. Und dann gibt es natürlich Katastrophen im Leben, Krankheiten, aber auch persönliche Katastrophen, die sich dann im schnellen Abbau äußern. Was wir oft beobachten ist, dass Dinge in verschiedenen Domänen gleichzeitig passieren: Also die Gesundheit nimmt ab, weil zum Beispiel dann doch eine Ehe noch sehr spät in die Brüche gegangen ist oder umgekehrt. Und damit

gehen dann auch ökonomische Dinge einher. Also oft passiert sehr viel gleichzeitig. Aber man kann kein Alter nennen, wo das öfter oder weniger oft passiert.

WARUM PASST ES NICHT ZUR MENSCHLICHEN NATUR, ZU EINEM FESTGELEGTEN ZEITPUNKT IN RENTE ZU GEHEN? WAS HAT SICH DA GEÄNDERT? RENTE WAR ALS SCHUTZ VOR ETWAS ÜBER 100 JAHREN ENTWICKELT WORDEN. WARUM IST DAS NICHT MEHR ZEITGEMÄSS? WARUM HAT ARBEIT OFFENSICHTLICH EINE KONSTRUKTIVE BEDEUTUNG? Die Erfindung des Renteneintritts ist ja relativ neu, die ist noch nie zeitgemäß gewesen, sondern es hat immer Übergänge gegeben. Also wenn man sich an agrarische Lebensverhältnisse zurückerinnert oder auch jetzt noch sieht – da war es natürlich, dass man sich peu à peu zurückzieht. Irgendwann gab's das berühmte Altenteil, aber selbst da hat man noch hier oder da mitgeholfen. Also es war ein gradueller Übergang. In der Industriegesellschaft ist dieser graduelle Übergang schwieriger geworden, weil die Arbeitsorganisation eine andere ist. Aber selbst in einer industriellen Umgebung kann man sich natürlich vorstellen, dass Menschen Teilzeit arbeiten: Eben nur den ersten Teil einer Schicht mitmachen, und dann im zweiten Teil kommt jemand anders herein. Das System ist eigentlich den Menschen aufgezwungen worden. In der Dienstleistungsgesellschaft, die wir ja jetzt haben, ist es viel weniger einzusehen. Da kann man sehr viel flexibler arbeiten und könnte eigentlich einen graduellen Übergang so ähnlich machen wie das früher – vielleicht mittlerweile etwas romantisiert – in landwirtschaftlichen Berufen war. Die Erfindung der Rente ist eng mit der Industrialisierung verbunden, und nicht umsonst sind die Rentensysteme Mitte des 19. Jahrhunderts bis Ende des 19. Jahrhunderts eingeführt worden, als der Industriearbeiter das Bild vom Menschen geprägt hat. Und das ist es heute auch nicht mehr. Also, es war damals unnatürlich, passte aber in die Zeit rein. Jetzt ist es nach wie vor unnatürlich, aber auch nicht mehr zeitgemäß, weil wir den Industriearbeiter nicht mehr in der Form haben wie Anfang des letzten Jahrhunderts.

WAS PASSIERT MIT EINEM MENSCHEN, DER NACH DEN GESETZLICHEN VORGABEN IN DEN RUHESTAND GEHT. WAS HABEN IHRE UNTERSUCHUNGEN ERGEBEN? Das ist natürlich sehr verschieden. Es gibt Menschen, die hängen an ihrem Beruf: Professoren gehören dazu, Politiker, denen fällt das sehr schwer, in Ruhestand zu gehen. Es gibt andere, die freuen sich Jahre schon, zählen die Tage: Die berühmte Kassiererin bei Lidl oder der Dachdecker von Kurt Beck. Was man im Durchschnitt sieht, ist erst einmal eine Erleichterung. Also die Menschen freuen sich vorher schon, die Lebenszufriedenheit geht vor der Verrentung schon kräftig rauf und dann noch mal nach der Verrentung weiter. Das Erstaunliche ist: Nach einem Jahr, anderthalb Jahren ist man schon eigentlich wieder zurück, da wo man vorher war, und je nach Lebensumständen geht es zum Teil sogar noch weiter nach unten. Also, es ist ein viel größerer Übergang, als sich die Menschen vorgestellt haben. Es passiert viel mehr, und einiges davon ist dann auch nicht positiv. Was man sieht, ist: Die Sozialkontakte nehmen sehr viel schneller ab als antizipiert. Das liegt daran, dass doch eine Menge Sozialkontakte durch die Arbeit entstehen, und selbst wenn man meint, man würde die Freunde noch sehen, wenn man sie nicht mehr durch die Arbeit sieht – man verliert die Kontakte dann doch schneller, weil der Anker fehlt. Die Arbeit selber vermissen nicht so viele. Es ist auch nicht so einfach, seinen Tag zu organisieren, wenn man das selber machen muss, und das stellt Menschen vor Probleme, die sie dann wieder unzufrieden machen. Es gibt die berühmten Geschichten, von Loriot verfilmt, dass man plötzlich in der kleinen Restfamilie wieder miteinander auskommen muss und zwar nicht nur kurzzeitig morgens und abends, sondern den ganzen Tag über. Man sieht also ein leichtes Ansteigen der Scheidungsraten nach Verrentung. Es ist ein gemischtes Bild, es ist sowohl positiv als auch negativ.

Was physische Gesundheit angeht, sieht man relativ wenig. Das hat keinen direkten Einfluss. Die Arbeitsbedingungen sind mittlerweile doch, in Deutschland jedenfalls, so gut, dass man nicht mehr davon reden kann, die Menschen seinen physisch fast kaputt gemacht worden, sodass die Rente dann eine riesengroße Erleichterung ist.

Psychisch sieht es anders aus. Da sieht man bei vielen Menschen erst mal diese große Erleichterung, dass der Stress der Arbeit weg ist, der bei vielen Menschen eben groß ist. Was man aber auch in den Daten sieht, ist, dass die mentale Leistungsfähigkeit sehr viel schneller abnimmt. Da gibt es einen regelrechten Knick. Wenn man misst, wie das Gedächtnis funktioniert, wie viel man sich noch merken kann, wie schnell man auf Dinge reagiert – wir machen alle möglichen Tests: Offensichtlich bemüht man sein Hirn während der Arbeit doch mehr, als manche denken, während man, wenn man viele Stunden vor dem Fernseher sitzt, was ja leider die Hauptbeschäftigung nach dem Ruhestand ist, das Hirn nicht so sehr animiert, und das baut dann halt ganz einfach ab.

WIE MESSEN SIE DAS, DAS KOGNITIVE ALTERN? Wir geben Menschen eine Liste von 10 Worten und die müssen sie wiederholen. Das ist nicht so arg schwierig. Aber wir fragen dann nach einer halben Stunde nochmal und zwar unangekündigt. Und dann sieht man große Unterschiede. Aber auch schon beim ersten Wiederholen. Für einen noch jugendlichen Menschen ist das überhaupt kein Kunststück, aber da sieht man, dass das Hirn früh im Alter abgebaut wird, und das wird eben beschleunigt dadurch, dass man sein Hirn nicht trainiert.

IST DAS HIRNTRAINING MACHBAR ÜBER EIN KOGNITIVES TRAINING, WAS MAN ALLEINE TUN KÖNNTE, ODER IST DER SOZIALE KONTAKT, DIE SOZIALE KOMMUNIKATION EIN WESENTLICHER FAKTOR AUCH IN DIESEM TRAINING? Ich glaube, das ist nicht so sauber getrennt. Aber es gehört ja einiges dazu, wenn man alleine ist, sich zu so einem Training zu zwingen. Das werden die wenigsten schaffen. Und deswegen sind die Sozialkontakte so wichtig, weil sie einen sozusagen automatisch in eine Trainingssituation reinbringen. Ob das jetzt ursächlich ist oder indirekt über diesen Bogen, ist dann letztlich auch gar nicht so wichtig. Aber Sozialkontakte per se sind gut. Also man redet ja dann über andere Dinge; selbst bei Freunden, die man gut kennt, wird man ab und zu auf was gestoßen, was man nicht selber erfinden würde. Und das macht Menschen natürlich lebhafter, flexibler und wacher.

AN EINER STELLE IN DER LETZTEN STUDIE SCHREIBEN SIE: »EIGENTLICH IST EINE UNGELIEBTE ARBEIT BESSER ALS KEINE ARBEIT.« ALSO AUCH EINE ARBEIT, UNTER DER MAN VIELLEICHT ETWAS LEIDET, ODER NICHT SO GERNE HINGEHT? KÖNNEN SIE UNS DAS ERLÄUTERN? Ja, Arbeit spielt doch eine sehr wichtige Rolle im Leben, über die Sozialkontakte, über die Tatsache, dass man gebraucht wird. Die Sozialkontakte spielen ironischerweise auch dann eine Rolle, wenn sie negativ sind. Der Chef, über den man sich tagtäglich echauffieren kann, ist eigentlich eine hilfreiche Figur, weil man sich über ihn echauffieren kann. Und wenn so etwas fehlt, tritt Langeweile ein. Und Langeweile ist nicht gut für unser Hirn, aber auch nicht für unser Wohlbefinden. Das andere ist, dass man gebraucht wird. Selbst wenn es eine sehr stupide Arbeit ist, ist es doch etwas, wo man etwas leistet. Das Gefühl hat man vielleicht nicht während der Arbeit, aber wenn man dann in Rente gegangen ist und man eigentlich nicht so ganz weiß, warum man aufsteht und warum man dies und jenes macht, dann merkt man plötzlich, dass es einem fehlt, dass man nicht gebraucht wird, dass die Kollegen gefragt haben: »Warst du denn krank und warum warst du nicht da?« Es ist offenbar sehr schwer, sich selber zu organisieren. Natürlich hat man, wenn man Glück hat, Enkel, da kann man mithelfen oder hat ein Hobby, da kann man sich verwirklichen. Gut 20 % der Menschen haben irgendein Ehrenamt oder eine Tätigkeit in dieser Richtung. Aber es ist nicht die Mehrheit. Und das ist eigentlich ein bisschen erschreckend. Und dann ist die Selbstorganisation etwas, was eine Bürde ist für einen, die man oft auch nicht schafft und die eine gewisse Unzufriedenheit kreiert.

SIE WERDEN HÄUFIGER ZITIERT MIT DER ERKENNTNIS, DASS SEHR HÄUFIG BEI MENSCHEN, DIE IN DEN RUHESTAND GEHEN, SO NACH ETWA EINEM HALBEN JAHR DAS »SCHWARZE LOCH« KOMMT UND DIE FREUDE UND DIE ZUFRIEDENHEITSKURVE DANN WIEDER ABSTÜRZT. WORAUF BASIEREN DIESE ERKENNTNISSE? WELCHE DATEN STÜTZEN DIESE ERKENNTNISSE? Das Schöne an den SHARE-Daten ist, dass wir eine Menge über die Arbeitssituation wissen und dann auch über den Übergang in den Ruhestand. Wir wissen sehr viel über die Sozialkontakte, und wir wissen gleichzeitig, wie sich mentale Gesundheit, physische Gesundheit verändern in dem Punkt. Und daraus kann man also sehr viele »Dreiecke« bilden, wo wir sehen: Menschen gehen in Rente, sie verlieren relativ schnell Sozialkontakte – also das ist wirklich eine Frage von Monaten, halbes Jahr, ganzes Jahr –, und parallel dazu sehen wir, wie der dritte Teil des Dreiecks, die Aufmerksamkeitsspanne, sinkt, die Fähigkeit, sich Dinge zu behalten. Den Zusammenhang zwischen Ursache und Wirkung da raus zu finden, ist dann noch mal ein Kunststück für sich. Oft sehen wir rein zeitlich, wie das nacheinander passiert. Wir sehen aber auch, wie plötzliche Dinge passieren, wie also unerwartet Menschen früher oder später in den Ruhestand gehen, zum Beispiel, weil eine Regierung unerwartet beschließt, dass man mit 63 schon in Rente gehen kann, wo man jahrelang gepredigt hat, es müsste doch 67 sein. Und bei solchen Gelegenheiten wissen wir natürlich: Da hat sich jetzt etwas getan. Und wenn dann der mentale Abbau schneller geht, dann kann man es unter Umständen darauf zurückführen. Also es sind sehr feine Daten, die wir sammeln, fein gegliedert, und wir sammeln sie über die Zeit, so dass wir Abläufe erkennen können. Und wir sammeln sie zu verschiedenen – wie soll ich sagen – politischen Umständen, mal mit Reformen, mal ohne Reformen, sodass wir also Kausalketten daraus bilden können.

VON SICH SELBST ABSTRAHIERT, ERKENNEN VIELE DIE PROBLEME, FAST JEDER KENNT EINE PERSON, DER ES NACH RENTENBEGINN NICHT GUT GING. ABER DIESES »SCHWARZE LOCH« SCHEINT DOCH NOCH EIN TABU ZU SEIN. WARUM WIRD RUHESTAND NOCH IMMER ROMANTISIERT? DIE MEDIEN BERICHTEN VON EINEM GROSSEN ANSTURM AUF DIE RENTE MIT 63. WARUM WIRD DIESE ERKENNTNIS ÜBER DIESE

Zunächst zur Rente mit 63: Die Rente mit 63 wird nicht überproportional benutzt, sondern exakt in dem Ausmaß, in dem sie auch vorhergesagt wurde. Wir haben vor Einführung der Rente mit 63 eine Schätzung gemacht hier am Institut, und wir haben uns um ein paar Tausend verschätzt. Dass sie im politischen Umfeld anders verkauft wurde, das ist eine andere Geschichte, aber die Menschen haben exakt das gemacht, was man hatte erwarten können.

Und wir wissen seit vielen Jahren zwei Dinge: Menschen, denen die Gelegenheit gegeben wird, das gleiche Geld, plus minus, mit oder ohne Arbeit zu verdienen, nehmen es ohne Arbeit. Und: Es ist ganz schwer, einschneidende Lebensereignisse zu antizipieren. Das beste Beispiel, was auch sehr viele Menschen kennen ist: Es ist unmöglich zu antizipieren, wie sich das Leben ändert, wenn man Kinder hat. Man erfährt einiges, kauft einiges, richtet die Wohnung anders ein, aber der eigentliche Schock kommt, wenn die Kinder dann da sind und das Leben sich völlig und grundsätzlich ändert. So ähnlich scheint es mit der Rente zu sein. Ich habe da keine eigenen Erfahrungen, aber man hört es immer wieder. Es ist nicht antizipierbar, wie das Leben danach ist und deswegen trifft man Fehlentscheidungen. Wenn man Menschen vor ihrer Rente fragt, wann sie in Rente gehen möchten, dann kommt mehr oder weniger immer die Antwort: »So schnell wie möglich.« Wenn man Menschen nach dem Renteneintritt fragt: »Was wäre Ihr ideales Renteneintrittsalter gewesen?«, ist es im Durchschnitt deutlich später um 2 Jahre später, als das tatsächliche Renteneintrittsalter. Aber das sagen sie nachher. Und so sind wir nun mal gebaut, wir können nicht alles antizipieren. Nachher ist man schlauer, und wir sind offensichtlich nicht gut darin, das, was wir wissen im Abstrakten oder durch Andere, auf uns selber anzuwenden.

GIBT ES UNTERSCHIEDE NACH BILDUNGSSTAND UND EINKOMMEN? KÖNNEN GEBILDETERE LEUTE, DIE AUCH BESSER VERDIENEN, DIE SITUATION BESSER ANTIZIPIEREN? PLANEN SIE SCHON EHER VOR, LÄNGER ZU ARBEITEN ALS MENSCHEN, DIE IN GERINGEREM EINKOMMEN UND EINFACHEREN ARBEITEN LEBEN? Da muss ich spekulieren. Aber ich kann Ihnen eine leicht andere Antwort geben, wo ich solide Daten im Kopf habe: Was den Übergang zum Ruhestand angeht und insbesondere den – das unschöne Wort – mentalen Abbau, da spielt der Bildungsstand eine enorme Rolle. Man bezeichnet das mit dem Ausdruck »kognitive Reserve«. Diejenigen, die eine gute Ausbildung haben, haben so viel Reserve, dass, wenn die Alterserscheinungen kommen – die ja unabänderlich irgendwann mal zwischen 50 und 120 eintreten – dann können die das noch lange Zeit mit ihrer Reserve kompensieren. Und deswegen sieht man also doch sehr andere Profile bei den Menschen mit guter Ausbildung und weniger guter Ausbildung. Und ich denke, das ist eine wichtige Sache, jetzt nicht nur in dem Sinne, dass man bei den jetzigen Älteren sich dessen bewusst ist, sondern dass man weiß, wie viel Bildung eigentlich wert ist. Dass Bildung nicht nur da ist, damit man in jüngeren Jahren mehr oder weniger verdient und schneller oder langsamer Karriere macht, sondern es ist wirklich eine Investition auch für die eigene Gesundheit und auch für das eigene Lebensgefühl noch sehr spät im Alter. Und ich bin eigentlich immer wieder entsetzt, wie gelassen wir es nehmen, dass Deutschland, was PISA-Studie etc. angeht, diese vielen Studien, dass wir da eigentlich nur im Mittelfeld sind. Das sollten wir nicht sein, sondern wir wollen also wenigstens im oberen Drittel sein. Und da machen wir, glaube ich, große Fehler im Augenblick.

Ein anderes Vorurteil ist: Wenn wir über Alterung reden, über Alterung der Gesellschaft, denken wir sofort an die ältere Generation. Aber wir vergessen, dass auch eine alternde Gesellschaft ja eine Menge junge Leute hat, und um die muss man sich eben auch kümmern. Und sei es eben, um sie besser auszubilden, damit sie eine höhere kognitive Reserve haben und das lange Leben, was vor denen steht, was ja länger sein wird als unser Leben, auch wirklich lebenszufrieden haben können.

SIND DIE SOZIALEN SYSTEME, DIE SICHERUNGSSYSTEME, SIND DIE ANREIZSYSTEME

Ja, ich denke schon, dass unsere Sozialsysteme wirklich jetzt im breitesten Sinne noch viel Anpassungsmöglichkeiten haben, aber auch Anpassungsnotwendigkeiten. Wichtig ist, dass wir insgesamt realisieren, dass unser Leben deutlich länger dauert als es noch vor 50 Jahren gedauert hat und dass wir nicht umhin kommen, eine »Institution« wie das Rentenalter verschieben zu müssen. Das Leben muss gewisse Proportionen haben, und wir können nicht auf der einen Seite die Arbeitszeiten verkürzen und die Rentenzeit immer weiter verlängern. Das funktioniert einfach wirtschaftlich nicht. Es funktioniert aber auch nicht von dem Aspekt des erfüllten Lebens her, weil die Zeit, in der man nicht richtig erfüllt ist, länger wird.

Das Andere ist: Wir machen das zu schlagartig, zu schwarz-weiß. Wir haben zu wenig Flexibilität in der Rente. Darüber wird jetzt viel geredet. Flexiblere Übergänge in die Rente erfordern viel mehr als nur eine Anpassung der gesetzlichen Rentenversicherung, sondern eben auch eine Änderung der Art, wie wir arbeiten. Die Arbeitgeber müssen sich darauf einstellen, dass wir mehr Teilzeit und Jobsharing haben, also auch wirklich organisatorische Änderungen. Das Gesundheitssystem ist nach wie vor viel zu sehr auf nachträgliche Therapie als auf Vorwegnahme, Prävention ausgerichtet – man kann durch das eine mehr verdienen als mit dem anderen – und wir wissen, wie wichtig Prävention jetzt in sehr allgemeinem Sinne ist. Also Prävention, gesunde Lebensführung, diese Dinge, darauf wird dann letztlich doch wenig Wert gelegt. Hier sieht man auch wieder, dass Arbeitgeber und das Gesundheitssystem enger miteinander arbeiten müssten. Das wissen auch viele, aber gemacht wird es dann doch sehr wenig. Es gibt eine Menge Änderungen, die notwendig sind, zum Teil sind die unspektakulär, zum Teil aber auch spektakulär wie eine Rente, die sich zum Beispiel ganz automatisch an die Lebenserwartung anpasst.

Es gibt verschiedene Modelle, wie man das machen kann. Ganz konkret: Dass man die Lebenserwartung in eine Formel reinschreibt. Man kann das aber auch indirekter machen, so macht man das zum Beispiel in Italien oder in Schweden: Man kann praktisch komplett flexibel wählen, wann man in Rente geht. Wenn man früher in Rente geht, dann wird die Rente aber auf mehr Jahre verteilt und ist dann pro Jahr niedriger. Und wenn die Lebenszeit sich ausdehnt, wird sie auch niedriger, weil man sie über mehr Jahre verteilen muss, was sofort einen Anreiz gibt, dann doch noch ein Jahr länger zu arbeiten oder zwei Jahre länger zu arbeiten. Da gibt es verschiedene Automatismen. Das sind halt »Technikalien«, aber wichtig ist, dass man nicht jedes Mal das Rad von vorne erfindet, einen großen politischen Prozess hat, sondern dass es einen gewissen natürlichen Automatismus hat.

Das ist aber unattraktiv. Es ist unattraktiv, weil man zwar eine etwas erhöhte Rente bekommt über die kürzere Zeit, das wird aber nicht richtig ausgeglichen, sondern man müsste eine deutlich höhere Rente bekommen. Also im Augenblick bekommt man grosso modo 3,6 % mehr pro Jahr späteren Renteneintritts. Wenn man jetzt mal pi mal Daumen rechnet: 20 Jahre Rente, ist ein Jahr ein 20-tel wert, und das sind eben 5 %. Also müsste man den Menschen mindestens 5 % mehr geben. Da aber nicht alle 20 Jahre überleben, müsste es auch noch mehr als 5 % sein. Man kommt dann auf Zahlen, die eher bei 6,5 % sind. Also man belohnt das länger Arbeiten nicht genug, oder umgekehrt ist es einfach ein guter Deal, früher in Rente zu gehen, weil man ja eine relativ hohe Rente auch schon früh bekommt. Das ist das eine.

Das andere ist: Es ist sehr schwer, wenn man vor 65 – oder jetzt 65 und paar Monate – in Frührente geht, noch etwas dazu zu verdienen. Es geht bis zur Geringfügigkeitsgrenze, aber drüber wird einem sehr viel Geld sofort abgezogen. Das macht das Arbeiten natürlich unattraktiv.

Das ist nicht so nach 65, da gibt es keine Grenzen, aber der Arbeitgeber muss Sozialversicherung zahlen, obwohl der Arbeitnehmer dafür keine Rente mehr bekommt. Das ist wie eine Strafsteuer. Und das macht das natürlich auch unattraktiv. Also wir machen es denjenigen, die gleichzeitig etwas Rente schon haben wollen und Teilzeit aber noch dazu arbeiten wollen, denen machen wir es nicht leicht.

WIE WIRBT MAN DAFÜR ODER WIE ERREICHT MAN DIE MENSCHEN, UM IHNEN ZU VERMITTELN, DASS DAS ARBEITEN, OB MIT VIEL ODER WENIG GELD, GUT TUN KANN? LINDA FRIED SAGT WIE SIE: »YOU NEED EVERY MORNING A REASON TO GET OUT OF YOUR BED«. WIE WIRBT MAN DAFÜR, OHNE DASS DIE MENSCHEN DEN VERDACHT HABEN, FUNKTIONALISIERT ZU WERDEN: »JETZT WOLLEN SIE UNS WIEDER, FACHKRÄFTEMANGEL, JETZT BRAUCHEN SIE UNS WIEDER. WIR HABEN UNS DIE RENTE VERDIENT, WIR GEHEN.« Zur Frage: »Hat man sich die Rente verdient?« Dazu kann man nur ja sagen. Jemand, der ein Jahr lange gearbeitet hat, hat den Urlaub verdient. Und der tut auch gut, den braucht man. Und ähnlich wie man sich das Wochenende und den Jahresurlaub verdient, so hat man auch die Rente verdient, überhaupt kein Zweifel. Und das gilt für sämtliche Berufe, ob sie jetzt nun einen hohen Sozialstatus haben oder nicht. Aber Arbeit ist auch nützlich. Und man muss abwägen zwischen den beiden Dingen. Und deswegen ist das Schwarz-weiß-Bild: »Ich arbeite voll bis 65 oder 63 oder 67, und dann hab ich mir aber richtig die Rente verdient, und dann tu ich aber auch gar nichts mehr!«, der falsche Ansatz. Der Ansatz wird nach wie vor gepredigt von Politikern, weil er sozusagen in das überkommene Bild passt, weil sich auch damit Wählerstimmen fangen lassen. Wird oft gepredigt von Arbeitgebern, weil das eine einfachere Form ist, die Arbeit zu organisieren, alles andere ist komplizierter. Aber er ist menschenfern. Wenn man merkt, man möchte jetzt eigentlich nicht mehr so klotzen wie früher, dann soll man halt nur 80% arbeiten, und das müsste möglich sein. Und dann

würde auch das Verhältnis zur Arbeit ein anderes, weil man es sich selber mehr auswählen kann. Aber im Augenblick hat man doch häufig noch das Gefühl: »Ich habe keine andere Wahl als jetzt 100% zu arbeiten, mehr als ich möchte, und die Wahl 100, 80, 0 – die 80 krieg ich nicht, 100 mag ich nicht, dann nehm ich lieber die 0«. Man muss viel mehr ändern als nur die Gesetze. Man darf das auch nicht nur den Arbeitnehmern in die Schuhe schieben, dass sie da nicht flexibel genug sind, sondern primär sind die Arbeitgeber und auch die Politik gefragt, da die Regeln zu ändern.

EIN ARBEITNEHMER, DER ÜBER 50 IST UND EINE ARBEIT SUCHT, GILT OFFENSICHTLICH NICHT ALS SEHR ATTRAKTIV BEI ARBEITGEBERN. WAS ZEICHNET ÄLTERE ARBEITNEHMER AUS? WAS IST IHR POTENZIAL? IST ES ÜBERHAUPT RICHTIG, DASS DIE EINSTELLUNG VIELER ARBEITGEBER IN BEZUG AUF ÄLTERE ARBEITNEHMER IST: GERINGERE PRODUKTIVITÄT, NICHT SO LEISTUNGSFÄHIG? WIE WÜRDEN SIE DAS AUS IHRER ERFAHRUNG BESCHREIBEN? WELCHES POTENZIAL HABEN ÄLTERE ARBEITNEHMER? Also die Vorurteile gegenüber älteren Arbeitnehmern sind groß, und das schlägt sich im Übrigen auch in der Selbstauffassung der Arbeitnehmer selbst nieder, was eigentlich sehr traurig ist. Wenn man hinschaut, das Wichtigste ist eigentlich zu sagen: »Ältere Arbeitnehmer sind anders als Jüngere« und formuliert das erst mal neutral. Ältere Arbeitnehmer sind nicht so schnell wie Jüngere. Das liegt ganz einfach daran, dass ältere Menschen nicht so schnell sind wie Jüngere. Das kann man ganz konkret mit dem Strom in den Nervenbahnen messen, der wird also langsamer. Also man kann das wirklich physiologisch messen. Die Zeit, die man braucht, um aus dem Hirn etwas raus zu fischen, bevor es auf der Zunge landet und man es aussprechen kann, ist länger. Ältere Menschen machen viel mehr kleine Fehler. Das liegt daran, dass sie nicht mehr so gut sehen, sie brauchen eine Brille. Das Taktile lässt nach. Also viele Dinge, die alle nicht weltbewegend sind, aber Kleinigkeiten. Jüngere Leute machen viel öfter katastrophale Fehler, die damit zusammenhängen, dass ihnen die Erfahrung fehlt, dass sie auch

risikofreudiger sind, und dann geht's aber auch richtig daneben. Sie sind viel schneller, aber auch vorschnell. Jetzt kombiniert man alle diese Dinge. Wir haben eine große Studie gemacht in einem Automobilmontagewerk mit über 1,2 Millionen Beobachtungen, also wirklich über mehrere Jahre lang. Was man sehr schön sieht: Die Produktivität der Menschen ist gar nicht so unterschiedlich, ob sie jung sind oder alt. Aber die verschiedenen Dinge, die sie machen, sind sehr verschieden. Also die Jungen lassen ein teures Ersatzteil fallen, das passiert einem älteren Arbeitnehmer nicht mehr so schnell. Die Jungen sind relativ hilflos, wenn was passiert, da sieht man also das Chaos, was dann passiert. Und dann kommen die Älteren, die das schon mal erlebt haben, ein, zwei, drei Mal in ihrem Leben und sagen: »Nee, jetzt mach Du mal das, und Du mal das« und ordnen das Ganze wieder. Also es ist ein Ausgleich der Fähigkeiten. Wenn die Altersunterschiede zu groß sind, ist es auch schlecht, dann funktioniert die Kommunikation nicht. Aber generell sieht man, dass in einem Unternehmen – selbst wenn es also wie beim Lastwagen am Fließband ist – sich Jung und Alt relativ gut ausgleichen und es dadurch eine ziemlich gleichmäßige Produktivitätskurve gibt. Das Vorurteil, die Produktivität ist am Anfang riesig groß und dann wird abgebaut, ab 35 oder was so die Vorstellungen sind, ist jedenfalls grob falsch. Wir haben eine ähnliche Untersuchung in einem Dienstleistungsunternehmen gemacht, also völlig andere Arbeitsbedingungen, und wir sehen da was Ähnliches. Man sieht, dass die verschiedenen Fähigkeiten von Alt und Jung sich mittel ausgleichen. Und mit einer klugen Arbeitsorganisation, da macht das Alter überhaupt keinen Unterschied, jedenfalls in dem Rahmen, über den wir so reden, also zwischen 20 und 65.

DAS HEISST, WIR BRAUCHEN EIGENTLICH AUCH EINE KAMPAGNE BEI ARBEITGEBERN, UM DEREN ALTERSBILDER, DIE DER CHEFS, DER PERSONALCHEFS ZU HINTERFRAGEN. Also die Altersbilder bei den Chefs und Unternehmern sind gar nicht so negativ, wie man das denkt. Es gibt eine Menge Vorurteile, sie sind eigentlich eher auf der Ebene drunter, beim mittleren Management, beim Arbeitseinsatz. Das Problem ist die Versuchung, insbesondere des

Personalchefs einer großen Unternehmung, unsere Sozialgesetzgebung dann auszunutzen, wenn ein Unternehmen atmen muss, wenn die Nachfrage abnimmt, aus welchen Gründen auch immer. Nehmen Sie die Chemie-Industrie, wo die Arbeitsnachfrage wirklich gesunken ist und die Unternehmen einfach schrumpfen müssen. Dann ist da die Frage: »Wie macht man das?« Das Normale wäre, man würde über alle Altersbereiche gleichmäßig abbauen. Aber so funktioniert die Welt natürlich nicht, insbesondere, weil es wesentlich kostengünstiger ist, einen schon älteren Menschen in die Frührente zu schicken als jemand im mittleren Alter über einen Sozialplan zu entlassen, wo die gesamten Kosten beim Unternehmen landen. Dagegen – wenn man jemand in die Frührente schickt, dann zahlen die anderen Beitragszahler noch mit. Es ist also aus betriebswirtschaftlicher Sicht immer vernünftiger, einen Älteren zu entlassen als einen Jüngeren. Das ist natürlich keine gute Sache.

ALSO AUCH HIER: DIE SYSTEME SETZEN DIE FALSCHEN ANREIZE. Richtig! Die Systeme…
EINE GESELLSCHAFT, IN DER DIE MENSCHEN LÄNGER LEBEN, GESÜNDER LEBEN, IN DER WENIGER KINDER GEBOREN WERDEN, DIE PROPORTIONEN UND DIE RELATIONEN EINER BEVÖLKERUNG SICH VERÄNDERN, WAS PASSIERT IN EINER SOLCHEN GESELLSCHAFT? ALSO MAL MIT DEM WEITWINKEL BETRACHTET: WAS PASSIERT MIT DER WIRTSCHAFTSKRAFT EINER SOLCHEN GESELLSCHAFT? WAS PASSIERT IM SOZIALEN KLIMA EINER SOLCHEN GESELLSCHAFT? WAS PASSIERT IN DEN FAMILIEN? Was passiert, wenn sich die Altersproportionen massiv ändern, wissen wir eigentlich nicht. Denn das ist noch nie passiert. Es gibt ein paar historische Beispiele, wo sich wirklich schockartig die Proportionen zwischen Alt und Jung geändert haben, die sind alle sehr unschön. Die möchte man eigentlich nicht zitieren. Das berühmteste Beispiel ist lange her: Das ist die Pest, bei der ganze Landstriche entleert wurden und sich die Demographie geändert hat. Tatsächlich können wir aus den Erfahrungen damals lernen, was ökonomisch passiert ist: die Löhne sind massiv gestiegen, weil Arbeitskräfte eben knapp wurden, die Renditen sind mas-

siv gefallen – Rendite damals war die Rendite auf Land oder auf Gebäude, die wurden plötzlich viel weniger wert. Diejenigen, die die Pest überlebt haben, denen ging es richtig gut. Und es gibt Pestlieder, die nach der Pest komponiert wurden, die davon zeigen, also wir haben's jetzt überlebt, wir verdienen jetzt richtig Geld und uns geht's gut. Ein schreckliches Beispiel eigentlich, aber das kann man natürlich auf die jüngere Generation übertragen, die werden ihren Arbeitsplatz natürlich viel leichter finden als im Augenblick, einfach weil wir so wenig junge Leute haben, aber noch viele Arbeitsplätze, die bedient werden wollen. Und natürlich werden die Löhne steigen. Das einzige Unschöne ist, sie werden auch mehr Rente bezahlen müssen, mehr in die Rentenkasse einbezahlen müssen, was einen Teil dieser Lohnzuwächse leider wieder ausgleicht.

Was den gesellschaftlichen Zusammenhalt angeht, haben wir eigentlich positive Beispiele, dass nach Katastrophen die Gesellschaft eher besser zusammenhält. Es gibt ja die Vorstellung, dass es, wenn sich diese Altersproportionen so stark verschieben, einen Krieg zwischen den Generationen gibt – schreckliche Wortschöpfung, die die Journalisten in die Welt gesetzt haben. Wir sind dem tatsächlich nachgegangen, wir haben also nachgeschaut, wie die Kohäsion, wie die intergenerationale Kohäsion in älteren und in jüngeren Regionen Europas ist. Also wir haben ja schon Regionen, wo ganz wenig junge Leute und sehr viel ältere Leute sind – und umgekehrt. Und jetzt sollte man meinen, wenn man die, ich nenn die jetzt mal so, »Alten-Regionen« mit den »Jungen-Regionen« vergleicht. Wenn diese Idee von dem Krieg der Generationen stimmt, dann müsste also die Kohäsion in den Alten-Regionen viel schwächer sein. Das findet man aber nicht. Ganz im Gegenteil hat man eigentlich eher den Eindruck, es geht bunt durcheinander, man findet es mal so, da geht's in die eine Richtung, dann geht's in die andere Richtung – überwiegend geht es in die nicht erwartete Richtung, dass in den schon älteren Regionen die intergenerativen Austauschbeziehungen stärker, intensiver sind, egal ob sich das jetzt um Hilfe, die man gibt, handelt oder Geld, was von einer Generation der anderen gegeben wird, oder soziologische Indikatoren für Kohäsion. Ich denke, wir können da relativ gelassen sein. Es gibt in Deutschland, insbesondere im Nordosten von Deutschland, in Mecklenburg-Vorpommern, Regionen, da sind sehr viele junge Leute weggezogen und die Älteren dann geblieben. Krass ist es in Japan, also auch da wieder eher im Norden. Nördlich von Tokio gibt es ganze Landstriche, die von jungen Leuten entvölkert sind. In Japan kommt eben obendrein noch diese ganz starke Land-Stadt-Flucht hinzu. Wir sehen nirgendwo, dass es da zu tätlichen Auseinandersetzungen oder auch nur einfach zur einer Mehrzahl von Konflikten kommt. Das findet man in den Daten nicht. Erstaunlicherweise.

WIR HABEN IN DEN USA SEHR VIEL AKTIVITÄT GEFUNDEN, DIE MENSCHEN ARBEITEN SELBSTVERSTÄNDLICH LÄNGER, VIELE WEIL SIE ES MÜSSEN. ES GIBT EINE GROSSE GRUPPE VON VOLUNTEER-BEWEGUNGEN. WENN SIE IN IHREN STUDIEN UND IHREN ERGEBNISSE USA VERGLEICHEN MIT DEUTSCHLAND: IST USA WEITER, WEIL SIE EINE GERINGERE SOZIALE ABSICHERUNG HABEN ODER IST ES EIN MENTALITÄTSUNTERSCHIED? WARUM FINDEN WIR IN DEN USA SO VIEL MEHR AUFBRUCH AB DEM ALTER 50 AUFWÄRTS? Ja, die Frage, warum eigentlich Amerika und Europa so verschieden sind, die hat mich auch persönlich sehr beschäftigt. Ich habe sehr lange in Amerika gewohnt, unsere Kinder sind alle Amerikaner, sind da groß geworden. Es ist ein Amalgam von Unterschieden. Das Sozialsystem ist nicht so bequem wie bei uns, sodass mehr Menschen arbeiten müssen, die es vielleicht auch nicht wollen. Aber es ist auch nicht so grob unterschiedlich, dass das alles erklären würde. Arbeit hat einen anderen Stellenwert, oder lassen Sie es mich anders ausdrücken: Freizeit hat einen anderen Stellenwert in Europa, hier hat es einen positiveren Stellenwert als in den Vereinigten Staaten. Ganz persönlich gesagt: Wir sind auch in Amerika sehr lange in den Urlaub gefahren, weil wir Urlaub immer als etwas sehr Bereicherndes, Positives, auch Produktivitätsförderndes erlebt haben, und

das ist uns in den Vereinigten Staaten immer negativ angerechnet worden: Das ist nichts Gutes. Das sehen wir hier in Europa Gott sei Dank sehr anders, dass man auch in seiner Freizeit was Gescheites machen kann. Amerika ist anders – das liegt sicher an der Tradition, dass man als Pionierland sich alles erarbeiten musste und auch jede Generation wieder von vorne. Ich würde das nicht schlechter oder besser werten wollen. In vielerlei Hinsicht haben wir in Europa einen guten Grund, erstens generöse Sozialsysteme zu haben, aber auch unsere Freizeit zu schätzen. Es muss nur nicht so schwarz-weiß sein. Das ist ein Thema, das muss man immer wieder ansprechen. Wir tendieren zu sehr in die Extreme, das eine oder das andere. Man kann eine Menge Freizeit haben und ein bisschen noch was arbeiten, man muss es ja nicht in die eine oder andere Richtung übertreiben.

GIBT ES ETWAS, WAS WIR LERNEN KÖNNTEN VON AMERIKA? Ich denke, man kann von den Amerikanern Flexibilität lernen, dass man nicht alles so festschreibt, dass die Leute eigentlich ein Korsett haben und aus dem Korsett heraus handeln. Man sollte flexiblere Lebenszuschnitte erlauben, insbesondere was den Übergang von Arbeit zu Rente angeht und auch über das ganze Arbeitsleben schon. Wir haben ja auch ein sehr viel unflexibleres Arbeitsgefüge, was Männer und Frauen angeht: Da sind die Amerikaner uns, würde ich schon sagen, auch voraus. Sie sind uns auch in dem Sinne voraus, dass Altersdiskriminierung verboten ist. Ich habe nie verstanden – ich bin aber auch kein Jurist –, warum es in Deutschland noch legal ist, ein festes Rentenalter vorzuschreiben. Für mich ist das Altersdiskriminierung. Aber offensichtlich hat das Bundesverfassungsgericht das noch nicht im Missklang mit dem europäischen Gesetz, was ja Altersdiskriminierung verbietet, gesehen.

GIBT ES IN IHREN DATEN UNTERSCHIEDE ZWISCHEN MENSCHEN IN ERWERBSARBEIT UND DEN MENSCHEN, DIE EHRENAMTLICH ETWAS TUN, WAS DAS AUFHALTEN DES ALTERUNGSPROZESSES ANGEHT? MAN KÖNNTE JA VERMUTEN, DASS DIESE AUFGABE, DER GRUND, »MORGENS AUS BETT ZU AUFZUSTEHEN«, AUCH IN EINEM EHRENAMT LIEGEN KANN.

HAT DAS EINE ÄHNLICH POSITIVE WIRKUNG ODER SIEHT MAN UNTERSCHIEDE IN DER HERAUSFORDERUNG? Also wir können in den Daten keinen Unterschied zwischen einer Erwerbsarbeit und einer freiwilligen Arbeit feststellen, sondern es ist die Tätigkeit, die Aktivität, die man entfaltet, die Vision, weswegen man was macht, die den großen Unterschied macht. Daraus sollte man jetzt allerdings nicht schließen, dass man mit der Rente so fortfahren soll wie eh und je, aber das Ehrenamt mehr propagiert. Das halte ich für den falschen Politikansatz. Erstens weil er wahrscheinlich nichts bringt: Ehrenamt wird schon lange begrüßt, und jeder Bundespräsident verteilt seine Orden, und das verändert doch nicht die relativ geringe Beteiligung am Ehrenamt. Das zweite ist eigentlich die traurige Erkenntnis, dass diejenigen, die aktiv im Ehrenamt sind und von daher wacher sind, mental und gesundheitlich, das eben auch schon vor der Verrentung waren. Also es gibt wenige, die wirklich aktiv im Ehrenamt sind ausschließlich nach der Rente, sondern die meisten waren das vorher auch und machen das dann weiter oder verstärken es etwas. Aber dass jemand aus null Ehrenamt in viel Ehrenamt nach der Rente kommt, ist ganz selten. Also es ist weniger eine ursächliche Verschiebung, sondern es sind andere Menschen, die vorher im Ehrenamt sind und das dann auch weitermachen und deswegen agiler auch im Alter sind. Dass man Menschen, die vorher überhaupt kein Interesse am Ehrenamt hatten, dann umpolt nach der Verrentung in solche, die dann ganz wach im Ehrenamt sind, das ist, glaub ich, unwahrscheinlich.

HABEN IHRE STUDIEN EINEN UNTERSCHIED GEZEIGT ZWISCHEN MÄNNERN UND FRAUEN IN DEM ERLEBEN DES RUHESTANDES ODER DEM ABBAU? Nein eigentlich nicht. Es gibt wenig Unterschiede zwischen Männer und Frauen in Bezug auf die kognitiven Prozesse im Alter. Männer und Frauen unterscheiden sich stark in puncto Depression. Frauen haben eine sehr viel höhere Wahrscheinlichkeit, im Alter depressiv zu werden, das gilt aber auch schon für das jüngere Alter. Und in einer breiten Palette von körperlichen Krankheiten. Wir haben ja dieses Paradox, dass Frauen länger leben, aber eigentlich ihr ganzes Leben lang eine schlechtere Gesundheit haben als Männer. Männer sterben an Katastrophen – Frauen leiden an Krankheiten, die nicht letal sind, aber ärgerlich und das Leben unerquicklicher machen. Und woran das wiederum liegt, da müssen Sie dann die Biologen fragen. Das zieht sich durch, auch bei nicht menschlichen Spezies. Es ist also sehr weit verbreitet, und die Biologen arbeiten kräftig daran zu verstehen, an welchen Genen das genau liegt.

WAS SIND IHRE ALTERSBILDER? WAS HAT SIE GEPRÄGT? WAS IST IHRE VORSTELLUNG VON ALTER? Altersvorstellungen sind ganz eng an die Familie gebunden. Man hat seine Eltern, seine Großeltern gesehen – hier und da natürlich auch Freunde –, aber es ist im Wesentlichen die eigene Familie. Ich komme aus einer Familie, wo es sehr hochaltrige Menschen gegeben hat, aber auch Menschen, die sehr früh an Katastrophen, Herz-Kreislauf-Erkrankungen, Krebs gestorben sind. Ich weiß nicht, was auf mich zukommt. Ich warte das gelassen ab. Ich würde mich freuen, wenn ich noch lange geistig arbeiten kann. Es muss nicht so hektisch sein wie im Augenblick, ich wünsch mir eher einen sehr graduellen Übergang, wo ich auch mit 70, 75 hier noch im Institut erscheinen kann, aber nicht mehr von 8 bis 8 sein muss. Den Computer werde ich sicher auch noch mit 80 an- oder abstellen, aber vielleicht auch nicht den ganzen Tag laufen lassen müssen.

ES GIBT SEHR VIELE BERUFSGRUPPEN, IN DENEN DIE MENSCHEN DEUTLICH ÜBER IHR RENTENALTER WEITERARBEITEN, SELBSTSTÄNDIGE, HANDWERKER, RECHTSANWÄLTE, ÄRZTE, WISSENSCHAFTLER, DIE, SELBST WENN SIE NICHT MEHR IM UNIBETRIEB SIND, EINFACH WEITERSCHREIBEN UND BÜCHER SCHREIBEN. SCHRIFTSTELLER, KÜNSTLER SOWIESO. DIE ÄRMEREN, WEIL SIE NICHT GENÜGEND ABSICHERUNG HABEN, DIE ANDEREN, WEIL SIE DIE SEHNSUCHT HABEN, NOCH AUF EINER BÜHNE ZU STEHEN. IST ES WICHTIG, DAS SICHTBAR ZU MACHEN? Es hat schon immer Menschen gegeben, die bis an ihr Lebensende gearbeitet haben, wortwörtlich am Schreibtisch verstorben sind. Man erliegt so ein bisschen der Versuchung, diese Menschen dann als Beispiel für die ganze

Gesellschaft hochzustilisieren. Das sind natürlich sehr oft Menschen, die haben Glück in ihrem Leben gehabt, die konnten sich auswählen, was sie tun wollten, sie waren selbstbestimmt, sie hatten keinen Boss, der ihnen unangenehme Dinge gesagt hat. Wir sind als Wissenschaftler privilegiert, zumindest ich, Politiker sind privilegiert, Künstler sind privilegiert in dem Sinne, dass sie genau das machen, was sie wirklich möchten. Das will man halt auch im Alter nicht aufgeben. Unterprivilegiert sind die, die länger arbeiten müssen, weil die Rente nicht ausreicht, insbesondere unter Frauen. Denen möchte man vielleicht doch was anderes wünschen. Dann gibt's noch eine dritte Gruppe, das sind diejenigen, die einfach, selbst wenn sie also nicht so privilegiert sind wie die Künstler, Wissenschaftler, Politiker, doch Spaß an ihrer Arbeit haben: Handwerker, vielleicht auch Kameraleute, die weder supergut bezahlt werden noch die absolute Freiheit haben, aber einen gewissen Berufsstolz. Und auch denen sollte man es eigentlich leichter machen, länger zu arbeiten. Ich denke, wir sollten da nicht nur Vorbilder im Fernsehen zeigen, sondern wirklich auch die Institution ändern und Rente anders definieren in einer Art, dass man Arbeit und Rente viel mehr kombinieren kann. Zwischen dem Frühverrentungsfenster und dem normalen Rentenalter sind ja, je nachdem welche Rentenmechanismen ihren Gang nehmen, wirklich viele Jahre dazwischen. In diesen Jahren wird Arbeit regelrecht verboten. Allein dass der Gesetzgeber das so macht, zeigt ja, dass der Gesetzgeber eine Vorstellung hat von Arbeit und Rente, die eigentlich unnatürlich ist und genau diesen Mechanismen, dass Menschen auch doch Freude haben, begrenzte Freude an ihrer Arbeit haben, zuwider läuft.

AUCH FABRIKARBEITER FALLEN MÖGLICHERWEISE IN DAS »SCHWARZE LOCH«, WENN SIE IN RENTE GEGANGEN SIND. ES IST NICHT NUR DAS »SCHWARZE LOCH« FÜR DIE, DIE AN IHRER ARBEIT SPASS HABEN, SONDERN AUCH FÜR DIE, DIE SIE NICHT WERTSCHÄTZEN. Also die Wertschätzung von Arbeit ist sicher etwas, was bei uns merkwürdig ist; ich will mich da mal sehr vorsichtig ausdrücken. Das gilt sowohl für Arbeitgeber als auch für Arbeitnehmer, auch für Gewerkschaften. Das Höchste der Gefühle ist, die Menschen möglichst wenig arbeiten zu lassen. Und das ist natürlich nicht gut, wir sollten die Arbeit wertschätzen. Das heißt ja nicht, dass man sich zu Tode arbeitet – um Gottes Willen. Aber dass man das Letzte auch noch raushbolt, um so wenig wie möglich zu arbeiten, das drückt eine Wertschätzung von Arbeit aus, die eigentlich in die falsche Richtung geht. Und der natürliche Stolz, den ja Kinder haben, wenn sie eine Aufgabe fertig gemacht haben, den haben ja auch viele Handwerker, aber auch in der Industriearbeit, wenn sie nur richtig organisiert wird. Und da ist eine große Verantwortung bei den Arbeitgebern, dass man also die Früchte der eigenen Hände Arbeit auch sehen kann und dementsprechend auch Feedback bekommt, was, so glaube ich, zu wenig passiert.

MÜSSTE MAN NICHT EIGENTLICH EINE KULTURGESCHICHTE DER ARBEIT MITERZÄHLEN: WENIGER BÜRDE, EHER LEBENSINHALT UND BESTÄTIGUNG? Ja, gottlob hat sich die Arbeit sehr geändert. Also wir hatten ja mal eine Arbeit, wo man sehr direkt sah: Was man – wortwörtlich – sät, kann man dann auch ernten. Also da war der Bezug sehr klar. Viele von diesen Menschen haben hart gearbeitet, um einfach genug ernten zu können und zu überleben. Aber danach gab es eine Phase in der Industrialisierung, die natürlich sehr entfremdend war, Manchester-Kapitalismus und so weiter, wo der Gegensatz zwischen ausbeutenden Arbeitgebern und ausgebeuteten Arbeitnehmern sehr stark war. Gottlob sind wir ja zum einem großen Teil da wieder raus, nicht komplett, aber wir leben nicht mehr Ende des 19. Jahrhunderts. Und das sollte uns eigentlich mehr Chancen geben. Ich glaube wirklich, die Rolle der Arbeit wieder positiver zu sehen, sowohl aus Arbeitnehmer- als aus Arbeitgebersicht, ist wirklich wichtig. Denn sie wird ja knapp.

WAS WOLLTEN SIE WERDEN, ALS SIE EIN KLEINER JUNGE WAREN? Ich wollte Architekt werden und bin auch nach wie vor sehr an Architektur interessiert. Das einzige, was mich abgehalten hat, Architekt zu werden, war, dass meine Eltern ausgerechnet in der berufsentscheidenden Zeit selber ein Haus gebaut haben und der Architekt sich tagtäglich mit Handwerkern rumschlagen musste, die nicht seine etwas hochgestochenen Pläne – muss ich dazu sagen – verwirklichen wollten. Und dann dacht ich: »Dann mach ich doch was anderes!«, und bin über viele Umwege zu dem geworden, was ich jetzt bin.

WAS HAT DENN SIE GANZ PERSÖNLICH AM MEISTEN ÜBERRASCHT AN DER SHARE-STUDIE? GAB ES IRGENDWIE EIN FAKTUM, EINE ERKENNTNIS, DASS SIE JETZT PERSÖNLICH DACHTEN: »DAS IST JA UNGLAUBLICH!« Ich überlege. Als ich zum ersten Mal ein Bild gesehen habe, wo auf der horizontalen Achse eingetragen war, wie viele Menschen in einem Land arbeiten im Alter von 60–64 und auf der anderen Achse, wie viele Wörter die Menschen sich merken können. Und dann kommt etwas Systematisches dazwischen raus: zwei Dinge, die ja offensichtlich überhaupt nichts miteinander zu tun haben, das war für mich eine große Überraschung. Und siehe da, sie haben was miteinander zu tun. Und man kann Geschichten erzählen in der einen Richtung, die trivial sind, diejenigen, die sich nichts mehr merken können, die will der Arbeitgeber schon los werden, aber eben auch die andere Richtung: Dass, wenn man sich durch Arbeit länger fit hält, das Hirn auch länger fit bleibt.

Das Zweite, was mich bei den SHARE-Daten negativ schockiert hat, ist, wie in Deutschland, speziell in Deutschland, der Unterschied zwischen gebildet und ungebildet sich in arm und reich übersetzt und dann in gesund und nicht gesund. Also man hat diese drei Dimensionen Ausbildung, Einkommen und Gesundheit – beim Ersten kann man sich das noch gut vorstellen: Wer besser ausgebildet ist, verdient mehr. Aber es ist in Deutschland stärker als in anderen europäischen Ländern, aber dass dann auch noch der große Sprung in die Gesundheit kommt, dass wir in Deutschland ein besonders ungleiches Land sind, was Gesundheit angeht, das fand ich schockierend. Und das zeigt, dass wir doch große Fehler in unserem Sozialsystem haben, auf das wir so stolz sind, um das wir uns aber kümmern müssen, denn Gesundheit ist so wichtig, nicht nur fürs Wohlbefinden, sondern auch für die Produktivität eines Landes, wenn ich das als Ökonom so nüchtern sagen darf. Ein Teil der Ursache ist unser Gesundheitssystem, was eben nicht gleichmäßig ist. Wenn jemand im Krankenhaus ist, da werden alle einigermaßen gleich behandelt. Aber die Vorstufe dazu ist anders, und jede Krankheit, die im Krankenhaus behandelt wird, hat ja eine Vorgeschichte. Und diese Vorgeschichte ist eben so verschieden zwischen denen, die leichteren Zugang haben zu dem jetzt nicht invasiven, aber hilfreichen Teil des Gesundheitssystems, andere Ernährung, schnellerer Zugang zum Gesundheitssystem, man wartet nicht so lange, also da haben wir schon ein ungleiches System.

UND ANDERE LÄNDER MACHEN DAS BESSER? Andere Länder machen das gleichmäßiger. Ob es besser ist, ist noch die wirklich schwere Frage. Es gibt Länder, die haben ein höheres Gesundheitsniveau und sind gleicher, dazu gehört Schweden zum Beispiel dazu. Es gibt aber auch Länder, die sind gleicher, aber auf einem niedrigeren Niveau, dazu gehört zum Beispiel Großbritannien. Das wollen wir eigentlich nicht. Also man muss die beiden Dimensionen nebeneinander sehen. Die Skandinavier haben schon ein recht gutes, effizientes System, was hohe Gesundheit produziert, bei relativ niedrigeren Kosten als Deutschland, und zugleich gleichmäßiger ist.

—

Das Gespräch wurde im Dezember 2014 in München geführt.

OTTO WERNER
SCHADE ✳ ✳

70, WAR CHEF DER REGIONALDIREKTION
RHEINLAND-PFALZ/SAARLAND DER
BUNDESAGENTUR FÜR ARBEIT UND
HAT DEN ÜBERGANG IN DEN RUHESTAND
ALS SCHWIERIG ERLEBT

*»Ich hatte einen
Job, der mich fast
Tag und Nacht
ausgefüllt hat.«*

WENN SIE AN DIE SITUATION VOR 5 JAHREN ZURÜCKDEN-
KEN, HATTEN SIE ANGST ODER SORGE VOR DEM RUHE-
STAND? WIE WAR DAS, HABEN SIE SICH DARAUF VORBE-
REITET? Ich hatte einen Job, der mich fast Tag und Nacht ausgefüllt hat. Außerdem habe ich den Job sehr gerne gemacht
und mit sehr viel Liebe und Enthusiasmus ausgefüllt. Als ich
wusste, ich komme jetzt an das Alter, wo ich mit 65 aufhören
muss, da habe ich mir schon hin und wieder Gedanken gemacht, was danach kommt. Dann habe ich natürlich mit dem
obersten Chef gesprochen, er hat gesagt: »Mach dir mal keine
Gedanken, du wirst anfangs noch bei uns bleiben, denn wir
brauchen dich noch ein bisschen.« Aber als dann der Tag kam
und wir den großen Abschied in der Regionaldirektion gefeiert haben, dann hieß es, wir müssen uns da noch was überlegen, wie das weitergehen soll. Und da habe ich gemerkt, so
ganz werden sie dich wohl doch nicht übernehmen. Irgendwann musst du jetzt damit rechnen, dass sie dir sagen, das
war's. Und so ist es dann auch gekommen.
Ich habe am 31. Januar 2010 aufgehört und am nächsten Morgen wollte ich aufstehen und wollte ins Büro. Da habe ich gemerkt: Da musst du nicht mehr hin, das ist vorbei. Und dann
habe ich auch mitgekriegt, dass mit der Zeit all die Kontakte,
die man über die Arbeit oder über den Job hatte, einfach weg-
brechen. Da erinnert sich keiner mehr, man wird nicht mehr
eingeladen, man wird auch am Monatsanfang nicht mehr ge-

fragt, wie es jetzt auf dem Arbeitsmarkt ist. Ich habe gedacht, dass dies doch etwas eigenartig ist, und das hat mich genervt und mich auch in ein richtig tiefes Loch gerissen.

Ich habe Gott sei Dank noch bis Ende Juli meinen zweiten Job in der Zentrale weiter behalten können. Ich war ja Vorsitzender des Lenkungsausschusses, dieser Ausschuss, der sich um die Reform der Bundesagentur für Arbeit bemühte. Das hat mir auch viel Spaß gemacht. Da konnte ich all das, was mich früher schon immer gestört hat, zumindest versuchen umzusetzen und auf einen besseren Weg zu bringen. Ende Juli aber war alles vorbei. Und dann war das Loch da. Ich wusste nicht, was machst du jetzt. Ich habe ich mich lange damit beschäftigt, irgendetwas musst du machen, du kannst da jetzt nicht Trübsal blasen und jeden Morgen aufstehen, Zeitung lesen und blöd zuhause rumsitzen. Also hab ich versucht, mich sozial zu engagieren.

Ich war zunächst noch beim Berufsbildungszentrum hier in Saarbrücken tätig, und habe ein bisschen geholfen. Dann hatte ich Kontakte zu Freunden aus dem deutsch-rumänischen Freundschaftskreis, habe mich da engagiert und bin ein bis zwei Mal im Jahr mit einem Freund nach Rumänien gefahren. Dort haben wir uns um Sinti und Roma gekümmert und um schwerstbehinderte Kinder und haben da versucht, unsere Kenntnisse einzubringen. Daneben haben wir dort über Spenden, Kleiderspenden und auch Spenden für Schulen einen Partnerverein aufgebaut. Das läuft sehr gut, wir gucken nach wie vor, ob das alles nach unseren Vorstellungen läuft, richten Kinderspielplätze ein. Das macht mir sehr viel Spaß. Und dann habe ich gedacht, das kann es ja auch nicht gewesen sein und habe mich bei Rotary engagiert. Ich bin zwei Jahre später Präsident des Rotary Clubs geworden, das ist ja dann ein Ein-Jahres-Voll-Job, wo man sich um die Mitglieder kümmern muss, damit die immer ihre Vorträge zu den Meetings haben, man muss die Leute fragen, ob sie bereit sind, mal zu kommen, schwierige Angelegenheit. Manche sagen spontan zu, anderen muss man sehr hinterherlaufen, und manche rühren sich überhaupt nicht. Da verliert man auch ein bisschen die Lust, aber dann springen wieder andere

spontan ein, und das macht dann wieder Freude. Und so habe ich mich über die Runden gerettet. Zum Abschluss der aktiven Arbeitszeit habe ich von meinen Mitarbeitern einen Schnupperkurs fürs Golfen bekommen. Ein Freund hatte schon immer gesagt, wenn du in den Ruhestand trittst, dann spielen wir zwei zusammen Golf. Also habe ich den Schnupperkurs gemacht, und Volker ist mitgelaufen, und dann hab ich natürlich versucht, die ersten Bälle zu schlagen. Den ersten Ball habe ich elegant drüber gehauen, so wie sich das für einen ordentlichen Anfänger gehört. Beim zweiten Mal habe ich elegant getroffen und jedenfalls weiter geschlagen, als meine Freunde vermutet haben. Das hat mir Spaß gemacht und so bin ich beim Golf hängen geblieben. Und mittlerweile treffen wir uns drei Mal die Woche, montags, mittwochs und freitags – wenn das Wetter gut ist, ich bin ein ausgesprochener Schönwettergolfer. Dann spielen wir unsere Golfrunden, das macht viel Freude und viel Spaß und vor allen Dingen: Ich bin an der frischen Luft, habe Bewegung, habe Unterhaltung, und ich diskutiere auch mal Dinge, Fragen, die man im normalen täglichen Job nicht hat.

SIE HABEN EBEN DIESES »LOCH« ERWÄHNT. KÖNNEN SIE DAS BESCHREIBEN, FÜHLTE SICH DAS AN WIE EINE DEPRESSION? WIE WAR DAS?

Wenn ich das Loch, in dem ich mich damals fühlte, beschreiben soll, dann fühlte ich mich innerlich leer und hatte subjektiv das Gefühl, irgendetwas um dich herum ist abgeschnitten. Und ich hatte auch – Depression ist vielleicht ein bisschen zu hart formuliert –, aber ich hatte jedenfalls Angst oder Angstzustände. Komplette Depression wäre zu hart, aber ich wusste, du musst irgendetwas machen. Aber das war mir zunächst nicht ganz klar, diese Schwierigkeit, mit diesem Ungewissen einfach umzugehen, sich neu zu orientieren, etwas Neues zu probieren, etwas Neues herauszufinden. Ganz den Job fallen zu lassen, das war schwierig, denn ich war ja mit Leib und Seele mit meinem Beruf und mit meinem Job verbunden, auch mit der Arbeit der Agentur. Ich habe ja, wenn Sie so wollen, nichts anderes als Tag und Nacht nur für die Bundesagentur für Arbeit gearbeitet, und es hat mir auch Spaß gemacht. Und das war auf einmal weg. Abgebrochen, fertig, vorbei. Man war nicht mehr gefragt, und das war irgendwie ein völlig neuartiges, unbequemes Gefühl, die wollen eigentlich nur immer was von dir, weil du in dem Job da bist, und jetzt bist du ohne Job, da biste nix mehr wert für die, das ist vorbei, mit Müh und Not, dass dich der eine oder andere überhaupt noch gekannt hat. Das war, wie gesagt, eigentlich eine Flucht ins Ungewisse, und das muss man erst mal verkraften. Und ich bleibe auch dabei: Ich hab sehr lange gebraucht, bis ich das verkraftet habe. Selbst durch die Tätigkeiten und das soziale Engagement, das ich danach angefangen habe – ich habe fast 2 ½ Jahre gebraucht, bis ich gesagt habe: »Okay, das Thema Bundesagentur für Arbeit ist jetzt vorbei, ich lese keine Artikel mehr über den Arbeitsmarkt, meine Nachfolgerin kann erzählen, was sie will, es interessiert mich nicht mehr, ich bin völlig draußen, weg, aus, Ende, interessiert mich nicht mehr.« Aber es hat sehr lange gedauert.

ES GIBT WISSENSCHAFTLER, DIE SAGEN: »DER GEFÄHRLICHSTE TAG IM LEBEN EINES MENSCHEN IST DER ERSTE TAG DES RUHESTANDES.« WIE FÜHLTE SICH IHR ERSTER TAG IM RUHESTAND AN? Ich fange mal lieber bei dem letzten Tag an. Ich war an dem letzten Tag noch voll engagiert. Ich saß im Büro und ich hatte gar nicht das Gefühl, dass ich am nächsten Tag nicht mehr auf diesem Stuhl sitzen werde. Das war für mich irgendwie noch weit weg. Die Mitarbeiter sind auch alle noch gekommen, wir haben Rücksprachen gehalten, sie haben um Rat gefragt und überlegt, wie wir weiter voranschreiten wollen. Und dann gegen 15 Uhr habe ich meine Mitarbeiter zum Umtrunk eingeladen und zu einer kleinen Abschiedsparty. Und da muss ich sagen, sind mir das erste Mal die Tränen gekommen, weil ich da doch gemerkt habe, dass die Mitarbeiter mehr an mir gehangen haben, als ich mir das vielleicht eingestehen wollte. Das war ein sehr bewegender, auch emotionaler Abschied, auch im Hinblick darauf, dass viele Mitarbeiter nochmal persönlich auf mich zugekommen sind und sich für die jahrelange, gute Zusammenarbeit bedankt haben. Das ist ja eigentlich für einen Chef etwas Außergewöhnliches, wenn er von seinen Mitarbeitern so geachtet und vielleicht auch geschätzt wird. Der nächste Tag, das war dann eine etwas dramatische Situation. Man steht früh auf, man will ins Büro, man ist schon um 7 Uhr fertig und hat schon seinen Kaffee getrunken und will losgehen. Nee nee, ist nicht mehr, vorbei, aus, Zuhause bleiben. Also, was hab ich gemacht, ich bin dann runter gegangen an den Briefkasten, habe die Zeitung rausgeholt, habe mich hingesetzt, habe gelesen, aber ich kann ja auch nicht 3 oder 4 Stunden Zeitung lesen. Dann habe ich angefangen, das Frühstück zu machen, meine Frau ist dann so gegen 8, halb 9 auch aus dem Haus verschwunden. Dann hatte ich die Wohnung auf einmal für mich alleine. Es ist ja richtig leer, einsam, was machst du denn jetzt? Also habe ich wieder in die Zeitung geguckt, dann bin ich fortgegangen und hab mir 3 oder 4 Tageszeitungen gekauft, habe den ganzen Tag Zeitung gelesen. Danach bin ich spazieren gegangen, aber ich habe mir gesagt, nee, das kann alles nicht sein und habe mir so langsam Gedanken gemacht. Irgendetwas musst du machen. Ich habe wie gesagt angefangen, mich sozial zu engagieren, das war auch ein Stück meines Metiers, und insofern habe ich mich da langsam aber sicher reingefunden und die innere Leere, die man hat, dann versucht zu überwinden – was mir dann auch ganz gut gelungen ist.

WARUM WIRD DER RUHESTAND IM VORFELD VON VIELEN GLORIFIZIERT ODER ROMANTISIERT? Ich weiß nicht, ob das eine Art Glorifizierung ist, aber ich gehe mal davon aus, dass die meisten Menschen froh sind, wenn sie aus dem Berufsleben ausscheiden, weil sie vielleicht nicht die Erfüllung in ihrem Beruf gehabt haben, die sie sich erhofft und gewünscht haben. Vielleicht liegt es bei dem einen oder anderen auch daran, dass er ein Stück im Unfrieden mit seinem ehemaligen Arbeitgeber geht, das sind völlig andere Perspektiven und auch Voraussetzungen. Ich habe ja auch jede Menge Mitarbeiter in den Ruhestand verabschiedet, dann hab ich immer den alten Spruch meines ehemaligen Chefs Stingl benutzt, der dann immer gesagt hat: »Gott erhalte Ihnen ihre Gesundheit und werden

Sie der Bundesagentur für Arbeit ein teurer Pensionär.« Das mag ja zunächst freundlich klingen, aber man hat sich eigentlich selbst nie Gedanken gemacht, was mit dem Kerl oder mit der Frau wird, was der danach macht, daran habe ich eigentlich nie einen Gedanken verschwendet. Und so im Nachhinein muss ich sagen, die Arbeitswelt, um nicht zu sagen die Arbeitgeber oder die Unternehmen, auch der Arbeitnehmer bereitet sich nicht früh genug auf diese Frage vor. Und wir haben in unserer sozialen Gesetzgebung keine Regelung, wo man den Leuten quasi einen gleitenden Übergang erleichtert. Warum lässt man die Leute nicht langsam auslaufen, man könnte doch darüber nachdenken, dass einer seine Arbeitszeit reduziert und statt 40, oder wie ich 50, 60 Stunden, dann nur noch 40 oder 35 Stunden macht und ihm ein bisschen mehr Freiraum einräumt, dass er schon während der letzten Wochen oder Monate des Arbeitslebens ein bisschen rumschnuppert, was er danach unter Umständen machen könnte. Da sind wir wenig kreativ und das bedauere ich. Wir reden zwar immer in der Politik vom gleitenden Übergang und dass wir Möglichkeiten schaffen müssen, dass die Leute diesen Wechsel gut packen. Aber so richtig umgesetzt haben wir politisch noch nichts.

HATTEN SIE DAMALS, ALS DAS »LOCH« KAM UND SIE GEMERKT HABEN, DAS IST KEIN ZUSTAND, DER IHNEN GUT TUT, HATTEN SIE MAL IN ERWÄGUNG GEZOGEN, EINE FESTE ANDERE ARBEIT ZU ÜBERNEHMEN ODER SICH SELBSTSTÄNDIG ZU MACHEN, ALSO SICH »NEU ZU ERFINDEN«, WIE DIE AMERIKANER SAGEN WÜRDEN? Die Frage der Neuerfindung ist im Alter von 65 etwas schwierig. Man scheut dann auch wahrscheinlich das Risiko, noch einmal eine selbständige Arbeit zu übernehmen. Okay, ich hätte vielleicht in einem Anwaltsbüro arbeiten können, vielleicht hätten die jemanden gebraucht, der sich ein bisschen mit den Aufgaben der Bundesagentur für Arbeit auskennt. Ich hätte mit Sicherheit auch manchem Insolvenzberater helfen können, wie er Entlassungen oder Übergangslösungen vorantreiben kann oder besser gestalten kann, aber das wollte ich eigentlich nicht. Ich hatte nie das Gefühl oder den Wunsch, irgendetwas Neues zu machen, das war nicht meine Überlegung oder auch nicht das, womit ich mich auseinandergesetzt habe. Ich wusste nur, du musst irgendetwas machen, damit du

nicht verblödest oder verdoofst, du musst schauen, dass du dich irgendwie bewegst und deine Hirnwindungen noch etwas auf Trab hältst, damit du nicht frühzeitig völlig veraltest und die anderen sagen, guck mal, was ist denn das für ein Tattergreis, der schon mit 68 aussieht, als wenn er 88 wäre. Das waren so die Vorstellungen, die ich hatte, das sollte nicht sein. Und dann hatte ich auch ein etwas eigenartiges Erlebnis, sodass ich das zumindest einschätzen konnte: 1984 ist mein Lieblingschef Stingl ausgeschieden. Sein Nachfolger wurde Heinrich Franke, und kurz danach war eine Messe im Kongresszentrum Nürnberg. Stingl war natürlich als ehemaliger Chef auch in Nürnberg eingeladen und Franke als neuer Chef auch. Und da ist mir das erste Mal aufgefallen, dass Stingl, obwohl er ja jahrelang auf der politischen Bühne eine für meine Begriffe exzellente Rolle gespielt hatte, auf einmal für die Messeaussteller überhaupt keine Rolle mehr gespielt hat. Die haben sich überhaupt nicht um ihn gekümmert, jeder hat sich nur noch um Franke gekümmert. Ich habe mich dann bemüht, meinen ehemaligen Chef mit ins Rampenlicht zu rücken. Das ist mir da das erste Mal aufgefallen, und ich habe mir gesagt, das darf dir nicht passieren, das muss eine Situation sein, die musst du sicher im Griff haben, damit dir sowas nicht passiert, dass du quasi weggedrückt wirst und niemand mehr etwas von dir wissen will. Das war ein bleibendes Erlebnis, das hat mich immer, über all die Jahre verfolgt, da war ich noch keine 50, aber im Hirn hat sich das festgefressen, dass ich wusste, irgendwann, wenn die Situation kommt, musst du die im Griff haben.

SIE HABEN VIELE JAHRE MIT DEM THEMA ARBEIT ZU TUN GEHABT. SIE KENNEN VIELE MENSCHEN, DIE ARBEITSLOS WURDEN. IST DER ZUSTAND DES RUHESTANDS DEM ZUSTAND DER ARBEITSLOSIGKEIT ÄHNLICH ODER VERGLEICHBAR? Das glaube ich nicht. Die Frage der Arbeitslosigkeit ist ja eine andere Situation: Der steckt ja noch voll im Saft und in Kraft, der möchte ja noch arbeiten. Ein Ruheständler, der möchte vielleicht auch noch arbeiten, aber er weiß, er ist eigentlich am Arbeitsmarkt nicht mehr gefragt. Der andere ist es vielleicht auch nicht oder hat subjektiv das Gefühl, dass er nicht mehr gefragt ist, aber er könnte immer noch, wenn er einen Job findet, wenn er – etwas bösartig formuliert –, in seinem Anspruchsdenken vielleicht auch ein bisschen runter geht, um wieder in das Arbeitsleben integriert werden zu können. Das sind zwei völlig verschiedene Schuhe. Der eine will nochmal, auf welchen Wegen auch immer, der andere möchte vielleicht, aber er darf nicht mehr. Man ist dann quasi vom Arbeitsleben ausgesperrt, das Arbeitsleben findet für Sie nicht mehr statt. Ende, aus, Sie haben mit Arbeit nichts mehr zu tun. Sie haben nur noch etwas zu tun mit sich selbst, aber sonst nichts mehr. WENN SIE DIE MÖGLICHKEIT GEHABT HÄTTEN WEITER ZU ARBEITEN, WIE HÄTTEN SIE SICH DANN ENTSCHIEDEN? Wenn ich die Möglichkeit gehabt hätte, weiter zu arbeiten, kann ich Ihnen versichern, dass ich weiter gearbeitet hätte. Aber ich hätte dann nicht mehr volles Rohr gearbeitet, sondern hätte mir gewünscht, dass ich ein bisschen reduziere und hätte es dann auch wahrscheinlich gemacht. Insofern war ja für mich diese Übergangsphase, wo ich ja noch den Lenkungsausschuss in der Zentrale geleitet habe, eigentlich hilfreich. Da bin ich mitten in der Woche nach Nürnberg gefahren, habe die Sitzungen geleitet, habe dann anschließend die Sitzung nachgearbeitet, die Protokolle kontrolliert und bin am nächsten Tag zurückgefahren. Da war ich zwei Tage unterwegs, das wäre also eine Situation gewesen, die ich mir gut hätte weiterhin vorstellen können. Ich habe auch damals mit allen gesprochen und gesagt: »Wenn ihr irgendetwas habt, Aufbau der Außenverwaltung in irgendwelchen europäischen Ländern, ich setze mich auch nochmal hin und bemühe mich, mein Englisch aufzufrischen, damit ich da als Advisor, als Ratgeber oder als Helfer hingehe. Ich habe das ja auch in den neuen Bundesländern gemacht. Das ist kein Problem für mich« oder wäre kein Problem für mich gewesen, das hätte ich jederzeit gemacht. Aber diese Fragen sind nie an mich herangetragen worden, was ich ein bisschen bedauert habe, da haben sie lieber die Aktiven genommen. Kann ich verstehen. Auf der anderen Seite aber, wenn man so relativ frisch aus dem Berufsleben raus ist, bilde ich mir ein, dass man ein Stück seiner Kenntnisse und seiner »Altersweisheit« ruhig anderen Arbeitsverwaltungen hätte zu Gute kommen las-

sen können oder helfen können, etwas Neues aufzubauen oder die Strukturen zu verändern. Das hätte ich mir durchaus zugetraut, und das wäre auch eine gute Idee gewesen, wenn man das an mich herangetragen hätte. Aber wahrscheinlich war ich, wie heißt das so schön, zu anspruchsvoll in der Übergangsphase, und dann hat sich das auch verflüchtigt. Und irgendwann hat man dann auch, etwas salopp formuliert, die Schnauze voll, man will dann einfach nicht mehr. Dann orientierst du dich neu, machst was anderes, machst ein bisschen das, wo du auch Spaß hast und wo du Freunde hast, die da mitziehen und helfen, das macht dann mehr Freude. DIE DINGE DREHEN SICH JETZT ALLMÄHLICH ETWAS, DER FACHKRÄFTEMANGEL BRINGT EINIGE FIRMEN DAZU, SICH GEZIELT UM ÄLTERE ZU BEMÜHEN, WEIL SIE DEN NACHWUCHS NICHT MEHR HABEN. ES GIBT FIRMEN, DIE GEZIELT PENSIONÄRE, RENTNER WIEDEREINSTELLEN. BEWEGT SICH SCHON GENÜGEND ODER SIND IN DEN KÖPFEN DER CHEFS, DER FIRMEN, DER UNTERNEHMER NOCH ALTERSBILDER VIRULENT, DIE EIGENTLICH AUS EINER ANDEREN ZEIT KOMMEN? Wenn Sie sich erinnern können an die Zeiten, in denen wir nicht so hohes Wirtschaftswachstum hatten und viele Unternehmen mit einer Überkapazität an Personal ihre Schwierigkeiten hatten, da waren alle Vorstellungen, die man entwickelt hatte, zunächst Personalreduzierungen. Man hat die Leute selbst mit 50 aus dem Betrieb herauskomplimentiert, mit mehr oder weniger guten Abfindungen. Die Leute, die die Abfindungen bekamen, haben sich wahrscheinlich von der Abfindungssumme blenden lassen, aber sie haben nie bedacht, dass sie dann noch 10, 20 oder auch 30 Jahre unter Umständen damit leben müssen. Mittlerweile glaube ich, dass bei den Unternehmen ein kleiner Umdenkungsprozess im Gange ist, das hat allerdings etwas länger gedauert. Man hätte auch damals schon daran denken können, einen gleitenden Übergang zu ermöglichen oder hätte daran denken können, gemischte Gruppen zu machen, die Erfahrung der Älteren gepaart, etwas bösartig formuliert, mit der kraftvollen Energie und dem Wissen der Jungen, das hätte man kombinieren können und hätte entsprechende Paare oder Teams bilden können. Die Jungen hätten von den Erfahrungen der Älteren auch profitiert. Das wären auch Lösungen gewesen, mit denen man hätte rechnen können. Heute geht man dazu über und macht das, weil aus dem demographischen Wandel heraus die Arbeitskräfte ausbleiben und man entsprechende Leute braucht. Es gibt große Firmen, Bosch, Mercedes, VW, die die Leute aus dem Ruhestand holen und sie wieder in den Betrieb integrieren und deren Erfahrungen für Weiterentwicklungen der Produkte nutzen. Das hätte man alles anders gestalten können, da war man nicht weitsichtig genug. Man hat gemeint, die Allheilkraft liegt darin, dass man mit den jungen dynamischen Kräften alles auf dieser Welt umsetzen und umreißen kann, aber es hat sich leider nicht bewahrheitet. Insofern war das ein kleiner Trugschluss. Und wenn Sie so wollen, die Frage der Zuwanderung ist ja jetzt genau das gleiche Problem. Die Zuwanderung haben wir viel zu spät angenommen und haben uns viel zu spät geöffnet. Wir hätten bei der Zuwanderung auch schon viel früher Fachkräfte an uns ziehen können. Ich habe das früher immer begleitete oder assistierte Zuwanderung genannt, dass man Leute in den außereuropäischen Ländern anspricht und dann hier reinholt, wenn sie bereits einen festen Job haben. Man hätte sie dort anwerben können, hätte mit den Arbeitgebern entsprechende Verträge vorab schließen können. Das wäre alles gegangen. Aber die Zeit war damals für solche Überlegungen nicht reif, und vielleicht war ich da auch ein bisschen zu utopisch oder zu naiv, dass ich glaubte, man könnte mit solchen Dingen die Welt verändern.

HAT SICH DIESER ANDERE BLICK, DIESER PARADIGMENWECHSEL, IN DER ARBEITSVERWALTUNG, DORT, WO KONKRET BERATEN WIRD, HEUTE SCHON RICHTIG DURCHGESETZT? Dieser Paradigmenwechsel in der Frage, ob ein älterer Arbeitsnehmer noch gefragt ist oder nicht, der hat erst in den letzten Jahren, in den letzten 5 oder 6 Jahren richtig begonnen. Meine damalige Idee in diesen Fragen im Lenkungsausschuss – wir müssen weg von der reinen Vermittlungsaufgabe, wir müssen hin zu einer größeren Beratungsaufgabe, wir müssen auch eine Beratungsaufgabe oder ein Beratungsangebot für Arbeitgeber machen –, die ist letzten Endes äußerst schwierig umzusetzen in einem solchen, relativ festgefahrenen Unternehmen. Es ist uns dann gelungen, dass wir Arbeitgeberteams gebildet und eingerichtet haben, aber ob die von vornherein dann so fit waren, diesen Paradigmenwechsel in ihrer Beratungsfunktion gleich umzusetzen, das wage ich zu bezweifeln, das wird sich in den letzten Jahren vielleicht gebessert haben, das kann ich nicht beurteilen. Ich hoffe es und ich wünsche es, dass es so gekommen ist, aber das war lange Jahre verpönt. Ohne dass ich meine Mitarbeiter jetzt verdammen oder schlecht machen möchte, aber die sind auch nicht gerne zu Arbeitgebern gegangen. Das ist auch ein schwieriges Unterfangen, wenn man erst mal in der Defensive ist und sich ein Stück rechtfertigen muss, warum man nicht den passgenauen Arbeitnehmer anbieten kann. Jeder hatte so die Vorstellung, 5 Mio. Arbeitslose, 4 Mio. Arbeitslose, da muss es doch den Passgenauen geben, damit ich nicht nachbessern muss. Das ist ein Anspruchsdenken, was sich nicht bewahrheitet und auch nicht umsetzen lässt. Dann muss man auch aufeinander zugehen, miteinander reden und versuchen – es ist jetzt etwas hart, was ich sage –, den, den ich einstellen will, erst mal mit seinen Stärken, mit dem was er kann, aufzunehmen und, was er nicht kann, ein Stück nachzubessern. Das hätte man finanziell mit unterstützen können, das haben wir auch teilweise gemacht. Aber die Sturköpfigkeit war nicht vorhanden oder sie war vorhanden und nicht gewollt. Paradigmenwechsel fängt im Hirn an. Man muss anfangen, ein bisschen zu denken, kreativ zu sein und auch mal unter Umständen mit einem weniger 100 %ig passgenauen Mitarbeiter weiterzuleben und zu sagen, ich nehme 80 % und 20 % bessere ich nach.

HAT SICH IHR PERSÖNLICHER BLICK MIT IHREM PROZESS DES ÄLTERWERDENS VERÄNDERT? WÜRDE ES NICHT SINN MACHEN, IN EINER SOLCHEN INSTITUTION JUNGE UND ÄLTERE ZUSAMMENARBEITEN ZU LASSEN? MAN

SCHADE

KOMMT MÖGLICHERWEISE ZU ANDEREN IDE-
EN, JE NACHDEM, OB MAN 38 ODER 64 IST.
Man muss fairer Weise sagen, wir haben alle
diesen juvenilen Wahn gehabt, und wir haben
ja alle für uns die ewige Jugend gepachtet. Aber
es gibt noch kein Instrument, das uns die ewige Jugend verheißt. Insofern müssen wir irgendwann damit leben und damit zurechtkommen,
dass wir älter werden und uns mit dem Älterwerden beschäftigen. Ich habe ja auch Einstellungen vorgenommen, Aushilfskräfte, ich habe
auch Ältere genommen, um denen eine Chance
zu geben, und ich habe immer in den Teams und
bei den Mitarbeitern auf ein ausgewogenes Verhältnis zwischen Alt und Jung geachtet. Und
wenn dann Mitarbeiter oder Führungskräfte gekommen sind und mir erzählt haben, das der X
oder der Y nicht mehr seine Leistung bringt,
habe ich in der Regel gesagt, denke mal daran,
wenn du 10 oder 15 Jahre älter bist, ob du dann
noch die Leistung bringst, die du heute bringst.
Also nicht immer hohes Anspruchsdenken und
hohes Niveau, sondern gucken, ob ich den mitnehmen kann und ob ich den vernünftigerwei-
se so einsetzen kann, dass er für mich noch was
bringt. Lasst euch irgendwas einfallen, und wenn
euch nix einfällt, dann kommt wieder, und dann
gucken wir, ob uns gemeinsam was einfällt. Das
sind so die Punkte, wo ich subjektiv das Gefühl
habe, da haben wir zu wenig nachgedacht und
haben das auch nicht genügend gefördert. Ich
bleibe dabei: Wir wollten schnelle, hoch intelligente Mitarbeiter, aber die sollten nicht denken, sondern die sollten nur nach Schema F vo-
rangehen, umsetzen und nach Möglichkeit hohe
Gewinne erzielen. Die Kreativität haben wir ver-
schlampt, hart formuliert. Und das halte ich
auch für Unternehmen für völlig falsch. Ein Unternehmen lebt von der Innovation und von der
Kreativität seiner Mitarbeiter, nicht von der Kreativität seines Chefs, vielleicht auch von dessen,
aber nicht jeder ist so kreativ, dass er alles besser
weiß. Die Kreativität der Mitarbeiter herauszufor-
dern und sie letzten Endes für den Sinn oder den
Erfolg des Unternehmens zu nutzen, das ist die
wahre Kunst der Führungsaufgabe, und da muss
ich fairer Weise sagen, dass das bei weitem nicht
überall gelebt und ausgeübt wird. So leid mir das
tut, es ist vielleicht ein bisschen hart formuliert,
aber das sind die wahren Führungsaufgaben,
vor denen die heutigen Unternehmen stehen.
GLAUBEN SIE, DASS MENSCHEN, DIE MAL AR-

BEITSLOS WAREN, VORBEREITETER, BEWUSS-
TER ODER ANDERS IN RENTE GEHEN? Derjenige, der arbeitslos gewesen ist, hat das Gefühl
der Leere, das Gefühl des Alleinseins und Nicht-
mehr-gefragt-seins zumindest schon mal bewusst erlebt. Der geht dann natürlich, wenn er
in die Zeiten des Ruhestands kommt, wahrscheinlich anders an diese Aufgabe heran. Der
wusste, wenn du auf einmal nicht mehr gefragt
bist, ausgeschieden bist, abgehängt, dass du
dann alleine bist oder einsam. Und diese Einsamkeit macht natürlich auch den einen oder
anderen mehr oder weniger depressiv, das ist
bei Arbeitslosen so. Wenn Sie Langzeitarbeits-
lose nehmen, die haben dann in der Regel nach
2, 3 Jahren geistig sehr oft weitgehend abgebaut.
Die sind nicht mehr an ein geregeltes Arbeitsleben gewöhnt, die wissen nicht mehr, dass sie
morgens um 6 oder um 5 aufstehen müssen
oder um 7, damit sie um 8 pünktlich bei der Arbeit sind. Und die halten dann auch in der ersten Zeit nicht durch, das sind alles so Dinge, die
sich durch die Arbeitslosigkeit einschleichen,
weil der Sinn des Lebens oder der Sinn generell
weitgehend verloren ist. Dass die völlig anders
an den Ruhestand herangehen, das will ich gar
nicht abstreiten, das ist auch, glaube ich, richtig. Vor allem diejenigen, die sich in einem bestimmten Alter beruflich neu orientieren, die
haben ja diese Situation ganz bewusst verinnerlicht und die werden diese Frage auch völlig anders angehen und mit dieser Frage anders umgehen, und die werden auch zu diesem Zeitpunkt,
an dem das nahe Ende des Berufslebens kommt,
wahrscheinlich viel lockerer unter Umständen
damit umgehen als einer wie wir, der nie arbeitslos gewesen ist und sein ganzes Leben nur geschuftet und versucht hat, das Beste zu geben.
WIE BEURTEILEN SIE DAS DERZEITIGE SYSTEM
DER RENTENREGELUNGEN? Ich halte das für
nicht zeitgemäß. Ich bleibe dabei, dass man die
gleitenden Übergänge versuchen muss. Was
mich zutiefst beunruhigt und was ich überhaupt
nicht nachvollziehen kann ist, dass, als man jetzt
das frühere Renteneintrittsalter proklamiert hat,
so viele auf einmal in den früheren Rentenein-

tritt gehen wollen und geradezu danach lechzen,
in den Ruhestand zu kommen oder sich von der
Arbeit verabschieden zu können. Die haben wahrscheinlich überhaupt nicht den Gedanken verinnerlicht, was danach kommt. Die haben überhaupt nicht nachgedacht, was danach für sie
ist. Die sind ja völlig abgeschirmt. Vielleicht ist
der eine oder andere noch Vorsitzender irgend-
eines Fußballvereins oder in einem Tennisclub
oder von mir aus auch in einem Golfclub, so dass
er da vielleicht noch eine Tätigkeit hat, aber das
macht er ja auch nicht bis zum Sankt Nimmerleinstag. Die ganzen Freunde und die Bekannten,
die brechen weg. Dann hat er doch irgendetwas,
was ihm fehlt. Jedenfalls ging es mir so, und
nehmen wir mal an, dass ich da in dieser Hinsicht keine Ausnahme bin. Man sollte sich schon
darüber im Klaren werden, was da alles links
und rechts wegbricht. Und dann merkt man
doch, wie relativ einsam man unter Umständen
im Alter werden kann und diejenigen, die dann
überhaupt keine Kontakte haben und die dann
unter Umständen noch kontaktscheu sind, die
werden in so einem Altersleben relativ schnell
untergehen und – etwas bösartig formuliert –
dem frühen Tod etwas schneller entgegentreten
als ein anderer, der sich in irgendeiner Art noch
beschäftigt, einen bestimmten Freundeskreis
hat und seine Gehirnwindung noch in irgendeiner Art und Weise am Leben erhält.

—

*Das Gespräch wurde im Mai 2015 in Saarbrücken
geführt.*

SCHADE

KAREN
ANDERSEN-RANBERG

57, MEDIZINERIN UND KOORDINATORIN IM BEREICH GESUNDHEIT DER SHARE-STUDIE ——————————

ERZÄHLEN SIE UNS KURZ DIE RAHMENDATEN DER SHARE-STUDIE. Die SHARE-Umfrage begann im Jahr 2004 mit der ersten Welle (so wird eine Phase der Untersuchung genannt, die Hrsg.), und seitdem haben wir alle zwei Jahre eine Welle. Momentan sind wir in der 6. Welle im Jahr 2014/15.

SHARE wurde ins Leben gerufen, weil der Europäische Rat erkannt hatte, dass es eine Notwendigkeit gibt, die alternde europäische Bevölkerung anzusprechen und wir nicht wirklich wissen, was vor sich geht. Wie sollten wir die Zukunft vorbereiten, gerade auch angesichts der starken Jahrgänge der Baby-Boomer? Deswegen sah man die Notwendigkeit, eine europaweite Studie über das Altern anzufertigen. Aber da älter werden etwas mit der Gesundheit zu tun hat, der Beschäftigung, dem Renteneintritt, der wirtschaftlichen Situation und dem sozialen Netzwerk, wurden all diese Bereiche mit in die Studie aufgenommen.

Alle Daten, die in der SHARE-Datenbank gesammelt werden, befinden sich in den Niederlanden und können von Forschern überall auf der Welt abgerufen werden. Man muss Wissenschaftler sein, um die Daten einsehen zu können. Man kann die Daten nicht abrufen, wenn man irgendein wirtschaftliches Interesse hat.

SHARE ist in verschiedene Expertenbereiche aufgeteilt. Es gibt u.a. einen wirtschaftlichen Bereich, einen Bereich Gesundheitswirtschaft, einen Bereich zum sozialen Netzwerk, und es

——————————

»Wir sagen, dass das Gehirn wie ein Muskel ist, man muss es betätigen.«

——————————

gibt einen Bereich Gesundheit. Und ich bin verantwortlich für den Gesundheitsbereich. Es ist eine Längsschnittuntersuchung, wir folgen denselben Leuten über die Zeit, wir müssen dieselben Fragen beibehalten, können die Fragen nicht ändern. Nur manchmal braucht man ein paar neue Fragen, auch wenn ein neues Forschungsthema aufgekommen ist, für das es interessant wäre, die SHARE-Daten zu nutzen. Deswegen nehmen wir dann eine oder zwei oder drei Fragen raus und nehmen einige andere rein. Aber im Wesentlichen behalten wir dieselben Fragen bei während des gesamten Prozesses, in jeder Welle (Untersuchungsphase), in allen Ländern, da es eben eine Längsschnittuntersuchung ist.

WELCHE FRAGEN WERDEN IM BEREICH DER GESUNDHEIT AN DIE TEILNEHMER DER STUDIE GESTELLT? Nun die wichtigsten Fragen beziehen sich auf das, was wir an Gesundheit interessant finden, was unsere Gesundheit ausmacht. Man kann Gesundheit auf viele verschiedene Art und Weisen messen. Man kann über kognitive Gesundheit reden, ob du beginnst dement zu werden oder nicht? Man kann über die körperliche Gesundheit sprechen, was bedeutet, wie gut kannst du mit deinem Alltagsleben umgehen? Kannst du einkaufen gehen? Kannst du eine Tasche, die 5 Kilo schwer ist, hochheben? Kannst du dich selber anziehen? Kannst du das Telefon abheben, wenn es klingelt? Also, all diese einfachen Dinge, die wichtig sind für das Alltagsleben. Und dann natürlich die Frage, wie deine Gesundheit grundsätzlich ist? Wie geht es dir? Denn du könntest eine andere Wahrnehmung deiner Gesundheit haben, trotz deiner Einschränkungen oder Behinderungen. Und natürlich fragen wir auch nach Krankheiten, die die Leute gehabt haben oder noch haben. Darüberhinaus haben wir auch einige Fragen zur Ernährung. Beispielsweise wissen wir, dass es sehr wichtig ist, genügend Proteine einzunehmen. Deswegen fragen wir danach, wie viel Proteine die Leute essen, ob sie Hühnchen, Fleisch, Fisch, Geflügel, was immer es gibt, essen. Wir haben auch Fragen zum Gemüse, wir haben verschiedene Fragen zum Gesundheitsverhalten, auch die tägliche körperliche Bewegung betreffend.

WER SIND DIE TEILNEHMER UND TEILNEHMERINNEN DER STUDIE? Die SHARE-Leute, die interviewt werden oder gebeten werden, Teilnehmer der Studie zu werden, sind 50 Jahre alt und älter. Und wir folgen ihnen, für jede Welle, die jedes zweite Jahr stattfindet. Das bedeutet, alle zwei Jahre kommen wir zurück, und dann sind sie zwei Jahre älter geworden. Wir füllen auch von unten auf, denn wir brauchen neue 50- und 51-Jährige für diejenigen, die nun zwei Jahre älter geworden sind, und wir nehmen sie auch noch im hohen Alter auf, wir nehmen sie so alt, wie sie sind, wenn sie zu uns kommen. Und wir folgen ihnen sogar ins Altersheim – wenn das denn der Ort ist, an den sie gehen. Am Anfang, als wir SHARE gründeten, nahmen wir einen zufälligen Ausschnitt aus der Bevölkerung im Alter 50 plus, also hatten wir einige 50-Jährige, 51-, 53-, 60- und 80-Jährige, die Ältesten der ersten Studie, der ersten Welle waren über 100, 102. Die Idee ist die, dass wir jedem einzelnen Individuum folgen. Wir finalisieren die Studie hoffentlich 2022, wenn wir so weit kommen können oder bis die Menschen sterben. Wir werden ihnen folgen auf der Kurve ihres Lebens. Einige werden in ihren jungen Jahren sein, und wir werden ihnen folgen von dem Vorruhestand bis in die normale Rente oder bis in die späte Rente bzw. bis sie schließlich sterben, weil sie schon sehr alt waren, als sie eingetreten sind. So bekommen wir verschiedene Zeitreihen aus Leuten, denen wir für gewisse Zeit gefolgt sind, hoffentlich insgesamt ca. 20 Jahre, wenn wir zu guter Letzt die Studie beenden.

Bis jetzt haben wir 85.000 Europäer interviewt. Es gibt ungefähr 20 europäische Länder, die sich beteiligen, einige von ihnen waren drin und sind nun draußen aufgrund finanzieller Probleme, denn die Teilnahme an der Umfrage ist teuer, weil es eine so breitangelegte Studie ist und wir die Leute zuhause interviewen.

WAS SIND DIE ERGEBNISSE VON SHARE? Die Hauptergebnisse von SHARE sind so vielfältig, dass es sehr schwer ist, sie alle aufzugreifen. Aber ein Sachverhalt erscheint mir sehr wichtig, dass wir Menschen verglichen haben, die früher in Rente gehen mit Gleichaltrigen, die noch im Arbeitsmarkt bleiben. Man kann eine signifikante Abnahme der kognitiven Fähigkeiten feststellen, im Vergleich zu Gleichaltrigen, die im Arbeitsmarkt verbleiben. Das ist eine Warnung, die folgendes aussagt: Jeder denkt, dass früh in Rente zu gehen gut ist, weil man sein Leben genießen kann. Aber es zeigt sich, dass nach ein paar Jahren es nicht so gut ist, wie man zuerst dachte. Wir haben noch nicht die komplette Erklärung, aber wahrscheinlich liegt es daran, dass man nicht den Kontakt zu den vielen Kollegen hat, viele Dinge passierten, viele Dinge gab es zu besprechen. Das ist ein Ergebnis, bezogen auf die gesamte SHARE-Bevölkerung. Wir haben es uns nicht angeschaut auf dem Level der Bevölkerung eines einzelnen Landes, weil es schwierig sein wird, diese Analyse zu machen.

In den Ergebnissen hat mich wirklich beeindruckt, dass man sehen kann, wie das Hirn von Menschen, die schon früh in Rente gehen, weniger effektiv funktioniert als das von Gleichaltrigen, die noch weiter arbeiten. Und ich rede über Gleichaltrige, die auf derselben Stufe stehen, denselben Beruf haben sowie dasselbe Geschlecht und dieselben sozialen Voraussetzungen. In den sehr differenzierten Tests, die wir zu den kognitiven Funktionen durchführen – die zeigen, wie dein Gehirn funktioniert, wie effektiv es ist beim denken, planen und konstruktiv sein – können wir sehen, dass es einen kleinen Rückgang gibt bei denen, die früh in ihrem Beruf aufhören im Vergleich zu denen, die noch auf dem Arbeitsmarkt sind. Und das ist, denke ich, wirklich etwas, woraus man lernen könnte.

Politiker haben versucht, die Idee zu propagieren, dass die Leute frühzeitig in Rente gehen sollen in den Jahren, in denen wir viel Arbeitslosigkeit hatten, und sie sagten, dass die frühzeitige Rente ein Segen für einen ist. Aber so scheint es doch nicht zu sein, außer du hast ein wirklich bereicherndes Leben mit deiner Familie, ein gutes Netzwerk und Hobbies, die du machen kannst, dann ist es wahrscheinlich gut. Aber für die meisten Leute ist es nicht so, und wir wissen nicht wirklich, welche Gründe es dafür gibt, aber wir vermuten, dass es etwas mit dem gesamten Netzwerk zu tun hat und damit, wie aktiv man ist in seinem Leben, und viel davon verschwindet, wenn man aufhört zu arbeiten. Man kann den Abbau übrigens in allen Berufen und allen Bildungsstufen beobachten.

Wenn deine kognitiven Fähigkeiten abnehmen, wird das, anfangs, in den meisten Fällen einen Einfluss haben auf dein abstraktes Denken, deine Ideenfindung und auch auf dein Gedächtnis, Kurzzeitgedächtnis, auf die Orientierung in der Zeit, und auf die Orientierung, wo man gerade in seinem Leben steht.

WAS UNTERSCHEIDET SHARE VON ANDEREN UNTERSUCHUNGEN, WAS MACHT ES ZU EINER BESONDEREN STUDIE? Die Schönheit von SHARE ist, dass wir so viele Fragen und Antworten und Informationen über die frühere Gesundheit haben. Wir können darüber tatsächlich alles wissenschaftlich kontrollieren in unserer Analyse. Wir können auf Depressionen hin untersuchen, auf schlechte Gesundheit und in Bezug auf die Familiengrößen, wir können das sozial-wirtschaftliche Niveau kontrollieren, also viele Dinge, und das ist es, was SHARE so toll macht. Es gibt da draußen viele andere Untersuchungen zum Altern. Aber die meisten sind mono-disziplinär, so würde ich es ausdrücken. Sie konzentrieren sich beispielsweise auf Gesundheit, und dann fragen sie etwas über die Schulbildung und die Art von Arbeit und Einkommen, die die Leute hatten, und dann kann man es auf einige sozio-ökonomische Faktoren hin überprüfen. Aber in SHARE ist die Anzahl an Fragen gleich, die wir über das soziale Netzwerk stellen, über die Arbeit, die finanzielle Situation der Familie und die Gesundheit, und sie werden alle gleich bewertet. Es ist nicht ein Teil stärker als der andere.

WIE KANN MAN DIESEN ABBAU, DEN SIE BENANNT HABEN, VERHINDERN, GERADE WENN MAN SCHON AUS DEM BERUFSLEBEN DRAUSSEN IST? Wenn man den kognitiven Verfall verhindern will – und natürlich sollte man es versuchen –, so gibt es heutzutage eine Fülle an Beweisen, dass körperliche Betätigung sich in vielerlei Hinsicht sehr gut auswirkt auf die Gehirnfunktionen. Nicht nur für deine Muskeln und dein grundsätzliche Gesundheit, sondern auch für dein Gehirn.

Wir sagen normalerweise, dass das Gehirn wie ein Muskel ist, man muss es betätigen und das geht natürlich über geistige Betätigung, aber auch, indem man die richtigen Sachen mit seinem Körper macht – und man selbst weiß am besten, was das ist. Man sollte nicht rauchen, nicht zu viel trinken. Man sollte in vielerlei Hinsicht einen gesunden Lebensstil führen und mit vielen Leuten in Kontakt bleiben. Man sollte sich nicht in seinen eigenen kleinen Kokon zurückziehen, was relativ oft passiert, wenn die Leute in Rente gehen. Insbesondere Männer. Wir wissen, dass Männer ein sehr großes Netzwerk mit ihren Kollegen am Arbeitsplatz pflegen. Aber wenn sie aufhören zu arbeiten, was passiert dann? Sie verlieren diese Kollegen und das Netzwerk, was mit ihnen einherging. Und wir beobachten, dass Frauen viel besser beim Aufbau von Netzwerken sind, auch außerhalb ihres Arbeitsplatzes. Das ist etwas, was auch Männer erlernen sollten.

Was Tätigkeiten betrifft, bezahlte oder unbezahlte: Wir sind von den kognitiven Funktionen oder dem Effekt kognitiver Funktionen her nicht im Stande, zwischen bezahlter Arbeit und freiwilliger Arbeit zu unterschieden, aber meine Vermutung ist, dass freiwillige Arbeit genauso gut wäre wie bezahlte Arbeit.

ERWARTEN SIE WEITERE DEMOGRAPHISCHE VERÄNDERUNGEN MIT DER NUN ÄLTER WERDENDEN GENERATION DER BABY-BOOMER? Wir sprechen über die geburtenstarken Jahrgänge, den Babyboom, und nach der Definition ist ein Baby-Boomer eine Person, die innerhalb der 20 Jahre nach dem 2. Weltkrieg geboren wurde. Wir sprechen also über das Ende der 40er und die 50er Jahre, und zwar überall in Europa, wo wir dieselben großen Jahrgänge sehen, die in diesen Jahren geboren wurden. Nun werden sie älter und sind schon älter. Die ersten von ihnen sind Anfang 70 und natürlich auch jünger. In einigen wenigen Jahren wird man sehen, dass die Anzahl von über 80-Jährigen, also Leuten, die 80 sind und älter, um 100 % zunehmen wird im Vergleich zu heute, 2015. Deswegen sind wir wirklich etwas gespannt zu sehen, wie die Gesundheit dieser Baby-Boomer sein wird. Nun können wir uns die Verläufe ansehen, die wir für die aktuelle Generation älterer Menschen haben, und ihnen kann man einige positive Aussichten entnehmen. Beispielsweise, dass die kognitive Funktion, die Gehirnfunktion, besser zu sein scheint als die der vorherigen Jahrgänge, und das sogar in den sehr alten Jahrgängen – den sehr alten Menschen geht es besser als der Generation ihrer Eltern, als die alt waren. Wenn wir uns die körperliche Verfassung anschauen, sehen wir auch mehr alte Leute, denen es möglich ist, sich noch um sich selbst zu kümmern, im Vergleich zu Gleichaltrigen einige Generationen zuvor oder auch nur eine oder zwei Generationen zuvor. Das sind also ziemlich gute Neuigkeiten. Allerdings, was wir nicht wissen, ist, die Jüngsten dieser geburtenstarken Jahrgänge, wurden geboren zu einer Zeit, in der es Rolltreppen, Aufzüge gibt, wo wir mehr und mehr Autos haben, wir eher herumfahren anstatt zu laufen, wo wir nicht rennen, nicht Fahrrad fahren. Wie wird das die Entwicklung der Muskeln in den jungen Erwachsenenjahren beeinflussen, in denen man seinen Körper aufbauen muss? Normalerweise, würde ich sagen, muss man seinen Körper aufbauen als Bank, von der du die Zinsen bekommst, wenn du älter wirst, und je größer, je mehr Geld oder je mehr Muskelmasse du in deiner Bank hast, wenn du älter wirst, desto mehr hast du, worauf du dich verlassen kannst, wenn du älter bist. Also für funktionale, physischen Funktionen und kognitive Funktionen sieht es okay aus, obwohl wir nicht wissen, ob die Muskelfunktion so gut aufgrund dieser modernen Lebensstile bleiben wird.

Ein unbeschriebenes Blatt dabei ist, dass, je älter die Leute werden, desto höher das Risiko wird, dass sie eine Krankheit bekommen. Je mehr Krankheiten wir haben, desto höher ist das Risiko, dass wir deswegen auch physisch abbauen, außerdem wird das dazu führen, dass wir mehr medizinische Versorgung brauchen, so dass wir mehr Krankenhäuser benötigen, mehr Ärzte, mehr Krankenschwestern, mehr von allem im Gesundheitsbereich. Es scheint also eine Entwicklung in diese Richtung zu geben, dass wir mehr kranke Menschen haben werden, und zwar vor allem dadurch, weil sie nun länger leben. Sie haben eine größere Aussicht darauf, krank zu werden, anstatt im Alter von 65 durch einen Schlaganfall zu sterben – nun leben sie bis zu

80 Jahre, nachdem sie einen Schlaganfall überlebt haben. Dies sind die Entwicklungen.

DÄNEMARK HAT EIN STEUERFINANZIERTES SYSTEM, DAS SICH AUCH DER ÄLTEREN MENSCHEN ANNIMMT. WIR FUNKTIONIERT DIES?
In Dänemark haben wir nun ein Gesetz, das die Kommunen zwingt, einen persönlichen Kontakt mit jedem Bürger, der über 75 Jahre alt oder älter ist, herzustellen. Sie müssen diesen persönlichen Kontakt jedes Jahr herstellen. Aber sie machen das nicht für alle, sie machen das nur für diejenigen, die sie nicht bereits kennen. Damit ist gemeint, dass man dieses Angebot nicht bekommt, wenn man schon eine Art von Hilfe oder Service der häuslichen Pflege in Anspruch nimmt, die durch die Kommune geleistet wird. Dies ist ein Angebot für diejenigen, die dem Gesundheitssystem der Kommune unbekannt sind. Und es ist ein jährlicher Check, bei dem eine hierfür ausgebildete Person zu ihm oder ihr nach Hause kommt und sie befragt, wie es geht, wie sie sich fühlen und ob sie irgendetwas brauchen. Es ist also eine Art präventiver Hausbesuch, um zu sehen, ob da ein Risiko für die Person besteht, dass sehr bald etwas passiert, ob wir auf irgendeine Art und Weise helfen können. Ist es eine einsame Person? Können wir ihm oder ihr einen Rat geben, was sie unternehmen kann, vielleicht ein Treff für alte Leute besuchen oder etwas Sport machen? Wenn es ein körperliches Problem gibt, dann kann man der Kommune vorschlagen, diese Person an ein Trainingszentrum der Kommune zu verweisen. Das kann unterschiedlich sein von Gemeinde zu Gemeinde. Aber größere Kommunen haben viele Trainingszentren. Es ist ein sehr gutes System, weil man die Möglichkeit hat, den Leuten die richtige Betätigung anzubieten. Was ein Problem ist: Es ist schwierig, diejenigen zu erreichen, die das wirklich brauchen. Und damit meine ich die, die einsam sind, die, die schwach sind, die, die vielleicht nicht besonders gebildet sind, die, die es sich nicht leisten können, öffentliche Verkehrsmittel zu benutzen. Das ist ein Problem, ich glaube nicht, dass wir schon gut genug darin sind, mit denen in Kontakt zu treten, die es wirklich brauchen, insbesondere in den ländlicheren Gegenden.

DÄNEMARK HAT AUCH UNABHÄNGIG VON SHARE-DATEN EIN UMFANGREICHES DATEN-REGISTER. Dänemark führt, wie alle anderen nordischen Staaten, ein Register, was noch aus der Zeit stammt, als wir begannen, Informationen über Geburten und Tod zu sammeln und Volkszählungen durchzuführen, was auch in vielen anderen Staaten gemacht wurde. Aber dann begann man alles in Kirchenbüchern zu registrieren, und daraus entstand die Idee, auch andere Dinge zu erfassen. Als die Welt digitalisiert wurde, trugen wir alles in zentralen digitalisierten Registern zusammen, und das passierte in Dänemark im Jahr 1968.

1968 bekam jeder Einwohner eine persönliche Identifikationsnummer, die benutzt werden kann, um alles zurückzuverfolgen. Diese Identifikationsnummer ist also verknüpft mit den Steuerunterlagen, mit den Schulsystemen, mit den Bibliotheken, mit allen denkbaren öffentlichen Dingen, die man messen will. Auf diese Art identifizieren wir, wer jemand ist. Sie haben also dieses individuelle Aktenzeichen, das wird jemanden identifizieren. Das ist auch auf deinem Führerschein. Es ist ein sehr umfangreiches Register, ich als Forscherin nutze die Daten.

Zum Beispiel haben wir die Einberufungsdaten, sofern ein junger Mann zum Wehrdienst angetreten ist. Und dort macht man alle Arten von Tests, Intelligenztest, man fragt nach der Gesundheit, da sind eine Menge Dinge über ihn und seine Familie. Dann könnte man anhand der persönlichen Identifikationsnummer auch Dinge zurückverfolgen. Sagen wir, ich möchte heute sehen, wer 1955 einberufen wurde und sehen, wie intelligent sie damals waren, gemessen an dem Intelligenztest, den man machte, und die Daten vergleichen mit den Daten der Einberufung, die wir über den gleichen Intelligenztest 20 Jahre später haben, um zu sehen, wie sich die Intelligenz junger Männer entwickelt hat. Dann könnten wir das tun, indem wir auf die Register zurückgreifen.

In Bezug auf unsere Gesundheitsrecherche nutzen wir es, denn wenn wir die Menschen nach ihrer Gesundheit fragen, tendieren sie dazu, die Krankheiten, die sie hatten, zu vergessen oder vielleicht zu denken, es sei nichts gewesen oder nichts Erwähnenswertes. Oder das sehr einfache und sehr übliche Problem ist, dass man die Leute fragt: Haben Sie Hypertonie, hohen Blutdruck? Nein, das habe ich nicht. Sie notieren: nein. Dann, wenn wir uns die Register anschauen, sehen wir, dass sie sehr wohl Hypertonie haben, weil wir sehen können, dass Blutdruckmittel verschrieben wurden. Das Problem ist, der Befragte denkt, dass er keine Hypertonie mehr hat, weil er das Medikament nicht mehr nimmt. Also können Sie sehen, es wird eine falsche Antwort auf unsere Frage geben, weil selbst wenn Sie das Medikament bekommen und Ihr Bluthochdruck gut behandelt wird, haben Sie immer noch die Krankheit – nach unserer Philosophie. In solchen Fällen benutzen wir das Register.

NOCH EIN KURZER BLICK AUF EUROPÄISCHE ERGEBNISSE BZW. AUF VERSCHIEDENE LÄNDER. Eines der Ergebnisse, die wir auch aus der SHARE-Datenbank gewonnen haben, betreffen tatsächlich die gesundheitlichen Unterschiede in Europa. Wenn wir uns auf die nationale Ebene begeben, können wir sehen, dass Menschen in den weiter östlichen europäischen Ländern und in den südeuropäischen Ländern hohe Anteile an chronischen Krankheiten aufweisen und auch eine schlechtere eigenbewertete Gesundheit haben als in den weiter nördlich und westlich liegenden europäischen Ländern. Es gibt auch mehr Depressionen oder Symptome für Depressionen in den östlichen und südeuropäischen Ländern. Das ist etwas, mit dem wir umgehen müssen. Und wir müssen uns das Gesundheitssystem ansehen, um zu verstehen, wie wir es für die Länder verbessern können, die in dieser Hinsicht schlechter dastehen. Ebenso sieht es aus, wenn wir zwischen Ländern vergleichen, zum Beispiel Polen im Vergleich zu Dänen, hier gibt es einen enormen Unterschied zwischen der Anzahl behinderter Menschen unter den, sagen wir, 65 Jahre alten Menschen in Polen verglichen mit den 65 Jahre alten Menschen in Dänemark. Oder sagen wir 80. Es ist wichtig, dass wir diese Unterschiede zwischen den Ländern in Europa erkennen. Und besonders jetzt, da wir über aktives und gesundes Altern sprechen und über verbesserte Gesundheits- und Lebenserwartungen in Europa. Und das sind dieselben Länder, die ich vorhin erwähnt hatte, in denen es mehr Depressionssymptome und mehr tägliche Einschränkungen im Leben gibt, in denen es mehr chronische Krankheiten gibt, die Länder weiter südlich und östlich in der Europäischen Union.

Die höchste Lebenserwartung unter den SHARE-Ländern ist wohl, ohne genau zu wissen, welches auf Platz eins ist, aber ich denke, es sind die Schweiz und Frankreich und danach kommen wahrscheinlich Italien und Spanien. Was paradox ist, weil die letzten beiden zwar bei den Längstlebenden sind, aber auch diejenigen, in denen die höchste Rate an Erkrankungen im Vergleich zu ihren Altersgenossen in den nördlicheren Ländern auftritt.

Es gibt ein weiteres Paradoxon, und das sind zwei sehr ähnliche Länder: Schweden und Dänemark. Wir haben ungefähr das gleiche Sozialstaatssystem. Wir kümmern uns um diejenigen, die es brauchen – freier Zugang zu Gesundheitsversorgung, freier Zugang zu Bildung –, und dennoch gibt es einen Unterschied in der Lebenserwartung von 2 bis 3 Jahren, wobei die Schweden die höhere haben. Aber wir wissen auch, warum das so ist, wir wissen, dass es hauptsächlich durch das Rauchen zu erklären ist. Die Dänen rauchen viel zu viel, verglichen mit den Schweden, und das erklärt, warum es mehr Dänen gibt, die früher als die gleichaltrigen Schweden sterben.

WAS SOLLTE MAN TUN, WIE SOLLTE MAN LEBEN, WENN MAN LANG LEBEN MÖCHTE? Auf der Grundlage meiner vielen Jahre als Genetikerin und auch aufgrund von Recherchen, epidemiologischen Studien zusammen mit den SHARE-Studien, glaube ich, das Beste, was man für sich als Mensch tun kann, wenn man alt werden will und ein gutes Leben haben möchte, ist, körperlich aktiv zu sein. Sei körperlich aktiv und mach' damit weiter, selbst wenn du schon sehr alt bist. Es ist nie zu spät, um körperliche Übungen zu machen. Die andere Sache ist, dass man wirklich versuchen sollte, sein soziales Netzwerk zu behalten und neue

Menschen kennenzulernen, auch jünger als man selbst. Habe und behalte ein interessantes Leben, sei gesellschaftlich engagiert, geh zu Konzerten, lies Bücher, schau Filme, geh zu Vorlesungen, es gibt eine Unmenge solcher Möglichkeiten in unserer Gesellschaft. Und besonders für ältere Menschen ist es nicht sehr teuer, man kann Rabatte bekommen. Also alles, was man tun kann, um aktiv zu bleiben, körperlich und mental, ist sehr gesund. Und selbstverständlich nicht rauchen, ordentlich schlafen, nicht nur 3 oder 4 Stunden. Und natürlich wird ein oder zwei kleine Gläser Rotwein ein oder zwei Mal am Tag in Ordnung sein, aber nicht mehr als das.

Es wäre auch großartig, eine Art von freiwilliger Arbeit abzuleisten, weil es bedeutet, dass man sich sozial engagiert und man neue Leute trifft und Leute, die man normalerweise vielleicht nicht treffen würde, die nicht Teil des eigenen normalen gesellschaftlichen Umgangs sind, aber das würde einem auch einige Herausforderungen bereiten, über die man nachdenken sollte.

WAS FINDEN SIE SPANNEND AN IHRER ARBEIT? Ich liebe meinen Job, weil ich die Möglichkeit habe, immer neugierig zu bleiben und zu versuchen, Antworten zu finden, die letztlich zu neuen Fragen führen. Je weiter wir forschen, umso mehr wissen wir, und umso besser können wir versuchen, die Zukunft alter Menschen zu formen. Spannend an diesen Fragen ist, die Probleme und Herausforderungen zu lösen, die wir mit den Baby-Boomern, die sehr alt werden, haben werden.

—

Das Gespräch wurde im Januar 2015 in Odense, Dänemark geführt.

DOROTHY
MCCALL

81, KUNSTHISTORIKERIN, ARBEITET ALS VERKÄUFERIN IN EINEM KAUFHAUS

»Niemals zurück-
schauen, niemals
nach unten
schauen, einfach
weitergehen.«

**SIE VERKAUFEN SCHMUCK IM KAUFHAUS NORDSTROM. WA-
RUM ARBEITEN SIE NOCH HEUTE? WOLLEN SIE ARBEITEN
ODER MÜSSEN SIE ARBEITEN?** Es ist beides, weil mein Haus
nicht abbezahlt ist. Wissen Sie, wir haben es gekauft und es
dann beliehen. Als ich zum College ging und Kunstgeschichte
studierte, bezahlte mein Mann für alles. Später ging ich nach
Schottland und lebte dort, um meine Masterarbeit zu schreiben. Also, ich habe noch immer Schulden auf diesem Haus.
Aber jetzt, da meine Tochter und mein Schwiegersohn mit mir
leben, teilen wir die Kosten auf. Also zu Ihrer Frage: Ich denke,
es ist ein bisschen von beidem. Ich bekomme eine Rente, die
ist ungefähr, nachdem sie die Steuern abgezogen haben und
die Gesundheitsfürsorge, 900 Dollar im Monat. Und noch eine
kleine Rente von der Ford Motor Company.
WIE LANGE MÖCHTEN SIE ARBEITEN? Als ich 80 wurde, habe
ich meine Chefin gefragt: Brihanna, was denkst du, jetzt, wo
ich 80 bin, hättest du gerne, dass ich jetzt in Rente gehe?
Mein Geburtstag ist am St. Patricks Day, und sie sagte: Absolut nicht. Wenn du nicht hier bist, kommen die Leute immer
und fragen nach dir. Immer wenn du arbeiten willst, will ich
dich hier haben. Also habe ich nicht diesen Druck. Ich hatte
eine Menge Vorgesetzte, einige waren ziemlich furchtbar, weil
ich nicht so gut mit dem Computer bin. Ich muss um Hilfe
fragen, um am Computer rauszufinden, wo man in einem anderen Nordstrom-Geschäft ein Schmuck vorrätig ist. Aber

Brihanna ist wirklich wundervoll und hilft mir und wird nie wütend oder mies.

Als ich anfing, war ich 64 oder 65. Ich begann im Oktober und dachte, ich würde bis Weihnachten dort sein, aber sie behielten mich dort. Ich glaube, es ist auch für sie gut, mich zu haben, weil ich viele Briefe vom Abteilungsleiter bekomme, wo Menschen sich bedanken, dass ich ihnen wirklich geholfen habe. Jemand sagte gestern, dass zwei Frauen reingekommen sind und wissen wollten, wo ich bin. Und sie beschrieben mich und sagten: »Sie ist eine ältere Frau, sie lebt nicht hier, aber sie ist sehr weltgewandt.« Sie konnten sich nicht mehr an meinen Namen erinnern, und dann beschrieb die Kollegin mich und fragte, war es Dorothy? Ja, es war Dorothy. Ich glaube, dass ältere Menschen, wenn sie ihren Sinn für Humor bewahren und freundlich sind, einen Arbeitsplatz verbessern können. Und ältere Menschen haben manchmal einen guten Sinn für Humor.

WAS HAT SICH KÖRPERLICH FÜR SIE VERÄNDERT? AMERIKA IST EIN LAND VON JUGENDWAHN UND JUGENDLICHER SCHÖNHEIT. Ich hatte Glück, ich hatte nie ein Face Lift, ich wollte das nie. Und die Menschen in meinem Alter, mit denen ich zu tun habe, tun das ebenfalls nicht. Aber es ist schwer, physisch schwächer zu werden, und es ist wichtig, das Gleichgewicht zu halten. Die Angst vor dem Fallen beschäftigt mich. Bei einem Sturz im Jahr 2000 brach ich mir Zähne ab und brach meinen linken Fuß. Ich flog wortwörtlich durch die Luft und plop. Ich brachte ein Buch zu einem Kunden und die Sonne blendete, ich war niemals zuvor in dem Haus gewesen, es waren andere Stufen, ich kannte sie nicht. Und es haute mich wirklich um. Ich brauchte ungefähr 8 Wochen, um mich wieder davon zu erholen und ich musste neue Zähne bekommen. Aber fallen ist wirklich eine der schlimmsten Sachen, weil es dein Selbstvertrauen zerstört und es passiert jedem, denke ich. Und so musst du dich wirklich konzentrieren und musst dein Gleichgewicht üben, hoch gehen, runter gehen. Du musst gehen, gehen ist unerlässlich.

WAS WÜRDEN SIE TUN, WENN SIE MORGEN 1 MILLION DOLLAR GEWINNEN WÜRDEN? Wenn ich 1 Million Dollar gewinnen würde, würde ich nicht in dem Laden arbeiten. Ich würde Menschen auf Reisen mitnehmen und ihnen die großartigen Orte zeigen, an denen ich war und

zeigen, was ich dort gelernt habe. Wenn man auf eine Reise geht, denkt man, ich werde noch mal kommen und das wiederholen – aber das tut man nicht, weil manche Dinge nicht wiederholbar sind. Aber ich würde definitiv Familie und Freunde mit auf Reisen nehmen.

WAS HÄLT SIE JUNG? Was mich jung hält ist, dass ich bereit bin, etwas auszuprobieren, etwas Neues auszuprobieren. auch mit den Kindern zu arbeiten. Der 25-Jährige, der hier im Erdgeschoss lebt, ist ein Musiker. Meine Enkel, die Zwillinge, geben mir eine andere Sichtweise. Ein 30-jähriger Bekannter, er arbeitet bei Google, gibt mir eine andere Meinung. Und mein Schwiegersohn ist sehr nett zu mir, wissen Sie. Wir mögen alle Musik und Abenteuer, und wir können alle ehrlich zu einander sein, das ist gut.

WELCHE ROLLE HAT ARBEIT IN IHREM LEBEN GESPIELT ODER SPIELT SIE? Arbeit ist sehr wichtig, egal, ob man dafür bezahlt wird oder nicht, arbeiten verbindet dich einfach mit der Welt und dem Ort, wo du bist. Auch wenn du eine einfache Sache machst, dann ist das eine gute Sache, z.B. meinen Enkeln beizubringen,

schwedische Fleischbällchen zu machen. Und ich denke einfach, dass Arbeit wirklich wichtig ist, und ich fühle, dass ich diese Art von Herkunft habe, in der man arbeitete. Meine Familie, die arbeitete hart, und ich denke nicht, dass das eine schlechte Sache ist.

// Es gibt eine Geschichte, die ich gerne erzählen würde: 1994 bekam ich ein Stipendium, um nach Norwegen zu gehen, ein Kunstprojekt zu gestalten über Immigranten, die Norwegen verlassen hatten, um nach Amerika zu kommen. Die Förderung beinhaltete auch, dass ich auf der Queen Elisabeth II einen Vortrag für Leute aus europäischen Museen halte. Ich tat all das, ging in die Schweiz, schrieb meine Rede, und dann fuhr ich nach Southampton, um auf die QE2 zu gehen. Ich flog nach England und nahm den Zug nach Southampton, und als ich ausstieg sagte ich, ich will zur QE2. Der Mann sagte, oh, Sie sind zu früh. Er sagte, stellen Sie Ihre Sachen einfach ab und gehen Sie in die Stadt, einen Tee trinken und Southampton anschauen. Also tat ich das, ich hatte nur einen kleinen Koffer, eine Collegetasche und einen Geldbeutel und hatte wenig Kleider dabei. Also kaufte ich mir ein neues Paar Tennisschuhe, kurze Hosen und eine Bluse und kam zurück, nahm mein Zeug und dachte, das Schiff würde um 2 Uhr abgehen. Wir gingen zum Dock, ein riesiges Teil, und das Gate war geschlossen. Und die Taxifahrerin sagte, sie will zur QE2, aber der Mann am Gate sagte, nein, es legt ab. Also sagte ich, lassen Sie mich rein und er öffnete das Gate und wir gingen rein. Da war eine Frau in High Heels und einem Anzug, und ich sprang aus dem Auto und zeigte mein Ticket und sagte, ich muss auf dieses Schiff. Aber sie sagte, das Schiff legt gerade ab und schaute hoch. Es war das größte Schiff, das ich jemals gesehen hatte, 3 Fußballfelder lang und 8 Etagen hoch und jeder winkte. Ich begann zu rennen, mit meinen neuen Tennisschuhen, das Dock runter. Die Taxifahrerin fuhr zum anderen Ende der Anlegestelle und ich rief, ich muss auf diesem Schiff sein, ich muss einen Vortrag auf diesem Schiff halten. Mein ganzer Sinn und Zweck war es, auf diesem Schiff zu sein. Also rief sie den Kapitän der QE2 an und er fragte, ist sie bei guter Gesundheit? Nun, sagte sie, sie sieht für mich gesund aus. Und er sagte, dann bringt sie auf den Schlepper, aber sagt ihr, dass sie die Seite der QE2 wird hochklettern müssen. Wir halten nicht für sie an, für niemanden, sobald wir beginnen aus dem Hafen auszulaufen. Und so kam die Taxifahrerin zu mir, brachte mir meinen Koffer und meine Collegetasche und umarmte mich und sagte, ich weiß, dass Sie es schaffen können, Liebes. Ich gab ihr Geld und stieg in den Schlepper. Und die Matrosen nahmen mein Zeug und sagten, der Kapitän möchte Sie sehen. Also ging ich zum Stand des Kapitäns, wo er den Schlepper steuerte. Und er sagte, wissen Sie, die QE2 hält nicht für Sie an, Sie werden an der Seite eine Strickleiter zur Gepäckluke hochklettern müssen. Denken Sie, Sie schaffen das? Meine Matrosen gehen vor und tragen Ihre Sachen, aber sobald sie die einmal abgestellt haben, müssen Sie selbst hochklettern. Und ich weine und sage, ja, das kann ich schaffen. Und er sagt, sind Sie sicher, dass Sie das schaffen können, und ich sage ja. Und ich sage: Passiert das sehr oft? Und er sagt: Nein, das passiert nicht sehr oft, aber wenn Sie es nicht schaffen, wenn Sie nicht die Kraft haben, um es zu schaffen – und ich war

60 Jahre alt –, sagte er, sagen Sie es mir jetzt. Und ich sagte, nein, ich schaffe das. Ziemlich bald klopfte es an der Tür, der Matrose war da und er sagte, wir sind für Sie bereit. Wir gingen raus, da war eine Leiter, sie hatte hölzerne Stufen und ein Seil, und die Matrosen gingen hoch, nahmen meine Sachen mit hoch und dann kamen sie runter und holten mich. Und der Kapitän umarmte mich und sagte: Jetzt denken Sie daran, nicht runterzuschauen, nicht anzuhalten und niemals zurück zu schauen. Und so begann ich zu klettern, mein Fuß rutschte ein paar Mal ab, weil es nass war. Es war, als ob man eine schwarze Wand mit Wasser hochkletterte, große Wellen. Ich kletterte hoch und auf der zweiten Etage war eine große Luke und da waren die Offiziere, die auf mich warteten und mich reinzogen. Und so ging ich an Bord der QE2. Sie brachten mich zur Rezeption und das erste, was ich tat, als sie nachsahen, welches Zimmer meines war, war, in den Spiegel zu schauen, weil ich sicher war, dass ich mich irgendwie verändert haben musste. Vielleicht war mein Haar weiß geworden, irgendetwas musste passiert sein, aber nein, es sah gleich aus. Also niemals zurück schauen, niemals nach unten schauen, einfach weitergehen – das ist eine Lektion fürs Leben.

—

Das Gespräch wurde im Oktober 2014 in Oakland, Kalifornien, geführt.

MARGARET
HECKEL

48, JOURNALISTIN UND BUCHAUTORIN, SIEHT DIE CHANCE, ÜBER EINE FLEXI-BLERE GESTALTUNG VON ARBEITSZEIT UND FREIZEIT IN EINEM ZUKÜNFTIG BALD HUNDERTJÄHRIGEN LEBEN NACH-ZUDENKEN ————————————

»Es liegt an uns, welches Bild wir vom Alter haben.«

FRAU HECKEL, SIE SIND ENDE 40. WARUM BEFASSEN SIE SICH SCHON SEIT JAHREN MIT DEM THEMA »ALTER, AR-BEITSMARKT, LÄNGER ARBEITEN?« Mich hat als Journalistin immer gestört, wie negativ wir über das Alter geredet haben. In den Jahren 2004, 2005 waren die Zeitungen voll mit Schlag-zeilen wie »Generationenkonflikt« und mit Artikeln, dass die Sozialsysteme nicht überleben würden, weil wir so viele Ältere haben. Und schon damals dachte ich, was für ein Geschenk dieses längere Leben doch eigentlich ist und habe mich ge-fragt, warum wir immer in so apokalyptischen Begrifflichkei-ten darüber reden. Es gab damals auch eine Reihe von Büchern. Eines davon zum Beispiel hieß: »Das Methusalem-Komplott«. Das klingt ja schon ganz furchtbar, wie wenn irgendwelche Männer am Krückstock – Methusalem – die Weltherrschaft übernehmen. Es war damals aber sehr schwierig, für diese positiven Seiten dieser Entwicklung Gehör zu bekommen, dass wir länger und auch länger gesund leben. Ich habe dann schon als Politikchefin einer Zeitung versucht, über den konstrukti-ven Umgang mit dem demographischen Wandel zu schreiben und habe jedes Mal erlebt, dass ich mich bei unterschiedlichen Chefredakteuren richtig ins Zeug legen musste, um mich durch-zusetzen und zu sagen: »Ich will, dass wir optimistisch über das Thema berichten und konstruktiv«. Ich habe das auch ge-macht, aber die Zeiten waren noch nicht so richtig danach, denn die vorherrschende Meinung war einfach: »Die Alterung bringt uns um! Die Rentenkassen werden kollabieren! Wir können die Gesundheitsversorgung nicht aufrechterhalten!«

Und als ich mich dann im Jahr 2009 selbstständig gemacht habe, dachte ich, jetzt wird es Zeit für eine Reise an die Basis. Weil meine Vermutung war, dass überall in Deutschland, in Kommunen, in Stiftungen, in Organisationen, im Ehrenamt, unglaublich viele tolle Ideen für den Umgang mit dem demographischen Wandel schon da waren, gelebt wurden. Und die wollte ich entdecken und anschauen. Ich habe mich deswegen im Sommer 2011 auf eine vierwöchige Reise durch Deutschland auf der Suche nach Ideen für den demographischen Wandel gemacht. Und was ich gefunden habe, war faszinierend, weil überall – in Dörfern, in den Laboren der Wissenschaftler – unglaublich viele tolle Ideen gelebt und auch umgesetzt wurden, wie man kreativ mit dem demographischen Wandel zum Wohle aller Beteiligten umgehen kann. Ich habe jeden Tag einen neuen Artikel geschrieben – hatte also einen Blog im Internet –, 30 Artikel, die so entstanden sind, da konnte man richtig schön sehen, wie sie im Laufe der Reise mehr Leser und Leserinnen gefunden haben. Und so kam dann auch die Idee, daraus ein Buch zu machen, das wir auch optimistisch »Die Midlife-Boomer« genannt haben, »warum es nie spannender war, älter zu werden«. Denn genau darum geht es: Es ist unglaublich spannend, diese neue Phase, diese geschenkten Jahre, die wir haben, mit Leben zu füllen und darüber zu sprechen. Nach dem ersten Buch und vielen Diskussionen wurde sehr schnell klar, was die Menschen stark interessiert. Das ist die Arbeitswelt, weil sie sich fragen: »Wenn wir länger leben, was bedeutet das für das Arbeiten? Werden wir auch länger arbeiten? Wie gehen wir damit um?« Und so kam es dann zu dem Folgebuch »Aus Erfahrung gut – wie die Älteren die Arbeitswelt erneuern«, das viele Unternehmen vorstellt, die heute schon sehr gut mit ihrer älterwerdenden Mitarbeiterschaft umgehen und die sehr kreative Ideen für diesen demographischen Wandel haben.

WER IST IHR PUBLIKUM BEI VORTRÄGEN, BEI LESEREISEN, WER KAUFT DIE BÜCHER? WIE REAGIERT DAS PUBLIKUM? Ich wende mich an alle, die in der Tat so zwischen 40 und 60 bis 70 sind, die genau in dieser Phase ihres Lebens stehen und sich fragen, was sie die nächsten 10, 20, 30 Jahre machen. Und ich möchte ihnen eigentlich diese Angst vor dem Alter nehmen. Denn wir haben momentan leider oft noch ein sehr defizitgeprägtes Bild vom Alter. Wir unterliegen den völlig falschen Denkmodellen, dass es ab 50 bergab geht, dass wir dann irgendwie schnurstracks auf das Ende unseres Lebens zugehen. Nichts könnte falscher sein, ganz im Gegenteil: Mit 50 fängt es eigentlich erst richtig an, weil wir so viele neue Möglichkeiten haben. Jeden Tag, den wir leben, gewinnen wir 5 Stunden zusätzliche Lebenszeit hinzu. Jedes Jahrzehnt, dass wir leben, zwei bis drei zusätzliche Lebensjahre. Und diese wunderbare Verlängerung des Lebens können wir eben auch immer gesünder genießen, sodass sich eben auch für einen 55-Jährigen, für eine 60-Jährige, für einen 65-Jährigen die Frage stellt: Was mache ich mit den Jahrzehnten, die ich noch habe?«

Das Publikum ist neugierig, aber sehr oft auch reserviert. Wenn die Menschen hören, dass sie noch so viele Jahre vor sich haben, sind sie erst mal skeptisch, weil eben jeder diese Bilder im Kopf hat – von seinen eigenen Eltern oder Großeltern, die in der Tat nach einem harten, oft auch körperlich harten Leben mit 65, mit 66, 67 wirklich auch schon alt waren. Und keiner hat so richtig im Blick, dass sich das natürlich ständig ändert und dass diejenigen, die heute 50 sind, mit 70 – in aller Regel – noch sehr gut leben werden und dass eigentlich Hochaltrigkeit erst mit 85 anfängt. Das sind so neue Ideen, da müssen sich die Menschen dran gewöhnen. Und ich erzähle eben sehr oft den Menschen, wenn sie Kinder, Enkel, Enkelinnen haben, die im 21. Jahrhundert geboren sind, dass jedes zweite Mädchen seinen 100. Geburtstag erleben wird. Das 21. Jahrhundert ist ein Jahrhundert der 100-Jährigen. Die Vereinten Nationen trauen sich sogar, uns das genau vorherzusagen. Sie sagen uns in ihrer jüngsten Bevölkerungsprognose: Wir werden im Jahr 2069 in China eine Million 100-Jährige haben. Wenn wir so rangehen und Hundertjährige als Normalfall haben – nicht als die Ausnahme, die sie momentan noch sind –, dann stellen sich natürlich sofort viele Fragen: »Wie können wir ein hundertjähriges Leben leben? Wie können wir glücklich sein in einem hundertjährigen Leben? Wie werden wir arbeiten in einem hundertjährigen Leben? Wie finanzieren wir das Ganze?« Aber es wird auch sofort klar, dass wir in einem hundertjährigen Leben mit 50 allenfalls an der Hälfte angekommen sind und noch viele Möglichkeiten haben.

WIE WIRD DAS UNSERE LEBENSENTWÜRFE ÄNDERN? Mich fasziniert an diesem Prozess in der Tat, wie viele zusätzliche Jahre ich noch habe. Und dass ich mich praktisch mit diesen geschenkten Lebensjahren immer wieder neu erfinden kann. Ich habe mit Anfang 40 nochmal komplett was Neues angefangen – ich kann mit Anfang 50, Mitte 50 nochmal was Neues anfangen, und mit 60, 65, 67 ist noch lange nicht Schluss, um nochmal was Neues anfangen. Was immer es auch sein wird, ich weiß es noch nicht, aber das finde ich ungeheuer faszinierend, an die Möglichkeiten der Zukunft zu denken, an die Chancen, die die geschenkten Lebensjahre bieten. Und das alles mit der Erfahrung der Jahre, die ich schon hinter mir habe, das macht viel mehr Spaß, finde ich, als mit Anfang 20 oder mit Anfang 30.

DIE REDEWENDUNG VOM WOHLVERDIENTEN RUHESTAND IST VERBREITET. WIE SIEHT DIE REALITÄT AUS IHRER SICHT AUS? Manche Menschen wissen ganz genau, was sie dann im Ruhestand tun und haben unglaublich viele Pläne. Das ist alles ganz wunderbar. Aber bei vielen Menschen stellt man fest, wenn man sie ein, zwei Jahre nach dem Ruhestandbeginn befragt, dass sie eigentlich sich gefreut haben auf einen richtig schönen, langen Urlaub. Auf eine Zeit, wo der Wecker nicht mehr klingelt, wo man tun und lassen kann, was man möchte. Aber nach zwei oder drei Monaten, nach ein Jahr oder zwei Jahren – je nachdem – fangen viele an, eine gewisse Leere zu empfinden: Weil die Kollegen von der Arbeit fehlen, das Feedback von der Arbeit fehlt, das soziale Umfeld fehlt, das Telefon oft stumm bleibt. Deswegen stellen wir uns unter diesem wohlverdienten Ruhestand oftmals wirklich was

ganz Falsches vor. Und hinterher stellen wir fest: »Wir hätten nur mal so einen richtig schönen, langen Urlaub gebraucht.« Und dann ist es aber zu spät, weil wir im Ruhestand sind. Deswegen machen wir das – aus meiner Sicht – vollkommen falsch. In diesem hundertjährigen Leben, das unsere Kinder und unsere Kindeskinder künftig führen, müssten wir ein Arbeitsleben haben, wo wir immer wieder wechseln zwischen Vollzeit und Teilzeit, wo wir Auszeiten nehmen können, wo wir diesen schönen langen Urlaub, auf den wir uns freuen, eben schon mal mit 35 machen, weil wir ½ Jahr Auszeit nehmen, dann vielleicht mit 48 nochmal, wo wir uns die ganzen Wünsche, die wir für den Ruhestand aufsparen, schon während des Arbeitslebens erfüllen. Und dann wird es auch nicht mehr so mythisch glorifiziert, dieser angebliche goldene Ruhestand, der sich so oft als ein schwarzes Loch entpuppt, in das man reinfällt und aus dem es fast unmöglich ist, wieder raus zu krabbeln.

WOHER KOMMT DAS? WARUM IST DAS THEMA RUHESTAND SO MYSTIFIZIERT? WARUM IST DAS SO EIN MARKER, EIN DATUM? Unsere Köpfe sind vollkommen fixiert und auch fast blockiert von diesen Zahlen, die wir mit dem Ruhestand assoziieren. 65: dann bin ich Rentner, dann bin ich im Ruhestand, oder 63, 67. Und diese Fixierung auf diese Zahlen trübt uns vollkommen den Blick. Ein 65-Jähriger hat heute noch locker 20 zusätzliche gute Jahre. Das ist vollkommen unsinnig, sich da so darauf zu fixieren. Im Gegenteil: Anfang 60, da kann man nochmal was Neues anfangen, eine Sprache oder einen Sport lernen, jonglieren lernen, das, was er immer mal wollte. Da ist man doch noch ganz jung, das ist überhaupt keine Frage. Und deswegen wäre es sehr wichtig, dass wir diese Zahlen einfach komplett streichen. Es gibt ja schon Länder, die das machen, die den Ruhestand vollkommen freigegeben haben. In dem Moment, wo sie das tun, haben sie eine psychologische Änderung, die sehr gravierend ist. Weil man sich dann eben, mit 60, mit 61, mit 62 nicht die Frage stellt: »Wie lange habe ich noch bis zu diesem Ruhestand?« Sondern man stellt sich die Frage: »Wie lange möchte ich denn noch arbeiten? Was möchte ich denn?« und nicht, was ein Staat oder ein

Gesetz vorgibt. Dann sagt man vielleicht mit 62: »Ich fühl mich gut, ich möchte eigentlich noch weitermachen.« Und mit 63 denkt man nochmal drüber nach: »Eigentlich geht es mir immer noch gut, ich hänge noch ein Jährchen dran.« Und so weiter. Die psychologische Lage ändert sich dann vollkommen. Deswegen müssen wir unbedingt unseren Ruhestand flexibilisieren und den Menschen auch diese Möglichkeit geben. Warum sollen die nicht mit 61 schon mal acht Monate oder drei Monate Auszeit nehmen, dann mit 62 wieder durcharbeiten. Das würde einen ganz anderen Zugang zu dem Thema eröffnen und würde dann eben auch diese Zahlen entmystifizieren. WAS BEDEUTET ARBEIT IN EINEM LEBEN HEUTE? UND VIELLEICHT RÜCKWIRKEND BETRACHTET: WIE HAT SICH DIE BEDEUTUNG VON ARBEIT IN EINEM LEBEN VERÄNDERT? Wir haben immer weniger wirklich harte, körperliche Arbeit, wo man dann wirklich sagen kann, dass die Menschen nach 30, 40, 45 Arbeitsjahren auch wirklich körperlich am Ende sind. Wir haben aber noch diese Bilder vor Augen, weil unsere Opas, manchmal auch die Großmütter, tatsächlich so gelebt haben. Die waren auch wirklich froh, wenn sie nicht mehr ins Bergwerk oder nicht mehr aufs Dach oder in die Fabrik nicht mehr ellenlange Schichten arbeiten mussten. Wer heute in Fabriken geht, in denen Bandarbeit ist – die ist heute vollkommen anders als früher. Und es gibt viel mehr Menschen, die ganz anders arbeiten, die auch nicht mehr körperlich arbeiten. Deswegen hat sich auch unser Zugang zur Arbeit in unserem eigenen Erleben total verändert. Aber unsere Bilder von Arbeit sind noch die Bilder der Vergangenheit: Das, was unser Opa machte, was unser Vater machte. Und davon müssen wir uns lösen, weil wir unsere eigenen Geschichten haben. Wer heute am Schreibtisch arbeitet, ist mit 65 körperlich definitiv nicht am Ende. Was vielleicht die Frage ist: Ob er Pausen braucht in seiner Arbeit, ob er Abwechslung braucht in seiner Arbeit. Deswegen ist es so wichtig, dass wir nicht nur den Ruhestand flexibilisieren, wir müssen das ganze Arbeitsleben neu denken. Und da hilft einfach der Gedanke an unsere Kinder und Kindeskinder, denn in einem hundertjährigen Leben werden sie wahr-

scheinlich 6 Jahrzehnte arbeiten und natürlich nicht immer den gleichen Beruf ausüben. Sie werden ihren Beruf wechseln, mehrfach sogar. Sie werden sich ihr Leben lang weiterbilden und lernen. Da sollte man Menschen die Möglichkeit geben – wenn sie 20 Jahre einen Job gemacht haben, der ihnen Spaß gemacht hat, der aber so langsam ein bisschen repetitiv und ermüdend wird und den man irgendwie so im Automatikmodus macht –, mal was ganz Neues anzufangen. Und jene, die es gemacht haben – ich nenne sie »Die Midlife-Boomer«, weil sie sich in der Mitte ihres Lebens was Neues trauen –, die erzählen unglaublich faszinierende Geschichten, wie diese neuen Herausforderungen, beruflich, persönlich, in der Mitte des Lebens, mit 42 oder 52, neues Selbstbewusstsein aufgebaut haben, dass sie das Neue, was immer sie angefangen haben, nochmal mit soviel Enthusiasmus, Elan, Spaß und Kreativität machen und dies auch durch diesen Prozess des längeren Lebens sehr gut trägt. Das sind momentan noch Ausnahmen, aber da müssen wir hin, für uns und für die, die nach uns kommen.

SIE SPRACHEN ÜBER EIN »SCHWARZES LOCH«: WIE EHRLICH SPRECHEN DIE MENSCHEN EIGENTLICH DARÜBER? ODER WIE STARK MUSS DAS IDEALBILD VOM RUHESTAND AUFRECHTERHALTEN WERDEN? IST ES EINE FRAGE DER GESELLSCHAFTLICHEN ERWARTUNG? Dieses »Schwarze Loch« nach dem Renteneintritt ist das letzte große Tabu, dass wir überhaupt noch haben, und da spricht niemand gerne drüber. Man darf auch gar nicht darüber sprechen, weil angeblich dieser goldene Ruhestand so toll sein muss, mit dieser Freiheit, die man dann hat, dass diejenigen, die dann feststellen: »Ja, aber niemand ruft mich an, ich hab kein Feedback, die Arbeit fehlt mir, die Bestätigung bei der Arbeit fehlt mir!« Die dürfen sowas gar nicht sagen, denn alle, die noch im Arbeitsprozess sind, sagen: »Ach, ihr habt's doch schön, ihr Rentner, ihr kriegt eine richtig hohe Rente. Ihr seid die letzte Generation, der es überhaupt noch gut geht.« Und das ist für die Betroffenen natürlich doppelt verheerend. Sie haben selber auf diese Zeit gefiebert und dann sind sie plötzlich »frei«, der Wecker klingelt nicht mehr. Und plötzlich ist da diese gähnende Langeweile, die man nicht richtig füllen kann. Die Enkelkinder sind doch nicht so oft da, der Garten ist schon tipptopp, und im Ehrenamt läuft es irgendwie auch nicht so gut, da hat man auch nicht auf jemanden gewartet. Also darf man auch nichts darüber sagen, frisst es in sich rein. Deswegen gehen gerade in den ersten Jahren nach dem Ruhestand die Raten für Depression, für Selbstmord und für Scheidungen nochmal nach oben. Und das müsste alles nicht sein, wenn wir eine bessere Balance finden könnten zwischen Arbeit und Nicht-Arbeit. Jemand mit 70, der soll natürlich nicht 40, 50, 60 Wochenstunden arbeiten, es sei denn, sie oder er möchte das. Aber warum nicht 10 Stunden, 15 Stunden irgendwas tun, was Spaß macht, was Selbstbestätigung bringt, was Feedback bringt – das wäre doch wunderbar.

KÖNNTE ES AUCH SEIN, DASS DIE MENSCHEN, DIE IN DIESEM »SCHWARZEN LOCH« SITZEN UND JETZT DEN »WOHLVERDIENTEN RUHESTAND« HABEN, SICH SELBST DIE SCHULD GEBEN, DASS SIE VERMEINTLICH NICHT KREATIV UND ERFINDERISCH GENUG SIND WIE DIE ANDEREN? Das auf jeden Fall, was uns sowohl die Werbung als auch das öffentliche Bild dieser Ruheständler, dieser goldenen Generation suggeriert: Wir sehen ja nur Bilder von Älteren, die Radtouren unternehmen, in der Welt rumfahren, Kindertheater machen. Deswegen ist es umso verheerender für diejenigen, die das irgendwie nicht so hinkriegen, dass die sich ja überhaupt nicht mehr trauen, darüber zu reden. Und deswegen ist es auch eines der letzten Tabus, die wir noch haben. Wir müssen einfach ganz offen konstatieren, dass wir das nicht gelernt haben. Wir haben das nicht gelernt, eine Phase zu leben, in der Ruhestand eben nicht ein paar Jahre sind. Als das Bismarck damals eingeführt hat, war das Rentenalter 65, damals ein Rentenalter, was kaum einer der Rentner erreicht hatte, die sind ja alle viel früher gestorben. Heute hat ja ein 65-jähriger Rentner 20 oder 30 weitere Lebensjahre. Und deswegen sind wir in einer historisch wirklich einmaligen, komplett neuen Situation. Eigentlich ist es ein

zusätzliches Lebensalter, und wir müssen jetzt das mit Leben füllen und brauchen dafür neue Inhalte, wir brauchen neue Ideen, und wir müssen es ganz dringend enttabuisieren.

WARUM IST ES SO SCHWER, DIESE FAKTEN – DIE DEMOGRAPHISCHEN VERÄNDERUNGEN SOWIE DIE FOLGEN DER DERZEITIGEN REGELUNG – IN DIE KÖPFE DER MENSCHEN ZU BRINGEN? WAS MUSS MAN TUN, UM SIE MEHR IN DIE DISKUSSION ZU BRINGEN? Also meine Erfahrung ist, dass alle diejenigen, die sagen, sie wollen noch weiter arbeiten oder was anderes machen, von ihrer Umgebung als total bescheuert angesehen werden: »Wie, du kannst doch in Ruhestand gehen, du kriegst doch 'ne gute Rente, warum willst du weiter arbeiten? Ich würde jederzeit gerne aufhören zu arbeiten, wenn ich nur könnte, und du willst weiter arbeiten.« Ein völliges Unverständnis auch über den positiven Effekt von Arbeit. Und da ist es natürlich sehr schwer, das sagen sie einmal, zweimal, dreimal, und beim dritten Mal, wo sie solche Reaktionen bekommen, denken Sie sich: »Oh, vielleicht sage ich das doch lieber nicht laut.« Und dann ist schon das Problem da: Wir bräuchten einfach mehr Menschen, die sagen: »Ich bin 65, 63, 67 und ich möchte weiterarbeiten! Es macht mir Spaß. Ich kriege Bestätigung. Ich will es tun!« Wenn wir so eine gesellschaftliche Bewegung hätten – es wäre wunderbar, wenn das endlich mal losgehen würde –, dann hätten wir ganz schnell ein anderes gesellschaftliches Klima. Dabei wäre die historische Lage unglaublich gut, weil die Älteren ja niemand den Arbeitsplatz wegnehmen. Wir haben historisch niedrige Arbeitslosenquoten, die Jüngeren finden viel leichter gute Arbeit als früher noch, wir brauchen die Älteren richtiggehend. Wir brauchen einfach die gesellschaftliche Bewegung, die sagt: »Wir wollen – die einen viel, die anderen weniger – wir wollen weiterarbeiten, egal, wie das aktuelle Rentenalter ist. Einfach weil es uns Spaß macht, weil es uns Bestätigung bringt. Und wenn wir so etwas hätten – Leute, sie sich offener hinstellen –, dann könnten wir auch die gesellschaftliche Meinung sehr schnell ändern, weil ich sicher bin, dass viele das insgeheim denken, sich aber wirklich nicht trauen, es zu sagen. Von denen, die es tun, die sich trauen, da wissen wir: Denen geht es viel besser. Die altern auch sehr viel besser, die leben besser, die kommen besser mit dem zurecht, was Altern eben auch bedeutet. Natürlich bedeutet es in gewisser Hinsicht leichte körperliche Probleme, aber auch die sind nicht so stark, wie man das immer denkt und setzen viel später ein, als wir es denken. Wie gesagt, Hochaltrige, sagt die Wissenschaft uns heute, sind über 85. Aber zwischen 65 und 85 liegen doch die gleichen 20 Jahre, die zwischen 45 und 65 liegen, die zwischen 25 und 45 liegen: Zwei volle, pralle Jahrzehnte Leben, mit denen wir doch was anfangen könnten.

DAS HEISST, VERÄNDERUNG PASSIERT ÜBER VORBILDER, ÜBER VIELE VORBILDER. WELCHE ROLLE SPIELT SPRACHE ODER DAS NARRATIV? MÜSSEN WIR DIE GESCHICHTE DES ALTERNS ODER ÄLTERWERDENS NEU ERZÄHLEN? Sprache ist sehr wichtig in diesem Prozess des konstruktiven optimistischen Alterns, weil wir noch gar keine richtigen Begriffe haben. »Senioren« klingt furchtbar, »Silver-Ager« klingt wie ein Marketing-Terminus, mit dem sich auch nur wenige anfreunden können. Und eigentlich ist es auch ganz normal, dass wir noch keine Begriffe haben, weil wir ja auch eine historisch neue Phase haben. So was gab es ja früher noch nie. Die Menschen sind früher viel jünger gestorben, und wir sind jetzt die Ersten, die diese Phase zwischen 50 und 70, zwischen 50 und 80 mit neuen Inhalten füllen. Und einer von uns – und ich hoffe, dass es eher früher als später kommt – wird mal einen guten Begriff prägen. Es gibt das Beispiel der Adoleszenz, also der Zeit zwischen den Kindern, die Kinder sind und den Erwachsenen. Und früher – Ende des 19. Jahrhunderts – war es so, dass in dem Moment, wo ein Kind arbeiten konnte, es ein Erwachsener war. Irgendwann hat dann angefangen, dass die zur Schule gehen müssen, dass sie Ausbildung haben, sodass die Phase des Jugendlichen dazwischen geschaltet wurde. Aber bis wir dann überhaupt den Begriff der Adoleszenz als Lebensalter erfunden haben – der erste Psychologe, der das Wort erfunden hatte, hat es 1896 getan. Und es hat gedauert bis 1940 ungefähr,

also über 4 Jahrzehnte, bis in Amerika eine Zeitschrift für Twens erfunden wurde und mit dem der »Twen«, der »Jugendliche«, der »Teenager«, eine Begrifflichkeit gefunden war. Ich hoffe, dass es für das Alter, Älterwerden, nicht so lange dauert. 4 Jahrzehnte, das wäre furchtbar. Aber Sprache ist sehr wichtig. Wir haben den »goldenen Ruhestand«, der vielleicht eigentlich ein »schwarzes Loch« ist, wir haben »Senioren«, ganz grässlich all diese Begrifflichkeiten. Und deswegen brauchen wir dringend neue Begriffe, positiv besetzte Begriffe oder zumindest neutral besetzte Begriffe

ES GIBT, ZUMINDEST IN DEN LETZTEN JAHREN, SCHON SO ETWAS WIE EINE BEWEGUNG VON SEITEN DER UNTERNEHMEN. AUS DEM FACHKRÄFTEMANGEL HERAUS INTERESSIEREN SICH UNTERNEHMEN SEHR VIEL MEHR FÜR IHRE ÄLTEREN KOMPETENTEN MITARBEITER. SIE ALS WIRTSCHAFTSJOURNALISTIN KENNEN AUCH DEN TREND DER FRÜHVERRENTUNG. KÖNNEN SIE VERSTEHEN, WENN SICH ÄLTERE MENSCHEN FUNKTIONALISIERT FÜHLEN, DASS SIE SAGEN: »DAMALS HABT IHR UNS NICHT GEBRAUCHT, SOLLTEN WIR ALLE MIT 50 GEHEN. JETZT BRAUCHT IHR UNS, JETZT ERZÄHLT IHR, DASS ALLE FIT SIND UND BIS 80 ARBEITEN KÖNNEN«. MISSTRAUEN GEGENÜBER EINER FUNKTIONALEN DEBATTE? Ich kann es absolut verstehen, wenn Ältere sich in dieser Frage total hin und her geschubst fühlten. Wir hatten diese Phase der Frühverrentungen fast zwei Jahrzehnte, wo man Menschen immer früher in Ruhestand geschickt hat. Damals eben, weil der Arbeitsmarkt so schlecht lief, die Arbeitslosigkeit so hoch war. Und diese Jahrzehnte der Frühverrentung, die haben eben auch dieses Bild vom Alter so negativ geprägt. Damals war es teilweise so, dass schon ein 52-Jähriger in Ruhestand entlassen wurde. Und wenn wir jetzt sagen: »Nein, ihr müsst alle länger arbeiten!« ist es vollkommen verständlich, dass die Menschen sagen: »Wie denn jetzt schon wieder? Was soll das Ganze jetzt? Werden wir schon wieder hin und her geschubst?«
Wir müssen eigentlich mit einer anderen Botschaft an die Menschen rangehen und ihnen sagen, dass die eigentliche Gefahr eines frühen

Ruhestandes eben die für ihr Wohlbefinden ist. Der erste Tag der Rente ist der Tag der größten Gefahr für ihre geistige Gesundheit. Und das wissen wir leider aus zunehmend vielen Studien, dass Menschen, die nicht mehr im Arbeitsleben stehen, auch sehr stark geistig und körperlich abbauen. Das muss nicht sein, aber deren Risiko ist deutlich höher als das derjenigen, die noch im Arbeitsprozess stehen. Und das hat einfach mit den fehlenden Herausforderungen zu tun. Deswegen kann man Leuten, die so alt wie möglich werden möchten, so lange wie möglich leben wollen, eigentlich nur raten: »Sucht euch immer wieder neue Herausforderungen, bleibt aktiv, auch körperlich aktiv!« Man kann seinem Gehirn nichts Besseres tun, als körperlich aktiv zu bleiben – und wenn es nur Spaziergänge sind, das ist schon sehr hilfreich. Wir wissen, dass es einen ganz direkten Zusammenhang gibt zwischen körperlicher Bewegung und geistiger Fitness. Und deswegen ist es schlecht, wenn man so früh aufhört zu arbeiten, weil dann die Herausforderungen fehlen und auch die Möglichkeit, Ziele erreichen zu können. Denn das ist ja das, was wir im Arbeitsleben haben, egal, ob wir unseren Job jetzt so toll finden oder nicht: Wir machen was, es gibt Ergebnisse, wir arbeiten auf etwas hin, wir machen ein Projekt, das irgendwann abgeschlossen wird. Selbst an der Supermarktkasse erbringen wir Dienstleistungen, die andere Menschen brauchen. Und all diese Dinge fehlen eben sehr oft in dieser Zeit des Ruhestands. Das führt dazu, dass die Menschen viel schneller altern – und zwar geistig und körperlich –, als sie das eigentlich tun müssten.

KANN ENGAGEMENT OHNE ENTLOHNUNG, EIN EHRENAMT ZUM BEISPIEL, AUCH EINE ARBEIT ERSETZEN UND GENAUSO TAGESSTRUKTUR, SOZIALE INTEGRATION UND KOMMUNIKATION GEBEN? Also das Allerwichtigste ist, in Bewegung zu bleiben, und zwar geistig und körperlich. Ob das jetzt im Ehrenamt ist oder in einer bezahlten Arbeit, ist für das Wohlbefinden eigentlich relativ nebensächlich. Auf der anderen Seite sage ich mir, wenn die Menschen noch arbeiten können und auch arbeiten wollen, warum sollen sie nicht erstens Geld verdienen und zweitens ihre künftige Rente dann aufstocken? Weil, das wissen auch viel zu wenige Menschen: Keiner von uns muss mit 63, 65 oder 67 – wie auch immer dieses gesetzliche Rentenalter ist – in Rente gehen. Ich hatte kürzlich einen Bekannten, der sagte: »...dann habe ich meinen Rentenantrag gestellt«, und ich sagte ihm: »Warum hast du einen Rentenantrag gestellt, du musst doch gar nicht in Rente gehen!« Da schaute er mich an und sagte: »Wie? Ich muss nicht in Rente gehen?« Da sage ich: »Nein, schreibt dir keiner vor! Wenn du länger arbeiten möchtest – jeden Monat, den wir über die Rentengrenze arbeiten, erhöht sich unsere künftige Rente um immerhin 0,5 %, jedes Jahr um 6 %.« Das sind ganz schöne Summen, die dann da auch für diejenigen kommen, für die es auch finanziell eine wichtige Frage ist, ob die Rente dann bei 900, 1.100 oder 1.300 Euro liegt. Es gibt einfach sehr viele Gründe, bezahlt weiterzuarbeiten. Das Wichtigste ist, dass die Herausforderungen da sind und dass man diese Erfolgserlebnisse – egal ob im Ehrenamt oder im Beruf – möglichst weiter schafft und hat und erlebt.

HECKEL

Leider ist es eben so, dass es unglaublich stark bei uns mit diesem offiziellen Rentenalter zusammenhängt. Das ist einfach so eine Zahl, die unser Denken so beschäftigt, dass jemand, der in Rente ist, eben definitiv als »alt« gilt. Und das ist totaler Unsinn, weil wir aus der Forschung und aus unseren Beobachtungen wissen: Es gibt kein Lebensalter, wo die Menschen so unterschiedlich sind, wo das kalendarische Alter so wenig über das eigentliche Alter sagt wie die Zeit ab 50. Wenn wir uns das überlegen, dann ist es auch intuitiv plausibel. Ein 13-Jähriger – egal auf der Welt, wo immer sie oder er sich befindet – ist immer irgendwie in der Pubertät. Das können wir ziemlich klar sagen, was »13« bedeutet. 53, 63, 73 – vollkommen unterschiedlich. Ein 53-Jähriger kann steinalt aussehen, eine 73-Jährige kann topfit sein. Deswegen: Wir müssen uns gerade für diese Zeit vollkommen abgewöhnen, über kalendarische Alter nachzudenken. Kalendarische Alter sagen nichts aus in diesem Lebensabschnitt. 100-jährige Marathonläufer, 60-Jährige, die kaum mehr gehen können: Es sagt nichts aus.

WENN WIR ÜBER INDIVIDUALISIERUNG DES PROZESSES DES ÄLTERWERDENS SPRECHEN, MÜSSEN WIR AUCH VIELLEICHT ÜBER DIE INDIVIDUALISIERUNG VON RENTENREGELUNGEN NACHDENKEN. WENN SIE DIE MACHT HÄTTEN, DIE RENTENREGELUNG IN DEUTSCHLAND ZU GESTALTEN, WIE SOLLTE DASS AUSSEHEN? Wenn ich die Macht hätte, auch nur ein Gesetz durchzubringen, würde ich sofort das gesetzliche Rentenalter abschaffen und zwar zu Gunsten von Regelungen, die wir in anderen europäischen Ländern schon haben: Dass wir mit 60 oder 63 – da kann man drüber debattieren – uns zum ersten Mal fragen: »Wie geht es mir? Wie fühl ich mich? Wie viel würde ich denn bekommen, wenn ich jetzt in Rente gehe?« Und dass wir dann uns entscheiden: »Nein, ich möchte noch ein Jahr arbeiten. Mir geht's gut, alles prima!« Und dann nach einem Jahr wieder: »Ach, jetzt hänge ich nochmal ein Jahr dran!« Sodass es ein offenes Ende wäre, dass es aber gleich-

zeitig auch die Möglichkeit ist, in diesen Jahren auch schon nur ein Teil zu arbeiten, oder wenn jemand mit 64 Kinder im Ausland hat und die zwei Monate im Sommer besuchen möchte, dann soll er oder sie die Möglichkeit haben, da eine Auszeit, diesen längeren Urlaub zu nehmen. Deswegen brauchen wir einfach eine vollkommene Flexibilisierung, die Jedem und Jeder ermöglicht zu fragen: »Soviel würde ich jetzt schon bekommen. Reicht mir das? Reicht mir das nicht? Will ich nicht vielleicht doch noch länger arbeiten?« Und keine Daten, keine fixen Zeiten, sodass jeder für sich selbst das entscheidet und dann auch darüber nachdenkt, was er oder sie mit diesen vielen Jahren, die man noch hat – mit 60, 62, 64, 66, da kommen ja noch 20, 30 gute, gesunde Jahre – noch macht. Darum geht es, darüber nachzudenken.

WAS SAGEN DIE UNTERNEHMEN DAZU? IST DAS PLANBAR INNERHALB DER UNTERNEHMEN? Für die Unternehmen ist eine derartige Flexibilisierung des Renteneintritts sehr problematisch, und die Allermeisten lehnen das in der Tat sehr vehement ab, weil es ihnen natürlich viel mehr Arbeit machen würde. Momentan ist es ja so, dass in den allermeisten Tarifverträgen drin steht, dass mit dem gewissen Alter – eben meist 65, oder dann bis 67 rauf – automatisch das Arbeitsverhältnis endet. Und dann hat der Arbeitgeber praktisch keinerlei Nachdenken mehr. Zack: Jemand wird eben so alt und das Arbeitsverhältnis endet. Wenn jeder für sich selber entscheiden würde: »Wie lange möchte ich denn noch arbeiten? Wie möchte ich denn noch arbeiten!«, müssten die Unternehmen natürlich mit jedem einzelnen Arbeitnehmer, mit jeder einzelnen Arbeitnehmerin diese Verhandlungen führen. Das ist für sie viel aufwändiger. Deswegen gibt es auch keine große Begeisterung bei den Unternehmen, so etwas zu unterstützen – auch bei den Gewerkschaften übrigens nicht. Der Vorteil allerdings wäre: Diejenigen, die klug sind, die sich schon auf diesen Weg des demographischen Wandels gemacht haben, die würden natürlich damit viel motiviertere ältere Mitarbeiter und Mitarbeiterinnen bekommen, weil dann eines völlig wegfallen würde: Wir haben momentan in vielen Unternehmen frustrierte

Menschen über 55, die sich auf das Abstellgleis geschoben fühlen, die jetzt mehr oder weniger nur noch die Zeit absitzen, weil sie sich nicht mehr Wert geschätzt fühlen. Wenn man in diesen Dialog mit jedem Einzelnen, mit jeder Einzelnen gehen würde, könnte man da natürlich sehr viel ändern.

WIE POSITIONIEREN SICH DIE GEWERKSCHAFTEN? WARUM SIND DIE EIGENTLICH NICHT BEGEISTERT, WENN ES DOCH IM INTERESSE IHRER ARBEITNEHMER IST? Auch bei den Gewerkschaften dominieren noch sehr stark diese Bilder der Vergangenheit. Es wird ja immer mit dem Dachdecker argumentiert, der mit 65 nicht mehr aufs Dach klettern kann, das ist vollkommen selbstverständlich. Natürlich kann der 65-Jährige – Ausnahmen ausgenommen – nicht mehr aufs Dach steigen. Aber das verlangt ja auch keiner von ihm. Die Meisten sind ohnehin schon 10 Jahre vorher vom Dach runter. Aber dieses mechanistische Bild vom Arbeiten, vom harten körperlichen Arbeiten ist sehr stark in den Gewerkschaften verankert. Und es ist natürlich auch die klassische Klientel, IG Metall, Chemie, da waren oder sind eben auch sehr viele Männer und Frauen, die wirklich hart gearbeitet haben. Aber es ist eben kein Zukunftskonzept. Das ändert sich aber momentan. Die Gewerkschaften sind noch sehr zögerlich, Flexibilisierung zu begleiten und auch zu fordern. Die Ersten beginnen damit, manche sind schon ganz vorbildlich. Die Chemie-Gewerkschaft hat schon vor Jahren einen Demographie-Tarifvertrag abgeschlossen. Allerdings wird eben sehr oft auch noch Geld angespart, dass man früher in Rente gehen kann, was finanziell attraktiv ist. Aber dieses Früher-in-Rente-gehen als Ziel ist noch sehr stark in den Köpfen der Gewerkschaft verankert und dominiert auch die Tarifverhandlungen, auch momentan die nächsten Tarifverhandlungen. Es geht immer darum: »Wie schaffen wir es, dass unsere Mitglieder, unsere Klientel noch früher in Rente gehen können?« Und es verhandeln die gleichen Leute, die von sich selber sagen: »Wie? Ich will noch nicht mit 63, ich möchte noch länger arbeiten, mir macht es

Spaß.« Da sieht man schon, wie schizophren das Ganze auch ist, wie rückwärtsgewandt. Und die Gewerkschaften könnten unglaubliche Katalysatoren sein für diese neue Sicht auf Arbeit, sind es aber leider momentan noch nicht.

WENN ICH SIE ALS SCHRIFTSTELLERIN ODER JOURNALISTIN FRAGEN WÜRDE, EINE KULTURGESCHICHTE DER ARBEIT IN KURZFASSUNG ZU SCHREIBEN: WIE WÜRDEN SIE DAS IN KÜRZE BESCHREIBEN, WIE HAT SICH ARBEIT IN DER WERTIGKEIT FÜR DIE MENSCHEN VERÄNDERT? Früher, bei meinem Opa, war es so: Man hat irgendwann angefangen zu arbeiten, man hat geschuftet wie verrückt, und irgendwann hat man dann aufgehört zu arbeiten, hat eine goldene Uhr bekommen im besten Fall – und das beim gleichen Arbeitgeber über X Jahre – und ist irgendwie ein paar Jahren später gestorben. Heute verändert sich unsere Arbeitswelt ständig, wir müssen uns ständig auf neue Dinge einstellen und viele empfinden das als große Belastung. Ich sage: Wenn wir Arbeit anders organisieren, wenn wir diese unfassbar schreckliche Rushhour, dass alle zwischen 30 und 40 alles erreichen müssen, Kinder bekommen, Karriere machen, Haus bauen, Baum pflanzen, ändern würden – das ist eine totale Überforderung, das alles in ein Jahrzehnt zu pressen, und das ist vollkommen unnötig. In einem hundertjährigen Leben kann man doch mit 30, zwischen 30 und 40 Auszeiten nehmen für die Kinder, für was auch immer, mit 40 erst den Karriereturbo starten, mit 50 nochmal was Neues anfangen, mit 60 noch lange nicht aufhören und mit 70 noch mal was Neues anfangen. Das ist die Zukunft: Dieses flexible Arbeiten, sich immer wieder auf Neues einzustellen, ohne das als Burn-out, als schreckliche Belastung zu empfinden. Wenn wir erfahren und spüren, wie viel Zeit wir haben, dann können wir viele Dinge viel gelassener sehen. Niemand muss mit 40 Jahren Vorstandsvorsitzender sein in der kommenden Welt. Es gibt überhaupt keinen Grund, wenn wir bis 70 oder 75 oder 80 arbeiten, da kommen noch so viele Jahre, wir haben so viel Zeit. Und diese Gelassenheit, die diese neue Sicht auf die Dinge mit bringt, die hilft uns auch, einen ganz anderen Blick auf die Arbeit zu bekommen. Wenn ich mit 42 mein Ziel noch nicht erreicht hatte, das ich damals mit 22 hatte, sage ich mir: »Macht doch gar nichts! Mache ich mit 45 nochmal einen neuen Anlauf, habe ich es vielleicht mit 55 geschafft oder mit 57: Alle Zeit der Welt.

MIR FALLEN EINIGE PARADOXIEN AUF: FÜR DIE KINDER G8, MIT 17 AN DIE UNI, BACHELOR MIT 21, UND DIE ZEIT, IN DER SIE ARBEITEN MÜSSEN, VERLÄNGERT SICH, WEIL SIE NOCH SO VIEL LÄNGER LEBEN WERDEN. EIN ANDERES PARADOXON: WIR WOLLEN ALLE LÄNGER LEBEN UND JETZT SEHEN WIR DAS NUR NOCH – MEDIAL BEGLEITET – ALS DRAMA: DASS UNSERE GESELLSCHAFT ANGEBLICH VERGREIST. DAS DRITTE: ABWEHR GEGEN LÄNGERES ARBEITEN, ABER RELATIV VIELE MENSCHEN TUN DIES BEREITS SELBSTVERSTÄNDLICH, SELBSTSTÄNDIGE, HANDWERKER, ÄRZTE, RECHTSANWÄLTE, KÜNSTLER, AUCH WISSENSCHAFTLER UND POLITIKER. BEREITS ¼ DER BEVÖLKERUNG ARBEITET SELBSTVERSTÄNDLICH WEITER, SO LANGE SIE FIT SIND UND SO LANGE SIE DAS MÖCHTEN. WIE VERHALTEN SICH DIESE WIDERSPRÜCHLICHKEITEN IN UNSERER GESELLSCHAFT? Es ist auch nochmal wichtig, sich bewusst zu machen, dass das, was wir mit unseren Kindern und Jugendlichen anstellen, wirklich vollkommener Unsinn ist: G8 und dass die mit 17 an die Uni müssen, dass die mit 23 ins Berufsleben rein müssen, ist wirklich Unsinn, wenn wir wissen, dass wir dieses künftige hundertjährige Leben haben. Wir drängen die in eine Beschleunigung hinein, die niemandem gut tut und ihnen schon gleich gar nicht. Und gerade deswegen haben wir glücklicherweise jetzt die ersten jungen Leute, die schon bei ihrem ersten Arbeitgeber sagen: »Kann ich bei Ihnen Auszeiten nehmen? Wie ist es mit Teilzeit? Gibt es hier Jobsharing auf Leitungspositionen?« Das sind wichtige Fragen, die wir auch im Sinne eines gelingenden Alters stellen müssen. Die machen es nämlich genau richtig. Die wissen, dass ihr Leben sich ständig verändern wird und sie immer neuen Ansprüchen gerecht werden müssen und dass sie das natürlich nur tun können, wenn sie es nicht so wie ihre Eltern machen: 150 % immer voll durcharbeiten, ohne Erholung, ohne Teilzeit, ohne Auszeit. Das wird künftig

überhaupt gar nicht mehr gehen. Und es tut auch uns nicht gut, also denen, die jetzt zwischen 40 und 60 sind. Wir brauchen diese Erholungszeiten und Auszeiten. Sabbaticals, Teilzeiten müssen vollkommen normal werden in unserem Arbeitsleben. Und diejenigen, die das jetzt schon sehr gut machen, da kann man es auch sehen, das sind eben Selbstständige, die einfach Verfügung über ihre eigene, persönliche Arbeitszeit haben. Bei denen sehen wir das jetzt schon: Die arbeiten manchmal bis zum Umfallen, wenn ein Projekt oder ein Auftrag beendet werden muss, und dann gehen sie aber auch mal wieder länger in Urlaub, erholen sich, machen was anderes. Und so arbeiten die ja auch deutlich über das Rentenalter hinaus, bis 70, bis 75. Viele haben dann noch tolle Ideen – Künstler –, wir haben ganz viele Künstler, die mit über 70 ihre besten Werke schaffen, Musiker, die ihre schönsten Opern geschrieben haben, Politiker, die dann als ganz besonders weise angesehen werden. An dieser Gruppe sieht man schon sehr viel stärker, wohin es geht. Da sieht man eben auch, was die auszeichnet: Die hatten schon immer vollkommene oder größtmögliche Autonomie über ihre persönliche Arbeitszeit, und die haben schon immer davon gelebt, sich immer wieder neue Herausforderungen zu setzen, diese zu erreichen und Feedback dafür zu bekommen. Diese beiden Punkte – Autonomie über die Arbeitszeit, Herausforderungen meistern, daran lernen, daran gestärkt werden, Neues anzufangen, auch immer neugierig zu sein auf Neues – haben wir eben in genau dieser Gruppe der Selbstständigen, der Unternehmer, schon jetzt sehr stark. Denen sind Altersgrenzen egal, die arbeiten so lange, wie es ihnen Spaß macht, wie sie darin Bestätigung finden, wie sie sich neue Herausforderungen setzen. Und wir sehen eben auch an dieser Gruppe: Die sind im Alter ganz anders drauf, die sind oft körperlich fitter, die sind oft geistig reger, die altern – wenn man diesen Begriff überhaupt verwenden will – definitiv langsamer. Ich bin ja kein Fan des Begriffes »altern«. Warum müssen wir sagen: Wir altern? Wir leben länger! Deutschland wird nicht älter, Deutschland lebt länger! Und schon sehen wir, wie anders das klingt. »Ich werde älter«, klingt schon ganz furchtbar. »Ich lebe länger«: wunderbar! Da sieht man auch die Kraft der Bilder über Alter. Wir brauchen einfach neue Bilder über das Alter, wir brauchen neue Erzählungen, wir brauchen neue Wörter fürs Alter, um unser persönliches Bild zu ändern. Das ist das Erste. Und mit dem Ändern unseres persönlichen Bildes ändern wir auch das Bild der Gesellschaft. Je mehr wir sind.

WENN DIE BILDER OBERSTE PRIORITÄT HABEN: WIE WIRKT SICH DIE AUFLÖSUNG VON STEREOTYPEN, DER GEWINN ANDERER, NEUER BILDER AUF MEINE SELBSTWAHRNEHMUNG, MEIN SELBSTBILD AUS? ZUSAMMENHANG ZWISCHEN SELBSTBILD UND FREMDBILD? Ganz entscheidend ist in der Tat unser eigenes Bild vom Alter. Dieses Bild vom Alter prägt sehr stark, wie wir persönlich altern, aber auch, wie wir als Gesellschaft länger leben – was ich ja einen schöneren Begriff finde. Ich persönlich bin als Kind und Jugendliche mit dem Spruch großgeworden: »Was Hänschen nicht lernt, lernt Hans nimmermehr.« Und ganz ehrlich, nichts könnte falscher sein als dieser Spruch. Wir wissen aus Dutzenden von Studien, dass wir bis zum letzten Atemzug lernen – wenn wir nicht krank werden, also Demenz oder Alzheimer –, alle anderen können lernen bis zu ihrem letzten Atemzug. Hans lernt fast genauso gut wie Hänschen. Aber wir müssen diese ganzen negativen Bilder vom Alter vollkommen über Bord werfen. Es ist faszinierend, wie diese unbewussten, negativen Altersbilder uns behindern. Es gibt zwei ganz klassische Experimente: Wenn Sie jungen und alten Menschen einfach nur drei Begriffe mitgeben: »alt«, »krank«, »dement« – negative Altersbilder –, und einer anderen Gruppe, denen sagen Sie gar nix. Und dann bitten Sie beide, vom Stuhl aufzustehen, ganz normal einfach nur aufzustehen, und Sie messen die Reaktionsgeschwindigkeit, dann werden Sie feststellen, dass die in der Gruppe, die mit diesen drei negativen Altersbegriffen konfrontiert wurden, im Schnitt länger brauchen, um vom Stuhl aufzustehen. Es hat sich nichts geändert, nur diese negativen Altersstereotypen! Dieses Experiment wurde nochmal

gemacht, indem man Menschen sagte: »Geht spazieren, lauf einfach, so wie ihr möchtet« und wieder eine Gruppe mit negativen Altersbildern konfrontiert, nur drei Vokabeln. Und schon wieder der gleiche Effekt: Die laufen im Schnitt langsamer. Und daran sieht man, wie die Kraft unserer Stereotypen, dieser unbewussten Bilder übers Alter, die wir haben, wie unglaublich uns das blockiert und wir uns des Ganzen noch nicht einmal bewusst sind. Deswegen gilt es eben, als erstes selbst darüber nachzudenken: »Was habe ich denn für ein Bild vom Alter. Hab ich eher meinen Opa vor mir, der mit 75 nochmal jonglieren gelernt hat, oder meine Oma, die mit 70 angefangen hat zu rudern oder zu skypen oder das Mütterchen, das am Fenster lehnt und den ganzen Tag nur auf die Straße schaut und denkt: »Das Leben zieht an mir vorbei!« Also sprich: Welches Bild vom Alter habe ich persönlich? Das ist der Anfang aller Veränderung. Nur wenn wir uns darüber im Klaren sind, können wir überhaupt anfangen, diese negativen Stereotypen aus unseren Köpfen rauszubekommen. Denn wir wissen einfach vollkommen eindeutig – und es kommen jeden Tag neue Studien aus den Laboren der Wissenschaftler der ganzen Welt: Die Abbauprozesse sind viel weniger, als wir glauben. Wir lernen bis zu unserem letzten Atemzug. Wir können auch in höherem Alter, wenn wir einfach anfangen, uns zu bewegen, nochmal sensationelle Zuwächse an Kraft, an Leistungsfähigkeit haben. Es ist nichts vorbestimmt in diesem Bereich: Es liegt an uns, welchen Blick wir auf das Alter haben, welches Bild wir vom Alter haben.

—

Das Gespräch wurde im Februar 2015 in Hamburg geführt.

HECKEL

RUDOLF
KAST

62, WAR PERSONALMANAGER,
BERÄT UNTERNEHMEN, UM SIE
DEMOGRAPHIEFEST ZU MACHEN

WAS BEDEUTEN DIE DEMOGRAPHISCHEN VERÄNDERUNGEN, DIE WIR IN DEN LETZTEN 20 JAHREN FESTSTELLEN, FÜR DEN ARBEITSMARKT? Die demographische Veränderung bedeutet – insbesondere für Deutschland –, dass wir bis zum Jahr 2030 in einer immer älter werdenden Gesellschaft 6 bis 6,5 Millionen Arbeitskräfte aus dem Arbeitsmarkt verlieren. Und dieser Verlust von 6,5 Millionen Arbeitskräften ist auch unabhängig von sonstigen Zahlen, die wir in der öffentlichen Diskussion haben. Wir sind bei all diesen Berichten und Kalkulationen davon ausgegangen, dass wir pro Jahr circa 200.000 Einwanderer haben. Es werden in diesem Jahr hochgerechnet zwischen 500.000 und 600.000 Einwanderer sein, aber jeder weiß, das wird nicht so bleiben. Die Frage ist, ob all diese Einwanderer uns auch in Deutschland erhalten bleiben oder sie wieder zurückgehen in ihre Heimatländer. Denken wir an die Südeuropäer, die Griechen, die Italiener, die Portugiesen, die Spanier. Insofern ist das ein Zahlenspiel mit ungewissem Ausgang. Wir wissen nur, dass wir, wenn wir nichts tun, 6,5 Millionen Fachkräfte aus dem Arbeitsmarkt verlieren und wir von unten – Stichwort »Geburtenrate« – wenig Nachwuchs zu erwarten haben. Und das bringt die demographische Lücke.

SIE SIND IM VORSTAND DES DEMOGRAPHIE-NETZWERK E.V. DDN. SEIT WANN GIBT ES DAS? WARUM WURDE ES GEGRÜNDET? WIE VIELE UNTERNEHMEN UND BRANCHEN SIND DABEI? WAS WIRD KONKRET GEMACHT? Das Demo-

»Demographischer Wandel – eine große Chance für alle, weil wir Alter neu denken und neu erleben.«

graphie-Netzwerk ddn wurde 2006 im Bundes-arbeitsministerium gegründet. Initiativ wurden hier viele Unternehmen, branchenübergreifend. Gründungsmitglieder waren 42 Unternehmen aus allen Branchen, aus allen Regionen. Und die Zielsetzung war, dieses Thema »demogra-phischer Wandel« schon sehr frühzeitig pro-aktiv in die Öffentlichkeit hinein zu begleiten. Die zweite Zielsetzung war, dass Unternehmen sich zusammenschließen und an Lösungen ar-beiten, die sie untereinander austauschen, die sie in die Öffentlichkeit bringen, die sie vernet-zen mit Kommunen, Verbänden, mit öffentlich-rechtlichen Körperschaften, um Wissen mitein-ander zu transferieren: »Wie geht das denn mit diesem demographischen Wandel? Was können Unternehmen proaktiv tun?« Und diese Idee hat Früchte getragen. Wir sind mittlerweile über 420 Unternehmen in Deutschland, aber auch Ver-bände, Kommunen, Körperschaften, die sich regelmäßig, organisiert durch das Demographie-Netzwerk ddn, treffen und an diesen Lösungen arbeiten. Organisiert ist das Ganze so, dass wir in 12 Facharbeitskreisen in Deutschland konkret Lösungen erarbeiten – Wissenschaft und Praxis gemeinsam. Das sind dann Fachthemen wie zum Beispiel »Qualifikation für die Beschäftigten«, das Thema »Employer branding«, »Rekrutie-rung«, »Gesundheitsmanagement – Wie geht das in den Unternehmen?« oder auch so ein wichtiges Thema wie »Betriebliche Altersvor-sorge in der Zukunft« und das Thema »Lebens-phasenorientierte Arbeitszeitmodelle«, mögli-cherweise mit der Organisation von Langzeit-konten und Zeitwertkonten. Dieses Fachwissen, das in diesen Facharbeitskreisen erarbeitet wird, tragen wir dann in die Regionen zu den Unter-nehmen, zu den Arbeitgebern. In derzeit 20 regionalen Netzwerken wird dieser Transfer, dieser Wissensaustausch organisiert mit der Zielsetzung, dass wir den Unternehmen, den Ar-beitgebern proaktiv Hilfestellung geben, wie dieser demographische Wandel jetzt bewältigt werden kann.

DAS HEISST, EIN UNTERNEHMEN KANN SICH AUCH AN DAS DEMOGRAPHIE-NETZWERK WENDEN UND WIRD KONKRET BERATEN? Ein Unternehmen kann sich konkret an das Demo-graphie-Netzwerk wenden. Wir bieten eine Gastmitgliedschaft für ca. 6 Monate an, um zu erproben, ob wir mit dem Demographie-Netz-werk auch den Unternehmen mit konkreten An-liegen Hilfestellung geben können, fragen dann nach 6 Monaten nach der Vollmitgliedschaft nach, und dann können die Unternehmen sich weiterhin in den Netzwerken bewegen, in die Facharbeitskreise eintreten, von all den Infor-mationen profitieren, die wir über das Netz, über unser Intranet den Unternehmen anbie-ten. So bieten wir konkrete Unterstützung zu diesen Fragekomplexen des demographischen Wandels an.

SIE SPRECHEN DAVON, UNTERNEHMEN »DE-MOGRAPHIEFEST« ZU MACHEN? WAS HEISST DAS KONKRET? Ein Unternehmen demographie-fest zu machen ist heute in der Tat die große Herausforderung für viele Unternehmen, gera-de auch für kleine und mittelständische Unter-nehmen. Die fragen sich: »Demographiefestig-keit, erstens: Was ist das? Und zweitens: Womit fange ich denn an?« Meine Antwort, wenn mich jemand fragt: »Ein Schlüssel zum Erfolg ist si-cherlich das Thema der Gestaltung der Arbeits-zeit.« Wir wissen heute aus vielerlei Umfragen, und zwar generationenübergreifend, dass die Beschäftigten nach flexiblen Lösungen für die Gestaltung ihrer privaten Lebensphasen suchen, aber auch ihrer Arbeitsphasen und dass das auch oft deckungsgleich ist mit den Interessen der Unternehmen. Das heißt, wenn die Arbeits-zeit schwankt – oder wie wir neudeutsch sagen »atmet« –, kann das ein großer Vorteil für das Unternehmen sein, aber auch für die Beschäf-tigten. Der Effekt ist der, dass das Unternehmen in der Lage ist, auf unterschiedliche Auftrags-schwankungen einzugehen, aber auch für die Beschäftigten damit die Möglichkeit besteht, ihre Lebens- und Arbeitsphasen sehr flexibel zu gestalten und mit ihren eigenen Interessen-lagen zu verbinden. Gleichzeitig hat es einen großen Effekt auf die Veränderung der Unter-nehmenskultur, denn Flexibilisierung der Ar-beitszeit bedeutet, dass wir Beschäftigte mehr und mehr dazu bringen, Teile ihrer eigenen

Arbeitszeit auch selbst zu gestalten und zu verantworten. Das hat in der Regel positive Effekte für die Arbeitgeber. Wenn wir dies tun – die Arbeitszeit verändern und damit auch Auszeiten für die Beschäftigten generieren –, ermöglichen wir auch damit den Beschäftigten, auf lange Sicht länger arbeiten zu können. Denn wir generieren ja über diese flexiblen, lebensphasenorientierten Arbeitszeitmodelle Auszeiten, was dazu führt, dass wir Erholungszeiten im Laufe eines Arbeitslebens gestalten können und damit erst überhaupt in die Lage kommen, dass Beschäftigte auch länger arbeiten können, was wir ja wegen des demographischen Faktors auch brauchen. Wenn Unternehmen fragen: »Das ist alles für mich ein Riesenberg. Womit fange ich an?« ist meine Empfehlung immer die, mit der Thematik und Gestaltung der Veränderung der Arbeitszeit zu beginnen.

SIND VERÄNDERUNGEN VON ARBEITSZEITEN, LEBENSPHASENORIENTIERTE MODELLE, FLEXIBILISIERUNG, EIGENTLICH IN JEDER BRANCHE MACHBAR? Es ist in jeder Branche machbar, solche lebensphasenorientierte Arbeitszeitmodelle zu gestalten. Für Kleinunternehmen mit 10 Mitarbeitern ist es sicherlich schwieriger. Es muss ja dann auch nicht das komplette Paket sein, sondern es muss dann eine angepasste Lösung geben, die zum Unternehmen passt, die auch zum Auftrag, zur Kundenstruktur und zur Marktstruktur des Unternehmens passt. Aber grundsätzlich gilt es für alle Unternehmen, dass das geht.

PROF. URSULA STAUDINGER HAT EINE UNTERSUCHUNG GEMACHT, DIE NACHGEWIESEN HAT, DASS 85 % VON FRÜHPENSIONIERTEN MENSCHEN NACH EINEM JAHR – ZUMINDEST TEILWEISE – WIEDER ZURÜCK IN DIE ARBEIT WOLLEN. WIE IST IHRE ERFAHRUNG, EINERSEITS BEI FRÜHPENSIONIERUNG UND ANDERERSEITS BEI REGULÄREM RUHESTAND? WAS BEOBACHTEN DIE UNTERNEHMEN UND SIE, WERDEN DIE MENSCHEN IM RUHESTAND GLÜCKLICH ODER NICHT? Der Übergang in den Ruhestand ist ein absolut gutes Thema vor dem Hintergrund, dass wir aus medizinischer Sicht sagen können: »Der gefährlichste Tag im Leben eines Menschen ist der Eintritt in den Ruhestand.« Es gibt Studien, die belegen, dass alle diejenigen – ich glaube, die Studien kommen aus Österreich –, die frühzeitig in Rente gehen, auch viel früher sterben. Aus den Ergebnissen vieler Studien wissen wir: Erfahrungsgemäß gehen viele körperlich auch schwer Belastete früher in Rente. Die haben also auch gesundheitliche Belastungen, die sie aus ihrem Arbeitsleben mitbringen, sodass dann, verbunden mit dem Abfall von Anspannung und der Frage: »Was mache ich jetzt?« auch so eine große Leere eintritt und das Thema der »Beschäftigung mit den eigenen Krankheiten« auch zunimmt. Das Zweite, was wir wissen: Dass viele ehemals in Unternehmen Beschäftigte, die dann in den Rentnerstatus gehen, sich nach einem halben oder einem Jahr an ihre Unternehmen wenden und fragen: »Habt ihr noch irgendetwas für mich zu tun?« Denn nach einem halben Jahr ist größtenteils alles zuhause weggearbeitet, die ersten Reisen, Weltreisen sind auch getätigt, und dann ist die Frage da: »Was tu' ich jetzt?« Hinzu kommt, dass wir – wenn wir uns jetzt mal Deutschland als Standort ansehen – eine zunehmende Qualität von Wissensarbeitern in der deutschen Beschäftigung haben. Also selbst im Produktionsbereich ist es heute nicht mehr nur derjenige, der schwer heben oder tragen muss, sondern es ist eine zunehmende Zahl von Wissensarbeitern, die auch in der Produktion arbeiten. Und dieses Wissen, das brauchen wir auch länger in den deutschen Unternehmen. Wir müssen dafür sorgen, dass es über die Veränderung und Gestaltung der Arbeitsbedingungen, der Arbeitsorganisation, der Arbeitszeit auch die Möglichkeit gibt, durch Auszeiten Erholungszeiten zu generieren und dadurch länger zu arbeiten. Dann wird es auch möglich sein, dass die Beschäftigten über ihr individuelles Rentenalter hinaus arbeiten können – weil sie es dann aber auch wollen, weil die ganze Gestaltung der Arbeitsorganisation eine andere geworden ist. Da haben auch die Arbeitgeber eine große Herausforderung, in die Gesamtorganisation der Arbeitsgestaltung so viel zu investieren, dass längeres Arbeiten möglich ist. Aber nicht nur möglich ist, sondern dass auch Spaß, Freude und Begeisterung durch die ganze Veränderung von Unternehmenskultur und Arbeitsbedingungen generiert wird, möglicherweise mehr als bisher.

BEZOGEN AUF EINEN ARBEITSPLATZ IN EINER KÖRPERLICH SCHWER BELASTENDEN BRANCHE: WIE KÖNNTE DAS BEISPIELHAFT UND KONKRET AUSSEHEN? In körperlich schwer belastenden Branchen oder Arbeitsplätzen können Mitarbeiter erstens frühzeitig, in Abstimmung mit dem Arbeitgeber, die Arbeitszeit auf möglicherweise Teilzeit reduzieren. Ein Firmenbeispiel: Die Deutsche Bahn hat gerade vor ein paar Monaten einen neuen Tarifvertrag mit der Regelung der Teilzeit für schwerbelastete, körperliche Tätigkeiten von Mitarbeitern eingeführt. Hier geht es um Mitarbeiter, die die Altersgrenze 60 überschritten haben, in Wechselschicht arbeiten oder schwer behindert sind, und hier ist die Zielsetzung die Einführung einer Viertagewoche. Die Viertagewoche wird dann nicht nur mit 80 % bezahlt, sondern durch den Arbeitgeber mit 88,5 % bezahlt, sodass über die Verringerung der Arbeitszeit dann 41 Freischichten im Jahr generiert werden. Dadurch können die betroffenen Mitarbeiter Erholungszeiten generieren. Und die Zielsetzung des Arbeitgebers Deutsche Bahn ist eindeutig die, diese Beschäftigten auch länger im Job zu halten. Das sind alles Fachkräfte, die aber zum Teil auch schwere Tätigkeiten ausüben. Nur so wird es gehen, durch intelligente Modelle Mitarbeiterinnen und Mitarbeiter, die in schwerer belastenden Tätigkeiten sind, über die Gestaltung von Erholungszeiten überhaupt länger in der Tätigkeit zu behalten. Diese Modelle müssen Schule machen.

IST DER BEGRIFF »RUHESTAND« – MAL SPRACHLICH GENAU GENOMMEN – NOCH EIN ATTRAKTIVER BEGRIFF? WOLLEN DAS DIE MENSCHEN? Wenn wir uns heute Menschen im Ruhestand ansehen, ist das kein klassischer Ruhestand, wie wir es früher verstanden haben. Denn was tun Menschen alles, wenn sie im Übergang in die Rente sind, gegen Ende des Berufslebens: Die meisten suchen sich, oder haben das schon vorher getan, ein Hobby, ein Ehrenamt, eine Beschäftigung, die sie auch über den Tag hinaus ausfüllt. Das heißt, wir erleben in vielen ehren-amtlichen oder Substitutionstätigkeiten ganz viele Ältere, die ganz genau wissen: »Wenn ich mich jetzt nur auf mich selbst zurückziehe, dann passiert irgendwas mit mir, was nicht unbedingt positiv ist.« Also wird sehr frühzeitig in vielen Fällen darauf hingearbeitet: »Was tue ich eigentlich beim Übergang und nach der Rente? Womit beschäftige ich mich?« Da greift, glaube ich, das Ehrenamt in vielen Fällen genau an der richtigen Stelle zu. Wir erleben in vielen sozialen Projekten, in vielen Bildungsprojekten, in vielen internationalen Projekten, dass sich Fachkräfte über Senior-Experts, über die Industrie- und Handelskammern engagieren und dass genau nach diesen Möglichkeiten auch gesucht wird.

MIT BLICK AUF DIE WIRTSCHAFT: WIE IST GENERELL DIE EINSTELLUNG ZU ÄLTEREN ARBEITNEHMERN? Die Einstellung zu älteren Arbeitnehmern ist in der deutschen Wirtschaft, historisch gesehen, belastet gewesen durch die ganzen Gesetze, Tarifverträge, wo ja immer vom »hohen Schutz des älteren Mitarbeiters« gesprochen wurde. Der wurde ja auch gesetzlich und tariflich verankert, mit Kündigungsausschluss, mit Ausschluss von Vergütungsrückgängen und so weiter. Das heißt, wir haben – historisch gesehen – den älteren Arbeitnehmer immer in der Schutzfunktion gesehen, als denjenigen, den es zu schützen gilt vor Veränderungen, vor Eingriffen des Arbeitgebers. Und das ist ja nun nicht mehr zeitgemäß. Dem lag ein Bild zugrunde, wo der Mitarbeiter mit 55, 57, 58 dann auch ausgeschieden ist. Heute gehen wir von einer Erhöhung der Altersgrenzen aus. Heute zeichnet sich mehr und mehr ab, dass ältere Beschäftigte lernfähig sind, dass sie auch lernwillig sind, dass sie biologisch jünger sind als es ihrem kalendarischen Alter entspricht, dass sie veränderungsbereit sind. Und dass man auf der anderen Seite natürlich auch als Arbeitgeber durch gesunde Arbeitsbedingungen viel dafür tun kann und muss, die Beschäftigungsbedingungen so zu ändern, dass Ältere auch länger arbeiten können. Insofern verändert sich das Bild, allerdings durch die Not am Markt zwangsläufig, sodass Firmen auch mittlerweile bereit sind, Ältere wieder einzustellen beziehungsweise sie länger im Job zu halten. Das ist aber noch keine flächendeckende Entwicklung. Wir kennen viele Leuchttürme aus der deutschen Wirtschaft, wo in der Tat Ältere, 58 und älter, eingestellt werden, wo mit Älteren auch konsequent Personalentwicklung betrieben wird, Mitarbeitergespräche geführt werden – was bis vor ein paar Jahren durchaus nicht selbstverständlich war. Also, es gibt hier einen ganz leichten Trend hin zu mehr Bewusstsein: Ältere können ja und Ältere wollen ja. Dazu helfen uns im Moment auch viele Studien, die rauskommen über Lernversuche, Experimente mit Älteren unter bestimmten wissenschaftlichen Anordnungen, aus denen man erkennen kann: Ältere lernen anders, aber sie können noch ganz viel lernen, und sie sind absolut lernfähig, auch neue Themen aufzunehmen. Dieses Bewusstsein hat sich allerdings im Markt, bei den Entscheidern in der Führungsspitze der Unternehmen oder in der Personalfunktion noch lange nicht durchgesetzt.

GIBT ES UNTERSCHIEDE IN BRANCHEN, WO ES SCHON MEHR ANZIEHT UND WO ES NOCH LANGSAMER GEHT? Immer da, wo wir Branchen haben, wo die Not im Fachkräftemangel sehr groß ist, lässt man sich auch auf Experimente ein und versucht einfach mal was Neues. Ich denke mal an den Ingenieurbereich, wo wir Fachspezialisten, Ingenieuren auch in höherem Alter mittlerweile eine Chance geben, wieder einzusteigen, wo auch Umschulungsmaßnahmen greifen, in die man auch als Arbeitgeber investiert. Ein zweites großes Beispiel ist die ganze Pflege- und Gesundheitsbranche. Wir haben ja einen großen Mangel an Pflegekräften. Ich kenne viele Unternehmen aus der Pflegebranche, die ganz bewusst Mitarbeiter, die eigentlich schon über die Altersgrenze hinaus sind, wieder einstellen, wo allerdings auch die Beschäftigten danach fragen: »Können wir wieder?« Und wir erleben überall dort, wo wir – jetzt mal pauschal gesagt – einen großen Fachkräftemangel haben, sehr viel Ideenreichtum und Kreativität von Unternehmen, ihre Fachkräfte dann auch über den Tag des Ausscheidens hinaus wieder an das Unternehmen zu binden.

LASSEN SIE UNS ÜBER BEISPIELE SPRECHEN, WO GEZIELT ÄLTERE EINGESETZT WERDEN, GEHALTEN WERDEN, WIEDER INTEGRIERT WERDEN. UND AUCH SOLCHE, WO MAN GEZIELT JUNGE UND ALTE ZUSAMMENBRINGT. Beispiele aus der deutschen Wirtschaft, wo Jung und Alt zusammenarbeiten oder wo auch Ältere ganz bewusst wieder eingestellt werden, gibt es mittlerweile mehr und mehr, und zwar in den unterschiedlichsten Branchen. Hervorgetan haben sich sicherlich die ganz großen Unternehmen, die auch diese Fachkräftelücke im Technikbereich schon sehr intensiv spüren. Ich kann an dieser Stelle mal die Firma Bosch erwähnen, die eine eigene Gesellschaft gegründet hat, die Firma Bosch Management Support GmbH. Über diese Firma werden frühere Beschäftigte – heute im Rentenstatus – wieder eingestellt und an den Konzern verliehen für unterschiedliche Zeitspannen, für Projektaufgaben, für Stellvertretung auf Zeit und zwar sowohl national als auch international. Ich weiß aus den Berichten, dass der älteste Mitarbeiter, der dort tätig ist, 77 Jahre alt ist, im Elektronik-Fachbereich arbeitet, wo wir wissen, dass die Halbwertzeit des Wissens sechs Monate beträgt. Also höchst erstaunlich, dass hier Ältere eingestellt werden, was natürlich auch eindeutig widerlegt, dass Ältere ihr Wissen verlieren oder nicht mehr einsetzbar sind. Man muss es halt probieren, und man muss diesen Leuten natürlich auch permanent die Chance geben, ihr Wissen aktuell zu halten. Die Telekom macht das auch so, die Otto Group, und wir wissen auch von Unternehmen im Pflegebereich, die natürlich aufgrund des Pflegekräftemangels gezielt Leute fragen, die auf freiwilliger Basis dann nach Übergang in die Rente wieder zurückkommen. Und da müssen wir natürlich auch mit Bildern der Pflege aufräumen: Wir haben ja immer diese Bilder im Kopf, dass Pflegekräfte extrem körperlich schwere Arbeit leisten müssen. Das ist natürlich zum Teil so, das kann man aber anders organisieren, auch mit technischen Hilfsmitteln für das Umbetten von Kranken oder Pflegebedürftigen. Das gibt es ja mittlerweile alles. Auf der anderen Seite stellen wir fest, dass es manche Firmen gibt, die gezielt Jung und Alt in den Mix der Zusammenarbeit bringen. Früher haben wir immer diskutiert: »Altersgemischte Teams, wie geht das? Gibt es da nicht einen Krieg der Generationen?

Verstehen die sich überhaupt miteinander, gehen die mit völlig unterschiedlichen Vorgehensweisen an Arbeit heran?« Ich glaube, dass das kein Generationenthema ist, sondern dass das abhängig ist von einer gut funktionierenden Unternehmenskultur. Das heißt: »Wie offen gehen wir mit anderen Kulturen um, auch mit anderen Generationen?« Diese Frage der guten Zusammenarbeit ist nicht nur eine Frage von Alt und Jung, sondern wir erleben auch in Unternehmen, wo wir hier eine gute Zusammenarbeit zwischen Männern und Frauen haben, in der Integration von verschiedenen Ethnien, im Umgang mit sozial schwierigen Gruppen: Wenn ein Unternehmen dafür offen ist und dazu auch Unterstützung gibt, dann geht das. Umgekehrt: Unternehmen, die überhaupt keine Sensitivität dafür haben und solche Werte wie Fairness und Respekt nicht pflegen, bei denen wird das auch nicht funktionieren.

ES GIBT AUCH MITTLERWEILE BEISPIELE, WO GEZIELT AUSBILDUNG FÜR MENSCHEN ÜBER 50 ODER 55 ANGEBOTEN WIRD. Vor dem Hintergrund, dass wir heutzutage bereits ein Problem haben, Ausbildungsstellen zu besetzen, gehen manche Firmen dazu über, Ausbildungsstellen mit Leuten zu besetzen, die schon über 50 Jahre alt sind. Da gibt es Beispiele in den unterschiedlichsten Branchen. Wir kennen hier in der baden-württembergischen Region ein Unternehmen aus dem Bäckereigroßhandel, die stellen auch Auszubildende jenseits der 50 für Bäckereifachverkäufer/-fachverkäuferin ein, bringen die zusammen mit jungen Leuten und bilden die in einer zweijährigen Ausbildung aus. Da arbeiten dann teilweise Mutter und Sohn gemeinsam in der Ausbildung, backen die Brötchen, verkaufen die Brötchen hinter der Theke. Wir kennen Unternehmen aus dem Bankenbereich, die Bankkaufleute oder Bankassistenten/Bankassistentinnen einstellen, auch jenseits der 50. Das machen vorwiegend Direktbanken, die gerne diese ältere Klientel einstellen, weil die im Direktkontakt am Telefon sind und viel Geduld aufbringen für solche Gespräche – ein großes positives Merkmal des Alters –, und deswegen ganz bewusst dazu übergegangen sind, Damen und Herren jenseits der 50 für eine Erst- oder Zweitausbildung einzustellen.

WELCHE ERFAHRUNGEN LIEGEN VOR BEZÜGLICH KRANKENSTAND, LOYALITÄT UND KOMPETENZ? WIE SIND DIE ERFAHRUNGEN, DIE UNTERNEHMEN MIT ÄLTEREN MITARBEITERN MACHEN? Die Erfahrungen mit Älteren sind auch durch viele Untersuchungen geprägt, hier zum Beispiel durch das Fraunhofer-Institut, wo man untersucht hat: Was zeichnet Ältere aus im Unterschied zu den Jüngeren? Da werden immer wieder Eigenschaften genannt wie Integrität, Loyalität, Prozesswissen, Erfahrungswissen, Qualitätsbewusstsein. Man kann auch über den Untersuchungstrend hinaus sagen, dass diese großen Unternehmen mit intelligenten, kreativen Modellen ältere Mitarbeiter, die in die Rente gegangen sind, erfolgreich wieder eingestellt haben. Und die arbeiten mit Älteren – die sind zum Teil über 70 – für 6 Wochen, drei Monate oder auch teilweise 4 und 5 Monate wieder in Projekten auf Zeit zusammen. Oder diese Damen und Herren kommen zurück, übernehmen Stellvertretung auf Zeit in Aufgabenstellungen und Projekten. Und daran sieht man, dass es geht mit gut ausgebildeten Fachkräfte oder Führungskräfte, die ihr Leben lang natürlich auch für sich etwas getan haben in der permanenten Weiterentwicklung ihrer Qualifikationen und dabei auch von den Unternehmen unterstützt worden sind. Das ist ja das Schöne an diesen Beispielen, dass wir einerseits aus der Wissenschaft solche Untersuchungen haben und dass andererseits viele Unternehmen belegen, dass es geht. Wie man so schön sagt: »Die Jüngeren sind zwar schneller, aber die Älteren kennen die Abkürzung«. Und das beweist sich auch in der Praxis, im Alltag in den Unternehmen.

WAS SIND DIE POTENZIALE DES ALTERS? Die Potenziale des Alters zeichnen sich bei den Beschäftigten dadurch aus, dass sie viel in ihrem Arbeitsleben erlebt haben, auf Erfahrungswissen zurückgreifen können und dieses Erfahrungswissen ihnen sehr oft hilft, in neuen Situationen einen schnellen Zugang zu einer Lösung zu finden, die jetzt ansteht, wo eine jüngere Fachkraft mit der Fülle des Fachwissens sicherlich in eine ganz tolle Analytik hineingeht, aber der Erfahrungsträger mit seinen Querschlüssen aus seiner Erfahrung heraus auch genauso schnell – oder vielleicht sogar schneller – zum Ziel kommt. Das ist sicherlich ein großes Potenzial des Alters. Und auch die Geduld, die Ältere in der Erfassung neuer Situationen haben und die Zielsetzung, dieses Thema zu lösen. Wir wissen aus Trainingsversuchen, die gemacht worden sind, beispielsweise von der Jacobs University: Wenn ich eine Versuchsanordnung hier so aufbereite, dass Ältere und Jüngere mit einer Buchstabenanordnung konfrontiert werden und sie mit einem bestimmten Finger ihrer Hand einen Buchstaben drücken sollen – in einer ziemlichen Schnelligkeit werden hier Buchstabenkombinationen an die Wand geworfen –, dann sind Ältere hier erst mal langsamer als Jüngere, um diesen Rhythmus zu finden. Wir wissen aber nach den ersten Auswertungen auch, dass die Älteren wesentlich weniger Fehler machen als die Jungen. Und setzen wir dann eine Trainingssession hinten dran – einen Monat lang diesen Durchlauf zu üben –, dann sind die Älteren genauso schnell und qualitativ in der Fehlerquote immer noch besser als die Jüngeren. Das ist ein gutes Beispiel, wo wir sehr viel erfahren können über Potenziale des Alters, auch über diesen Trainingsfleiß, den unbedingten Willen zum Erfolg. Aber nochmal, die Entscheider in den Unternehmen wissen darüber viel zu wenig.

ES GIBT MITTLERWEILE EINEN DEMOGRAPHIE-EXZELLENZ-AWARD. WELCHE FUNKTION HAT DER? SEIT WANN GIBT ES DEN? GIBT ES DEN IN ALLEN BUNDESLÄNDERN? WENN NEIN, WARUM NICHT? Der Demographie-Exzellenz-Award ist vor 4 Jahren ins Leben gerufen worden, maßgeblich vom Bundesverband der deutschen Unternehmensberater und vom Finanz- und Wirtschaftsministerium Baden-Württemberg. Unser Demographie-Netzwerk ddn ist seit zwei Jahren als Träger beteiligt. Wir wollen mit diesem Award ganz gezielt Unternehmen auszeichnen, die heute schon Leuchtturmcharakter in der proaktiven Gestaltung von Konzepten für den demographischen Wandel haben. Das ist die Zielsetzung aus allen Branchen heraus, auch

aus dem öffentlichen Raum, wir wollen Arbeitgeber animieren, ihre Modelle vorzustellen und damit über die Presse, über die Medien einem Publikum vor Augen zu führen, dass in der deutschen Wirtschaft, bei den deutschen Arbeitgebern ganz viel im Gange ist. Und selbst kleinere Unternehmen können es schaffen, diesen Wandel auch herbeizuführen. Es gibt diesen Wettbewerb bis heute nur in Baden-Württemberg, weil er auch hier seinen Ursprung genommen hat. Wir denken derzeit darüber nach, ob wir diesen Wettbewerb auf andere Bundesländer oder sogar bundesweit ausweiten.

ES GIBT DAS INTERESSE DER ARBEITGEBER, MITARBEITER LÄNGER ZU BESCHÄFTIGEN, UND ES GIBT DAS INTERESSE DER ARBEITNEHMER, LÄNGER ZU ARBEITEN. WIE SIND DIE GESETZLICHEN, FAKTISCHEN MÖGLICHKEITEN, DIESE BEIDEN INTERESSEN IN DIE REALITÄT UMZUSETZEN? WIE SIEHT ES DENN KONKRET AUS, WENN EINER MIT 65 AUFHÖRT UND NACH EINEM HALBEN JAHR SAGT: »ICH MÖCHTE JETZT BEI MEINEM ALTEN ARBEITGEBER ODER IN EINEM ANDERN UNTERNEHMEN NOCHMAL WEITERARBEITEN!« WIE SIND DIE FAKTEN? Da müssen wir zwei Fälle unterscheiden. Das ist einmal der Rentner mit vorgezogener Altersrente, der maximal 450 Euro dazu verdienen darf, alles andere geht nicht. Derjenige, der schon die volle Altersrente bezieht, darf steuerlich unbegrenzt dazu verdienen. Wir haben vor ein paar Monaten das Rentenpaket »Rente mit 63« verabschiedet bekommen, und seit dieser Zeit ist es auch für die Arbeitgeber möglich, dass sie unabhängig vom Eintritt des Rentenalters unbefristet mit ihren Mitarbeitern wieder Verträge abschließen können. Als das noch nicht möglich war, haben die Firmen zu Alternativlösungen gegriffen, haben gesonderte Gesellschaften gegründet, dort ehemalige Mitarbeiter, Rentner eingestellt, dann über diese Gesellschaften diese Mitarbeiter an die Hauptgesellschaft verliehen, damit nicht ein Mitarbeiter plötzlich einen Anspruch auf unbefristete Beschäftigung bis zum Sankt Nimmerleinstag bei seinem Arbeitgeber stellt. Das ist die Ausweichlösung gewesen für diese Modelle, die jetzt mittlerweile überflüssig sind. Was aber jetzt gerade durch den Gesetzgeber geregelt wird, ist die Frage, wie es sich mit der Weiterzahlung von Sozialversicherungsbeiträgen für die Rentner verhält? Und da warten wir jetzt auf gesetzgeberische Antworten.

WAS IST IHRE HALTUNG: FLEXIBILISIERUNG DES RENTENEINTRITTS VON 60 BIS 75? MODELL? WIE MÜSSTE DAS THEMA WEITERENTWICKELT WERDEN? Das Demographie-Netzwerk ddn tritt von jeher für eine Flexibilisierung der Rente ein, ohne fixe Altersgrenze. Was wir uns allerdings vorstellen können, ist, dass das nicht dazu führt, dass jemand, der mit 60 in Rente geht, auch die volle Rente bekommt, sondern da muss jemand auch in der Tat in Kauf nehmen, dass er erhebliche Rentenabschläge erhält. Aber wir wissen ja von Vielen in der Bevölkerung, dass sie auch nicht auf die Rente angewiesen sind – wir leben in der Erbengeneration, wie es immer so schön heißt. Wenn jemand diesen Schritt gehen will, dann muss er auch finanziell dafür grade stehen. Dass wir das als Gesellschaft ausgleichen, geht nicht vor dem Hintergrund, dass wir die Älteren auch länger im Arbeitsleben brauchen. Das Beispiel Skandinavien belegt es, dort gibt es keine fixen Altersgrenzen. Die haben vor vielen Jahren die Flexibilisierung der Rente eingeführt, allerdings dies auch mit Anreizen versehen, was dazu führt, dass wir in Skandinavien eine deutlich höhere Beschäftigung von Menschen jenseits der 65 haben als in Deutschland. Und da müssen wir eigentlich hinkommen, dass wir das stärker mit Anreizen ausfüllen – nicht nur materiell, sondern auch über die attraktive Ausgestaltung von Arbeitsbedingungen: zum Beispiel fließende Übergänge mit Teilzeitregelungen, wo die Mitarbeiter möglicherweise auch nicht analog und linear zur Teilzeit ihr Gehalt gekürzt bekommen, sondern eine Aufzahlung erhalten. Oder anderes Beispiel, dass Arbeitsbedingungen grundsätzlich nochmal überdacht werden, gerade für Ältere, möglicherweise mehr Urlaub für Ältere – das wären alles mögliche Anreize, um die Beschäftigung in den bestimmten Altersgruppen zu erhöhen. Vom Grundsatz wäre vom ddn aus erwünscht: Keine festen Altersgrenzen mehr, sondern Flexibilisierung.

SIE SAGTEN ZU BEGINN: »DER EINTRITT IN DEN RUHESTAND IST DER GEFÄHRLICHSTE TAG IN EINEM LEBEN«. Medizinisch gesehen. MEDIZINISCH GESEHEN, GENAU! KÖNNTE ES SEIN, DASS IN UNSEREN KÖPFEN, IN UNSEREN STEREOTYPEN, DAS ALT SEIN BEGINNT MIT DEM AUSSORTIERTSEIN AUS DER ARBEIT? Ja, ich glaube, das Aussortiertsein aus der Arbeit fängt schon früher an. Jedenfalls in vielen Unternehmen und auch in den Köpfen der Beschäftigten, wenn sie das Gefühl haben, nicht mehr gebraucht zu werden. Es gab ja in vielen Unternehmen den Tatbestand, dass man mit Mitarbeitern, älter als 55, kein Jahresgespräch oder kein Mitarbeitergespräch mehr geführt hat nach dem Motto: »Naja, was soll man mit der Person denn noch planen, die ist ja schon 55.« Und das ist noch nicht so lange her. Wenn jemand 53 ist, 56 ist, dann müssen wir uns um ihn kümmern. Nach dem Motto: Da ist jemand eher schutzbedürftig. Diese ganzen Stereotypen haben dazu geführt, in dieser Altersgruppe Mitte 50 schon »Alter« zu sehen. Und das ist die Veränderung, die wir gerade erfahren durch einige Leuchttürme am Markt, die Mitarbeiter auch jenseits der 55 einstellen. Unternehmen, die mittlerweile Mitarbeiter ab 55 für eine Erstausbildung oder eine Zweitausbildung anstellen, weil wir so ganz allmählich eine Trendwende feststellen: Ältere sind lernfähig, Ältere sind auch arbeitsfähig und -willig.

WIE ÄNDERT MAN STEREOTYPEN? WIE ÄNDERN SICH IN EINER GESELLSCHAFT DIESE ALTERSBILDER, DIESE STEREOTYPEN? Stereotype zum Alter ändern sich aus der Not heraus, wenn die Unternehmen den Druck verspüren, ihre Einstellung zu ändern, weil sie sonst nicht mehr weiterkommen. Ich bin wenig optimistisch, dass wir die Einstellungen nur über positive Beispiele, über die Berichterstattung in den Medien verändern. Der Druck muss vom Markt kommen und die Unternehmen, die Arbeitgeber, müssen erfahren – über eigene erlebte Beispiele und über den Druck, sonst keine Fachkräfte mehr zu bekommen –, dass sie zu anderen Lösungen greifen müssen. Es ist der Druck, den wir erfahren müssen, um Stereotypen zu ändern.

Ja, ich glaube, wir brauchen nur Arbeitslose zu fragen, die mal länger arbeitslos waren, ob sie Arbeit als Pflicht oder als Kür ansehen und vielleicht sogar als Bereicherung. Wer in seinem Leben dies mal erfahren hat, weiß, dass es nichts Besseres gibt für ein menschliches Leben als Struktur. Wir brauchen als Mensch diese Struktur, und Arbeit gibt uns Struktur. Wir haben in den vergangenen Jahren das Thema Arbeit immer negativ diskutiert. Wir sprachen immer von Arbeitszeitverkürzung, wir sprachen immer von mehr Urlaub, weil Arbeit ja so belastet. Jetzt will ja niemand abstreiten, dass Arbeit wirklich belasten kann. Aber wenn wir die Veränderungen am Arbeitsmarkt sehen, Veränderungen durch die Globalisierung, die Technologien, dann wissen wir auch, dass das zum einen anstrengend ist, zum anderen aber auch sehr bereichernd sein kann. Wir erleben Arbeit heute stark individuell verantwortet. Wir erleben Arbeit in Netzwerken, in den Organisationen, im großen Teamwork, wo die Mitarbeiter mehr und mehr aufeinander angewiesen sind. Und das macht den Beschäftigten ja auch mehr und mehr Freude, weil dieses Arbeiten in Teams – das wissen wir aus vielen Umfragen und Studien – genau das ist, was viele auch an der Arbeit hält, was ihnen große Freude macht, dieser Zusammenhalt im Team und für den anderen einzustehen. Und Unternehmen, die das schaffen, die sind ja auch sehr erfolgreich im Markt, weil ihre Beschäftigten hundertprozentig mit dieser Form von Arbeitsorganisation identifizieren.

Seit Einführung der gesetzlichen Rentensysteme durch Bismarck und der großen Rentenreform unter Adenauer ist es so: Ein langes Arbeitsleben und dann geht man in Rente und genießt seinen so genannten »Ruhestand«. Warum noch heute diese Antworten der Bevölkerung auf die Frage nach der Rente so überwiegend positiv ausfallen, hängt sicherlich damit zusammen, dass wir noch viel zu wenig Erfahrung damit haben und noch viel zu wenig Beispiele sehen, was man alles im Alter machen kann – auch möglicherweise noch in der Anbindung an seinen früheren älteren Arbeitgeber – und wie nützlich man sich da machen kann. Warum dieses Thema Rente und Ruhestand eine solche Mystifizierung hat, kann ich Ihnen auch nicht beantworten, ich weiß es nicht. Aber ich glaube, wir werden auch mehr und mehr erleben – über Beispiele von Beschäftigten und Unternehmen, die wir in die Öffentlichkeit bringen –, dass Arbeit »im Ruhestand« ja nicht gleich Arbeit ist »wie früher«, dass das ganz anders organisiert werden und ganz anders aussehen kann. Hinzu kommt sicherlich, dass wir heute über eine deutlich höhere Lebenserwartung verfügen. Alle 10 Jahre erhöht sich die Lebenserwartung des Bürgers um volle zwei Jahre. Das heißt, so viele wie wir heute, nach Eintritt in die Rente, noch an Lebensjahren vor uns haben, hatten wir noch nie zuvor. Und das verändert natürlich auch die Sichtweise auf das Thema, sodass man sich dann als Beschäftigter, als ehemals Beschäftigter, sehr viel intensiver fragen wird: »Ja, was mach ich jetzt noch die nächsten 25, 30 Jahre? Und davon bin ich vielleicht 15 oder 20 Jahre noch gesund.« Diese Veränderung wird möglicherweise dazu führen, diese Mystik auch mal aufzulösen und zu einer anderen Sichtweise zu kommen.

DASS ES EIN MARKENZEICHEN SEINER FIRMA IST, ER HAT KUNDEN, DIE AUCH DESWEGEN BEI IHM BLEIBEN. KÖNNTEN SIE SICH EIN SOLCHES UNTERNEHMEN HIER VORSTELLEN? Ältere Mitarbeiter auch bis ins Alter von 70 oder 80 zu beschäftigen – natürlich nicht Vollzeit, sondern in Teilzeit oder projektweise –, das wird mehr und mehr kommen, und zwar einfach auch aus den reinen Zahlen des Arbeitsmarktes heraus. Wie gesagt, ich glaube nicht daran, dass wir diese hohen Migrationszahlen weiter haben. Ich glaube auch nicht daran, dass die alle hier bleiben. Also ist eine vornehmliche Quelle die Beschäftigung der Älteren. Und wenn wir, wie eben gesprochen, diese lange Periode einer »Nichtschaffenszeit« nach Übergang in die Rente haben, dann ist es zum einen der Frage gewidmet: »Ja, was soll ich jetzt machen?«, und die Arbeitgeber auf der anderen Seite werden dieses Erfahrungswissen brauchen. Und dies wird heute leichter darstellbar sein, weil ein Sechzigjähriger, ein Siebzigjähriger nicht mehr von diesem Bild geprägt ist, wie wir es noch vor ein paar Jahren hatten. Das heißt, die körperliche Fitness ist in der Regel sehr hoch ausgeprägt, die geistige auch – jedenfalls von den Leuten, die sich ein Leben lang auch mit Wissensthemen beschäftigt haben. Ich halte es für vorstellbar im Fachkräftebereich, im Ingenieurbereich. Wir haben ja heute schon Firmen, die im Projektmanagement für technische Anlagen unterwegs sind und die ganz gezielt ältere Mitarbeiter rekrutieren mit der Zielsetzung, die auch länger zu beschäftigen. Ich glaube, der Tag ist nicht mehr weit, dass wir das auch in Deutschland erleben.

WIE MÖCHTEN SIE DENN ALT WERDEN? MÖCHTEN SIE MAL IN RUHESTAND GEHEN ODER WIE STELLEN SIE SICH DAS ÄLTERWERDEN VOR? Ich bin von Haus aus Jurist und hatte das große Glück, in meiner Referendarzeit nebenher in einer Kanzlei zu arbeiten, und der Seniorchef dieser Kanzlei war 83 Jahre alt. Der kam jede Woche noch so 2, 3 Tage in die Kanzlei, ist dann morgens zu Gericht, hat mittags seine Klienten empfangen und hat gearbeitet, bis er 86 oder 87 Jahre alt war – auch so ein Wissensträger, der in bestimmten Themenfeldern absolut aktuell auf dem Laufenden war. Das hat frühzeitig bei mir eine Vorbildfunktion gehabt. Ich selbst bin mit 57 aus meiner früheren Tätigkeit als angestellter Personalchef eines Unternehmens ausgeschieden, bin seitdem selbstständig als Berater für Personalmanagement und habe vor, so lange zu arbeiten, wie es mir Spaß macht. Und ich hoffe, das wird jenseits der 70 sein, mindestens.

EINE ZUSAMMENFASSENDE, ETWAS POLEMISCHE FRAGE: DEMOGRAPHISCHER WANDEL – FLUCH ODER SEGEN? Der demographische Wandel – und das ist meine und unsere Auffassung des Demographie-Netzwerkes – ist eine Chance, eine große Chance für alle, weil wir Alter neu denken und weil wir Alter neu erleben, sowohl von den Beschäftigten her als auch von den Unternehmen her. Insofern ist es ein Segen, weil wir gezwungen sind, uns mit neuen Altersbildern und Möglichkeiten auseinanderzusetzen und unsere alten Stereotypen über Bord zu werfen. Und wenn wir Stereotype über Bord werfen, gewinnen wir neue Erkenntnisse, und das ist für die Gesellschaft immer gut.

—

Das Gespräch wurde im November 2014 in Baden-Baden geführt.

BIRGIT
STEINER

64, BERÄT MIT DER SERVICESTELLE
Ü55 ÄLTERE ARBEITNEHMER, DIE
ARBEITEN, WEITERARBEITEN ODER
NEU EINSTEIGEN WOLLEN

FRAU STEINER, WAS MACHT DIE SERVICESTELLE Ü55? Die
Servicestelle Ü55 ist ein Projekt der saarländischen Landesre-
gierung – konkret: Wirtschaftsministerium –, angesiedelt hier
bei der IHK, bei der saar.is, frühere ZPT. Dieses Projekt gibt es
jetzt im fünften Jahr. Diese Servicestelle Ü55 hat zur Aufgabe,
zunächst einmal saarländische mittelständische Unternehmen
für das Thema »Ältere Mitarbeiter« zu sensibilisieren: Wie
kann ich meine älteren Mitarbeiter produktiv, motiviert am
Arbeitsplatz halten und das auch unter anderem im Hinblick
auf Rente 67? Konkret aktuelles Thema: Fachkräftesicherung,
Fachkräftemangel. Das heißt, wie kann ich meine Fachkräfte
länger im Unternehmen halten – zu beiderseitiger Freude und
Gewinn? Die zweite Aufgabe ist es, die Menschen über 55, also
Ü55, die draußen vor der Tür sind, die nicht im Arbeitsmarkt
integriert sind, wieder zu integrieren. Nicht im Sinne einer klas-
sischen Arbeitsvermittlung – denn das ist das originäre Geschäft der Agentur für Arbeit –, sondern im beratenden, in-
formativen Sinne. Das heißt, mit diesen Menschen, die von
sich aus herkommen oder an die Staatskanzlei geschrieben
haben: »Liebe Frau Ministerpräsidentin, ich bin Ü... und kein
Mensch kümmert sich um mich, und ich bekomme keinen Arbeitsplatz. Kann mir irgendjemand helfen?« So landet ein
Großteil der Klienten dann hier in der Servicestelle. Und dann
geht es darum, die zu beraten, zu informieren: Was erfordert
der Arbeitsmarkt heute? Was muss ich bringen? Was kann ich

»Das Selbstbe-
wusstsein rutscht
in den Keller.«

dazu tun? Wo liegen meine Stärken? Wie kann ich die einbringen in meine Selbstdarstellung, in meine Vermarktung?

Was jetzt die mittelständischen saarländischen Unternehmen betrifft, da haben wir eigentlich vier Handlungsfelder, über die wir mit den Unternehmen sprechen. Zum einen das Handlungsfeld Gesundheit, also betriebliches Gesundheitsmanagement, mit allem was dazugehört, um Mitarbeiter länger gesund zu halten. Dann haben wir die Weiterbildung, da sind einige Unternehmen hier im Saarland schon sehr weit: Die qualifizieren sich die eigenen Fachkräfte aus den Reihen ihrer Mitarbeiter. Das heißt, gering qualifizierte Menschen beispielsweise können qualifiziert werden über eine Fördervariante, die sich Wegebau nennt, und mit diesem Wegebau kann man mit Unterstützung – in dem Fall der Agentur für Arbeit – gering qualifizierte Mitarbeiter entsprechend qualifizieren, so dass sich das Unternehmen Fachkräfte aus den eigenen Reihen bildet. Auch die Servicestelle selbst hat schon ein großes Projekt im vergangenen Jahr begonnen: die so genannte »Senioren-Ausbildung«. Da haben wir Menschen Ü50 in eine Ausbildung gebracht, Bäckereifachverkäufer/Bäckereifachverkäuferin im dualen System, verkürzt auf zwei Jahre, unterstützt durch Fördermittel der Agentur für Arbeit, unterstützt durch die Handwerkskammer, die Kooperationspartner der Servicestelle ist. Im August 2015 läuft dieses Projekt aus. Dann haben wir also für ein Unternehmen im Rahmen einer Seniorenausbildung Fachkräfte geschaffen, die ihre Ausbildung im dualen System abschließen. Ein sehr erfolgreiches Projekt. Aktuell arbeite ich an einer weiteren Variante der Seniorenausbildung, auch mit einem saarländischen mittelständischen Unternehmen.

HABEN DIE UNTERNEHMEN BEREITS EIN BEWUSSTSEIN FÜR DAS THEMA DEMOGRAPHISCHER WANDEL? WIE IST DAS DENKEN IN DEN UNTERNEHMEN, DEN FÜHRUNGSEBENEN? Das Denken der Unternehmen, der Führungsebene in Bezug auf demographischen Wandel, kann man nicht generell beurteilen. Wenn es um kleine Unternehmen geht, ist einfach der Leidensdruck noch nicht groß genug. Gerade im Handwerksbereich haben wir festgestellt: Da beginnt es, da kommen immer weniger junge Leute nach, sie finden nicht mehr genug Auszubildende, die sie dann in ihrem Unternehmen qualifizieren, ausbilden können. Hinzu kommt, dass wir natürlich große Industrie-Unternehmen im Saarland haben, die aufgrund ihrer Lohnstruktur große Konkurrenten sind und dann den Markt abschöpfen mit jungen Leuten, siehe Ford oder ZF. Das heißt also, es beginnt langsam weh zu tun beim Mittelstand, bei den Kleinunternehmen. Große Unternehmen haben aufgrund ihres Namens, ihres Images, ihrer Lohn- und Gehaltsstruktur noch kein Problem, Nachwuchs beziehungsweise Fachkräfte zu finden. Im Moment hat man dieses Thema speziell bei den kleinen und mittleren Unternehmen: Fachkräfte zu sichern, zu halten als auch junge Leute nachzuziehen.

DIE LOGISCHE KONSEQUENZ WÄRE: WENN WIR DIE JUNGEN NICHT KRIEGEN ODER NICHT AN UNS BINDEN KÖNNEN, DANN SCHAUEN WIR UNS DAS POTENZIAL DER ÄLTEREN AN. Völlig richtig! Der Blick auf Ältere und auf Frauen, der wird langsam von den Unternehmen dorthin gerichtet, denn wir haben im Saarland im Vergleich zu den anderen Bundesländern auch den geringsten Anteil an berufstätigen Frauen, gerade im Alter 40, 50. Das heißt, beide Gruppen werden im Moment ins Auge gefasst. Ich merke das auch bei meiner täglichen Projektarbeit: Am Anfang hatte ich den Eindruck, ich muss extrem dicke Bretter bohren. Das lässt langsam nach, im Gegenteil, es passiert auch schon, das Unternehmen anrufen, und sagen: »Frau Steiner, wir suchen einen...« – nicht nur jetzt den berühmten Ingenieur, auch den Facharbeiter –, von dem sie nun sagen: »Bitte, aber der kann ruhig über 50 sein« – hat ja schon so was Besänftigendes – »Der kann ruhig über 50 sein, denn er hat ja natürlich die Erfahrung, die wir brauchen, die Lebenserfahrung, die Berufserfahrung, er geht mit mehr Ruhe dran, er darf ruhig schon älter sein. Hätten Sie jemanden?« Das beginnt langsam, dass Unternehmen, wenn der Leidensdruck groß genug ist, von sich aus gezielt jetzt sagen, wir suchen auch mal in dieser Gruppe.

WENN SIE JEMAND BERATEN, WIE WERBEN SIE DAFÜR, EINE ÄLTERE MITARBEITERIN ODER EINEN ÄLTEREN MITARBEITER EINZUSTELLEN? Das beginnt relativ einfach, das Werben für die Älteren. In der Regel – wir reden ja vom Mittelstand als Hauptzielgruppe – sind das inhabergeführte Unternehmen, und diese Herrschaften sind meistens auch jenseits der 50 oder Ü60. Das heißt also: Öfter habe ich mir schon erlaubt, dann den Gesprächspartner bei seinem eigenen Alter zu packen und zu sagen: »Entschuldigung, Sie sind schätzungsweise… Und Sie möchten Ihr Unternehmen auch noch die nächsten Jahre weiterführen dürfen. Was spricht denn dafür?« Und dann ergibt sich eigentlich aus dem Gespräch heraus selbst die Antwort. Das passiert also doch schon häufig, und das macht mir auch Spaß. Auf der anderen Seite ist aber ganz normal, dass man auf Berufserfahrung, auf Lebenserfahrung verweisen kann. Ich habe zum Beispiel ein Unternehmen, das hat eine Gruppe, nahezu eine ganze Abteilung, mit »Üs« eingestellt, weil die Ansprechpartner in diesem Unternehmen im Kundenkreis in der Regel Geschäftsführer und Personalleiter sind. Und da man ein Gespräch auf Augenhöhe herstellen will, ist es leichter für die Geschäftsführer, sich mit jemand zu unterhalten, der auch im Alter Ü ist als mit einer jungen Frau, die vielleicht eine ganz andere Terminologie an den Tag legt, die ganz anders kommuniziert. Man möchte nutzen: Das andere Verhalten, das Einfühlungsvermögen, die Empathie, das Verständnis für diesen Gesprächspartner, der auch »Ü« ist. Also sie reden auf einer ganz anderen Ebene miteinander. Dann wird mir sehr oft gesagt, dass sie auch noch andere Benimm- oder Verhaltensformen haben, die als sehr angenehm empfunden werden und dass man das natürlich auch mit in Überlegung einbeziehen möchte. Und dann natürlich was ganz einfaches: Man sagt aufgrund der Berufserfahrung, irgendwelche Probleme haben die schon immer mal gehabt, ein déjà-vu, wenn irgendwas schief geht: »Das hatte ich schon mal in ähnlicher Form, wie kann ich damit umgehen?«, und

so kann man leichter Fehler vermeiden, Fehler beheben oder sogar erst keine so gravierenden Fehler machen.

SIE HABEN MITTLERWEILE EINE MENGE ERFAHRUNG AUS UNTERNEHMEN, WIE ES GUT LÄUFT ODER SCHLECHT LAUFEN KANN. Die Servicestelle arbeitet ja sehr gerne mit Best-Practice-Beispielen, um es für andere saarländische Mittelständler auch zu verdeutlichen und zu veranschaulichen, nach dem Motto: »Aha, bei denen ist es so gemacht worden mit den Älteren. Da kann ich das und das daraus lernen, das kann ich mir abgucken, das kann ich ändern.« Aber wir haben auch zum Beispiel ein Unternehmen, bei dem ging die Zusammenarbeit mit einer Gruppe von »Üs« – jetzt sag's ich mal flapsig – komplett in die Hose. Und es lag nicht an den »Üs«! Es war eine Gruppe von 8 oder 9 Menschen Ü50, die eingestellt wurden. Nach ungefähr einem Viertel Jahr konnte man beobachten, wie es noch 7 waren, dann 5 waren, dann 3. Und ich war immer wieder mit dem Unternehmen in Kontakt und habe gefragt. »Woran liegt es? Wieso haben wir eine solche Abbruchquote bei diesen älteren Menschen? Es kann nicht an den Älteren liegen, ich führe Beratungs- und Betreuungsgespräche, ich kann nicht erkennen, wo das Problem konkret liegt«. Und dann haben wir uns lange mit den Führungskräften und dem Leiter Human Resources unterhalten und haben dann festgestellt, dass es daran liegt, dass die jüngeren Führungskräfte einfach nicht den richtigen Ton treffen, mit ihren älteren Mitarbeitern oder Kollegen umzugehen: auf Augenhöhe miteinander zu kommunizieren, die Wertschätzung rüberzubringen. Das sind ganz wesentliche Dinge, die vielleicht bei jungen Führungskräften noch nicht so präsent sind. Das heißt also, es lag weder an der mangelnden Bereitschaft der »Üs«, diese Arbeit zu tun, noch an der mangelnden Fähigkeit, sondern es war ein Führungskräfteproblem. Und ich finde dieses Beispiel besonders gut, weil man auch mal zeigen kann, wie etwas nicht funktioniert hat, um daraus zu lernen und ein nächstes Beispiel völlig neu aufzusatteln, weil man aus den Fehlern gelernt hat. Denn diese Best-Practice-Dinge, die auf den ersten Blick funktionieren, sind mir manchmal verdächtig, ob sie nicht bisschen geschönt sind. Da ist mir so ein Fall sehr viel lieber, weil man aus dem Scheitern lernen kann. Konkret haben wir jetzt in diesem Fall ein Führungskräftetraining vereinbart. Das heißt also, die Führungskräfte, in der Regel sind das Menschen so Anfang/Mitte 30, die dann unter anderem diese ältere Gruppe führen – insgesamt hat das Unternehmen ca. 500 Mitarbeiter –, diese Führungskräfte werden jetzt speziell geschult im Umgang mit ihren Kollegen, also nicht nur den Älteren, auch den Jüngeren, denn generell gilt »c'est le ton qui fait la musique« –, was man hier in diesem Zusammenhang lernen kann.

IST ES SINNVOLL, ÄLTERE IN EINER ABTEILUNG ZUSAMMENZUFASSEN ODER IST EIN MIX VON JUNG UND ALT DAS BESSERE MODELL? Es hat sich rausgestellt, dass altersgemischte Teams unterm Strich eigentlich die erfolgreichsten Teams sind. In dem von mir genannten Beispiel ging es einfach nur mal darum, diese Gruppe von Älteren zusammen in einem Bereich einzusetzen, um zu sehen: »Kommen wir damit unseren Kunden näher? Erreichen wir damit unseren Kunden besser, indem wir diese Altersgruppe da einsetzen?« Das hat nichts mit dem generellen Ergebnis zu tun, dass man festgestellt hat, so gerade eine Studie über einen großen LKW-Hersteller in Karlsruhe: Wenn ich altersgemischte Teams nehme, kann jeder von seiner Seite seine Vorteile bringen. Die Jungen, sie kommen frisch aus einer Ausbildung, haben alle Neuerungen, alle Neuheiten drauf, während die Älteren mit ihrer Berufs- und Lebenserfahrung punkten. Wenn man die beiden dann zusammenschließt, hat man die größten Erfolge im Unternehmen. Das versuchen immer mehr Unternehmen zu nutzen.

UM AUF DAS GELUNGENE BEISPIEL DER AUSBILDUNG EINZUGEHEN: WIE SIND DIE ÄLTEREN AUSZUBILDENDEN RANGEGANGEN? HABEN SIE SICH DAS ZUGETRAUT, WIE MOTIVIERTE DAS UNTERNEHMEN SEINE AZUBIS? GAB ES EINE BESONDERE BERUFSSCHULKLASSE ODER WAREN DIE ZUSAMMEN MIT DEN JUNGEN IN DER BERUFSSCHULKLASSE? Ich nehme das Beispiel der Seniorenausbildung im Bäckereihandwerk. Da sind verschiedene Komponenten zum Tragen gekommen. Zum Ersten, die Ausbildung dauerte zwei Jahre, also ein Jahr verkürzt, aber duales System, was bedeutet: Die jungen Azubis und die älteren Azubis sind zusammen in einer Klasse gewesen. Das heißt, von den älteren Azubis kamen natürlich dann die Vorbehalte: »Können wir da noch mithalten? Schaffen wir das noch? Ob wir das überhaupt hinkriegen?« Da waren schon ziemliche Vorbehalte. Ich habe in den Gesprächen gedanklich sehr oft meinen Hut gezogen vor diesen Frauen, die gesagt haben: »Komm, wir probieren es! Wir können das!« Und ein schönes Ergebnis in diesem Zusammenhang war, dass die Älteren einen besseren Notendurchschnitt hatten als die Jüngeren. Das heißt, sie haben den Klassendurchschnitt im Bereich der Noten angehoben, weil sie einfach so gepowert haben und gesagt haben: »Das können wir uns doch nicht bieten lassen, bloß weil wir älter sind, sollen wir das nicht mehr hinkriegen!« Ein anderer Punkt war, dass die Älteren sehr stark zusammengehalten haben und sich gegenseitig unterstützt haben, was sich auch darin wieder zeigt, dass die Abbruchquote bei den Älteren gleich null war. Wir hatten eine Abbrecherin, das war krankheitsbedingt, aber ansonsten, die Abbruchquote war null. Die Zahlen, die ich eben genannt habe, die stammen aus dem allerersten Projekt, das im Schwarzwald durchgeführt wurde und das wir dann ins Saarland übertragen haben. Wir haben hier noch keine endgültigen Zahlen, weil, wie gesagt, das erst im August dieses Jahres ausläuft. Hier im Saarland waren es 19 oder 20 Teilnehmerinnen.

WIRD ES NACHFOLGEPROJEKTE GEBEN? BEI DIESER GROSSBÄCKEREI ODER IN ANDEREN UNTERNEHMEN? Bei dieser Großbäckerei wird es keine Nachfolge geben. Aber dieses Beispiel, das wir hier im Saarland aufgesetzt haben, gewinnt jetzt hier Interessenten. Ich war gerade gestern bei einem Unternehmen, das 70 Mitarbeiter hat und bei dem wir für eine gute Handvoll Mitarbeiter auch eine eigenständige Seniorenausbildung in einem ganz anderen Bereich – das hat was mit Informatik zu tun – aufsatteln wollen. Das heißt, wir sind jetzt dran, auf dem alten Beispiel »fußend« etwas Neues zu machen und im Saarland wieder zu zeigen: »Unternehmen, du kannst dir deine eigenen Fachkräfte durch eine qualifizierte Ausbildung mit staatlicher Förderung selbst beschaffen, rekrutieren. Und dann hast du auch eine ganz andere Bindung deiner Mitarbeiter an das Unternehmen.« Denken wir an Arbeitgeber-Attraktivität, Fluktuation, wenn ein Unternehmen so viel tut wie in diesem jetzt genannten Beispiel, ist auch gleich eine ganz andere Bindung zum Unternehmen da. Das sind alles Vorteile, die man in diesem Zusammenhang auf jeden Fall auch sehen muss.

EIN VORURTEIL EXISTIERT NOCH IMMER: DIE ÄLTEREN SIND MEHR KRANK. WIE SIND DIE FAKTEN? Zum Thema Kranksein der Älteren stehen Statistiken zur Verfügung, die ganz einfach besagen: Ältere sind nicht häufiger krank, im Gegenteil. Nur, wenn sie krank sind, sind sie länger krank, das können Sie in jeder Statistik, die Krankenversicherer erstellen, lesen. Logischerweise: Der Mensch ist mit 55 oder 60 verbrauchter als ein 25-jähriger. Sie sind nicht häufiger krank, nur wenn sie krank sind, ist einfach die Verweildauer, die Krankendauer länger. Ich persönlich erlebe immer wieder bei den Unternehmen, bei denen Ältere beschäftigt sind – oder beschäftigt wurden durch die Initiative der Servicestelle –, dass diese Menschen sogar noch mit dem berühmten Satz »Kopf unterm Arm« an den Arbeitsplatz gehen – was nicht unbedingt ratsam ist, da sie wissen, wie schwierig es ist, einen Arbeitsplatz zu gewinnen und zu halten. Aber ihre Einstellung zu ihrem Arbeitsplatz und zu den damit verbundenen Ausfallzeiten – formulieren wir das mal so – ist ganz anders geprägt als bei den jüngeren Mitarbeitern.

SIE BIETEN AUCH FÜR UNTERNEHMEN ALTERSSTRUKTURANALYSEN AN. WIE UND WANN SETZEN SIE DAS INSTRUMENT DER ALTERSSTRUKTURANALYSE EIN? Es heißt eigentlich: Die »Alters-« bzw. »Personalstrukturanalyse«. Ich liebe das Wort Personalstrukturanalyse mehr als das Wort Altersstrukturanalyse, weil letzteres so begrenzt nur auf das Alter bezogen klingt. Es geht darum, einem Unternehmen transparent zu machen: »Wieviel Mitarbeiter habe ich in welcher Altersgruppe? Wann geht wer in Rente? Wer ist in welchem Bereich tätig? Welche Altersgruppe habe ich in der Produktion? Wie muss ich mit den Ressourcen dieser Altersgruppe umgehen, um sie länger zu halten? Mache ich eine Art Weiterbildung? Welche Weiterbildung biete ich wo an? Was habe ich bisher in dem Bereich gemacht? Die Krankentage, die Krankenquote: In welchem Bereich, in welcher Abteilung habe ich denn welche Krankenquote? Ist die gestiegen? Warum ist die höher als der Durchschnitt im Unternehmen?« Das sind alles Dinge, die Sie aus dieser Personalstrukturanalyse ableiten können und Schlussfolgerungen für die nächsten 3, 5 oder 10 Jahre ziehen können. Sprich: Ich muss ja mein Unternehmen perspektivisch führen oder sollte es perspektivisch führen. Und ich kann über diese Personalstrukturanalyse die verschiedensten Dinge erkennen und dann nach Notwendigkeit entsprechend umsetzen. Diese Analyse habe ich gemacht u.a. für ein Unternehmen, das mit Erstaunen einige Ergebnisse angeschaut hat, die ihnen noch gar nicht so transparent waren. Generell ist es ein Instrument, das von großen Unternehmen schon seit Jahren genutzt wird. Ein vernünftiger Personaler wird immer diese Personalstrukturanalyse einsetzen, um zu sehen, wohin sich sein Bereich entwickelt. Der Mittelstand, die kleineren Unternehmen, für die ist das noch etwas völlig Neues. Das heißt, dort muss man es echt als kostenlose Serviceleistung bringen und muss rausarbeiten, welche Vorteile das Unternehmen davon hat. Ich meine, Sie kommen zu einem Unternehmen mit 120 Leuten und dann fragen Sie: »Was ist denn eigentlich ihr Altersdurchschnitt?« »Hmm, da muss ich mal … ich hab jetzt … weiß nicht …« So letztens ein Beispiel von 46,8: »Oh, das habe ich gar nicht gewusst, dass wir so alt sind. Oh, da müssen wir was tun.« Das heißt, die kleineren Unternehmen lernen erst, dass es so etwas gibt und was man damit machen kann, und die Großen haben es als Instrument schon seit Jahren im Einsatz.

WIE HÄUFIG MACHEN SIE DAS? WIE OFT IST ES NACHGEFRAGT? Es ist im Steigen. Es gibt hier in der IHK noch zwei Projekte, die das auch anbieten können. Wenn wir nicht von uns aus

das anbieten – angefragt wird es nicht. Wir müssen es also als Produkt anbieten und erklären, was die Vorteile davon sind, und dann wird es auch gern angenommen. Es ist im Steigen begriffen, aber es ist noch kein Alltag.

WELCHE ERFAHRUNGEN BRINGEN DIE MENSCHEN, DIE SICH AN SIE WENDEN, ZUNÄCHST EINMAL MIT? Die Menschen, die zu mir zur Beratung, zur Unterstützung kommen, sind meist Menschen, die mit dem Satz beginnen: »Ich habe jetzt schon 300 Bewerbungen geschrieben, ich weiß nicht was los ist, keiner will mich mehr.« Das ist eigentlich so die Grundaussage. Dadurch folgt automatisch: Das Selbstbewusstsein rutscht in den Keller, das Selbstvertrauen geht weg. Die Leute brauchen eigentlich erst einmal Gespräche, Zuhören, und den Versuch, sie wieder stark zu machen: »Sie haben 30 Jahre das und das getan. Sie haben was zu bieten. Sie können was! Wir müssen das nur so darstellen, dass der Arbeitsmarkt das auch akzeptiert, dass die Stärken, die Sie haben, auch rausgearbeitet werden. Es ist eine Art Self-Marketing. Wir müssen rausarbeiten, was Sie unterscheidet im Positiven, die

besonderen Fähigkeiten, fachlicher Art, dass man sich dann für Sie entscheidet. Und dann ist nämlich das Alter sekundär.«
Primär für das Unternehmen, wenn es um Einstellungen geht, ist: Was kann der? Was bringt er meinem Unternehmen? Und die meisten der Kunden, die zu mir kommen, haben einfach nicht gelernt, sich selbst mit einer Bewerbungsmappe darzustellen. Es ist die Generation, die in der Regel 20 oder 30 Jahre beim selben Arbeitgeber war, die gar nicht wissen, wie das ist, sich einen Arbeitsplatz beschaffen zu müssen, indem man sich an X Stellen bewirbt so wie die jungen Leute, für die ist das heute völlig normal. Diese Menschen haben in der Regel noch nie einen Lebenslauf geschrieben. Was ich dann so geliefert bekomme, ist manchmal wirklich traurig, weil man das Bemühen, das Nichtwissen und dadurch Nichtkönnen spürt. Das heißt, zunächst einmal versucht man den Kunden wieder aufzubauen, ihm seinen Selbstwert zurückzugeben, den er aufgrund von jahrelangem Suchen verloren hat, aufgrund von hunderten von Bewerbungen und den entsprechenden Absagen. Und das Nächste ist, dass man mit ihm gemeinsam herausarbeitet: »Welche Strategie wollen wir

denn fahren? Wo möchtest du hin? Was kannst du, was hast du zu bieten? Wie können wir das so darstellen, dass du dich positiv von Mitwettbewerbern unterscheidest?« Also Strategie und Selbstdarstellung. Und dann wiederum habe ich beobachtet – und das freut mich jedes Mal –, dass dann Bewerbungen von Unternehmen angenommen werden, die Kunden in ein Vorstellungsgespräch kommen und sie dann punkten können. Es geht nämlich für sie einfach darum, diese Hürde zu überwinden und bei dem Unternehmen endlich mal sitzen zu dürfen. Und dann können sie sich verkaufen. Diese Schritte davor, das ist das, was hier im Servicecenter die Hauptarbeit ist. Ich habe grade ein Beispiel, da hat sich einer meiner Kunden bei der Bahn beworben, der hat ein ganz reizendes Schreiben bekommen: So eine aussagekräftige, schöne und optisch perfekt dargestellte Bewerbungsmappe hätten sie noch nie bekommen und das sei der Grund, warum sie ihn einladen. Es hat ihn gefreut und es hat mich gefreut, weil es ja wieder eine Bestätigung der Arbeit ist.

EMPFINDEN DIESE MENSCHEN, ÜBER DIE WIR JETZT GERADE GESPROCHEN HABEN, IHR ALTER ALS MAKEL? »Alter als Makel« ist hart formuliert. Es gibt tatsächlich Kunden, die kommen hier die Tür rein schon mit der klaren Ansage: »Ich weiß, Sie werden mir auch nicht helfen können, ich bin ja schon über 50.« Die haben das schon dermaßen verinnerlicht, dass sie sowieso keine Berechtigung mehr am Arbeitsmarkt haben, rein aus biologischen Gründen, die führen gar nicht ins Gefecht, was sie alles können, was sie zu bieten haben. Es ist auch nachzuvollziehen. Ich sage dann oft: »Haben Sie eine Liste, dass wir mal sehen, wo Sie sich beworben haben«, um ein Gefühl für seine Strategie zu bekommen, wo ist er hin, kleine oder große Unternehmen, in welchen Bereichen? Und dann können Sie wirklich sehen: Diese 200, 300 Bewerbungen, die sind nicht erfunden, das ist gelebtes Leben. Und jetzt stellen Sie sich vor: Ein Großteil der Unternehmen antwortet ja gar nicht mehr auf ein Bewerbungsschreiben. Und die, die antworten, schicken Absagen. Und jetzt gehen sie jeden Tag mit der Erwartungshaltung an den Briefkasten, in der stillen Hoffnung: »Irgendeiner

gibt mir doch noch eine Chance«. Dass diese Menschen dann kommen und von vornherein sagen: »Der schaut auf meinen Lebenslauf und der sieht mein Geburtsdatum. Ich hab gar keine Chance«. Insofern, »Alter als Makel« kann man bei einem Teil der Kunden schon rausspüren. Die haben resigniert.

Aber das hat ja auch eine Vorgeschichte. Viele Jahre lang hat man die Firmenpolitik vertreten: »So früh als möglich raus, die Alten, sie wollen eh nimmer. Wir brauchen sie nicht mehr. Unten kommen genügend nach. Wir haben die Studierten, wir haben die Fachleute. Bringen wir die Alten doch in Ruhestand, in Vorruhestand. Zudem kosten sie uns ja auch so viel.« Ich meine, damit sind wir viele Jahre, auch speziell im Saarland, hausieren gegangen. Wenn man sich aber jetzt die Zahlen anschaut, sieht man, dass es kontraproduktiv war. Jetzt sitzen wir hier rum und klagen: »Wo bekommen wir jetzt unsere Leute her? Die Alten haben wir weggeschickt. Wir haben sie mit all dem Fachwissen gehen lassen, in den Vorruhestand geschickt und aus, Feierabend. Wir haben ja genug vor Ort.« Wenn man Statistiken vor 10 Jahren schon richtig betrachtet hätte, hätte man gesehen, was auf uns zukommt. Dann wäre man möglicherweise mit diesem Thema nicht so schludrig umgegangen. Gut. Man hat es gemacht, die Ergebnisse haben wir heute. Wir versuchen Fachkräfte zu rekrutieren aus Europa, außerhalb Europas, weil wir einfach nicht genug – ich wiederhole mich – im eigenen Land haben.

Aber es ist auch ein Problem des Einzelnen, seine Einstellung zu dem Thema zu ändern. Wir können nicht alles auf Unternehmen laden, auf Politik laden. Ich denke, der Einzelne selbst muss auch sein Denken ändern. Denn er weiß, er wird noch 20, 30 Jahre bei relativ guter Gesundheit aktiv am Leben teilhaben wollen. Nehmen Sie doch mal die Werbung, die jetzt die »Üs« als besondere Käufergruppe entdeckt hat. Was die plötzlich alles können, wo die ihre Urlaube verbringen, welche Sportarten die machen, das sind alles Dinge, die plötzlich »en vogue« sind. Man hat gemerkt, die wollen noch gar nicht mit dem Rollator rumfahren, die wollen Ski fahren, die wollen fliegen, die wollen klettern, die wollen was weiß ich was alles treiben. Die sind einfach lebendig. Für diese Menschen müssen wir was tun, und diese Menschen müssen auch in sich umdenken. Wenn ich mir überlege, wie meine Mama ausgeschaut hat, als sie in meinem jetzigen Alter war, das war eine alte Frau. Das war aber normal, dass dies alte Frauen waren. Schauen Sie heute die Frauen in den Fünfzigern, in den Sechzigern, das sind hoch attraktive Persönlichkeiten. Nehmen Sie die ganzen Filmstars, nehmen Sie Jane Fonda – ich meine jetzt nur vom Alter her und was sie optisch darstellt. Und das ist nicht die Einzige, das können Sie auch in Saarbrücken auf dem St. Johanner Markt erleben, wie Frauen in diesem Alter ausschauen können. Und die haben eine ganz neue Lebenseinstellung, eine neue Lebenserwartung. Und das muss sich aber quer durch die Gesellschaft auch durchsetzen, diese Art zu denken, dass hier noch Anspruch ans Leben da ist, mit allem, was dazu gehört.

Ich habe einige Beispiele aus meinem Kundenkreis, Menschen, die in den Vorruhestand gegangen sind – meistens Führungskräfte, ehemalige Führungskräfte –, die mich nach einem halben Jahr, nach einem Jahr anrufen oder bei mir die Tür reinkommen und sagen: »Um Gottes willen, Frau Steiner, wir müssen irgendwas tun. Ich wurde früher gebraucht, mein Tag hatte eine Struktur gehabt, ich hab Ergebnisse einfahren können und Ergebnisse einfahren müssen. Und was mache ich jetzt? Ich sitze zuhause und schikaniere meine Frau!« Da können wir vielleicht mal an Loriot denken, wie der es in diesem Film so schön gezeigt hat: »Pappa ante portas«. Ein Kunde – als Beispiel, was ich sehr unterhaltend finde –, hat mir gesagt: »Frau Steiner, ich hab jetzt meiner Frau den ganzen Winter das Holz gehackt. Ich habe Gartenmöbel lackiert, ich habe einen Tisch gebaut. Ich wusste gar nicht, dass ich als Schreibtischtäter so viele handwerkliche Fähigkeiten habe. Aber jetzt ist mal gut. Helfen Sie mir bitte,

ich muss irgendwas tun! Und wenn ich nur projektbezogen vielleicht mal drei Monate irgendwo noch mal hingehen darf. Ich habe Wissen, das möchte ich weitergeben, das möchte ich umsetzen können.« Und Kunden dieser Art habe ich einige. Und ein Teil davon findet über die Selbstständigkeit zurück, indem sie sich als Freiberufler etablieren, beratend tätig sind. Dann können sie es auch steuern, projektbezogen gehen sie mal ein halbes Jahr beratend zu dem und dem Unternehmen. Sie wissen, sie können wieder raus, sie können wieder in den Ruhestand, sprich sich ein bisschen ausruhen, wenn denn grad Bedarf ist. Sie müssen nicht mehr diese wahnsinnige Powerleistung bringen, 365 Tage im Jahr, das ist also eine relativ ausgewogene Sache für diese Menschen. Das ist sehr oft der Weg, den ich beobachten konnte, dass meine Kunden durch die Hintertür wieder zurückgehen. Dann gibt es natürlich auch Unternehmen – aber die sind noch sehr dünn gesät –, die von sich aus auf ihre Ehemaligen zurückgreifen und sie projektbezogen beratend wieder einsetzen. Also, es gibt bei meinen Kunden, die in Vorruhestand gegangen sind, eine ganze Reihe, die versucht, wieder zurückzukommen, einfach weil sie immer gefordert waren und das vermissen.

Das ist eine philosophische Frage. Ich denke, das kann eigentlich nur jeder für sich beantworten, ich glaube nicht, dass man das pauschal beantworten kann. Arbeit ist für viele Menschen Selbstzweck. Sie definieren sich über die Wichtigkeit ihrer Arbeit, aber das kann man, wie gesagt, nicht verallgemeinern. Die Kunden, die zu mir kommen, bei denen kann ich erkennen: Ohne Arbeit fühlen sie sich wie ein halber Mensch. Es ist irgendwo ein soziales Stigma, das ist nach wie vor so. Da fällt mir gerade ein Beispiel ein: Ich habe einen Familienvater gehabt, der war Jahrzehnte in Führung, hat seinen Arbeitsplatz verloren, hat das zuhause nicht mitgeteilt, weil er sich geschämt hat vor der Nachbarschaft und vor der Familie. Er hat zwei große Söhne kurz vor dem Studium. Der Mann kam verzweifelt zu mir. Es hat sich dann im Gespräch herausgestellt, dass er tagtäglich seit damals – rund zwei Monate – morgens zuhause wegfährt, als ob er zur Arbeit fahren würde und war dann irgendwo in einem Museum, im Wald oder im Schwimmbad, hat die tollsten Dinge angestellt, um weg zu sein von zuhause. Das hatte für ihn etwas mit Selbstachtung zu tun hat, mit Selbstwert. Und er war der Meinung: Wenn er nicht arbeitet, dann hat er in dieser Gesellschaft keinen Platz mehr, also muss er machen als ob, damit er noch irgendwo dazugehört. WAS BRAUCHT EIN MENSCH, UM SEIN LEBEN SO ZU GESTALTEN, DASS ER FROH IST? Ich denke, vor allen Dingen braucht er Struktur in seinem Leben. Er braucht einen strukturierten Arbeitstag. Generell einen strukturierten Tag – wenn er sich, strukturiert über Arbeit, ist es natürlich optimal. Er braucht eine Aufgabe, denn über diese Aufgaben definiert und bestätigt er sich und daraus wiederum resultiert Zufriedenheit. Also ich denke, es steht und fällt damit, wie ich meinen Tag strukturiere, gestalte, wie ich mich in diesen Tag einbringe und damit auch in mein Umfeld und in die Gesellschaft. Daraus kann ich wiederum meine eigene Wertigkeit ableiten. Es gibt auch Leute, die mir kurz vor dem Ruhestand gesagt haben: »Das wird fantastisch, dann muss ich endlich mal morgens nicht mehr aufstehen. Das wird schön!« Gut, irgendwann trifft man sich mal wieder – im Saarland trifft man ständig immer wieder die gleichen Leute –, und wenn man sie dann anspricht: »Das war doch nicht so toll. So 14 Tage oder vier Wochen mal morgens im Bett bleiben und schauen, wie die anderen arbeiten… Aber jetzt, das fehlt mir. Mir fehlt was. Keiner will mehr was von mir wissen, keiner braucht mich mehr. Der Tag ist so elend lang, jetzt hab ich mir einen Hund zugelegt.« Es geht einfach darum, dass man sich selbst eine Wertigkeit gibt, eine Selbstbestätigung gibt und sich teilweise auch darüber definiert.

WIR SIND IM SAARLAND IN EINER INDUSTRIE-GEPRÄGTEN REGION. DAS HEISST, WIR HABEN AUCH BERUFE, DIE KÖRPERLICH ZUR SACHE GEHEN. KANN ES SEIN, DASS DIESE SEHNSUCHT NACH EINER AUFGABE BEI DEN MENSCHEN, DIE IM BERGBAU WAREN, DIE IM STAHLBEREICH WAREN ODER AUCH BEI BAU-UNTERNEHMEN – DASS DIE WUNSCHHALTUNG DA EINE ANDERE IST? Das ist völlig richtig, die Menschen, die Berufe hatten, in denen sie sich körperlich völlig verausgaben mussten – wir reden jetzt nicht von dem Dachdecker, dem Berühmten, der mit 55 noch da oben rumkrabbelt, sondern wir reden von dem ganz normalen Mitarbeiter in der Produktion oder im Stahlbereich –, diese Menschen sind körperlich verbraucht. Ich bin eine Zugereiste, ich bin keine Saarländerin, ich schaue mir das von außen an. Ich denke, diese Menschen sind mehr damit beschäftigt, zu versuchen, noch halbwegs gesund ihr Alter zu genießen im Gegensatz zu denen, die vielleicht körperlich nicht so stark verbraucht sind, die noch mit ganz anderen Plänen und Anforderungen an ihr Alter als völlig neuem Lebensabschnitt gehen. Für die ist das Alter ein neuer Lebensabschnitt, ein neues Abenteuer, während bei den Menschen, die körperlich sehr beansprucht waren, die gehen mit einem ganz anderen Denken dran. Also für die ist es weniger ein Abenteuer auf einer neuen Stufe, sondern für die ist es: »Ich bin jetzt alt und müde, und ich habe das und das, was mir weh tut, und für mich ist mein Gärtchen und mein Häusle okay, was ich da noch machen kann.« Da ist also das Anspruchsdenken an einen neuen Lebensabschnitt, so wie ich es in anderen Gesprächen empfinden konnte, nicht so gegeben.

MÖGLICHERWEISE FEHLEN IHNEN ABER AUCH EINE STRUKTUR UND EINE AUFGABE. NICHT DIE HARTE ARBEIT, ABER VIELLEICHT EINE AUFGABE? Ich denke, eine Aufgabe haben zu wollen, das ist bei jedem Menschen gegeben. Es ist nur unterschiedlich, welche Wichtigkeit ich dem einräume. Aber das Gebrauchtwerden, eine Aufgabe haben, Wissen haben, das man gerne weitergeben möchte – ob an die eigenen Enkel sind oder an die Auszubildenden im Betrieb sind –, ich glaube, das ist ein grundmenschliches Bedürfnis, das jeder mehr oder minder stark ausgeprägt hat.

IN WELCHEN BRANCHEN ZEIGT SICH HIER IN DER REGION ALLMÄHLICH EIN FACHKRÄFTEMANGEL? Fachkräftemangel kristallisiert sich nicht über den gesamten Arbeitsmarkt raus, sondern speziell im Pflege- und sozialen Bereich.

Das sind eigentlich die zwei Hauptbereiche, wo speziell jetzt hier im Saarland – aber auch in anderen Bundesländern – ein Mangel herrscht. Die Altersstruktur im Saarland, die Neigung zu Single-Haushalten: Wer ist also da für die alten Menschen? In der Regel gehen sie dann in ein Heim, in ein entsprechend betreutes Wohnen, und da fehlen die Fachkräfte. Da ist definitiv ein Mangel, und da muss was passieren. Wir weichen ja auch schon aus, wir versuchen, Leute aus Spanien zu bekommen, wir versuchen aus den östlichen Ländern Frauen zu bekommen, die diesen Mangel ausgleichen. Der größte Mangel, den wir hier im Saarland verzeichnen können, ist wie gesagt im Pflegebereich und im sozialen Bereich. Der Ingenieurmangel, da kommt es darauf an, welche Art von Statistiken ich wie interpretiere, inwieweit gibt es tatsächlich einen Ingenieurmangel. Denn auf der anderen Seite können Sie bei den Arbeitslosenzahlen auch Ingenieure finden, die arbeitslos sind. Also da gehen die Meinungen auseinander, wie hoch oder wie stark der Mangel an Ingenieuren jetzt im Saarland ausgeprägt ist.

WAS IST IHRE VORSTELLUNG VON IHREM ALTER? MÖCHTEN SIE IN DEN RUHESTAND GEHEN ODER WIE LANGE MÖCHTEN SIE ARBEITEN? WAS HABEN SIE FÜR ALTERSBILDER? Altersbild? Ich werde mich mal in 10 Jahren im Spiegel anschauen. Ich bin jetzt 64, offiziell müsste ich, sollte ich nächstes Jahr im Frühjahr in Rente gehen. Allein der Gedanke daran macht mir schon Gänsehaut und ich bin jetzt schon am vorbereiten, wenn ich dieses Projekt nicht weiterführen dürfte aus Altersgründen – wobei das ja paradox wäre, aber es könnte ja sein – dann werde ich auf jeden Fall, und das ist schon jetzt in Vorbereitung, politisch aktiv sein und etwas ehrenamtliches machen. Denn ich gehöre auch zu den Leuten, die wollen eine Struktur in ihrem Tag haben, die wollen gebraucht werden, die wollen was erleben, also reisen. Mein Traum, noch mehr zu reisen. Und das alles habe ich fest im Plan. Und so wie ich mich rückblickend 64 Jahre kenne, gehe die ich davon aus, dass ich das auch in der Form umsetzen werde und mit

sehr viel Neugierde dadurch auf meinen neuen Lebensabschnitt schaue, der sich ja dann bei mir so Richtung 70 bewegen wird. Ich habe auch das Rauchen aufgegeben, damit ich noch älter werde. Also, ich gehe mit einem Plan in meine Zukunft und ich denke, es wird eine schöne Zukunft, denn ich bin lebensbejahend, ich finde das Leben ist einfach schön und im Alter finde ich es genauso schön – vielleicht sogar noch schöner, weil ich mich weniger aufrege über Dinge, die mich früher auf 100 gebracht haben. Ich bin ruhiger geworden und barmherziger mit mir.

IST ES WICHTIG, SICH IN DER ZEIT DAVOR MIT DIESEM ÜBERGANG ZU BEFASSEN? Ich denke, es ist ganz wichtig, dass man auch sein Alter plant. Das heißt, die Zeit nach dem Ende der Arbeit, der offiziellen Arbeit. Dass man plant und sagt: »Auch dann hat der Tag 24 Stunden. Was erwarte ich noch vom Leben? Was erwarte ich von mir? Was traue ich mir persönlich noch zu? Wie kann ich diese neuen Jahre mit neuem, mit anderen Leben füllen? Denn von außen wird es nicht auf mich zukommen, ich muss aktiv mich damit beschäftigen und aktiv mich dahin bewegen. Wie kann ich mir weiterhin einen Sinn in meinem Leben schaffen? Wie kann ich Freude am Leben haben? Wie kann ich gebraucht werden?« Denn sich passiv in die Ecke setzen und sagen: »So, jetzt bin ich im Ruhestand, jetzt wollen wir mal gucken, was passiert.« Das funktioniert nicht, das sehe ich auch in meinem Umfeld. Wenn das ohne Plan passiert, ist der Mensch irgendwann sich selbst überlassen, und dann passiert gar nichts mehr, er wird krank. Das ist das, was ich häufig beobachte. Also ich kann nur sagen aus meiner Erfahrung: planen, Aktivitäten entwickeln, schauen, wo die eigenen Stärken liegen, diese ausbauen und damit ein sinnvolles und inhaltsreiches weiteres Leben in einer neuen Stufe führen, die eben dann »70« heißt oder vielleicht auch »80«, wenn wir Glück haben.

DIE GERIATRISCHE FORSCHUNG SPRICHT NICHT MEHR VON DREI PHASEN - JUGEND, FAMILIEN- UND ARBEITSZEIT UND DANN ALTER –, SONDERN MINDESTENS VON VIER PHASEN. »ALT« IST SPÄTER. ABER EIGENTLICH HABEN WIR FÜR DIESE PHASE VOR DEM

»ALTSEIN«, DIE JETZT EINGESCHOBEN IST, KAUM BEGRIFFE. WIE SEHEN SIE DAS? Es ist richtig. Sie können ja überall nachlesen: Der heutige Sechzigjährige benimmt sich – oder ist auch in einer gesundheitlichen Verfassung – wie vor Jahren der Fünfzigjährige. Wir dürften also medizinisch rund zehn Jahre gewonnen haben, und das ist auch gut so. Unser Altersdurchschnitt, den wir erreichen werden – jetzt nehm ich meine Generation, die 1950 geboren ist –, wird angeblich 83/84 Jahre alt sein. Fantastisch, da haben wir also noch viel vor uns. Das heißt, aufgrund von Medizin und Forschung ist es gelungen, dass wir älter werden. Unsere eigene Einstellung zum Leben, zur Gesundheit hat sich auch geändert. Schauen Sie mal, wieviel Ältere in Fitnesscenter gehen. Schauen Sie morgens im Wald, beim Waldlauf, diese Strecken: Sehr viel Ältere dabei. Wir sind gesundheitsbewusster geworden, das hilft natürlich mit, unsere Lebensqualität zu verlängern und zu steigern. Und es ist auch richtig, das sogenannte »Alter« – wie man es früher definiert hat – kann man heute bei Ende 70, Anfang 80 ansetzen. Gleichzeitig sucht man auch neue Begriffe. Man hat ja jetzt so schönfärberische Begriffe: Das sind die Best-Ager, die Silver-Ager und dieser ganze Blödsinn, den man da erzählt, einfach um dieser Altersgruppe einen Namen zu geben. Man sucht neue Begriffe. Was ist ein Senior? Wann beginnt es? Ich habe letztens das Buch gelesen: »Nein, ich will keinen Seniorenteller.« Ich hätte mitschreien können: »Ich will auch noch keinen Seniorenteller! Ich will noch ein Steak kauen, und das kann ich auch noch mit 64!« Und es hat etwas mit der eigenen Einstellung zu tun, warum wir auch wahrscheinlich gesünder und länger unser Alter genießen werden. Das ist nicht nur die Forschung, die Medizin, sondern auch unsere eigene Lebenseinstellung. Und deshalb können wir vielleicht auch von zwei Altersstufen reden, nicht nur von »alt,« sondern von geteilten Stufen wieder, bis halt das gebrechliche Alter kommt. Da haben wir ja noch lange Zeit. WENN WIR DEN SENIORENTELLER UND DIESE ZUSCHREIBUNGEN NICHT HABEN WOLLEN, MÜSSTEN WIR UNS EIGENTLICH AUCH GEGEN DIE GANZEN PRIVILEGIEN WENDEN. ALSO AUCH KEINE SENIORENBAHNKARTE? Die Busfahrkarte!!! Mich macht es kritisch, wenn ich am Aufzug stehe und dann kommen junge Frauen, die lassen mir den Vortritt. Da werde ich fuchsteufelswild. Da gehe ich einen Schritt zurück und sage: »Bitte schön!« Ich will einfach nicht diese so genannten Privilegien: »Die ist alt, die ist gebrechlich, die lassen wir mal vor. Oder die kriegt ihren Seniorenteller. Oder die kriegt ihre vergünstigte Fahrkarte.« Selbst wenn es das gibt, ich verweigere es, dann sag ich mein Alter nicht. Ich bin bei der Bahn anlässlich der BahnCard gefragt worden: »Wie alt sind Sie denn?« Ich habe gesagt: »Ist es davon abhängig? Krieg ich denn keine BahnCard?«. »Nein, Sie könnten eine Vergünstigung kriegen!«. Da habe ich gesagt: »Schreiben Sie 59!« Ich will dieses Zeug nicht haben, ich bin ein vollwertiger Mensch, der biologisch sich nun halt mal in den 60ern befindet, mehr nicht. Und wir müssten mal versuchen, ein neues Wort für uns zu finden, das nichts mit Silver-Ager, Silberrücken, oder Best-Agers zu tun hat. Vielleicht fällt uns ja was ein, machen wir mal einen Wettbewerb.

—

Das Gespräch wurde im Januar 2015 in Saarbrücken geführt.

DETLEV KLEIBER

63, WAR INVESTMENTBANKER UND
SUCHT EINE AUFGABE, WEIL ER
IM RUHESTAND DIE STRUKTUR UND
HERAUSFORDERUNG VERMISST

»Ich würde gern ein Unternehmen finden, in dem ich wirklich noch mal aufblühen kann.«

HERR KLEIBER, SIE SIND IM RUHESTAND. SEIT WANN IST DAS SO? Offiziell bin ich seit dem 1. Februar im Ruhestand, mit 63. Ich habe mich dazu entschlossen weil die Rentenanstalt gesagt hat, ich soll es tun, da ich so ein Zwitterjahrgang bin und das ohne hohe Abschläge möglich ist. Aber ich bin immer noch auf dem Weg, einen Job zu suchen. Vielleicht habe ich ja Glück, hier in der Nähe sucht jemand einen Cheffahrer auf 450-Euro-Basis, und das wäre vielleicht gar nicht so schlecht, um sagen zu können: »Man ist immer noch im Arbeitsleben drin, die Regelmäßigkeit.«

WIE FÜHLT SICH RUHESTAND AN? In einer gewissen Weise habe ich keinen richtigen Ruhestand, weil ich bin kein Mensch bin, der ruhig sitzen kann. Ich muss was tun, entweder was bauen, was zeichnen oder mir Gedanken machen, wie ich die Bücherwand jetzt ins Esszimmer reinbringe. Also irgendwas passiert immer. So ruhig sitzen ist nicht so meine Sache.

SEIT WANN SIND SIE IN DIESER ÜBERGANGSPHASE? In dieser Übergangsphase bin ich im Grunde seit zwei Jahren. Die Firma, in der ich als kaufmännischer Mitarbeiter gearbeitet habe, ist leider in Konkurs gegangen, und dann wurde es schwierig, hier in der Gegend etwas zu finden. Ich habe dann gesagt: »Okay, dann muss ich deutschlandweit aktiv sein«, habe das auch versucht, hat nicht so ganz geklappt. Dann traf ich Frau Steiner von der IHK in Saarbrücken mit einem speziellen Programm Ü50, und wir haben versucht, das eine oder andere zu tun. Aber ich muss Ihnen ganz ehrlich sagen, ich habe es auch mit dem Jobcenter, mit allem Möglichen versucht. Es hat nicht geklappt, und daraufhin habe ich mich selbstständig gemacht. Ich habe gesagt: »Gut, nimmste deinen alten Beruf, mit Geld kannste umgehen, Jugend hat dir auch immer schon gelegen, und versuchst dementsprechend in der Selbstständigkeit, junge Menschen dahin zu führen, dass sie, etwas fürs Alter tun.« Da hat sich aber auch herauskristallisiert, dass das nicht der große Wurf war. Man hat doch am Anfang mehr Aufwendungen als Nutzen von der ganzen Sache, und so habe ich dann beschlossen, mir wenigstens das Grundgehalt über die Rente zu sichern und dann zu sehen, ob man noch was dazu verdienen kann. Einfach, weil ich nicht zuhause rumsitzen kann und es nicht will.

WAS IST IHRE AUSBILDUNG UND WAS WAR IHRE TÄTIGKEIT IN DEN LETZTEN 10 JAHRE VOR DIESEM AUSSTIEG? Ausbildung: Bankkaufmann. Notgedrungen, weil – was wollte man in den 70er Jahren in Frankfurt anderes werden als Bankkaufmann? Bei 700 Banken, die es damals gab, hat sich das rauskristallisiert. Ich habe bei einer bodenständigen Bank angefangen: Sparkasse 1822, sehr gute Ausbildung. Nach einem Jahr und einem Monat Prüfung gemacht. Ich bin dann in die Werbung und das Marketing, und nach 8 Jahren legte mein Chef mir damals eine Anzeige vor und sagte: »Du bist nicht für die Sparkasse geboren!«, auch von den Sprachen her, die ich konnte, und hat mir damals einen Zeitungsartikel hingelegt, ein Begleitschreiben mitgegeben, und da habe ich mich damals bei der Chase Bank in Frankfurt beworben. Von da an habe ich mich nie mehr beworben, sondern bin immer durch Headhunter weiter gereicht worden. Ich habe mich dann auf Devisenhandel spezialisiert, grade im Kundenbereich. Kunden in den Zeiten der Wirren der 80er, 90er Jahre, was die Währung betraf, so abzusichern, dass sie sich keine Sorgen machen mussten. Mit ihrem Produkt konnten sie zwar Geld verdienen, aber wenn sie es nach Spanien verkauft haben, konnten sie ihre Währung, die sie rein bekommen haben, absichern. Dann war irgendwann durch den Euro Schluss, und ich habe für eine irische Firma gearbeitet, musste allerdings feststellen, dass die auch nur mein Wissen wollten. Ich habe mich dann sehr schnell, nach einem halben Jahr, von denen getrennt und habe dann teilweise kleinere Jobs gemacht, auch im Bankbereich, im Beratungsbereich. Und habe dann den großen Fehler in meinem Leben gemacht: Ich habe mich auf einen Mann verlassen, habe zwei Jahre lang gearbeitet, um eine Firma im kosmetischen Bereich in den USA aufzubauen – Naturprodukte, die in Deutschland produziert wurden. Und der Mann hat mich viel Geld gekostet, weil das so eine Art von Betrug war. Ich habe also sehr schnell, nach zwei Jahren, die Notbremse gezogen, als ich merkte, dass da Gelder verschoben werden. Ich weiß, wie Amerika ist, ich wollte nicht im orangenen Anzug da irgendwann rumlaufen und habe einen Job hier in Waldmohr gefunden, Lambsborn erst, dann Waldmohr in der gleichen Firma, und war 8 Jahre dort im kaufmännischen Bereich tätig. Habe also die Rechnungen geschrieben, habe mich um kaufmännische Dinge gekümmert, bis dann die Firma leider Konkurs anmelden musste, weil eine große Firma aus Rheinland-Pfalz auch Leute abgebaut hat, daher das Geschäft nicht mehr so lief und wir zu viel in Maschinen investiert haben, die wir eigentlich nicht gebraucht hätten. Dann saß ich da, musste mich laut Gesetz zum Arbeitsamt begeben – aber wir haben probiert ohne Ende, geschrieben, gemacht, getan. Es war einfach für mein Alter nichts mehr zu finden. Finde ich eigentlich schade, weil man doch eigentlich immer sagt, das wird auch so suggeriert, dass die Menschen, die einen gewissen Erfahrungsschatz haben, dass sie den doch eigentlich weitergeben können, an Jüngere weitergeben, dass diese auch von der Erfahrung lernen. Also, so bin ich dann da gelandet, wo ich jetzt bin und muss sagen: Dadurch, dass meine Frau sehr krank wurde, drei schwere Operationen hatte, war ich dann auch mal ganz froh, eine Zeit lang zu Hause sein zu können, weil ich mich um sie gekümmert habe, weil wir nicht wussten, wie es weitergeht. Jetzt sind wir beide auf dem Stand, dass wir sagen: Wir müssen noch ein bisschen was tun. Wir wollen auch was tun, damit auch die grauen Gehirnzellen weiter positiv arbeiten, und so suchen wir immer noch Beschäftigung – wobei ich sagen muss: Langeweile habe ich keine. Aber die Beschäftigung, das Regelmäßige, das morgens Aufstehen, das zur Arbeit gehen, das unter Menschen kommen, das ist für mich wichtig. Ich brauche Menschen. Ohne Menschen wird es langweilig.

WIE WAR IHRE ERFAHRUNG ZU BEGINN DES RUHESTANDES? Ich glaube, viele Menschen sind sich gar nicht bewusst, dass ihnen etwas, was sie 40 Jahre lang, 30 Jahre oder 45 Jahre gemacht haben, diese Regelmäßigkeit, dass ihnen die plötzlich fehlt. Ich kenne ein paar Leute, die bei einer großen Firma hier in Homburg arbeiten, die sich sogenannte Zeitkonten angeschafft haben. Im Metallbereich war es ja so, dass es eine Vorruhestandsregelung gab, dass die teilweise mit 58 zu Hause blieben. Gut, wenn man ein Hobby hat, wie ich hier einen kenne, der Musik macht, verstehe ich das noch, der mit der Band noch reist oder als Alleinunterhalter in Wintersporturlauben oder sonst wo Musik macht. Aber ich verstehe es nicht, es zu verherrlichen, weil viele verwahrlosen. Ich meine, das passiert mir Sonntag morgens auch. Dann komme ich vor 12 nicht aus dem Schlafanzug raus, weil ich um 11 Uhr gern meinen Frühschoppen im Bayerischen Rundfunk schaue und so noch an der Politik teilhaben möchte. Ich mag die Sendung ganz gerne. Aber wenn man bedenkt, dass man jeden Tag dann bis um 9 Uhr schläft, find ich toll, aber sonst kein Ziel mehr hat am Tag – doch: man geht mal einkaufen, die Verkäuferinnen ärgern, und das war's schon. Lebensziel, ein Tagesziel, Wünsche und Ziele, das ist das, was den Menschen meiner Meinung nach fehlt.

»YOU NEED EVERY MORNING A REASON TO GET OUT OF YOUR BED«, SAGEN DIE AMERIKANER. TAGESSTRUKTUR UND SOZIALE KOMMUNIKATION, DAS SIND WOHL DIE WESENTLICHEN FAKTOREN, OB JETZT IN BEZAHLTER ARBEIT ODER IN EINEM EHRENAMTLICHEN ENGAGEMENT ODER IN EINERM HOBBY, DIE OFFENSICHTLICH DIE MENSCHEN JUNG HALTEN. WIE SEHEN SIE DAS? Ja gut, die Amerikaner.

Es gibt zwei Arten: Viele, die es finanziell geschafft haben und sich eine gute Pension aufgebaut haben, arbeiten sehr viel mehr ehrenamtlich, als es hier in Deutschland üblich ist. Es wird sehr viel getan, und der Staat lebt auch davon! Aber ich kenne auch Fälle, wo jemand 80 ist und noch als Verkäuferin arbeitet und sich mit einer anderen alten Pensionärin, die alleine ist, eine Wohnung teilen muss, weil sie sie sonst nicht finanzieren können. Die Amerikaner mögen mit ihrem System glücklich sein, ich war es nie, weil ich immer gesagt habe, dieses hire and fire, das ist nicht mein Streben. Das hat nichts damit zu tun, das ich gerne im sozialistischen Staat groß geworden wäre. Nein, das ganz und gar nicht. Aber so eine Firmenstruktur, im Team, miteinander arbeiten, sich aufeinander verlassen können, lange zusammen zu arbeiten, das ist drüben in den USA doch nicht so gegeben. Ich habe sehr viel erlebt. Übrigens, London ist auch nicht besser, geht auch viel nach hire and fire. Man lässt sich auch immer durch die Headhunter gerne verleiten, irgendwas Neues zu machen. Es ist natürlich toll, wenn ein Chef zu einem sagt: »Du hast hier freie Hand. Du kannst tun, aufbauen, neu aufbauen, machen, was du willst.« Ja gut, wie sieht's nach fünf Jahren oder nach drei Jahren aus, wenn es dann doch nicht so ganz die Ziele gebracht hat, die man sich vorgestellt hat?

HALTEN SIE DIE AKTUELLE RENTENREGELUNGEN IN DEUTSCHLAND FÜR PRAKTIKABEL ODER WÜRDEN SIE SICH ETWAS ANDERES WÜNSCHEN? Ich würde mir eins wünschen: Dass Unternehmen ein bisschen stärker umdenken lernen. Es gibt zwar Firmenbeispiele, wo 80-Jährige wieder quasi rangeholt werden, weil niemand da ist, der die Technik versteht. Ich finde es wichtig, um es mal ganz einfach zu sagen: Jeder sollte arbeiten dürfen, solange er möchte und dafür nicht bestraft werden. Das heißt, wenn jemand eine Rente kriegt, ist das in Ordnung, soll er die nehmen mit 65, soll aber die Möglichkeit haben, zu sagen: »Ich hab keine harte Arbeit machen müssen, ich war nicht im Bergwerk oder sonst wo, ich kann bis 70 oder 73 arbeiten.«

WIR HABEN HIER BEI IHNEN GESEHEN, DASS

SIE SEHR VIEL HANDWERKLICHES GEMACHT HABEN IN DEN LETZTEN JAHREN. WARUM WAR DAS WICHTIG FÜR SIE? Ganz einfach: Ich durfte leider meinen Weg nicht gehen, sondern wurde von zu Hause aus gedrückt: Ich musste da und da arbeiten und das machen und das hab ich zu studieren. Mein Ziel nach dem Abitur war immer, Kunst, Malerei und Architektur zu studieren. Das war's. Ich habe reingeschnuppert eigentlich im Internat. Wir hatten dort Berufsgilden, und ich war in der Schreinergilde. Die hatte ich mir ausgesucht, weil ich Holz einen tollen Werkstoff finde, und habe dort ein Jahr lang gelernt. Und später hab ich auch angefangen, als ich meine erste Wohnung hatte, vom Großmarkt in Frankfurt alte Obstkisten mitzunehmen, die abzuschleifen, zu lackieren, als Bücherregal zu bauen. Das war nämlich sehr einfach zum umziehen: Man musste immer nur die Kisten nehmen, ins Auto transportieren, und woanders ging's hin. Aber es ist einfach etwas Befriedigendes. Ich arbeite gerne mit Holz, Abfallholz wird dann zu einem Wohnzimmertisch, weil ich nichts Passendes gefunden habe. Meine Frau sagt dann: »Mach den nicht so langweilig, bring mal bisschen mehr Farbe rein.« Und

sie hat das Rot auch ausgesucht. Dann hab ich einen alten Stuhl vom Sperrmüll mitgenommen, den musste ich wieder neu kleben. Das war noch so rundgebogenes Holz. Oder ich habe nie einen passenden Tisch für den Garten, für die Terrasse gefunden und hab mir einfach gesagt: »Ich gebe doch keine 1.000 Euro aus für einen Gartentisch aus Holz!« So ist hier auch meine Küche entstanden, weil wir ja groß sind und die Küchen hier eingerichtet worden sind für eine etwas kleinere Dame. Oder ich habe nichts gefunden, um mein Telefon drauf zu stellen, da hab ich alte Verpackungskisten genommen und die mehrfach mit Farbe versehen, wieder abgeschliffen und dann Klarlack lackiert, und heute stehen sie da. Also ich muss was tun oder malen. Ich hab eine Idee, ich hab meine Skizzenblöcke und versuche dann, irgendwas zu kreieren.

HAT IHNEN DAS GEHOLFEN IN DIESER ERSTEN ZEIT? Ich habe das Glück, eine Partnerin zu haben, die einen nicht in ein »schwarzes Loch« fallen lässt. Wir sind beide Wassermänner, wir sind also impulsiv, wir haben uns immer interessiert für Kunst, für Architektur, für Bücher, wir lesen gerne. Ich käme nie auf die Idee, mir ein E-Book zu kaufen, ich muss ein Buch in der Hand halten. Dementsprechend lebe ich auch mit Büchern. Dadurch, dass meine Frau und ich uns erst mit 40 kennengelernt haben, haben wir beide schon Bücher gehabt. Und die sind dann fusioniert worden in eine längere Wand. Wir lesen sehr viel, und wir können uns ganz gut beschäftigen, wir hören gerne Musik, ich schaue gerne Dokumentationen. Ich bin ein Mensch, der kein Fernsehen schaut, wo Werbung drin ist. Also die ganzen, man darf's ja gar nicht laut sagen, aber die ganzen Verdummungskanäle wie RTL: Was da so den ganzen Tag läuft, da käme ich nie auf die Idee, mir das anzuschauen. Aber ZDF Info mit guten Dokumentationen, auch geschichtlichen Dokumentationen, die mich in der Schule vielleicht nicht so interessiert haben, weil es so langweilig war, die heute gut aufbereitet sind, da muss ich sagen, da kann ich mich schon mit beschäftigen.

SIE SIND EIN MENSCH, DER VIELE INTERESSEN HAT, DER SICH AUCH GUT BESCHÄFTI-

GEN KANN, UND DENNOCH SAGEN SIE: ICH MUSS JETZT AUCH JETZT WIEDER WAS MACHEN. ALSO SIE HABEN AUCH DEN KONTAKT MIT DER FRAU STEINER AUFGENOMMEN, WEIL SIE NOCHMAL EINE ANDERE TÄTIGKEIT SUCHEN. WARUM? Wie gesagt, die tägliche Struktur, auch gefordert zu werden. Ich habe also was Neues gelernt. Ich hab zum ersten Mal gelernt, mit einem Handy umzugehen und war von September bis Jahresende als Ableser für die hiesigen Stadtwerke in der Umgebung unterwegs. Sie haben mich aber auch in eine Gegend geschickt, wo es auf die Sprache ankam, denn bei den ganzen Amerikanern kommt einer, der die Sprache nicht spricht, erst gar nicht ins Haus rein. Das hat mir Spaß gemacht, ich habe viele Menschen kennengelernt, ich habe die Gegend mal anders kennengelernt. Ich kenne mich jetzt sogar in Bruchmühlbach aus. Einfach, um was zu tun, dieses müssen: Ob es nun draußen regnet oder –12 Grad ist, egal was ist: Müssen. Und das find ich wichtig.

WOFÜR IST DAS GUT? Für einen selbst. Es ist für das Selbstwertgefühl sehr gut. Einfach, ja, ist ein blöder Spruch: »Gebraucht zu werden«, hat man früher gesagt. Aber ich glaube, wir werden heute manchmal gar nicht mehr gebraucht. Wenn ich das so sehe, wie viele ältere Mitmenschen irgendwo auf 450-Euro-Basis, einfach nur, weil sie das Geld brauchen, arbeiten, ohne Spaß zu haben. Mir hat mal ein alter Chef gesagt: »Der Tag ist schön, Arbeit muss Spaß machen. Wenn man nicht mit Spaß an die Arbeit geht oder zur Arbeit geht, hat man auch keinen Erfolg.« So einfach sehe ich das.

WELCHE BEDEUTUNG HAT ARBEIT FÜR SIE IM LEBEN BISHER GEHABT? Für mich war es immer so: Weiterzukommen, mir selbst zu beweisen, dass ich was leisten kann. Und auch ganz klar, wichtig: die Anerkennung. Wir wurden noch viel gelobt. Das hat nichts damit zu tun, dass man mehr Geld verdient hat. Das war eigentlich nicht das, da konnten wir uns nie beschweren, ich hab auch nie groß diskutiert, was das betrifft. Aber zu sehen, was man gemacht hat, was man erreicht hat und zu sagen: »Das war gut.« Man

ist ja nicht morgens umsonst um 4 Uhr aufgestanden, ist nach London geflogen für einen Tag, kam nachts um 11 Uhr wieder und ist morgens wieder um 5 Uhr aufgestanden, um gegen 7 Uhr im Büro zu sitzen. Ich bin jeden Morgen von Schwetzingen nach Frankfurt ins Büro gefahren. Ich bin um Viertel nach 6 weg, egal, wann ich nach Hause gekommen war oder wie wenig ich geschlafen hatte. Es war eine andere Zeit. Das war eine Aufbruchsstimmung. Wir haben vieles Neues gewagt, und wir durften es wagen. Das war natürlich schön. Wir waren in meinem Beruf nicht so in enge Schachteln eingeordnet: Der ist dafür zuständig, der ist dafür zuständig, sondern es war eigentlich wunderschön, frei zu arbeiten, Freiheit zu besitzen. Das Gleiche sagt meine Frau auch immer, sie war nie eingeengt. Man hat zwar Chefs gehabt, klar. Aber wenn ich zu meinem Chef gesagt hab: »Nick, so funktioniert das nicht, wie du dir das vorstellst.« Dann hat er gesagt: »Beweis mir, dass es anders geht!« Und wir konnten es tun.

JETZT SIND SIE EIN MANN MIT HOHER KOMPETENZ, MIT HERVORRAGENDER AUSBILDUNG, MIT EINER SPANNENDEN BERUFSBIOGRAPHIE, UND SIE HABEN UNS BESCHRIEBEN, WIE ES WAR, SICH ZU BEWERBEN IM NOCH JUNGEN ALTER VON 60. GIBT ES IN DEN UNTERNEHMEN KEINE WERTSCHÄTZUNG FÜR DIESE BERUFSERFAHRUNG, FÜR DIE HOHE KOMPETENZ? Ich glaube, in diesen Personalabteilungen haben viele ein Manko: dass sie zu wenig Erfahrung haben. Ich kann von einer 25-jährigen Personalchefin nicht erwarten, dass sie diese Erfahrung, diese Kompetenz hat. Ich habe einen Ordner: Wenn Sie von der Sparkasse in Heidelberg etwas zurückbekommen, denkt man, dass die jungen Leute meinen, wir würden an ihren Stühlen sägen. Ich will an keinem Stuhl sägen. Ich hab letztens mal jemandem gesagt: »Entschuldigen Sie, ich möchte hier arbeiten, ich möchte kein Vorstand werden. Ist nie mein Ziel gewesen.« Vielleicht liegt es daran, dass es eine gewisse Angst gibt, auch bei jüngeren Menschen, dass sie verdrängt werden können. Ich weiß es nicht. ABER WIR LAUFEN IN VIELEN BRANCHEN IN EINEN MANGEL VON FACHKRÄFTEN HINEIN. WIR WÄREN DOCH GUT BERATEN, WENN WIR

DIE KOMPETENZ DER ERFAHRENEN NEHMEN WÜRDEN. WAS SPRICHT AUS IHRER SICHT DAFÜR, ÄLTERE EINZUSTELLEN? Diese Firmen denken oft: Ein Alter ist mehr krank, er kostet zu viel Geld, weil der nun mal in einer anderen Gehaltstruktur ist, was eigentlich gar nicht sein muss. Es will ja keiner, der im Bereich einer Bank gearbeitet hat, der, sagen wir mal, früher 100.000 Euro im Jahr verdient hat, das gleiche haben. Darum geht es ihm ja nicht. Ihm geht es ja darum, etwas weiter zu geben. Die Firmen machen es sich manchmal sehr einfach, und das hab ich bei meinen Bewerbungsschreiben gemerkt: Es wird gelesen und sie kriegen dann zurück: »Ja, Sie sind zu kompetent.« »Sie sind überqualifiziert.« Was heißt bitte überqualifiziert? Ich bin nicht überqualifiziert, was Technik betrifft. Ich habe heute noch Probleme mit dem Computer. Ich besitze nur ein altes Nokia-Handy, weil ich ja nur telefonieren möchte. Ich habe so einen modernen Kram gar nicht. Vielleicht bin ich da unterbelichtet. Sagen wir es mal so, was die Technik heute betrifft. Ich muss Ihnen ganz ehrlich sagen: Die Jugend heute tut mir leid, weil sie so stark eingeengt wird, Zeitverträge, keine Chance, vernünftig zu planen. Wir konnten noch planen.

IN AMERIKA GIBT ES EINE GRUPPE AKTIVER ÄLTERER, DIE NOCH EIN ENCORE WOLLEN, NOCH MAL ETWAS BEWEGEN. WENN ICH SIE FRAGEN WÜRDE, WAS KÖNNTE DENN IHR ENCORE SEIN? Ich würde gern ein Unternehmen finden, in dem ich wirklich noch mal aufblühen kann, wo ich sagen kann: »Das isses!« Ich möchte gerne etwas geben, nicht nur nehmen. Nehmen ist gut, wenn man sich absichern kann. Alles schön. Aber etwas geben, etwas weitergeben, etwas hinterlassen, dass man vielleicht mal sagt: »Hut ab! Der Mann hat das nochmal hier soweit gebracht, dass wir alle davon profitieren konnten.« Das wäre schön!

SIE SIND 63. SIE HABEN STATISTISCH GESEHEN NOCH 20 FITTE JAHRE VOR SICH. SIE KÖNNTEN SICH AUCH SELBSTSTÄNDIG MACHEN. GIBT ES EINE BRANCHE, GIBT ES EINEN BEREICH, DEN SIE SPANNEND FINDEN WÜRDEN? Was mich interessieren würde, aber das hab ich leider nicht studiert: Ich bewundere die jungen Designer, die sich da hinsetzen und mit einem Blatt Papier und einem Bleistift etwas entwerfen, dann ein Modell bauen, es dann zur Serienreife bringen. Das finde ich spannend. Ich lese heute noch gerne »Architektur und Wohnen« und solche Sachen, weil ich dann auch viel über diese jungen Menschen lernen kann. Was machen die? Wenn wir mal dran denken, wie früher Alessi angefangen hat. Alessi hat klein angefangen, in einer kleinen Werkstatt.

WARUM MACHEN SIE AUS IHRER HOLZBEARBEITUNG NICHT EINEN BERUF? Aus dem einfachen Grunde, weil ich Schreiner hätte lernen müssen. Schreiner hätte ich lernen müssen, um heutzutage einen Schrank oder eine Kiste oder etwas zusammenzubauen. Sie brauchen ein gewisses Umfeld, die Maschinen und sonstiges. Das wäre ein sehr großer Aufwand. Man müsste eine Werkstatt mieten. Ich müsste viel lernen.

EMPFINDEN SIE ES ALS KRÄNKEND, DASS EINE GESELLSCHAFT SO WENIG WERTSCHÄTZUNG HAT FÜR ÄLTERE MENSCHEN MIT HOHER KOMPETENZ? Kränkend würde ich nicht sagen. Ich persönlich fühle mich nicht gekränkt. Ich bin eher ein bisschen wütend, muss aber sagen: Es sind ja nicht nur die Älteren, die Wertschätzung der Menschen untereinander ist schon auf einem sehr tiefen Niveau, so dass ich persönlich sage, ich finde es schade, bin auch manchmal wirklich wütend und sage: Der Dummkopf hat nicht mal ein Gespräch mit mir geführt. Es ist nur zu einem Schriftverkehr gekommen. Woher will er wissen, wie ich bin? Was ich für eine Ausstrahlung habe? Passe ich ins Unternehmen rein? Ja oder nein, das kann man nur in einem persönlichen Gespräch unter 4, 6, oder 8 Augen herausfinden. Ich fühle mich da nicht gekränkt, eher bisschen wütend. Ja, tut schon weh.

—

Das Gespräch wurde im Januar 2015 in Kirkel geführt.

HELMUT WALLRAFEN-DREISOW

59, GESCHÄFTSFÜHRER DER SOZIAL-HOLDING MÖNCHENGLADBACH, SCHÄTZT DIE ÄLTEREN MITARBEITER IN SEINEN TEAMS GANZ BESONDERS

»...viel mehr fließende Über-gänge von Beruf zum Ruhestand...«

SOZIALHOLDING MÖNCHENGLADBACH, WAS MÜSSEN WIR UNS UNTER DIESER INSTITUTION VORSTELLEN? Die Sozial-holding der Stadt Mönchengladbach ist ein kommunales Un-ternehmen. Eigentümer ist die Stadt selbst, und wir haben vor der Einführung der Pflegeversicherung überlegt, wie wol-len wir uns auf diesem Markt positionieren – ein Bereich, der ja ein freier Markt werden sollte und auch geworden ist. Wir haben mit Wirtschaftsexperten überlegt, wie kann eine Kom-mune modern aufgestellt sein. Und das Ergebnis war, einen Konzern zu gründen mit der Sozialholding als Muttergesell-schaft und darunter dann mehrere Tochtergesellschaften, die die Fachgebiete abbilden, d.h. die Altenheime GmbH mit unseren 6 städtischen Altenheimen, die ambulanten Dienste GmbH – also von Anfang an auch den Schwerpunkt ambulant setzen, Wohnen mit Service, Essen auf Rädern. Wir haben die Bildungs-GmbH, denn älter werden und arbeiten für Menschen, die älter werden, hat immer auch etwas mit Bildung und Fort-bildung zu tun, die Service-GmbH, denn bei uns wird auch Essen produziert.

SIE HABEN 2010 BEGONNEN, AUSBILDUNGEN IM PFLEGE-BEREICH FÜR MENSCHEN, DIE SCHON 50 ODER ÄLTER SIND, ANZUBIETEN. WIE KAMEN SIE AUF DIE IDEE? WAS

WAR IHRE MOTIVATION? Die Motivation, sich um älter werdende Mitarbeiter und Mitarbeiterinnen zu kümmern, kommt automatisch dann, wenn man als innovatives Unternehmen sich mit Personalentwicklung befasst. Wir haben schon Mitte 2005, 2007 festgestellt, dass wir älter werden, also angefangen beim Geschäftsführer, aber auch viele andere. Wir haben noch 10 bis 15 Jahre vor uns. Wir haben dann überlegt, wie können wir uns dieser veränderten Situation, aber auch den anderen, neuen Erwartungen und auch Fortbildungsnotwendigkeiten stellen. 2008 haben wir in einer Unternehmenszeitschrift, die wir viermal im Jahr schon seit 2004 veröffentlicht haben, ein Schwerpunktheft gesetzt: »50, na und?« Dort haben wir uns ganz systematisch mit den älteren Kolleginnen und Kollegen und auch den Berufs- und Aufstiegschancen in diesem Alter befasst.

WIE KAM ES DANN ZU DEM AUSBILDUNGSPROGRAMM? Das Ausbildungsprogramm war auch Ergebnis von Arbeitsleistungen oder Bildungsleistungen. D.h. die These, älter werdende Beschäftigte sind langsamer, sind nicht mehr so innovativ, sind mehr krank, haben sich zumindest in unserem Unternehmen als wirklich völlig falsch dargestellt. Wir haben daher mit der Altenpflegeausbildung begonnen und haben bei den Kolleginnen, die mit über 50 in die Ausbildung eingestiegen sind – und eine Altenpflege-Ausbildung dauert drei Jahre – gute bis sehr gute Ergebnisse erzielt. Die sahen ganz einfach für sich klar, das ist meine letzte Chance. Wenn ich Ende 40, Anfang 50 bin, sage ich mir, jetzt schaffe ich es, oder ich lass es. Sie investieren anders mit ihrer Lebenserfahrung, haben nochmal eine ganz andere Möglichkeit, sich in den Unterricht einzubringen. Und zumindest für die Altenpflegeausbildung ist diese Lebenserfahrung ein ganz wichtiger Input und in so einem Beruf wirklich dienlich. Wir haben in einem zweiten Baustein im hauswirtschaftlichen Bereich Ähnliches gemacht, eine Weiterbildung für Hilfskräfte zur Hauswirtschaftsfachkraft. Auch da waren über 50 % der Kolleginnen und Kollegen schon 50 und alle, die über 50 waren haben, haben diese Ausbildung geschafft – was nicht jedem Jüngeren gelungen ist.

EIN UNTERNEHMEN BILDET SICH IN DER HALTUNG UND MENTALITÄT AUCH ÜBER DIE HALTUNG DER CHEFS AB. DAS, WAS SIE ERZÄHLEN, IST EINERSEITS ERFAHRUNGSBASIERT, ABER AUF DER ANDEREN SEITE MUSS ES AUCH ETWAS MIT IHRER POSITIVEN EINSTELLUNG ZUM ÄLTER WERDEN ZU TUN HABEN. WOHER KOMMEN IHRE PERSÖNLICHEN ALTERSBILDER? Ich bin auf dem Dorf großgeworden, die Mehrgenerationenfamilie habe ich in meinem sozialen Umfeld gelebt. Ich habe früh bei uns im Dorf im Altenheim gearbeitet, mit 16 Jahren, wo andere junge Menschen auf dem Bau aushalfen, wenn sie Geld verdienen wollten; ich hatte durch Zufall über meinen Vater schon die Kontakte zum Altenheim. Ich habe den Zivildienst im Altenheim gemacht, habe später die Berufsausbildung zum staatlich anerkannten Altenpfleger gemacht, dann mit Soziologie und Pädagogik Fächer studiert, die zumindest in diese Bereiche reinreichen. Und ich habe dann für mich selbst, bei meinem eigenen Älterwerden, immer wieder festgestellt: Du fühlst dich nach außen immer älter, aber innen drin fühlst du dich immer gleich jung. Wenn man das positiv definiert und vor allen Dingen auch anderen zugesteht, dass die vielleicht auch jünger sind, als sie aussehen, dann bekommt man eine Haltung, die einfach befähigt zu sagen: Wir haben gemeinsam ein Ziel, und das Ziel ist, bis zur Rente gemeinsam zu arbeiten, uns ständig zu wandeln, offen zu sein, innovativ zu sein, und es ist klar, dass wir dazu uns auch immer wieder bilden müssen. Es braucht vielleicht andere Anstöße, andere Pausenzeiten, andere Intervalle zwischen Lernen und Freizeit, aber es geht vom Grundsatz her. Und das leben wir hier systematisch und unterstützend, das fühlen die Kolleginnen und Kollegen, und deshalb haben wir auch so einen hohen Anteil an älter werdenden Kolleginnen und Kollegen, die den Mut haben, sich auch noch zu entwickeln. Aktuellstes Beispiel: eine Kollegin, die mit 53 Jahren bei uns neu als Einrichtungsleiterin eines Altenheims angefangen hat. Und ich kann heute nur nochmal voller Überzeugung sagen: Na und? 53 ist doch kein Alter.

WELCHEN STELLENWERT HAT ARBEIT IM LEBEN

EINES MENSCHEN? Ich glaube, diese verrückte Situation, die ich als junger Familienvater von zwei Kindern mit meiner Frau erlebt habe, ist vergleichbar zu vielen anderen, dass man gerade in jungen Jahren sich vorstellen könnte, nicht so viel zu arbeiten, andere Schwerpunkte zu setzen. Je mehr wir in unseren Familienrollen erwachsen werden und die Kinder auch das Haus verlassen, stellen wir fest, dass wir nicht nur viel lieber arbeiten, sondern uns auch ein Leben ohne Arbeit gar nicht vorstellen können, weil auch die eigenen Ängste vor dem Ruhestand ganz andere Potenziale frei setzen, die viel zu wenig von den Arbeitgebern genutzt werden. Wenn man das einfach nutzt, diesen Willen, sich zu engagieren, dieses Interesse, jetzt endlich auch sich einbringen zu können, weil die Familie, der Partner einen nicht mehr so braucht, dann ist das eine riesige Chance und die nutzen wir. Und da ist 50 plus genau die Altersgruppe.

SIE SPRACHEN VON DEN ÄNGSTEN VOR DEM RUHESTAND. WAS SIND DAS FÜR ÄNGSTE, WAS PASSIERT MIT DEN MENSCHEN? Als ich in der Altenpflege anfing, das war Anfang der 70er Jahre, da waren Menschen, die mit Ende 60 in ein Altenheim gingen und körperlich gearbeitet hatten, im wahrsten Sinne des Wortes verbraucht. Wenn wir heute Ende 60-Jährige nehmen, da kann man die salopp als blutjung, zumindest als topfit im besten Lebensalter bezeichnen. An der Stelle sich vorzustellen, dass man im Ruhestand sich nur noch identifiziert über das tägliche joggen, Golfspiel oder lesen – ich glaube, dass das für die meisten von uns zu wenig ist. Es gibt auch konkrete Belege dafür, dass Menschen, die wirklich dann nicht mehr wissen, was sie tun sollen, ganz schnell krank werden, keinen Sinn mehr sehen. Nicht grundlos ist die zweithöchste Scheidungsrate genau die nach dem Ruhestand, wenn dann Partner den ganzen Tag aufeinander sitzen und man gar nicht mehr weiß, was man sich zu erzählen hat, dann interessiert den Mann plötzlich die Tapete in der Küche, die ihn ein Berufsleben lang nicht interessiert hat. Es ist ganz wichtig,

frühzeitig Alternativen zu haben oder fließende Übergänge zwischen Rente und dem tatsächlichen Nicht-mehr-arbeiten, das erleben wir in unserem Unternehmen mit den so genannten Rentengesprächen.

WAS SIND RENTENGESPRÄCHE? Seit 4 Jahren führe ich systematisch Rentengespräche, wir haben eine gute Kultur im Umgang mit Beschäftigten. Das fängt damit an, dass wir Einarbeitungstage haben, wir feiern das Zehnjährige, das Fünfundzwanzigjährige, da gibt es sogar noch einen Sonderurlaubstag, all das wird gefeiert, es gibt Weiterbildung. Aber es gab bei uns in der Kommune, im öffentlichen Dienst, keine Regel, wie du mit denen, die verabschiedet werden, umgehst. Die Kollegen haben vielleicht gesammelt und dann Tschüs gesagt, aber das Unternehmen hatte eigentlich keine formalisierte Struktur für Abschiede. Vielleicht war das Thema bei uns noch nicht ganz angekommen, noch sind wir sehr zufrieden mit dem Personal, haben genug Fachkräfte, aber man muss ja frühzeitig schauen, wie sich etwas entwickelt. Daher habe ich vor vier Jahren gesagt: Ich will mit jedem, der in Rente geht, ein persönliches Gespräch führen und mich bedanken. Das ist übrigens etwas, was die Menschen positiv erschüttert, wenn der Chef da sitzt und sagt: Vielen Dank für das Gespräch und, bevor ich es vergesse, als allererstes, ganz herzlichen Dank für Ihre 20 Jahre, 25 Jahre oder auch wenn es nur 10 sind, wenn man spät bei uns angefangen hat. Das hat schon Tränen ausgelöst, dass da überhaupt jemand diese positive Rückmeldung gab. Und natürlich mit einem gewissen Egoismus erkundige ich mich immer im Vorfeld, wie denn die letzten Jahre gelaufen sind, wie motiviert die Kolleginnen und Kollegen sind, ob man sich auch vorstellen könnte, über die Rente hinaus, wenn das rechtlich und mit Abzügen möglich ist, zu arbeiten – und bei der Vollrente ist das ja machbar, diese Menschen noch auf 450-Euro-Basis weiter zu beschäftigen. Und in vielen Fällen kriege ich positive Rückmeldung, dass man sich freut, dass wir sie noch brauchen, dass sie zusätzlich Geld verdienen können. Denn gerade Frauen, die nicht die höchsten Renten bekommen, sind manchmal darauf angewiesen – der Partner ist verstorben, das sind manchmal tragische Schicksale in dieser Altersphase –, so dass wir da unterstützen können. Und im Umkehrschluss haben wir kompetente Kolleginnen und Kollegen mit Lebens- und Berufserfahrung, die als Paten für unsere neuen Kolleginnen und Kollegen da sind. Das ist sehr positiv, dass eben in den Wohnbereichen, in den unterschiedlichen Arbeitsfeldern, die alten Hasen noch dabei sind und die jungen Leute mit dem theoretischen Wissen langsam in die Praxis hineinwachsen können. Ein sehr großer Erfolg: Mehr als die Hälfte aller Kolleginnen und Kollegen, die ich in die Rente verabschiede, sagen anschließend, ich bleibe gern noch einige Jahre dem Unternehmen verbunden. Und zur Zeit ist der älteste Kollege ein Mann, zufällig ein Schreinermeister, er ist 76 Jahre.

SIE SAGTEN EBEN, MIT 50 HAT MAN NOCH 15 JAHRE VOR SICH, EIGENTLICH HABEN WIR WENN WIR UNS DIE DEMOGRAPHISCHE VERÄNDERUNG UND DIE ENTWICKLUNG ANSCHAUEN REIN STATISTISCH NOCH 30 FITTE JAHRE VOR UNS. ALSO IST ES DOCH EIGENTLICH AN DER ZEIT, NICHT NUR ÜBER DIE GESTALTUNG DER 15 JAHRE NACHZUDENKEN, SONDERN DER 30. WIE KÖNNTEN SIE SICH EINE SOLCHE GESTALTUNG, NICHT NUR DER 15 JAHRE, SONDERN AUCH EINES LÄNGEREN ZEITRAUMES VORSTELLEN? Ich denke, dass unsere Gesellschaft, auch die Politik, noch überhaupt nicht systematisch und mit klaren Zielen formuliert hat, dass zwischen Berufsaufgabe und Tod mittlerweile statistisch mindestens 20 Jahre stehen. Das ist ein ganzer Lebensabschnitt, so wie die Kindheit von 0 bis 18, und mit 18 feiert man seine Volljährigkeit. Aber nach der Rente fällt man in ein Loch. Viele fallen in ein Loch, weil einfach keine klaren Zielformulierungen da sind. Und da reicht es auch nicht aus, wenn man das – sicher wichtige – Thema Ehrenamt an eine Stelle setzt, ein Thema, das wir aber gesellschaftlich nicht so wertgeschätzt haben, das wir auch nicht lebenslang gesellschaftlich so implementiert haben, dass es klar ist, nach der Rente in Ehrenämter zu gehen oder bestimmte soziale Aufgaben zu übernehmen. Das tun einzelne, aber das hat keine

Systematik. Unsere Gesellschaft kann mit dem Thema Ruhestand bis zum Tod, 20 Jahre Leben, noch nicht systematisch umgehen. Auch das Sportliche, die ganze Hypewelle, die wir gerade haben mit »fit im Alter«, das ist alles positiv, aber es verliert sich ganz schnell. Diese Systematik zwischen 65 und 85 fehlt, da fehlen einfach noch Systeme, die wir entwickeln müssen. WIE KÖNNTEN DIE AUSSEHEN? Diese Systeme müssten auf jeden Fall viel mehr als heute mit fließenden Übergängen vom Beruf zum Ruhestand zu tun haben. Dass wir ein Potenzial unserer Gesellschaft, Kolleginnen und Kollegen, verschenken, indem wir sie mit 50 oder 60 in Rente schicken und gleichzeitig über den demographischen Wandel, Fachkräftemangel und Ähnliches diskutieren, das ist aus meiner Sicht schizophren. Wir müssen viel bewusster von 50 plus an nochmal schauen, wie qualifiziere ich, damit wir die Ressource Mensch, positiv gemeint, nicht mit 65 in Rente schicken, sondern sagen, du kannst so lange bleiben wie du möchtest, natürlich arbeitsrechtlich abgestimmt, und soviel wie du möchtest, ob Teilzeitstelle oder Vollzeitstelle, noch in unseren Unternehmen arbeiten. Es muss der Arbeitgeber selbst auch flexibel werden: Nicht jede Kollegin, nicht jeder Kollege, kann an einer Stelle zu Berufsbeginn anfangen und 40 Jahre später genau in diesem Tätigkeitsfeld in Rente gehen. Da muss man auch flexible Innovationen entwickeln, um mit den Stärken – wichtiges Thema, immer Stärken orientierter Einsatz – auch zu arbeiten. Körperlich verbrauche ich mich vielleicht ein bisschen, geistig nehme ich eher zu mit meiner Lebensweisheit und Kompetenz, das ist erwiesen: Da muss ein Unternehmen schauen, wo kann ich wen einsetzen.

WIR SIND JA HIER IN NORDRHEIN-WESTFALEN IN EINER INDUSTRIELL GEPRÄGTEN REGION, ÄHNLICH DEM SAARLAND. SIND DIE MENSCHEN HIER FRÜHER GESUNDHEITLICH KAPUTT, EINGESCHRÄNKT, AUSGELAUGT? Ich glaube nicht, dass in Nordrhein-Westfalen die Menschen gesundheitlich eingeschränkter sind. Die Vergleiche, die ich über die deutsche Pflegeversicherung habe bzgl. der Pflegebedürftigkeitsbegriffe und Einstufungen, die zeigen jetzt nicht signifikante Abweichungen zu Niedersachsen, Bayern oder Sachsen-Anhalt. Was in Nordrhein-Westfalen eher eine Chance ist, ist die Tatsache, dass die Menschen an einem ehemaligen Industriestandort schon seit 10, 20 Jahren im Arbeitsleben flexibel sein müssen, so wie das in anderen europäischen Ländern, wie angrenzend in den Niederlanden, schon seit vielen Jahren selbstverständlich ist, dass man in einem Berufsleben verschiedene Berufe ausübt, zumindest in verschiedenen Tätigkeitsfeldern eines Unternehmens eingesetzt wird. Und da sind wir immer noch so ein bisschen konservativ sozialisiert: Was ich gelernt habe, das mache ich bis zur Rente, Feierabend. Da muss sich zunächst einmal der Arbeitgeber bewegen, positiv bewegen, bevor ich erwarten kann, dass sich meine Arbeitnehmer bewegen.

WAS HÄLT MENSCHEN JUNG UND LEBENDIG?
Gebraucht zu werden auf jeden Fall, was häufig in Unternehmen unterentwickelt ist, Anerkennung zu bekommen und dann natürlich Kollegialität, Team. Eine ganz wichtige Kultur. Ich weiß in unserer Pflegebranche, dass die meisten in dem Bereich arbeiten, weil Pflege, stationäre Pflege, aber auch ambulante Pflege, immer im Team gearbeitet wird, da ist nie einer allein, da ist immer eine Gruppe, das erfordert ja schon 24 Stunden, 365 Tage im Jahr. Aus diesem Grund sind viele Menschen in unserem Pflegebereich – und deshalb liebe ich diesen Bereich auch persönlich, weil er so kommunikativ ist, weil ich mit Menschen zu tun habe, und weil ich jede Menge lernen kann, ob das Kolleginnen und Kollegen sind oder die alten Menschen selbst. Ich sage immer, das sind lebende Geschichtsbücher, und ich glaube, dass das auch viele Kolleginnen und Kollegen fasziniert. Und wen das fasziniert, der ist natürlich vom Grundsatz her auch bereit, selbst immer weiter zu lernen. Ich muss nur richtig stimulieren, kitzeln, loben und anerkennen, ich glaube, dann habe ich auch den richtigen Schlüssel zum Erfolg, um da auch ein innovatives und kreatives Unternehmen mit einem Output zu sein, von Menschen für Menschen, das sich einfach warm

anfühlt. Und das ist es, was hier in der Altenpflege für die Kunden, die alten Menschen wichtig ist, das Gefühl der Wärme und nicht einfach einer Dienstleistung.

IST DIE ALTENPFLEGE EIN KÖRPERLICH SCHWERER BERUF UND SO MÖGLICHERWEISE FÜR ÄLTERE NICHT SO GUT GEEIGNET? WIE SIEHT DER ALLTAG AUS UND WIE GEHT DAS MIT JUNG UND ALT ZUSAMMEN? Die Altenpflege ist ein Beruf im Wandel. Ich habe den Beruf ja selbst 1976 gelernt, und man kann die Altenpflege von 1976 nun überhaupt nicht mehr mit dem Jahr 2014 vergleichen. Was geblieben ist: Es gibt objektiv körperliche wie geistige Anstrengungen, z.B. dass man Menschen lagern muss, aber da gibt es mittlerweile jede Menge Lagerungstechniken, Hilfsmittel, die man verwenden kann. Es gibt einen Arbeitsschutz, der ganz klar bestimmte Dinge regelt. Und wenn wir uns daran halten, das hört sich zwar theoretisch an, aber wenn wir uns praktisch dran halten, ist es so, dass wir heute sicher nicht mehr so körperlich belastend arbeiten. Vielmehr nimmt die psychische Belastung zu, weil das Klientel, die älteren Menschen sich verändert haben. Zu der Zeit, als ich in der Altenpflege in einem Haus

mit 120 Betten anfing, da gab es die Pflegestation mit 20 Bewohnerinnen und Bewohnern und den Wohnbereich mit 100 Bewohnern. Da habe ich ältere Menschen gekannt, die sagten, Tschüs, ich bin jetzt mal vier Wochen in Griechenland in Urlaub. Heute fliegt im Altenheim in der Regel niemand mehr vier Wochen nach Griechenland, sondern die Menschen im Altenheim sind heute im Durchschnitt 85 Jahre, sind multimorbide, und über 60 % sind Menschen mit Demenz. Dann ist es ja logisch, dass das eine ganz andere Belastung für das Personal geworden ist. Die Fluktuation nimmt zu. Ich habe Menschen kennengelernt, die waren 10, 20 Jahre im Altenheim. Heute ist die statistische Verweildauer gerade mal ein Jahr und zwei Monate. Die Belastungen für die Kolleginnen und Kollegen, diese Nähe, Abschied nehmen, das ist eine permanente Belastung geworden, so dass wir als Unternehmen, neben Hilfsmitteln, vor allen Dingen uns um die psychische Konstitution kümmern müssen, wenn wir die Kollegen unterstützen wollen. WIE MACHEN SIE DAS? Wenn die psychische Konstitution ganz wichtig ist und wenn wir auch im Dialog zu den Beschäftigten feststellen, das heute die Bedürfnisse jüngerer Kollegen und Kolleginnen mit den Familien ganz andere sind als noch zu meiner Zeit, als ich mit 25 Jahren mit meiner Frau unser erstes Kind bekommen habe. Wenn man sieht, dass eben durch die immer höhere und andere Erwartung von Angehörigen, durch die Situation der Multimorbidität, die ich eben angesprochen habe, des Anteils von Menschen mit Demenz, die Belastungen so groß geworden sind, muss der Arbeitgeber, muss unser Gesundheitssystem sich Unterstützung einfallen lassen. Und da muss ich in aller Klarheit sagen, versagt zurzeit noch das System. Beginnend bei der Politik über die Pflegekassen, Krankenkassen, wenn sie als Beschäftigte von einem Arzt hochoffiziell krankgeschrieben werden wegen psychischer Belastung, dann suchen Sie in Deutschland 6 Monate, bis Sie jemand finden, der sie unterstützt. Für den Arbeitgeber fallen Sie entweder 6 Monate aus – und ich denke, das ist viel zu kurz gedacht zu sagen, nach 6 Wochen Lohnfortzahlung nicht mein Thema. Wenn ich wirklich ernst nehme, dass ich Mitarbeiter brauche, lange an mich binde, dann kann es mir nicht egal sein, ob er belastet, überlastet ist und mehr als 6 Wochen ausfällt. Und wenn er nicht ausfällt, dann steht er unter Medikamenten – und ich glaube, über dieses Thema brauchen wir nicht zu sprechen, was das für einen Einfluss auf die Arbeitsfähigkeit nimmt. Wir haben das konkret hier erlebt, ich habe mich für Menschen eingesetzt und bin an meine Grenzen gekommen, was ich leisten konnte an Unterstützung. Und so geschah es, es war der pure Zufall, bei einer Veranstaltung mit einer Bank zum Thema pflegend Beschäftigte, wo wir Partner und Berater waren, dass ich einen Psychologen kennengelernt habe, der die Bank beraten hat. Und anfangs habe ich mich gefragt, was soll das, was macht der bei der Bank, gut, bis ich wusste, das sehr ernste Thema Banküberfälle, Traumatisierung für Beschäftigte und Kunden, das war das Einsatzfeld. Und ich habe überlegt, das ist auch für uns interessant. Gemeinsam mit der Betriebsratsvorsitzenden und unserem Personalchef haben wir den Geschäftsführer dieses privaten psychologischen Beratungsunternehmens eingeladen, wir haben gesprochen, und ganz schnell waren wir uns einig, eine Modellphase von einem halben Jahr zu machen, wo unsere Beschäftigten, wenn sie dies wollen, garantiert innerhalb von 14 Tagen das erste psychologische Gespräch führen können, und zwar bei diesem Unternehmen, also auf keinen Fall bei uns, nicht in diesen Räumen, sondern in Düsseldorf, 20 Minuten weg von hier. Wir haben als Unternehmen pauschal für jeden Beschäftigten eine Jahresfestsumme bezahlt, und für diese Garantiesumme kann jeder Beschäftigte mit seinen Angehörigen, auch ein ganz wichtiger Punkt, kostenlos für sich diese Angebote nutzen. Nach einem halben Jahr waren die Rückläufe so positiv – wir haben natürlich die Daten mit dem Betriebsrat anonymisiert, wir haben nur Quantitäten, Männer, Frauen, Gründe, weshalb man dahin geht, wie häufig jemand dahin geht, erfasst. Die Zahlen waren so gut, anfangs schon mit 7 % für das erste halbe Jahr, dass wir gesagt haben, es lohnt sich weiterzumachen. Wir sind dann in einen unbefristeten Vertrag mit diesem Unternehmen übergegangen. Heute nutzen bereits 10 % der Kollegen und Kolleginnen dieses Angebot, und wir sind im Frühjahr 2014 von der AOK Rheinland mit dem Gesundheit Preis 2014 ausgezeichnet worden, unter anderem, weil es uns gelungen ist – von den Krankenkassen selbst gemessen –, dass wir den Anteil an psychischen Erkrankungen in unserem Unternehmen halbiert haben.

SIE SPRACHEN EBEN DAVON, DASS DIE DURCHSCHNITTLICHE VERWEILDAUER DEUTLICH ZURÜCKGEHT, DIE MENSCHEN ÄLTER WERDEN UND SPÄTER IN EINE EINRICHTUNG KOMMEN. WIE ÄNDERN SICH DADURCH DIE ANFORDERUNGEN AN DIE FACHKRÄFTE? Wie gesagt, die Menschen kommen hochbetagter erst ins Heim kommen, unser Durchschnittsalter ist aktuell 85 Jahre. Damit verbunden sinkt die Verweildauer, die hatte früher zum Teil exotische Zeiten von 10 bis 20 Jahren, heute sind es vielleicht 1½ Jahre, wenn es hoch kommt. Das fordert natürlich die Kolleginnen und Kollegen inhaltlich ganz anders, das ist klar. Aber eins trifft nicht zu, was gerne bestimmte Interessengruppen vertreten, dass durch die Zunahme älterer Menschen in unserer Gesellschaft eins zu eins auch die Pflegebedürftigkeit steigt. Das ist nicht der Fall. Es ist eher so, dass wir gewonnene Jahre haben, wenn ich bewusst und aktiv mein Älterwerden gestalte – man kann Pech haben, früher sterben, pflegebedürftig oder dement werden. Durch die Fluktuation im Heim am Ende des Lebens brauchen wir sicherlich mehr Personal, noch fachlicheres Personal, aber nicht eine Verdopplung der Pflegefachkräfte. Da werden zum Teil Dinge erzählt, die nicht berücksichtigen, dass die Pflege besser geworden ist, aber auch dass die Lebensqualität im Alter deutlich gestiegen ist. Das letzte Lebensjahr ist pflegebedürftig, aber das können wir nicht entscheiden. Und für das Personal ist das einfach auch eine große Chance, dass wir als Arbeitgeber flexibler damit umgehen: Wir brauchen eine gute Nachwuchsförderung, aber wir können solche Spitzen, die sich ergeben können, auch durch die Einbindung älterer Beschäftigter bzw. Menschen, die schon in Rente sind, die ich aber teilweise noch einbinden kann, flexibler gestalten. Da gibt es ein Potenzial, was noch viel zu wenig erkannt wird, was wir aber für unsere Sozialholding schon sehr aktiv nutzen. Die Kompetenz einer 65-jährigen Kollegin, die in Rente gegangen ist, für ein Gespräch mit einer einsamen alten Frau, für Sterbebegleitung, ist ein ganz anderes qualitatives Potenzial als zum Beispiel die Kompetenz und die Kraft einer jungen 21-jährigen Kollegin mit höchstem pflegemedizinischen Wissen, denn die hat Stärken in einem Bereich, den wir immer mehr brauchen, aber noch Lernbedarf in Feldern, die ältere Kolleginnen und Kollegen beherrschen. Und das zu verbinden, das ist unsere Aufgabe, aber auch eine riesengroße Chance.

HABEN ÄLTERE KOLLEGEN EINE HÖHERE EMOTIONALE INTELLIGENZ? Ich weiß nicht, ob ältere oder jüngere Menschen vom Grundsatz her eine höhere emotionale Intelligenz haben. Wenn ich so in den Spiegel schaue: Ich war immer schon ein extrem extrovertierter und hoch emotionaler Mensch. Aber ich glaube, dass unsere Gesellschaft und die Rahmenbedingungen, unter anderem auch die medialen Veränderungen, die wir haben, die technischen Veränderungen, diese Individualitäten eher wegnehmen. Ich glaube deshalb, dass wir ein großes Potenzial bei älteren Beschäftigten haben, die eine nicht verkümmerte Emotionalität besitzen, die wir nutzen können und die wir aber auch dringend brauchen, um sie den jüngeren Kollegen und Kolleginnen zu vermitteln. Ich bin ein absoluter Verfechter der sog. Binnendifferenzierung, d.h. bei uns gibt es nicht die jungen Teams, die alten Teams, sondern ich halte viel von einer gemischten Struktur, damit die Alten von den Jungen lernen können. Es gibt vieles, was wir älteren Beschäftigten von jungen Kolleginnen und Kollegen lernen können, mal ganz abgesehen davon, dass das auch ein tolles Gefühl für einen jungen Kollegen ist, der gerade anfängt, der mitbekommt, du bringst ein Wissen, das kennen die noch nicht. Das stärkt, das schafft Selbstbewusstsein, ein Leben lang noch zu arbeiten. Umgekehrt ist es so, dass junge Menschen oft begreifen, dass eine ältere Kollegin vielleicht nicht nur die allerneuesten Expertenstandards beherrscht, am Computer nicht der fitteste ist, aber eine Lebenserfahrung und eine Geduld zum zuhören hat, die einfach jüngere Menschen auch noch lernen müssen.

WAS WOLLTEN SIE WERDEN ALS KLEINER JUNGE? WAS IST AUS IHREN VORSTELLUNGEN GEWORDEN? Als kleiner Junge wollte ich Papst werden, aber nur dann, wenn man heiraten darf, das war schon immer klar. Oder Feuerwehrmann. Ich bin beides nicht geworden, und ich glaube, das ist auch gut so, denn für mich ist die Altenarbeit, zwar ein sehr enges Fachfeld, aber jetzt seit über 40 Jahren für mich so erfüllend, so bereichernd, mit Menschen in Kontakt zu sein und vor allem auch ein Erfahrungswissen, Geschichten von älteren Menschen zu erleben, das ist einfach eine große Freude. Gerade auch in Deutschland, wenn man hier Geschichte betrachtet, das war auch Trauerarbeit: Ich habe auch Menschen kennen gelernt, die Faschismus erlebt haben und auch Faschisten waren bzw. Menschen, die im KZ waren. Ich habe die Geschichte dieses Staates mit älteren Menschen hautnah erlebt, die mich geprägt haben, die mich weiter entwickelt haben. Und mit den Kolleginnen und Kollegen habe ich einfach auch soziale Formen des Umgangs gelernt und – für mich persönlich als Geschäftsführer, als Führungskraft – emotionale Führung.

WAS MACHEN SIE, WENN SIE IN RENTE GEHEN ODER GEHEN MÜSSEN? WIE STELLEN SIE SICH IHR LEBEN AB 65 VOR? Ich kann mir definitiv nicht vorstellen, in Rente zu gehen. Was sicher ist, im November 2021 sind meine Tage in der Sozialholding der Stadt Mönchengladbach als Geschäftsführer gezählt. Aber schon heute habe ich in etwa die Nachfolge geregelt, ich finde das ganz wichtig, nicht irgendwann zu sagen, »Oh Gott, jetzt bin ich weg, was passiert nach mir?«, sondern sich ganz früh Gedanken zu machen. Ich bin entschieden, mit 65 hör ich nicht auf, scherzhaft sage ich, verdiene ich wahrscheinlich mehr als heute, denn wenn man frei ist, plötzlich kommen Anfragen. Ich kann mir gar nicht vorstellen, nicht kreativ zu sein. Die Frage ist, was ist es. Ist es das Ehrenamt, schreib ich noch mehr Bücher, fange ich plötzlich an, im Garten zu arbeiten? Ich weiß noch nicht was,

aber klar ist, ich werde nicht zuhause sitzen, länger schlafen, joggen oder Golf spielen. Ich brauche noch Bestätigung, ich brauche Herausforderung, Auseinandersetzung, auch ganz wichtig, sich zu reiben. Und das kann man eigentlich erfolgreich und schön nur im beruflichen Kontext, von daher werde ich mit Sicherheit – wie lange wage jetzt keine Prognose, bis 75? – aber mit 65 Jahren und 8 Monaten nicht in den »verdienten« Ruhestand gehen, auch nicht in den »Unruhestand«, sondern ich werde einfach an einer anderen Stelle meine Fähigkeiten zur Verfügung stellen und bin da eigentlich sehr selbstbewusst, dass es Menschen gibt, die mit mir auch weiterhin in einem beruflichen Dialog sein wollen. Wenn ich nur länger schlafen oder Golf spielen würde, würde es mir gehen wie den vielen Menschen, die genau das vor sich haben: Ich würde immer eingeschränkter mit meinen Interessen, ich würde immer eingeschränkter mit meinen körperlichen Gefühlen, Konstitutionen, und irgendwann würde ich wissen, dass mich keiner mehr braucht, würde mich gar nicht mehr um irgendeinen Kontakt bemühen, und dann würde es zumindest einsam. Inwieweit ich dann früher sterbe oder nicht, bei der immer besser werdenden Pflegeversorgung in Deutschland weiß man das nicht, aber ich glaube, ich würde Potenziale verschenken. Da bin ich ehrgeizig und kritisch genug, um zu sagen, den Gefallen tue ich niemand, mich zu verabschieden, mit mir hat man noch länger zu tun.

—

Das Gespräch wurde im Dezember 2014 in Mönchengladbach geführt.

HEIKE
NASH

53, BEGANN MIT FAST 50 EINE AUSBILDUNG ZUR ALTENPFLEGERIN

»Zu alt? Da hab ich gesagt: Na, dann schauen wir mal.«

FRAU NASH, SIE ARBEITEN ALS ALTENPFLEGERIN. DAS BE-
SONDERE AN IHRER BIOGRAPHIE IST, DASS SIE DIESE AUS-
BILDUNG ODER DIESE TÄTIGKEIT NICHT IRGENDWANN MIT
20 ODER 25 GELERNT HABEN, SONDERN DASS SIE MIT
ENDE 40 EINE ERSTAUSBILDUNG GEMACHT HABEN. ER-
ZÄHLEN SIE UNS, WIE KAM ES DAZU, DASS SIE IN DEM AL-
TER – ES IST JA NICHT ALT, ES IST NUR EIN UNGEWÖHNLI-
CHES ALTER FÜR EINE ERSTAUSBILDUNG – DIE AUSBILDUNG
BEGONNEN HABEN? Da muss ich zurückgreifen, wie ich zu
dieser Ausbildung kam. Ich habe mit gerade 20 Jahren geheiratet, einen Briten, der beim Militär war, und dieser Brite, mein
Ex-Mann, wurde dann auch häufig versetzt und ich zog immer
mit. Wir haben in England gewohnt, Nordirland, auf Zypern.
Wir sind alle zwei, drei Jahre versetzt worden, das bedeutete,
dass jedes mal, wenn ich eine Arbeit hatte, ich diese auch
dann wieder kündigen und mir wieder was Neues suchen
musste. Ich habe während dieser Zeit aber auch insgesamt
10 Jahre in der Pflege gearbeitet, in Altenheimen, auch in England, in Deutschland und auch einmal im Krankenhaus auf der
Chirurgie. Also war ich nicht fremd in der Pflege, und habe
auch, bevor ich die Ausbildung gemacht habe, 2 Jahre in einer
Gerontopsychiatrie gearbeitet, hatte einen befristeten Vertrag,
bin aber nicht fest übernommen worden. Irgendwann war ich
arbeitslos, und ich wusste, dass die Ausbildung zur Altenpflegerin auch älteren Menschen gewährt wird. Ich bin zum Arbeits-

amt, habe mich arbeitslos gemeldet und habe zu dem ersten Ansprechpartner gesagt, dass ich gerne die Ausbildung zur Altenpflegerin machen möchte. Und dieser Mensch, der so ungefähr Ende 20 war, setzte sich dann so ganz gemütlich nach hinten und sagte: »Ach Frau Nash, dafür sind sie zu alt!« Und da habe ich gesagt: »Na, dann schauen wir mal.« Danach hatte ich meine feste Beraterin im Arbeitsamt und habe das auch angesprochen. Man hat mir sofort gesagt, da bestehe eine Möglichkeit, weil die Sozialholding in Mönchengladbach Ausbildungsplätze für Ältere zur Verfügung stellt. Und die Ausbildung ist dann auch durch einen Bildungsgutschein vom Arbeitsamt genehmigt worden. Ich dachte mir, dann versuchen wir das mal. Ich habe mich beworben bei der Schule und bin angenommen worden. Aber diese Vorstellung, dieses Interview, um da aufgenommen zu werden, hat einige Stunden gedauert und ich war schon ein bisschen damit überfordert, denn das war das erste Mal, dass jemand so etwas von mir verlangte. Im englischen Rahmen ist das nicht so: Da geht man hin und sagt, ich möchte gerne arbeiten, von dann und dann! Hier habe ich mich leicht überfordert gefühlt, bin aber angenommen worden und habe dann am 1. November 2010 mit der Ausbildung zur Altenpflegerin angefangen. UND DIESE AUSBILDUNG WAR DANN ZUSAMMEN MIT JÜNGEREN AUSZUBILDENDEN? WIE WAR DAS VERHÄLTNIS ZWISCHEN ÄLTEREN UND JÜNGEREN? GAB ES NOCH ANDERE ÄLTERE AUSSER IHNEN? Man guckt sich erst mal in der Klasse um und ist dann sehr erleichtert zu sehen, dass man nicht die einzige Ältere ist. Es waren schon so einige, die so Mitte 40, Ende 40 waren, und bestimmt 50% der Klasse war über 30. Das hat eigentlich sehr gut gepasst, denn es ist ja wie im realen Leben, da ist ja auch nicht nur eine Generation, die da rumläuft, sondern es ist gemischt, verschiedene Leute, verschiedene Alter, es war eigentlich der normale Wahnsinn. Von einer Lehrerin wurde uns aber auch gesagt, dass man als ältere Person ein bisschen schwerer lernt, langsamer, dafür aber aus dem Leben schöpft, die Erfahrungen, Lebenserfahrungen besser verknüpft – und da hatten wir dann schon wieder unseren Vorteil.

WIE HABEN SIE ES PERSÖNLICH EMPFUNDEN? HATTEN SIE DAS GEFÜHL, DASS DAS LERNEN SCHWER FÄLLT? Ich muss gestehen, ich hatte natürlich auch erst einmal Bedenken, weil es ja Jahrzehnte her war, dass ich die Schulbank gedrückt habe. Aber zu meiner Verwunderung, es war einfach. Ich glaube, es hat auch daran gelegen, dass ich keine Handygeneration bin. Bevor ich mich im Unterricht langweile, habe ich einfach ein bisschen mehr aufgepasst. Ich bin ein sehr neugieriger Mensch, und wenn ich was nicht verstanden habe, gibt es heutzutage das Internet, und so habe ich mich an den Computer gesetzt und nachgeschaut, was da überhaupt gemeint war, habe mich informiert, um das auch für mich rund zu machen, damit ich es auch verstehe. Das hat sehr gut geklappt, muss ich sagen. GAB ES HÖHEN UND TIEFEN WÄHREND DER AUSBILDUNG, DIE SIE DURCHLEBT HABEN? KRISEN ODER ZWEIFEL? Am Anfang war es schwierig, diese Rolle der Auszubildenden in meinem Alter anzunehmen, das muss ich schon gestehen. Auszubildende sind 16, 17, 18, 19-Jährige und keine 49-Jährige. Ich musste mich echt zurücknehmen, auch besonders, weil ich ja schon vorher in der Pflege tätig war. Und meine Mitarbeiter haben das auch gemerkt. Aber es hat dann doch ganz gut geklappt, indem ich gesagt habe: Nein, das mach ich jetzt nicht, ich könnte, aber ich bin hier Auszubildende, und ich möchte gerne auch für mich diesen Status annehmen. WAS WAR DER GRUND, DASS SIE DIESE AUSBILDUNG BEGONNEN HABEN? Lebensplanung, Sicherheit, mein Leben selber finanzieren zu wollen, nicht von einem Amt abhängig zu sein. Es gibt einem wieder mehr Selbstbewusstsein. Obwohl ich viel gearbeitet habe in allen möglichen Arbeitsstellen, auch mal Abteilungsleiterin in einem britischen Geschäft gewesen war – hier in Deutschland angelangt, war ich ein Nichts. Ein altes Nichts. So habe ich mich zwar nicht gesehen, aber der Arbeitsmarkt hat mich so gesehen. Das muss ich ganz ehrlich sagen, das wollte ich mir nicht gefallen lassen. Da ich ja bis 67 arbeiten muss, habe ich keine Lust, nur für Zeitarbeitsfirmen zu arbeiten, ich kann nichts planen, wenn ich weiß, dass nach 3 Monaten dieser Job eventuell wieder weg sein könnte.

Und der Lohn ist da auch nicht gerade der Höchste, das weiß ich, weil ich auch mal in einer Zeitarbeitsfirma gearbeitet habe, 6,50 Euro war der Stundenlohn, und das wollte ich nicht.

ARBEIT IST FÜR SIE KEINE BELASTUNG, DIE MAN MACHEN MUSS, SONDERN EIN POSITIVER, WICHTIGER BESTANDTEIL IHRES LEBENS? Ja, natürlich. Es gibt einem Struktur, Sicherheit, auch Luxus. Ich kann jetzt auch mal wieder irgendwo in einen Laden gehen. Nicht wie in der Ausbildung, da ist das Geld natürlich knapp. Damals bin ich immer mit Scheuklappen durch die Stadt gegangen und habe gedacht, das kannst du dir sowieso nicht leisten, lass es mal weg, guck's dir gar nicht erst an. Und jetzt verschwinden meine Scheuklappen, werden immer weiter, wieder offen, und ich gönne mir jetzt auch wieder Sachen und das tut auch gut, das tut der Seele gut.

KÖNNTEN SIE SICH AUCH VORSTELLEN LÄNGER ALS BIS 67 ZU ARBEITEN? ODER WIE WÜRDE DANN IHR ALLTAG MIT 67 – ANGENOMMEN SIE BLEIBEN GESUND UND FIT –, WIE WÜRDE IHR ALLTAG DANN AUSSEHEN? Wenn ich nicht mehr arbeiten würde – ich muss es mir nicht vorstellen, weil in der Zeit, als ich arbeitslos war, hatte ich das Gefühl, nicht nur das Gefühl: Ich bin verdummt. Ich wusste nachher nicht mehr, ob es Tag oder Nacht war, das Interesse hat gefehlt, Motivation war auch nicht mehr da, alles wird einfach so grau und nebelig, es war egal, ob ich jetzt um 8 aufstehe oder um 12 Uhr morgens, also mittags, aufstehe. Es verdunkelt sich auch ganz schön im Kopf. Ich denke, wenn das länger so gewesen wäre, dass ich arbeitslos geblieben wäre, das ist dann nachher ein Teufelskreislauf, da kommt man auch sehr schlecht wieder raus. Man hat sich dann auch daran gewöhnt, nichts mehr zu tun. Man wird so ein bisschen zur Leiche. Eine gesellschaftliche Leiche, man kann nicht mehr raus, man kann sich das nicht mehr leisten. Man muss sich alles überlegen, man geht einkaufen mit Scheuklappen, man kann sich ja schöne Dinge mal angucken, aber es ist sehr frustrierend, diese schönen Dinge nicht auch mal kaufen zu

können. Man kann nicht sehr viel für seine eigene Seele tun, im Winter heizt man vielleicht sogar noch ein bisschen weniger und setzt sich dann in einen Raum mit einer Decke, weil man denkt, ich muss es ja auch irgendwann mal wieder bezahlen. Da bürgert sich so ein Verhalten ein, wenn man so längerfristig arbeitslos ist. Ich kann mir auch vorstellen, dass es sehr schwierig oder unmöglich ist, wieder ein normales, strukturiertes Leben zu führen, mit diesen Erfahrungen: Ich sehe es nicht so positiv, mit 67 in Rente zu gehen und dann keine Aufgabe mehr zu haben. Also wenn, dann muss ich es irgendwie kompensieren mit anderen Aufgaben.

IM ALTENPFLEGEBEREICH FÄLLT AUCH KÖRPERLICH SCHWERE ARBEIT AN, DIE – WENN ÜBERHAUPT – EHER DIE JÜNGEREN, WENIGER DIE ÄLTEREN BEWÄLTIGEN KÖNNEN. WIE GEHEN SIE MIT DEN KÖRPERLICHEN HERAUSFORDERUNGEN UM? Genauso wie eine 20-Jährige. Da kommen schon manchmal Wehwehchen hoch, das ist ja ganz klar, aber weil es Wehwehchen gibt, heißt das nicht, dass ich arbeitsunfähig bin. Ich bin jetzt ja auch nicht hier das Vorbild einer fitten 53-Jährigen, ich mache keinen Sport, auch keinen gefährlichen Sport mehr, ich fahre kein Rollerskate oder was weiß ich, was eine 20-Jährige vielleicht machen würde. Hier bei unserem Träger wird eine Muckibude angeboten, wird Fitness angeboten, Pilates könnte man hier machen, es gibt eine Massageliege, Massage wird angeboten, es kommt eine Dame und massiert einen. Man muss natürlich ein bisschen auf die Kinästhetik aufpassen, also rückenschonendes Arbeiten ist wichtig. Aber das ist sowohl für mich als auch für eine 20-Jährige wichtig, denn die soll ja auch noch einige Jahre in diesem Beruf arbeiten.

WENN SIE PATIENTEN AUS DEM BETT HEBEN, WIE MACHEN SIE DAS? Das ist jetzt eine gute Frage, wie mach ich das? Wie hebt man eine Person aus dem Bett? Man redet natürlich mit der Person, dann fahre ich das Bett hoch und versuche, sie oder ihn – das ist ja auch sehr individuell, wie diese Person sich bewegt und ob sie Schmerzen bei Bewegung hat – dann versuche ich, die Person aufzusetzen. Wenn das alles nicht geht, dann hole ich mir eine zweite

Person dazu, das ist ganz normal in der Pflege, dass man sich Hilfe sucht. Es gibt ja auch Hilfsmittel wie Lifter, die man da benutzen kann, die total Rücken schonend sind, mit denen dieser Mensch mit Hilfe des Apparates aus dem Bett geholt wird. Es gibt viele Hilfsmittel in der Pflege, die man anwenden kann, um sich so lange wie möglich gesund zu halten.

Das ist von der Tagesform abhängig. Ein 20-Jähriger kann alt sein. Ich kann sehr jung und sehr albern sein, und am nächsten Tag komme ich kaum aus dem Bett. Wann fängt das Altsein an, das ist sehr individuell, ich kann es nicht sagen. Ich denke, wenn man sich selber alt fühlt und vielleicht nicht mehr so viele Ziele vor Augen hat. Ich denke, dann wird derjenige alt, wenn die Ziele nicht mehr da sind.

Die Vorbilder waren sehr gemischt. Meine Oma mütterlicherseits war eine sehr fitte Frau, die noch mit dem Auto gefahren ist eine Woche, bevor sie gestorben ist. Sie hat ihr Haus ganz alleine in Schuss gehalten, den Garten, war sehr lebensfroh. Meine Oma väterlicherseits war eine alte Frau, sie hatte keine Ziele mehr, sie saß eigentlich nur zu Hause, ist gar nicht mehr einkaufen gegangen, hat sich auch so ein bisschen dementsprechend angezogen, da gab es keine festliche Kleidung mehr, es war nur der Kittel. Und ich weiß noch, als ich jung war, lebten drei Schwestern bei mir in der Straße, und ich dachte, mein Gott sind die alt und habe dann später herausgefunden, dass die 40 waren. Irgendwie sind die Frauen früh alt geworden. Hatten auch immer Kittel an, eine Dauerwelle am Kopf. Ich glaube, die Frauen waren früher schneller alt. Oder haben sich schneller alt gefühlt, ich weiß es nicht.

Und heutzutage ist das so kunterbunt. So mit 50 fühle ich mich nicht mehr alt, muss ich ganz ehrlich sagen, also was in meinem Kopf manchmal abgeht, da denke ich auch, oh Gott, wo kommt das denn her, wie albern bist du denn. Und meine Kinder sagen auch »Mutti, werde doch mal erwachsen!« und ich sag »Nö, das

sehe ich nicht ein.« Ich kann auch erwachsen sein, wenn es sein muss, aber ich muss es ja nicht die ganze Zeit, also kann ich doch auch mal wieder Kind sein.

ALT IST MAN, WENN MAN KEIN ZIEL MEHR HAT, SAGTEN SIE. WAS SIND, AUS JETZIGER PERSPEKTIVE, IHRE MITTELFRISTIGEN UND LANGFRISTIGEN ZIELE? Das kurzfristige Ziel ist, dass ich jetzt umziehe, dass ich mich jetzt verbessern kann von 40 Quadratmeter auf 70 Quadratmeter. Das hätte ich mir vorher nicht leisten können oder nicht gewagt, weil meine ganze Perspektive sehr unsicher war. Seit ich eine Festanstellung habe, ist das ganz anders, ich kann einfach viel weiter nach vorne planen. Dann schaue ich, dass ich hier beruflich noch mehr Erfahrungen sammele und mehr Fuß fasse. Und danach gehe ich an, was es noch an weiteren Angeboten gibt, Weiterbildungen. Es gibt die palliative Weiterbildung, diese Sterbebegleitung, das ist aber nicht nur Sterbebegleitung, sondern beinhaltet auch, dem Menschen, der voraussichtlich bald sterben wird, noch Lebensqualität zu geben. Es hat nicht nur mit den letzten Tagen und den Schmerzen zu tun, sondern es geht auch darum, Lebensqualität weiterzugeben, so dass der Mensch auch mal wieder lachen kann, dass es ihm noch ganz gut gehen kann, obwohl die Diagnose keine gute ist. Dann gibt es die Funktion als Teamleiter, ich muss alles noch so ein bisschen auf mich zukommen lassen. Man muss ja auch nicht immer alles so krampfhaft machen, es bieten sich ja oft auch Möglichkeiten, die einem jetzt noch gar nicht richtig bewusst sind.

WENN MAN IHNEN ZUHÖRT, HAT MAN DAS GEFÜHL, JETZT GEHT ES EIGENTLICH ERST RICHTIG LOS. Ja, so fühlt es sich auch an. Ich muss sagen, diese Ausbildung noch zu machen ist das Beste, was ich je entschieden habe. Ganz ehrlich, nur weil man jetzt um die 50 ist… Nicht nur ich, sondern wir alle, die dabei geblieben sind, die Älteren, haben das wunderbar geschafft, wir waren mit die Besten in der Klasse. Das muss ja auch was heißen, wenn man weiß, dass da auch viele Junge waren. Ich glaube, wir waren einfach konzentrierter, nicht ehrgeiziger, ehrgeiziger ist vielleicht ein bisschen zu viel, aber wir haben uns ein Ziel gesetzt, und wir wurden nicht mehr so abgelenkt wie in der

Jugend. In meiner Jugend hätte ich das nicht so gut geschafft, da wäre noch das Feiern gewesen, Party und andere Sachen, ich hätte das gar nicht so ernst genommen. Ich habe aber auch viel Spaß in der Ausbildung gehabt, es war nicht so, dass ich das machen musste, dass nicht gelacht werden durfte. Im Gegenteil, es wurde viel gelacht, ich habe auch mit meinen jüngeren Klassennachbarn Käsekästchen gespielt, während wir gelangweilt waren. Es ist nicht so, dass da nur der alte Mensch sitzt, der ganz zielstrebig lernt. Aber es war schon so, dass man sich selber besser einschätzen konnte: Jetzt muss ich aufpassen oder: Da weiß ich jetzt schon genug drüber Bescheid, jetzt kann ich auch ein bisschen die Seele in der Klasse baumeln lassen.

15 ODER 18 JAHRE WEITER GEDACHT: ERZÄHLEN SIE, WIE IHR LEBEN DANN AUSSIEHT. Wenn ich 70 oder 71 wäre, was würde ich machen? Da gibt es ja sehr viele von uns, denn ich bin ja auch ein sehr geburtenstarker Jahrgang, 1961. Es wäre sehr dumm, diese Menschen nicht in der Arbeitswelt zu lassen, denn wer soll die ganze Rente bezahlen? Wenn man sieht, wie jung die meisten Menschen noch mit 70 sind, wie viel Erfahrung die haben und wie viel sie in der Arbeitswelt eigentlich noch bringen könnten, dann ist das doch der absolute Wahnsinn, die Leute gehen zu lassen, wenn sie noch gerne arbeiten möchten. Es tut ja auch der Rentenkasse gut, Leute in Arbeit zu haben, die es auch gerne möchten. Wenn wir heute bis 90 oder 95 Jahre alt werden, das ist ja nicht mal eine Seltenheit heutzutage; wenn man sich vorstellt, die Leute sind fast 30 Jahre in der Rente, da gibt es doch dann nachher nur noch Wahnsinnige. Die werden in den Wahnsinn getrieben, die Leute, die haben kein Geld, die haben gar keine Perspektive mehr, wo soll die Rente herkommen?

LASSEN SIE UNS ÜBER DIE MENSCHEN SPRECHEN, DIE HIER IM HAUS WOHNEN. WAS IST DEREN ZIEL HIER? WIE SCHAFFEN SIE ES HIER, MIT DIESEN MENSCHEN EIN ZIEL ZU ENTWICKELN ODER IHNEN EINE KLEINE AUFGABE HIER IM HAUS ZU GEBEN, EINEN GRUND, MORGENS GERNE AUFSTEHEN? Versuch macht

klug. Und es ist wieder individuell, und jeder Bewohner ist da ein bisschen anders. Wir versuchen schon rauszufinden, was motiviert diese Person. Da kann man mal in die Biographie reinschauen: Hat sie gerne in der Küche mitgeholfen? Hat sie gerne gesungen? Hat sie gerne im Garten gearbeitet? Wie ist die Verbindung zu den Verwandten, wird sie da unterstützt? Wir versuchen das, sind auch oft erfolgreich, man merkt aber auch, einige möchten gerne ihre Ruhe haben. Sie möchten kein 24-Stunden-Programm mehr haben, nehmen Angebote ganz dankbar an, aber man muss sie auch vorsichtig dosieren. So Highlife den ganzen Tag, das funktioniert in dem Sinne nicht mehr. Das Ziel bei diesen Menschen ist besonders ihre Gesundheit: Dass es ihnen noch relativ gut geht, sie so schmerzfrei wie möglich sind, dass sie wieder lachen können und man sie auch versteht, in welcher Situation sie sind und wie die Einbindung ihrer Bekannten und Verwandten sein kann.

—

Das Gespräch wurde im Dezember 2014 in Mönchengladbach geführt.

DIETER
REITMEYER

60, UNTERNEHMER, HAT
BESTE ERFAHRUNG MIT ÄLTEREN
MITARBEITERN GEMACHT

»Ich achte nicht
darauf, wer alt ist
und jung ist, son-
dern wer gut und
wer schlecht ist.«

HERR REITMEYER, ERZÄHLEN SIE UNS KURZ, WAS DIE AUF-
GABE IHRER UNTERNEHMENSGRUPPE IST UND WIE VIELE
MITARBEITER SIE HABEN. Die Unternehmensgruppe beschäftigt sich eigentlich mit Qualitätsmanagement, hauptsächlich
in der Automobilindustrie. Überall auf der Welt, wo Autos gebaut werden, werden Hilfestellungen gebraucht, wie etwa
Lieferantenqualifizierung. Momentan haben wir eine Aktion
in Mexiko, wo die ersten Automobilwerke gebaut werden,
man braucht dort viele Lieferanten; viele sagen, ich möchte
das, aber nicht alle können es. Dann fahren wir mit Ingenieuren in diese Länder und qualifizieren diese Lieferanten. 1996
hat das angefangen, früher hatten wir nur Prüf-, Sortier- und
Nacharbeit, also nichts Besonderes, eigentlich was viele können. Wir hatten uns allerdings durch eine sehr hohe Flexibilität ausgezeichnet. Spätestens seit der Weltwirtschaftskrise
hat sich das geändert, dass man verstanden hat: Wenn wir in
diesem Land Arbeitsplätze haben wollen, dann müssen wir
etwas können, was der Rest der Welt nicht kann. Zunehmend
kamen die Ingenieure ins Spiel. Zum heutigen Zeitpunkt sind
es knapp 80 % des Umsatzes, was wir mit Engineering-Tätig-
keiten verdienen, und wir sind mit ungefähr 2.000 Fachleuten
auf dieser Welt unterwegs.
2.000 LEUTE, SIND DAS ÜBERWIEGEND MÄNNER? Ja, es sind
überwiegend Männer, wobei ich nicht sagen will, dass Frauen
keine Ingenieurdiensttätigkeiten durchführen, aber überwiegend Männer sind es bei uns.
WIE IST DIE ALTERSVERTEILUNG? SIND ES MEHR JUNGE,
SIND ES MEHR ÄLTERE? Wir haben keine Statistiken, und ich
will das auch nicht. Wenn ich das mache und in meinem Un-

ternehmen abkläre, wer ist alt, wer ist jung, dann muss man definieren, wo fängt das überhaupt an. Wir haben eins gemerkt im Laufe der Jahre: Wir hatten auch diesen »Jugendwahn«, den haben wir hinter uns, und wir haben es auch mit nur Älteren probiert. Die Fähigkeit der emotionalen Intelligenz ist entscheidend, d.h. des Miteinanders. Wenn die jungen Menschen sagen: »Ich kann wesentlich schneller laufen als du«, dann stimmt es natürlich, und der ältere Mensch hat auch Nachteile, aber er hat auch Vorteile: Wenn der Jüngere sagt: »Ich lauf viel schneller«, dann kann der Ältere sagen: »Ja, ist in Ordnung, aber wo du jetzt hinläufst, da war ich schon zehnmal im Leben, da ist nichts. Versuch die andere Seite.« Wir wären sicherlich nicht so erfolgreich, wenn wir immer nur auf eine Strategie gesetzt hätten. Sehr erfolgreich wurden wir, als wir Menschen eingesetzt haben, die wirklich diese emotionale Intelligenz besaßen, dass der Jüngere sagt: »Ich hab überhaupt kein Problem damit, jemanden vorbei zu lassen« und der Ältere sagt: »Ist in Ordnung, ich bin ergänzend für dich da, mit meinen Erfahrungen nämlich.« Wir haben auch gelernt, wir können alles kaufen auf dieser Welt. Aber Erfahrung ist sicherlich etwas, was seine Zeit braucht. Und so achten wir wirklich nicht so sehr darauf, wie alt bist du denn heute, wenn du bei uns arbeiten willst, sondern fragen: Haben diese Menschen Werte in sich? Und das ist etwas, was einfach Zeit braucht.

SIE HABEN VOR EINIGEN JAHREN, AUF DER SUCHE NACH INGENIEUREN, EIN SEHR AUSSERGEWÖHNLICHES PROJEKT GESTARTET. SIE HABEN MIT ETWA 120 INGENIEUREN PERSÖNLICH GESPROCHEN UND DANN 96 EINGESTELLT. WÜRDEN SIE UNS DIESE GESCHICHTE ERZÄHLEN. Es hieß, wir haben Ingenieurmangel in Deutschland, 60.000 offene Stellen, aber 120.000 arbeitslose Ingenieure, angeblich unterqualifiziert. Das trieb mich einfach um, dass ich gefragt habe wie ein Kind, warum ist das so. Und dass ich entschieden habe, wir nehmen jetzt Geld in die Hand, ich möchte diese Menschen sprechen. Wenn wir sagen, wir haben so viel Unterqualifizierte in diesem Land, möchte ich einfach wissen, warum das so ist.

Ich habe unsere Leute losgeschickt und habe annonciert in diesem Land, Norden-Süden-Osten-Westen – Ich möchte diese Menschen sprechen, die angeblich unterqualifiziert sind. Ich habe mit genau 123 gesprochen, und es kristallisierte sich schnell heraus, woran es liegt, was den Menschen fehlt, warum sie denn unterqualifiziert sind, aus meiner Sicht wenigstens: Erstens die Fremdsprache. Nicht dass diese Menschen das nicht gelernt hatten, aber wenn sie mal 10 Jahre arbeitslos waren und so ein bisschen dieses Gefühl haben, »naja Business Englisch, alles geht so rasend schnell in dieser Gesellschaft, ich weiß nicht, ob ich da noch richtig mitkomme«, dann wird man Sie fragen, wenn Sie arbeitslos werden: »Können Sie Englisch, ja oder nein?«, da steht nicht, »Können Sie es zu 80%?« Gnade Ihnen Gott, Sie sagen nein. Der zweite Punkt war sicherlich: Stand der Technik. Wenn wir heute ein IT-Unternehmen gründen und werden ein Vierteljahr krank, dann sind wir eigentlich unterqualifiziert, weil die Entwicklung so rasend schnell geht. Der dritte Punkt war, dass, wenn die Automobilbauer oder unsere Großkunden sagten, schicken Sie uns mal Fachleute, dann geht man immer davon aus, dass wir Leute schicken, die sich in dem System auskennen, nicht die, die wir noch anlernen müssen – das ist ja vollkommen berechtigt. Das Anlernen kann man aber nicht machen, indem man sie auf eine Schulbank setzt, sondern man müsste etwas entwickeln, was ein »Training on the job« ist. »Kann ich dort, wo ich 20 Ingenieure stehen habe, nochmal zehn dazu stellen, die nichts weiter machen, als zuzuschauen und dort zu lernen, was sie zukünftig machen sollen«. »Seid Ihr wirklich bereit, an diesem Strick mitzuziehen, wenn ich Euch die Chance gebe und nach Feierabend, wenn ich Euch ins Hotel stecke, dann noch den Lehrer schicke und sage, Ihr arbeitet 8 Stunden, aber dann lernt Ihr nochmal 4 Stunden Englisch, schafft Ihr das?« Dann bin ich auf einen Kunden zugegangen und der sagte, ich mach das mit. Und so haben wir eine Initiative gestartet, um diese Menschen wieder in Lohn und Brot zu bringen. Von 123, die ich gesprochen habe, hatte ich bei 96 das Gefühl, diese Menschen, die machen das mit, die schauen jetzt nicht auf die letzten 5 Minuten, die wollen das. Und das Ergebnis war wirklich phänomenal. Von den 96, denen wir einen Einjahresvertrag gegeben haben, fahren heute 78 für uns durch die Welt und lösen die größten Probleme für uns. Wobei ich wirklich betonen muss: Das hat gar nichts mit dem Verhalten von Mutter Teresa zu tun, es ging hier überhaupt nicht darum, dass wir etwas Besonderes gemacht haben, sondern die Menschen waren das, die Menschen, die bedingungslos wollten und gesagt haben: »Egal wo du mich hin schickst, ich schließ mein Haus ab und fahre da hin und mache das einmal mit.« Der erste war nach 6 Monaten fertig und der letzte nach 13 Monaten, da haben wir um einen Monat verlängert. Aber die Tatsache, dass diese Menschen dies mitgemacht haben, war einfach faszinierend. Dann wollten wir dieses größer machen, die Politik interessierte sich dafür, leider kam die Weltwirtschaftskrise und hat eigentlich alles zerstört.

DIESE MENSCHEN, DIESE 123 WAREN ABER NICHT MEHR GANZ JUNGE LEUTE? Sie waren nicht mehr ganz jung, aber es waren Menschen wie Sie, die mich dann darauf aufmerksam gemacht haben. Für mich war es vollkommen irrelevant, danach zu schauen. Spätestens seit dem Moment wurde mir wirklich klar, das Spiel des Lebens, das heißt nicht Frauen gegen Männer, Jung gegen Alt, Ausländer gegen Deutsche, das ist alles Blödsinn. Das Spiel des Lebens heißt wirklich: gut gegen schlecht. Dass diese Menschen relativ alt waren, das habe ich erst hinterher erfahren, die fangen bei 45, 50 aufwärts an, die hatten aber auch eine andere Einstellung zum Leben. Die waren schon zu zig Lehrgängen durch die Bundesagentur hingeschickt worden, und jetzt kam dann noch einer, der sagte, gib mal Gas. Das, was die Menschen kapiert hatten, war schlicht und einfach, dass es die letzte Chance war im Leben. Das war nicht mehr so, dass man nochmal warten kann, für die ging eine Tür auf und die sind bedingungslos durchgegangen, es kam nicht darauf an, ob sie nochmal nicht erfolgreich wurden. Wir haben sie von dem System überzeugt, dass sie wirklich alles dafür geben müssen, und was sie uns gegeben haben, war die pure Leidenschaft. Da trifft sicherlich der Satz zu: Nichts ist stärker als eine Vision, deren Zeit gekommen ist. Und es war einfach fantastisch, zuzusehen, wie diese Menschen sich entwickelt haben. Sie haben ein paar Standards verinnerlicht, indem ich ihnen gesagt habe: »Es ist vollkommen egal, wer du bist, es ist entscheidend, wer du sein willst« und »Zukunft in diesem Land ist nicht, wer du bist, sondern ist deine Entwicklung, wo bist du morgen, wo bist du übermorgen.« Und das war sicherlich etwas, was viele kapiert haben. ABER ICH VERMUTE, DASS DIESE MENSCHEN VORHER AUCH GEPRÄGT WAREN DURCH EINE ANDERE ZUSCHREIBUNG. SIE WAREN DAMALS ANFANG 50, ÜBER 50 UND HÖRTEN VON DER BUNDESAGENTUR EIN NEIN ZU DIESEM TRAUM ODER JENER VISION, WEIL SIE ZU ALT SEIEN. SIE ABER HABEN EINEN ANDEREN BLICK AUF DIESE MENSCHEN GEWORFEN. SIE HABEN DENEN EINE TÜR GEÖFFNET, DIE VORHER FAST ODER SCHEINBAR ZU WAR. Ich möchte mich da nicht unbedingt in den Mittelpunkt stellen. Ich war und bin ein Unternehmer, jeden Morgen stehe ich auf und will Geld verdienen. Das schulde ich diesen Mitarbeitern, wir müssen Geld verdienen wie jedes Unternehmen auch. Wir sind ein Dienstleister, wir gehen mit Menschen zu Unternehmen hin und sind dort Gast. Wenn ein Weltkonzern uns anruft und sagt, machen Sie mal, dann kommen unsere Menschen dort hin und sind Gäste. Diese Menschen haben diese Werte mitgebracht, ganz einfach: Wie verhalte ich mich als Gast irgendwo anders? Ich bin jenseits dieser 50, und früher hat man mich immer gelehrt, verschiedene Sachen macht man einfach nicht. Und diese Menschen haben das noch verinnerlicht. Das sind diese Werte, die sie in dieses Unternehmen mitgebracht haben, das war wie ein Schneeballeffekt, die haben andere angesteckt, und das hat einfach Spaß gemacht. Natürlich war für viele der Zug abgefahren, und sie sahen ihre Möglichkeit, aber wenn ich nicht das Gefühl gehabt hätte, dass diese Menschen mir mehr wiedergeben, hätte ich es nicht getan. Ich hätte das vielleicht privat für gut empfunden, aber der Unternehmer in mir hätte mich dazu gezwungen, nein zu sagen, definitiv. Das, was ich bin, ist ein Unternehmer, der Geld verdienen will und das Maximum aus den Menschen herausholen will. Ich will sie begeistern können und ich will, dass wir an einem Strang ziehen. Und diese Menschen haben mir das gegeben. Und nochmals, sie haben meine Jüngeren angesteckt, keiner kann ohne den anderen, aber die Werte, die dieses Unternehmen hat, davon träumen andere, das ist schön. Eigentlich wollen wir das alle, aber alle schimpfen, dass diese Werte in unserer Gesellschaft nicht mehr da sind. Als diese Weltwirtschaftskrise kam, hatten wir einen Einbruch von 80 %, wir standen komplett vor dem Nichts. Diese Menschen waren es, die uns geholfen haben, die bedingungslos mit an diesem Strang gezogen haben. Und das ist etwas, was das Unternehmertum spannend macht, was einen stolz macht, was schön ist. Ich bin ein Coach, der diese Mannschaft richtig aufstellt, spielen tun die Mitarbeiter.

ABER DER UNTERNEHMER, DER DIESE WERTEHALTUNG HAT, HAT EINE PERSÖNLICHE GESCHICHTE. WAS SIND IHRE ALTERSBILDER? WOHER KOMMEN IHRE PERSÖNLICHEN WERTE, IHRE POSITIVE EINSCHÄTZUNG DER ÄLTEREN MENSCHEN? WELCHE GUTEN ERFAHRUNGEN HATTEN SIE IN IHREM LEBEN GEMACHT, DASS SIE DIESE HALTUNG HABEN? Die positive Einschätzung gegenüber älteren Menschen muss ich korrigieren. Ich habe eine positive Einstellung gegenüber guten Menschen. Das habe ich gelernt, egal was wir tun im Leben und sei es auch eine falsche Entscheidung, tu es konsequent. Dieses »ich mach mal« und »vielleicht« bringt uns alle nicht weiter, und einen Mitarbeiter zu führen heißt auch, dass der Mitarbeiter mir das wiederzugeben hat. Und diese positive Einstellung hat nichts, aber auch gar nichts, mit älteren Menschen tun. Ich will die Guten haben. Ich möchte nicht dahingestellt werden, dass ich der Samariter für ältere Menschen bin. Diese Menschen sind so gut, dass sie mir jeden Tag Aufträge und Geld bringen. Und das ist unser Job, egal wer es ist.
Ich bin sehr eng mit der katholischen Kirche großgeworden, was sicherlich auch eine Prägung meiner Persönlichkeit ist. Aber die Menschen da draußen, die haben mich das gelehrt. Ich habe in meinem Leben immer Mentoren gehabt, die älter waren, die mir schon mal sagen mussten, hör doch auf mit dem Blödsinn, was du da jetzt wieder machst, mach's mal langsamer oder überleg mal. Das Leben besteht nicht nur aus Jungen und Alten, sondern es besteht schlicht und einfach aus Geben und Nehmen. Ich war auch in anderen Unternehmen, bin durch die Fabriken gelaufen und habe Wut und Hass in den Augen der Mitarbeiter gesehen. Und ich habe mich gefragt, was ist denn mit denen los, was passiert denn hier? Und dann habe ich andere gesehen, wo die Mitarbeiter voller Stolz geschaut haben, wo ich mir gedacht habe: Wie kann ich es schaffen, ein Unternehmer zu werden, von dem andere sagen, ich bewundere diesen Menschen, weil er sich für mich einsetzt. Das hat nichts damit zu tun, dass ich als Unternehmer immer Ja sagen muss, überhaupt nicht. Mein Mitarbeiter braucht konsequente Verhaltensrichtlinien, aber er hat mir etwas wiederzugeben, und dieses Wiedergeben sind einfach Werte wie Loyalität. Es ist einfach faszinierend, wenn man Glanz in den Augen von Menschen sieht und dieses Wir-Gefühl spürt.

SIE HABEN EIN BUCH GESCHRIEBEN, EINER DER SCHLÜSSELBEGRIFFE DORT IST »EMOTIONALE INTELLIGENZ«. WIE WIRD MAN EIN EMOTIONAL INTELLIGENTER MENSCH, KANN MAN EMOTIONALE INTELLIGENZ ERWERBEN, KANN DAS AUCH IM BESTEN SINNE ANSTECKEND SEIN? Nur durch Werte, nichts weiter. Unter emotionaler Intelligenz verstehe ich einfach, dieses Miteinander zu pflegen, darauf zu achten, wie es anderen Menschen geht, einfache Werte, die in uns allen drin stecken – und nicht für jeden Clown im Fernsehen, der unter die Gürtellinie geht, zu klatschen. Damit fängt es an. Die Menschen zu belohnen, die etwas Gutes tun. Es ist überhaupt nicht schlimm, ein Kind in den Arm zu nehmen, ihm zu sagen, ich liebe dich, vielleicht ist es nicht mehr modern in unserer Gesellschaft. Emotionale Intelligenz besteht auch darin, für den anderen einzustehen, für die Menschen, die draußen für uns arbeiten – nicht hinzugehen und zu sagen: »Du hast einen Fehler gemacht«, sondern hinzugehen, zu sagen: »Wie kann ich dir helfen, dass dieser Fehler nicht nochmal passiert«, auf den Menschen zuzugehen und zu sagen: »Ich bin auch für dich da«, die Fähigkeit des Miteinanders und auch die Fähigkeit, dein Gegenüber glänzen zu lassen. Den Guten, den sollte man immer belohnen, dem Schlechten, dem sollte man immer die Möglichkeit geben, auf den anderen Weg zu kommen. Das hört sich fast an wie eine Sekte, ist es aber nicht. Ich möchte Menschen einfach nur dazu bewegen, Rücksicht auf andere zu nehmen. Und das ist es, was Spaß macht – man muss nicht immer der Manager sein, der auf die Mitarbeiter einknüppelt. Wenn ich heute sehe, was wir in dieser Gesellschaft alles gemacht haben, dann schüttelt man manchmal den Kopf, auch wenn das jetzt vielleicht nicht so populär ist, aber wenn ich Compliance-Richtlinien sehe, das ist für mich der größte Scherz, den es gibt. Meine Tochter würde mich niemals bestehlen, würde sie nicht tun, weil ich einfach versuche, ein guter Vater zu sein. Und Mitarbeiter muss man führen, Mitarbeiter, die zu mir halten, zu meinem Unternehmen halten, die Loyalität besitzen, die einfach sagen, dass ist mit mein Unternehmen, was ich aufbaue, die brauchen das nicht. Und was daraus geworden ist: Wir schaffen es einfach nicht mehr, diesen Sozialstaat so aufrechtzuerhalten Wir weichen alles auf, wir haben diese Zeitarbeit erfunden, haben die Flexibilität, die wir brauchen, in unsere Unternehmen gebracht, ohne die geht es nicht. Ich glaube, es war ein Jesuitenpater Schwarz, der hat das Schwarzpulver erfunden, eine fantastische Sache – was wir daraus gemacht haben, ist etwas ganz anderes, das war verheerend. Und so sehe ich es auch hier: Zeitarbeit, Flexibilität, alles gut. Aber wenn der Mensch dann nicht mal einen Mietvertrag abschließen kann, weil er gar nicht weiß, ob er morgen noch die Miete zahlen kann, dann machen wir da etwas falsch.

GIBT ES IN IHREM HAUS ODER IN IHRER UNTERNEHMENSGRUPPE DIE MÖGLICHKEIT, LÄNGER ALS BIS 65 ODER 67 ZU ARBEITEN? Die Möglichkeit, länger zu arbeiten, ist in diesem Haus auf jeden Fall gegeben. Wir haben es zum Teil mit Menschen zu tun, wo ich froh wäre, wenn die noch mit 85 arbeiten. Aber nochmal: Wenn Sie uns weiterhelfen können. Es hat nichts mit Güte des Unternehmens zu tun, Sie können hier einen Menschen kennenlernen, der mit 70 so viel Gas gibt, dass ich mit 59 Schwierigkeiten habe, hinterher zu kommen. Wenn ich den am Flughafen abhole, sage ich immer: »Halt, langsam«, der noch mit 70 Jahren von Hochhäusern springt und der mit einem Bild sagt: »Ich bin gerade auf dem Himalaya.« D.h. der Alterungsprozess von Menschen, wenn sie aktiv sind, sich entwickeln, sich weiterbilden – sie kriegen es nicht mit, dass die Menschen älter werden. Das macht so viel Freude, und dann wäre ich nicht nur ein schlechter Unternehmer, dann wäre ich auch ein ganz schlechter Geschäftsmann, wenn ich sagen würde, »du musst mit 65 in Rente«, was aus meiner Sicht ein Scherz ist. Wenn diese Menschen in Rente gehen wollen, ist das okay, aber ich fordere immer alle auf: »Entwickle dich, mach weiter und wenn der Geist frisch ist, mit deinen Erfahrungen, die du hast, du kannst uns immer weiter bringen.« Mich persönlich haben diese Menschen immer weiter gebracht, und ich war immer heilfroh, diese Erfahrungswerte in meinen Kopf zu kriegen und zu sagen, wie werde ich ein bisschen klüger und kann mein Unternehmen ein bisschen besser leiten. Das fordert aber auch gleichzeitig, dass ich auch die jungen Menschen auffordere: »Bring mir das bei.« Ältere haben nämlich auch Schwächen. Noch vor 15 Jahren bin ich hingegangen und habe gesagt, wenn was nicht funktioniert, wiederholen wir es. Heute würde ich mir vielleicht überlegen und fragen, hast du dann noch die Zeit, das nochmal zu tun. Das sind sicherlich Fehler, die logisch sind, die man aber durch Systeme abstellen kann, d.h. diese Fähigkeit der Jungen, der dynamischen Generation mit dem Erfahrungswert von der älteren Generation zu mischen – und dann sind wir wieder bei dem, was ich als emotionale Intelligenz sehe. Und das sind sicherlich Dinge, wo auch junge Menschen unheimlich toll reifen können, weil sie einfach von den Erfahrungswerten der Älteren profitieren – aber bitte nicht hingehen und sagen: »Oh Gott, da kommt jetzt wieder jemand und will mir was wegnehmen«, dummes Zeug, das will der Ältere nicht, der will Erfahrungswerte weitergeben.

SIE SAGTEN, ÄLTERE HABEN AUCH SCHWÄCHEN, WELCHE? Sie laufen langsamer, sie lernen auch langsamer, wenn sie erst im Alter wieder damit anfangen. Wissen Sie, es gibt so Scherze, Sie sehen Autos, da steht drauf »Abi 2013 – Hurra ich bin fertig«. Das ist ein Scherz, fertig bin ich mit dem letzten Atemzug. Und wenn Menschen begreifen, wie viel Freude, wie viel Spaß es macht, morgen ein bisschen schlauer zu sein als heute, das ist gut. Ältere sind vielleicht nicht mehr so emotional, nicht mehr dynamisch genug, das ist schon richtig, es geht alles ein bisschen langsamer, aber nochmal, da muss man sich arrangieren, da muss man die Arbeitsplätze so gestalten, dass es vernünftig ist und dass der maximale Gewinn auch für das Unternehmen dabei rauskommt.

BRINGEN DIE ÄLTEREN MITARBEITER DIE NOTWENDIGE FLEXIBILITÄT UND MOBILITÄT MIT? Ja, eher mehr. Das sind auch so typische Anzeichen, ich glaube einfach, dass wir unserer jüngeren Generation etwas aufbürden, was nicht gut ist. Sie sitzen in Flugzeugen ohne Ende, sie haben Familien zuhause, ich weiß nicht wie hoch die Ehescheidungsquote ist, die wird gewaltig sein. Du bist heute ein Jahr in China, dann bist du in Südamerika, und deine Kinder siehst du dann noch bei FaceTime. Ich glaube einfach, dass wir viel zu wenig Zeit dafür geben und diese jungen Menschen in ein so enges Korsett schnüren, das ist für mich höchst ungesund, auch betriebswirtschaftlich, so schnell kann man nicht reifen, sie haben keine Zeit mehr, Fehler zu machen, sie verbringen ihre Zeiten in Flugzeugen. Ich glaube einfach, dass ältere Menschen eine wesentlich höhere Flexibilität haben. Sie haben nicht mehr diese kleinen Kinder zuhause, sie haben vielleicht auch schon ihre Eigentumswohnung abbezahlt und sagen: »Weißt du was, ich schließ hier mal ab. Frau, kommst du mit?« Wenigstens in unserem Hause ist das zu spüren, dass es eine geringere innere Belastung ist, manchmal sogar Freude macht, dass die Menschen sagen, toll, das ist ja nicht schlecht, wenn ich nochmal ein halbes Jahr nach Mexiko kann. Und für den jüngeren Menschen stellt dies eine erhebliche Belastung dar, mal eben ein halbes Jahr nach Mexiko zu gehen und vielleicht einmal im Monat zurückzukommen.

DER PROZESS DES ÄLTERWERDENS, SO WIE SIE ES BESCHREIBEN, IST EIN PROZESS VON ZUWACHS, VON REIFE, VON ERFAHRUNGSZUWACHS, UND DA IST ÜBERHAUPT KEINE LARMOYANTE, SONDERN EINE POSITIVE BOTSCHAFT. WIE SEHEN SIE FÜR SICH PERSÖNLICH DEN PROZESS DES ÄLTERWERDENS? Ich beschäftige mich da gar nicht mit, wenn ich ganz ehrlich bin. Ich bin jetzt 60 Jahre, habe mich nie so gut gefühlt wie heute, ich treibe regelmäßig Sport, ich werde jeden Tag ein bisschen klüger, mir macht das Spaß ohne Ende, eigentlich möchte ich im Moment nicht jünger sein. Ich habe die Fähigkeit zur Selbstkritik, wo ist etwas, was ich korrigieren kann, aber ich habe auch nie festgestellt, dass etwas an meinem Alter liegt. Ich weiß nicht, ob ich heute in der gleichen Geschwindigkeit lernen kann wie früher. Vielleicht hat man den Erfahrungsschatz zu sagen, ich interessiere mich nur noch für die ganz wesentlichen Sachen, das kann ich selber nicht genau sagen, aber ich finde es schon manchmal diskriminierend, wie man über diese Themen spricht. Der größte Witz, entschuldigen Sie, war 50 plus! Wer entscheidet das denn? Wer sagt denn, ab 50 bist du alt? Das ist so etwas Lächerliches. Unsere Urgroßmütter sind sicherlich mit 50 alt gewesen, das mag so gewesen sein, aber nicht mehr heute. Wir sind in einer globalen Welt, wir fliegen durch diese Welt, wir sind heute auf verschiedenen Kontinenten und haben die verschiedensten Kulturen, von denen wir lernen. Wenn ich also heute sehe, in was für einem fantastischen Land wir leben, mit wie vielen verschiedenen Kulturen, dann ist es sicherlich eine Sache, die uns alle ein Stück voranbringt.

WO MÖCHTEN SIE IN CA. 20 JAHREN SEIN? MÖCHTEN SIE DANN NOCH ARBEITEN? Ja, mir macht das so viel Spaß, ich möchte »im Sattel sterben«, sagt man so, oder? Wir sind gerade in der Situation, dass wir auch einen Generationswechsel in unserem Hause durchführen, wenn es auch mit 60 Jahren ein bisschen zu früh ist, aber so ist es andersrum genau passend. D.h., die nächste Generation, meine Tochter, mein Schwiegersohn übernehmen fast in diesem Moment dieses Unternehmen, wir bilden einen Beirat, wo ich meine Kinder noch coachen kann. Aber ich werde das tun und diesem Unternehmen weiter zur Verfügung stehen. Wann kann man loslassen, das sehe ich als Frage der emotionalen Intelligenz an, um auch den anderen die Möglichkeit zu geben. Ich habe vor kurzem noch mit dem Vorstand eines sehr großen Automobilkonzerns gesprochen, der mir sagt: »Familienunternehmen haben gewaltige Vorteile, unheimliche Flexibilität, ganz kurze Entscheidungswege, ganz tolle Sache, aber wenn der Inhaber dann älter wird und der nicht mehr risikobereit ist und so anfängt, alles meins, wissen Sie, da haben wir Angst vor.« Und da hat er Recht. Diese ersten Ansätze davon, die ich vorhin schon mal beschrieben habe, sehe ich bei mir: die Frage, würde ich dieses Risiko heute nochmal eingehen, wenn es schief geht, habe ich vielleicht nicht mehr die Zeit in meinem Leben, es aufzuholen – von daher ist der Zeitpunkt genau richtig, es der nächsten Generation zu übergeben. Aber d.h. nicht, dass ich nicht arbeiten werde. Und wenn ich morgen neue Unternehmen aufmache, dann ist das auch in Ordnung. Ich habe es wirklich gelernt, dass mit dieser Arbeit unheimliche Freude macht und mein Leben sehr bereichert. Das macht Spaß.

DAS HEISST, SIE KÖNNEN EIGENTLICH MIT DEM WORT RUHESTAND WENIG ANFANGEN? Ich wüsste nicht, was das wäre. Ich glaube, ich würde wie eine Pflanze morgen eingehen. Die Kunst ist es, den Arbeitsplatz so zu gestalten, dass er auch später unheimlich Freude macht, dann, wenn sie sich weiter entwickeln. Das macht sehr viel Freude, weil auch die neue Generation das angenommen hat, dass wir nicht drauf schauen, wer alt und wer jung ist, sondern wer gut ist und zu uns passt und wer die Fähigkeiten besitzt, auch andere Menschen glänzen zu lassen.

WAS WOLLTEN SIE WERDEN, ALS SIE EIN KLEINER JUNGE WAREN? Fußballspieler wollte ich werden, nichts weiter, und dann wollte ich Geld haben. Tolles Auto. Tolles Haus, Kapitalismus pur. Studiert, alles gut, Unternehmen gesund machen, Menschen entlassen, selber viel Geld machen, dann bist du erfolgreich. Und dann kommt so ein Moment, wo man sagt, das kann es doch nicht sein im Leben. Wäre nicht unheimlich toll, wenn es dir irgendwann mal gelingen würde, dass, wenn es denn dann mal zu Ende geht, andere sagen: Weil dieser Typ auf der Welt war, geht's anderen besser. 99,99 % aller Menschen gehen von der Welt, und keiner hat es gemerkt, dass er da war. Ist das nicht sinnvoll, danach zu streben, irgendwo etwas zu hinterlassen, wo andere von profitieren können? Das war nicht von heute auf morgen so, aber das ist gewachsen. Ich habe 1996 das Unternehmen gegründet, und für mich innerlich sage ich immer, eigentlich war es 1998. Die ersten zwei Jahre war ich noch kein Unternehmer. Und dann erst fängt es sicherlich an, dass ein werthaltiges Unternehmen heranwächst. Aber ich glaube, dass das vollkommen normal ist, dass so ein Sättigungsgrad erreicht werden muss: Wenn Sie noch nie ein schönes Auto hatten, wollen Sie unbedingt mal eins haben. Bis Sie merken, mein Gott, das kann dich auch nur von A nach B bringen und du bist trocken. All diese Dinge muss man auch erst lernen im Leben. Und werthaltige Unternehmensführung fängt zwei Jahre später an.

—

Das Gespräch wurde im Dezember 2014 in Langenfeld geführt.

HARALD
SCHWENKER

53, WAR LANGE ALS DRUCKER ARBEITS-
LOS UND BEKAM MIT BLICK AUF SEIN
ALTER VIELE ABSAGEN, BIS EIN UNTER-
NEHMEN SEIN ALTER UND SEINE ER-
FAHRUNGEN ZU SCHÄTZEN WUSSTE

WELCHEN BERUF HABEN SIE GELERNT UND WIE KAM ES, DASS SIE ARBEITSLOS WURDEN? Ich bin gelernter Drucker, habe mich spezialisiert auf industriellen Siebdruck, habe viele Jahre in der Praxis nach ISO-Normen und TS 1649 gearbeitet, war Abteilungsleiter in verschiedenen Firmen mit Personalver-antwortung, war immer zuständig für Produktion und Entwick-lung und wurde 2010 entlassen wegen des schlechten Wirt-schaftsjahrs. Das hat mich erwischt, und da der Beruf Drucker am Aussterben ist, hatte ich zu der Zeit schlechte Chancen, wieder eine neue Stelle zu finden. Ich hab mich dann arbeits-los gemeldet, und die haben gleich gesagt: Als Drucker fin-dest du nichts mehr. Mir wurde dann angeboten, eine Weiter-bildung zu machen. Und da ich ja in der Praxis Erfahrung mit Qualitätsmanagement hatte, wollte ich mich in diesem Ge-biet spezialisieren, was ich dann auch gemacht habe. Ich habe dann nochmal die Schulbank gedrückt, was mit 50 schon eine sehr große Umstellung war, und habe den Auditor gemacht für Qualitätsmanagement, dann Umweltmanagement und mir daraufhin eine Stelle gesucht. Was aber nicht so einfach war. Ich habe 400 Bewerbungen geschrieben, und oft hat es ge-passt, aber ich wurde immer abgelehnt. Und ein paar haben mir dann auch gesagt, dass es einfach am Alter liegt. Die Fir-men suchen zwar Fachleute, aber sie setzen ganz klar ein Al-terslimit, meistens war es 45, manche sogar noch jünger. Ich hatte daher absolut keine Chance.

*»Hier wurde gesagt,
ich bin eigentlich in
einem guten Alter!«*

IN DIESEM UNTERNEHMEN HABEN SIE EINE OFFENHEIT GEGENÜBER IHREM ALTER ERFAHREN? Ich habe mich dann bei Redi-Group beworben, und hier war das ganz anders. Ich war sehr überrascht, muss ich sagen, das merkte man schon im Vorstellungsgespräch, hier war das gar kein Thema, vom Alter hat hier niemand etwas wissen wollen, im Gegenteil, man hat sogar gesagt, ich bin eigentlich in einem guten Alter, ich kann 30 Jahre Erfahrung vorweisen, meine Zeugnisse usw. sind ja auch alle in Ordnung. Das einzige Handikap war halt mein Alter, dafür kann ich nichts. Das wurde hier absolut toleriert, und ich wurde hier eingestellt, worüber ich eigentlich jeden Tag nur dankbar sein kann. Wenn man so lange arbeitslos war, dann weiß man das unheimlich zu schätzen.

DIE ZEIT DER ARBEITSLOSIGKEIT, WIE WAR DAS FÜR SIE? Das war schlimm. Man verliert komplett das Selbstwertgefühl, das war weg. Diese ganzen Absagen, das hat mich am Ende gar nicht mehr aufgeregt. Am Anfang war man enttäuscht, weil man gesagt hat, das passt doch alles, wieso werde ich jetzt nicht genommen? Mit der Zeit kam dann eine Absage nach der andern, das juckt einen nicht mehr. Das Schlimmste ist aber: Sie haben Zeit und wissen nicht, etwas damit anzufangen. Sie können Ihre Wohnung renovieren, Sie können Ihren Garten machen, aber irgendwann ist alles fertig. Und dann stehen Sie morgens auf und wissen nicht warum, und das zieht einen runter und zwar richtig, das werde ich nie vergessen, diese Zeit.

MIT DIESER ERFAHRUNG, MÖCHTEN SIE MIT 65 IN DEN RUHESTAND? Nein, nach der Erfahrung todsicher nicht. Ich möchte so lange arbeiten wie es geht, und ich kann es nur jedem anderen empfehlen. Man weiß es ja: Viele gehen in Rente und verzweifeln. Und ich versteh auch warum. Nach dem, was ich erlebt habe, nein, die Arbeit ist einfach ein Bestandteil des Lebens für mich, und ich möchte so lange wie möglich arbeiten können.

WAS BEDEUTET ARBEIT IN IHREM LEBEN? Erstens, durch die Arbeit kann ich leben, das fängt schon bei der finanziellen Seite an, weil man sich doch das eine oder andere leisten will, Wohnung usw. Wenn ich daran denke, was man heute für eine Miete zahlt und Sie haben keine Arbeit: Das kriegen Sie nicht hin. Oder das Leben allgemein, Lebensmittel, Getränke, dann hat man ein Auto, was man halten muss, man

hat vielleicht noch Kinder, das kostet alles Geld. Und ohne Geld geht einfach nichts.

WAS FEHLT, WENN DIE ARBEIT FEHLT? Die Selbstbefriedigung für sich selber, denk ich mal. Ich hab jetzt hier in der kurzen Zeit, wo ich da bin, zwei kleinere Projekte mitgemacht, und das hat alles wunderbar geklappt, und das ist einfach eine Genugtuung für einen selber. Man wird wieder was, man fühlt sich unheimlich viel besser. Dieses Selbstwertgefühl, das weg war, das ist wieder da. Man merkt einfach nochmal, man ist jemand. Diese Aufnahme von den Kollegen und auch das ganze Betriebsklima, das hilft einem unheimlich, man merkt einfach, man ist jemand. Das war vorher weg, das war nicht mehr da. Als ich arbeitslos war, ich bin nicht mehr weggegangen. Immer die gleiche Frage zu beantworten, »Haste jetzt wieder einen Job?«, »Wie geht's?« Das können Sie nicht mehr hören, also bleibt man daheim.

IST DIE EINSTELLUNG GEGENÜBER ÄLTEREN MITARBEITERN MIT NEGATIVEN VORURTEILEN BESETZT ODER WIRD, SO WIE HIER AUCH, GESEHEN, DASS ES EIN ZUWACHS AN ERFAHRUNG GIBT. WIE IST SO EHER DIE TENDENZ? Ich musste immer lachen, wenn ich in der Zeitung gelesen habe, dass die Firmen Männer oder Leute mit Erfahrung suchen, weil es in der Theorie da steht, aber in der Praxis es nicht stimmt. Die suchen Leute, die einen Titel haben, das ist wichtig, der Kerl soll 30 Jahre alt sein, Diplom-Ingenieur und 20 Jahre Erfahrung, das wollen sie und nix kosten soll er natürlich. Das ist für mich unfassbar, das habe ich oft erlebt und das verstehe ich einfach nicht. Denn einer, der direkt vom Studium kommt, der der hat noch nie eine Praxis gesehen, der war noch nie in einer Produktion. Aber der wird demjenigen, der 30 Jahre Erfahrung hat, vorgezogen, das macht für mich keinen Sinn. Ich habe es selbst erlebt bei einer Firma, die haben Leute entlassen, die haben eine Sonderlinie gehabt und haben zwei ältere Mitarbeiter entlassen. Und als die weg waren, konnten sie eine Maschine nicht mehr bedienen, weil die Erfahrung gefehlt hat. Da fasst man sich an den Kopf. Man versteht es einfach nicht, aber es ist leider gang und gäbe, es ist so.

WIE WURDEN SIE VON IHREM ARBEITSAMTS-BERATERN BERATEN? Ich war in einer Gruppe, das nannte sich 50 plus, da hat man sich nur um diese Leute über 50 gekümmert. Meine Betreuerin war manchmal auch schon am verzweifeln und hat auch einmal zu mir gesagt, ich soll doch von meinen sportlichen Forderungen zurücktreten. Da kann man einfach nicht mehr. Ich habe nachher Angebote bekommen, die mit meinem Beruf gar nichts zu tun hatten. Ich habe dann öfters rückgefragt, wieso schickt Ihr mir solche Angebote, mit denen kann ich gar nichts anfangen. Aber man ist da machtlos, man kann da gar nichts machen.

WIE SEHEN SIE AUF EINEN ZUKÜNFTIGEN RUHESTAND? Ein Ruhestand ist bestimmt toll, wenn man ein dickes Konto hat, wenn man eine intakte Familie und alles das hat und vielleicht noch ein tolles Hobby, was zeitlich ausfüllt. Dann kann ich mir das vorstellen, aber das haben doch die wenigsten. Schauen Sie doch mal, gehen wir doch mal vom Durchschnittsgehalt aus, wenn die Leute heute in Rente gehen, wenn der dann noch eine hohe Miete zahlen muss – was bleibt denn da noch übrig? Das ist doch ein ganz armer Hund. Und aus dem Grund verstehe ich das vollkommen, wenn die Leute so lang wie möglich arbeiten wollen. Wenn einem die Arbeit Spaß macht, dann will man auch nicht aufhören. Also mir geht es so. Das was ich jetzt mache, macht mir unheimlich Spaß, ich finde es spannend. Warum soll ich dann damit aufhören, bloß weil ich Rentner werde? Das finde ich Quatsch. Arbeit zum Hobby machen, das ist doch toll!

—

Das Gespräch wurde im Dezember 2014 in Langenfeld geführt.

HERIBERT
LENZEN

70, INGENIEUR UND NOCH IMMER IM IN- UND AUSLAND BERUFLICH AKTIV

»Die Wertigkeit des Alters im Ausland ist eine ganz andere als im Inland.«

Ich habe mit 60 Jahren eine Vorruhestandsregelung bei einem großen Automobilhersteller in Anspruch genommen, war danach selbstständig und habe eine ganze Reihe von Projekten im Ausland durchgeführt. Zum Hintergrund: Ich war für dieses Automobilunternehmen weltweit an verschiedenen Standorten im Einsatz, hatte noch ein großes Netzwerk, und die hatten mich gebeten, sie zu unterstützen. Aber dabei kamen bestimmte Anforderungen auf mich zu, die ich alleine nicht mehr bewältigen konnte: Es ging darum, vor allem in Deutschland, bei Lieferungen nach Deutschland, bei Kontakten nach Deutschland eine Organisation zu haben, die in Qualitätsthemen unterstützen konnte. Ich wandte mich an verschiedene Firmen, bei Redi hat das sofort gefunkt, und dadurch sind wir ins Gespräch gekommen, haben dann ein paar Projekte gemacht. Nach kurzer Zeit hat man mir angeboten, in Asien, den so genannten Boomländern, einen Aufbau zu tätigen, zunächst aber Indien, und das habe ich mit Begeisterung angenommen. Ich kannte Indien schon von früheren Besuchen, und das hat mich sehr gereizt, wie mich Auslandseinsätze immer gereizt haben. Und deswegen war das leicht für mich, darauf einzugehen. Mir hat arbeiten immer sehr viel Freude gemacht, mein ganzes Leben lang bin ich immer durch die Welt gereist, war auf allen Kontinenten, habe abenteuerliche Reisen unternommen. Das war für mich auch immer ein kleines Stück Abenteuer, etwas aufzubauen, mit eigener Kraft, ohne irgendeinen Hintergrund. Gleich nach der Schule bin ich ein Jahr auf eigene Initiative ins Ausland gegangen, es gab ja damals die ganzen Systeme nicht, auch in der EU nicht. Ich wurde nach zehn Tagen in England gleich wieder ausgewiesen, weil ich Arbeit aufgenommen hatte, das war damals noch nicht gang und gäbe. Eine englische Familie setzte sich für mich ein, und ich durfte bleiben. Die haben für mich gebürgt, garantiert und alles Mögliche getan, das war ein unglaubliches Erlebnis. Und ich hatte gleich nach dem Studium einen Chef, der mich in die Welt geschickt hat, nach Asien und nach Amerika, und das war natürlich für mich eine Herausforderung.

Ich habe auch eine Zeit lang an der Hochschule in Berlin Vorlesungen gehalten und habe noch Kontakt zu Studenten, das hat immer hervorragend funktioniert. Auch wenn ich im Ausland im Einsatz bin, habe ich auch Vorlesungen gehalten, der Kontakt war immer da, gerade mit jungen Leuten. Wobei ich sagen muss, die Wertigkeit des Alters im Ausland ist eine ganz andere als im Inland. Dort werden, vor allem in Asien, Ältere mit sehr viel Respekt, sehr viel Anerkennung, teilweise auch mit sehr viel Ehrfurcht angesehen, und sie haben eine ganz andere Wirkung. Das kommt einem sehr zugute, gerade bei einer Tätigkeit im Ausland, gerade in diesen Ländern, abgesehen von der Lebenserfahrung, die man mitbringt. Im Inland habe ich aber auch nie eine Diskriminierung erlebt, außer dass gesagt wurde, warum tust du dir das an, warum machst du das denn noch, warum fährst du nicht wie andere zum Golfspielen oder zum Baden oder auf eine Kreuzfahrt. Ich sage mir immer, die Lebensqualität, die dies hier bietet, die ist einfach nicht ersetzbar und die wird auch nicht durch das Golfspielen ersetzt.

Die Vorteile der Älteren sind ganz klar: Die Zuwächse sind Erfahrung, Selbsterkenntnis, ist eine weitere Reife der eigenen Persönlichkeit, eine andere Sichtweise auf Dinge, die man früher ein Stück eingeengter gesehen hat, das ist mit dem Alter einfach sehr viel breiter geworden, gelassener. Ich gehe auch mit Herausforderungen, die das Leben eben bietet, sehr viel entspannter um, und das macht ein hohes Maß an Lebensqualität aus. Ich habe immer sehr viel unternommen, sehr viel Sport gemacht, mich von Dingen wie Alkohol und Zigaretten ferngehalten, und das kommt mir heute zugute. Vorallem die andere Sichtweise ist es. Man hat früher das Verhalten von Menschen ein Stück eingeengter gesehen, dann das Verhalten auch teilweise scharfzüngiger kommentiert. Das ist heute nicht mehr der Fall, da bin ich sehr viel diplomatischer, denn ich weiß einfach, dass meine Sichtweise, meine Erkenntnis nicht immer der Realität entsprechen muss. Es gibt viele unterschiedliche Sichtweisen und ich habe erkannt, dass die auch etwas für sich haben, auch eine hohe Wertigkeit haben und ich auch mit einem Stück Demut an die Dinge herangehen kann. Das macht schon sehr viel aus. Und letzten Endes bringt einem das mehr Respekt als das Beharren auf festgezurrten Positionen. Das hat mir manchmal in der Vergangenheit zum Nachteil gereicht. Das ist jetzt nicht mehr der Fall. Auch Großzügigkeit, ich nenne das einfach Fehlerkultur, wenn ich Fehler entdecke, gehe ich damit anders um, früher habe ich vielleicht mehr Tadel geäußert, heute ist das für mich wichtig, Fehlerkultur zu propagieren und daraus auch nicht nur Verwaltungsschritte zu entwickeln, sondern die Dinge in einem besseren Sinne zu gestalten. Das Wort »gestalten« gefällt mir dabei sehr gut. Das hat eine ganz andere Wirkung, eine ganz andere Wesentlichkeit.

—

Auszug aus dem Interview. Das Gespräch wurde im Dezember 2014 in Langenfeld geführt.

KATJA LEIDINGER

49, MÖCHTE FÜR IHR HOTELUNTER-NEHMEN EINE ALTERSGEMISCHTE MITARBEITERSCHAFT

»Das Thema ist neu, mehr auf die älteren Leute aktiv zuzugehen und sie als Mitarbeiter zu werben«

FRAU LEIDINGER, WÜRDEN SIE KURZ IHR UNTERNEHMEN BESCHREIBEN: WIE VIELE MITARBEITER HABEN SIE, WIE VIEL MÄNNER, WIE VIEL FRAUEN, WIE VIEL JÜNGERE, WIE VIEL ÄLTERE? Wir sind ein Boutique-Hotel in Saarbrücken, haben insofern eine kleine Ausnahmestellung hier, versuchen unser Haus sehr individuell zu gestalten. Wir haben uns viel Mühe damit gemacht, auch die Räumlichkeiten sehr unterschiedlich zu gestalten, sehr individuell. Wir haben 88 Zimmer, was man von außen vielleicht gar nicht so vermuten würde, in einem 3-Sterne- und 4-Sterne-Bereich. Wir haben hauptsächlich Geschäftsreisende, aber auch viele Saarbrücker, die nochmal heimkommen, ihre Eltern zu besuchen, da ist auch am Wochenende richtig was los. Wir beherbergen ein Theater, wir waren das erste Hotel in Deutschland, das so was hatte. Wir haben also auch viel Kunst und Kultur hier, haben Jazz. Momentan residiert hier auch wieder das Filmfestival Max Ophüls. Es ist uns ganz wichtig, dass wir nicht nur ein Haus sind, in dem übernachtet wird, sondern in dem viel Kultur und Kunst herrscht. Wir haben um die 60 Mitarbeiter mit Aushilfen und eine sehr unterschiedliche Altersstruktur, das geht los so bei 17/18 und hört auf bei 73. Das ist der älteste Mitarbeiter, den wir haben. Und das macht auch Freude, diesen gesunden Mix aller Altersstrukturen im Hause zu haben. IST IHRE BRANCHE EINE BRANCHE, DIE NOCH GENÜGEND FACHKRÄFTE UND PERSONAL FINDET? Wie in fast jeder

Branche haben wir auch große Schwierigkeiten, Jugend und Fachkräfte zu akquirieren. Das sah vor ein paar Jahren noch ganz anders aus, da lagen auf meinem Schreibtisch noch genügend Bewerbungen. Das hat sich leider sehr verändert. Unsere Branche genießt nicht immer den besten Ruf, auch das ist natürlich ein Problem. Arbeitszeiten schrecken oft ab, das ist etwas, mit dem wir zu kämpfen haben. Es ist auch für uns sehr schwierig geworden.

WIE GEHEN SIE MIT DIESEM MANGEL UM? WIE BLEIBEN SIE HANDLUNGSFÄHIG? Wir haben hier eine sehr schöne Unternehmenskultur. Das ist uns ganz wichtig, und wir gelten am Arbeitsmarkt als sehr guter Arbeitgeber. Das hilft uns ungemein, weil Mitarbeiter oder die, die es werden wollen, die beschäftigen sich schon vorher damit, wo sie da hin kommen, was da auf sie zukommt. Und da genießen wir Gott sei Dank einen sehr guten Ruf, und davon profitieren wir. Wir gehen auch an Schulen, wir gehen auf junge Leute zu, machen Aktionstage, Schnuppertage hier im Haus, dass sich junge Leute einfach mal ein Bild von diesem Beruf machen können. Das ist das, was wir aktiv tun.

HELFEN IHNEN DIE DEMOGRAPHISCHEN VERÄNDERUNGEN, MEHR ÄLTERE MITARBEITER, DIE LÄNGER FIT SIND UND AUCH MÖGLICHERWEISE LÄNGER ARBEITEN MÖCHTEN, ZU FINDEN? Auf jeden Fall hilft es uns, ältere Mitarbeiter im Haus zu haben. Wir sind sehr aufgeschlossen, wenn sich Leute ab einem gewissen Alter bei uns bewerben. Denn es spielt für uns keine Rolle, was für ein Geburtsdatum in diesem Personalausweis steht, sondern für uns ist es viel wichtiger, dass derjenige oder diejenige zu uns passen, dass sie Freude an unserer Branche, an der Dienstleistung haben, das ist viel wichtiger als das Alter. Da ist dieses Geburtsdatum eher Schall und Rauch.

WAS HABEN ÄLTERE MITARBEITER ODER MITARBEITERINNEN, WAS JÜNGERE NOCH NICHT HABEN? Die Älteren profitieren natürlich von ihrem großen Schatz an Lebenserfahrung, da ist ein sehr großes Verantwortungsbewusstsein, es ist Zuverlässigkeit, und wir erleben immer eine sehr große Loyalität gegenüber unserem Unternehmen, was wir auch sehr genießen. Das möch-

te ich den jungen Leuten nicht absprechen, aber da ist es natürlich reichlich vorhanden, und das macht das Ganze auch so interessant für uns als Arbeitgeber.

SIE ACHTEN SEHR GEZIELT AUF DIE GESUNDHEIT, AUF DAS GESUNDHEITLICHE, DAS KÖRPERLICHE WOHLBEFINDEN IHRER MITARBEITER, EGAL WELCHEN ALTERS. Wir haben ein betriebliches Gesundheitsmanagement begonnen. Wir haben zuerst einmal aus den verschiedenen Abteilungen verschiedene Gruppen gebildet und haben erforscht, wo denn eigentlich ein Stressfaktor liegt. Das sind manchmal ganz triviale Dinge wie ein kaputter Drucker oder eine Tür, die klemmt oder ein Teppich, der nicht liegt oder ein Boden, der vielleicht einfach zu hart ist. Das war für uns ganz interessant, und wir konnten viele Dinge auch schnell lösen. Des Weiteren habe ich jetzt noch vor, auch Dinge der Entspannung anzubieten, in Form von Yoga oder Klangreisen. Ich gehe auch morgens ganz gern durchs Haus und habe schon so einen sicheren Radar – wem geht es gut, wem geht es schlecht. Ich zögere dann auch nicht – wenn ich merke, es ist jemand krank und hat sich trotzdem hier auf die Arbeit gequält –, denjenigen nach Hause zu schicken und zu sagen: »Schon dich. Das ist wichtiger«. Ich betrachte das Ganze als eine langfristige Geschichte, schaue wirklich auf die Gesundheit der Mitarbeiter. Die können auch bei uns frühstücken, gesundes Frühstück genießen für einen guten Preis. Das ist auch so ein Beitrag, den wir als Unternehmen leisten, dass sie selbst auch auf ihre Gesundheit achten.

HAT EIN UNTERNEHMEN IHRER GRÖSSE DIE MÖGLICHKEIT, JEMAND VON EINEM ARBEITSPLATZ, DER KÖRPERLICH BELASTETER IST, ZU EINEM BESTIMMTEN ZEITPUNKT ODER ALTER AN EINEN ANDEREN ORT UMZUSETZEN, ALSO DIE RAHMENBEDINGUNGEN ETWAS ZU VERÄNDERN? Ja, das ist durchaus möglich. Man kann dann zum Beispiel einen Mitarbeiter zu Zeiten einsetzen, wo man weiß, es ist nicht ganz so stressig und hektisch im Haus. Oder man verwandelt das Ganze ein bisschen: Jemand, der jetzt im Housekeeping ist und körperlich tätig ist, den lassen wir dann ab und zu auch mal Kontrolle machen, Zimmerkontrolle, das ist dann körperlich nicht ganz so anstrengend wie beispielsweise 12 Zimmer zu reinigen. Also, es lässt sich schon dann und wann modifizieren, wir schauen schon, wo kann man jemand einsetzen, wo ist es etwas entlastender?

WÜRDE SICH HEUTE EINE 63-JÄHRIGE FRAU BEI IHNEN BEWERBEN, WÜRDEN SIE SIE EINSTELLEN? Natürlich würde ich eine 63-jährige Frau einstellen, wenn sie zu uns passt. Das bedeutet, sie muss Spaß an unserer Branche haben, sie muss dienstleistungsbereit sein, muss natürlich auch körperlich und mental in der Lage sein, diesen Job zu bedienen. Das Alter spielt keine Rolle in dem Fall, sondern wirklich nur: Passt sie zu uns und kann sie das leisten?

WENN SIE SAGEN: »IN DEM FALL«, GIBT ES FÄLLE, WO DAS ALTER EINE ROLLE SPIELT? Wenn es um körperliche Arbeit geht, um anstrengende, ich sag jetzt mal an der Spüle in der Küche, auch im House Keeping. Da gibt es Grenzen, aber auch das wird individuell sein. Ich meine, körperliche Fitness kann ja noch lange bestehen, je nachdem wie derjenige sich dann auch verhält.

WARUM HABEN SIE EINE MISCHUNG AUS JUNG UND ALT? Wir haben eine Mischung aus jung und alt, weil ich das Gefühl habe, dass wir miteinander und aneinander einfach profitieren und partizipieren. Das ist ganz spannend, immer wieder zu beobachten. Ich habe das Gefühl, die Alten sind ein Vorbild für die Jungen und können denen ganz viel mitgeben, und die Jungen entwickeln sich dadurch auch einen Tick schneller. Und ich glaube, die älteren Mitarbeiter können auch noch ein bisschen Coolness von den Jungen lernen, mal Fünfe gerade sein lassen. Natürlich gibt es auch Reibungen, das ist ganz klar, unter diesen Generationen, aber Reibung erzeugt ja Energie, und ich habe das Gefühl, die ist unserem Fall dann sehr, sehr positiv und bestimmt unsere Unternehmenskultur in einem ganz großen Maß. Und in unserer Branche ist es so: Eine sehr gute Unternehmenskultur wird von dem Gast sofort, wenn er das Haus betritt, wahrgenommen.

IST DER JUNG-ALT-MIX DER MITARBEITER AUCH DESHALB GUT UND SINNVOLL, UM FÜR DIE UNTERSCHIEDLICHEN GENERATIONEN UNTERSCHIEDLICHE ANSPRECHPARTNER ZU HABEN? Wir haben in dem Sinne hier als Hotel keine Zielgruppe, keine eindeutige. Das heißt, wir haben jüngere Gäste, wir haben ältere Gäste. Es ist also sehr unterschiedlich bei uns, das ist natürlich spannend. Ich finde es einfach schön, adäquat jüngere und ältere Mitarbeiter zu haben. Und interessant ist auch, dass oft jüngere Gäste zu den älteren Mitarbeitern tendieren und umgekehrt. Ich habe oft das Gefühl, die älteren Mitarbeiter, die geben so das Gefühl von zu Hause, gerade wenn jüngere Gäste länger im Haus sind, und auch umgekehrt. Die Mischung von den Gästen ist so, und adäquat haben wir dann die Mischung der Mitarbeiter vom Alter her.

GAB ES SCHON SITUATIONEN, DASS MITARBEITER LÄNGER ALS JETZT BIS ZUM GESETZLICHEN RENTENALTER ARBEITEN WOLLTEN? WIE GEHEN SIE DAMIT UM? Ja, wir hatten eine Dame in der Buchhaltung, die tatsächlich dann mit 70 erst aufgehört hat. Also man hat dann aber auch gemerkt, irgendwann kam sie schon an ihre Grenzen, es ging plötzlich alles so schnell für sie, und es wurde immer mehr, weil unser

Unternehmen auch größer geworden ist. Da war sie dann teilweise schon überfordert, aber es ging trotzdem lange gut, und sie hatte doch Freude an der Arbeit.

IHR NACHTPORTIER IST KNAPP 73 JAHRE. WIE KAM ES ZU DER ZUSAMMENARBEIT MIT HERRN MATHIS? Herr Mathis war vor einigen Jahren schon mal bei uns im Haus, hat uns dann verlassen. Ich habe dann auch eigentlich nur gehört, dass er seinen Ruhestand wohl irgendwo genießen wollte. Und dann plötzlich war er aber wieder im Gespräch. Mir wurde gesagt, Herr Mathis hätte wieder Interesse, bei uns zu arbeiten. Und da war ich ganz überrascht und habe dann auch mal gefragt, wie alt er denn jetzt eigentlich sei und dann hörte ich, jenseits der 70. Und da habe ich gesagt: »Mensch, der war damals toll, der hat mir gut gefallen, und wenn der immer noch Spaß an der Sache hat, dann ist er noch einmal herzlich willkommen in unserem Unternehmen!« Und er ist eine absolute Bereicherung.

WIE STELLEN SIE SICH PERSÖNLICH IHR ALTER VOR? Als Unternehmerin im eigenen Unternehmen habe ich ja die Möglichkeit, das Alter natürlich aktiv zu gestalten. Das Fallbeil der Rente wird nicht auf mich hernieder sausen, sondern ich kann sagen: Jetzt wird's vielleicht mal Zeit, von dieser Bühne abzutreten. Auch mein Mann ist ja jetzt in dem Alter, er ist Anfang 60, wo man natürlich immer mal darüber nachdenkt, wie gestalten wir unser Alter. Aber wir denken eigentlich nicht groß darüber nach, hier jetzt Knall auf Fall aufzuhören.

SIE MÖCHTEN NICHT GANZ AUFHÖREN? Nein, darüber haben wir wirklich nicht nachgedacht, ganz aufzuhören. Ich kann es mir auch gerade bei meinem Mann überhaupt nicht vorstellen. Wir sind jetzt 25 Jahre am Markt, er lebt und stirbt für dieses Unternehmen, und ich stehe an seiner Seite. Junge Leute, die mit uns das tragen, haben wir schon aufgebaut, also auch das ist klar. Ich meine, wir wissen ja auch nicht, wie geht es uns einmal gesundheitlich, können wir uns das noch leisten, noch hier zu bleiben. Der Hintergrund ist schon aufgebaut, aber wenn wir jetzt die Möglichkeit haben und lange gesund bleiben, dann würden wir das gerne noch lange hier mit gestalten. Es macht uns immer noch Spaß.

WIE SEHEN SIE DEN DEMOGRAPHISCHEN WANDEL? IST DAS FÜR SIE EHER ETWAS SCHWIERIGES ODER POSITIVES? Ich sehe den demographischen Wandel als eine echte Chance. Ich sehe es absolut nicht als etwas Negatives, vor allen Dingen, wenn man sich jetzt auch mal in der Kultur, in Kunst und auch in der Politik umschaut: Es sind wirklich gerade die älteren Menschen, die uns hier weiterbringen. Das erstaunt mich immer wieder. Es ist in allen Bereichen so, dass man denkt: Was der jetzt hier noch leistet! Was er oder sie auch für uns noch alles tun kann, uns geben kann. Also ich finde diese jungen Alten einfach wirklich erstaunlich, und das ist mein Vorbild, so möchte ich auch altern, ja, noch lange wirklich aktiv zu bleiben, was zu bewegen, etwas mitzugestalten. Das ist auch mein Wunsch, und deshalb habe ich keine Angst vor dem Älterwerden, sondern ich schau mir an, was gibt es für Leute, die ein ganz großes Vorbild für uns alle sein können. Daran orientiere ich mich.

WAS SIND SO IHRE VORBILDER, IHRE ALTERSVORBILDER? Wenn ich mir so Alfred Biolek anschaue, oder ich schaue jetzt zu Schauspielern – eine Hannelore Elsner, das ist doch keine alte Frau, die ist doch sexy ohne Ende, da können doch ganz viele junge Frauen einpacken. Eine Iris Berben, und in der Politik ein Herr Gysi, das ist fantastisch. Die haben auch schon alle ihr Alter, haben schon viel getan, aber sie lassen nicht nach, sie geben wichtige Impulse. Ich denke, wir brauchen solche Menschen.

IST IN DER HOTEL- UND GASTSTÄTTENBRANCHE DIE DEBATTE ÜBER UND DAS BEWUSSTSEIN FÜR DIE DEMOGRAPHISCHE VERÄNDERUNG SCHON ANGEKOMMEN? Langsam kommt es an, dass wir Fachkräftemangel haben und auch nicht mehr aus dem Vollen schöpfen können, was Nachwuchs, jungen Nachwuchs in unsere Branche betrifft; das wurde den Kollegen jetzt wohl auch klar. Ich denke, wir haben da auch noch lange gepennt, aber irgendwann, wie gesagt, kamen keine Bewerbungen mehr rein, und da heißt es: aktiv werden. Also es ist angekommen und, wie gesagt, wir gehen in Schulen, wir versuchen die jungen Leute zu begeistern.

Jetzt ist mir im Rahmen unseres Gespräches natürlich eingefallen: Man müsste vielleicht auch mehr auf die Älteren noch zu gehen, auch da aktiver werden. Auch das gibt es ja schon, da wurde ich auch von Institutionen angesprochen. Ich denke, das Thema ist neu, mehr auf die älteren Leute aktiv zuzugehen und sie als Mitarbeiter zu werben. Das kann auch noch sehr spannend werden, und es ist auch notwendig.

Der älteste Bewerber für eine Hotelfachausbildung, der war Mitte 30, ich hatte noch keinen Menschen, der jetzt älter war, es ist also auf uns noch nie zugekommen. Vorstellbar ist allerdings alles, das muss ich ganz ehrlich sagen. Wenn es passen würde, wenn man denkt, ja, das könnte jemand sein, der ist für diesen Job gemacht, auch das wäre denkbar.

HAT SICH IHRE SICHTWEISE AUF ÄLTERE MIT DER EIGENEN REIFUNG ÄNDERT? Meine Einstellung zu älteren Menschen hat sich natürlich gewandelt, weil ich mich ja schließlich auch auf den Weg gemacht habe, eine hoffentlich junge Alte zu bleiben. Und ja, man schaut anders drauf, auf jeden Fall. Das ist aber auch nicht negativ, weil ich ja sehe, welche Chancen es auch noch gibt. Man muss ja, wie gesagt, jetzt trotz Alter nicht verkommen, sondern man kann ja noch viel tun und aktiv sein. Und das macht mir Mut, und das macht mir dann auch keine Angst.

WIE KANN ES TROTZ DES MANGELS AN FACHKRÄFTEN EINERSEITS UND DER OFFENHEIT VIELER UNTERNEHMEN FÜR ÄLTERE DAZU KOMMEN, DASS VIELE ÄLTERE ZAHLLOSE BEWERBUNGEN SCHREIBEN, IHRE BEWERBUNGEN AUSSORTIERT WERDEN, SIE WEGEN DES ALTERS GAR NICHT ERST ANGEHÖRT WERDEN? Ich glaube, dass viele Unternehmer zögern, ältere Mitarbeiter einzustellen aus Angst vielleicht vor möglichen Krankheiten, Gebrechen, oder dass sie diesen Menschen die Flexibilität, den Stress nicht mehr zutrauen. Ich denke, das sind die größten Kriterien, wo dann auch jemand sehr zögerlich wird.

Aber das ist eigentlich falsch. Wir haben hier sehr positive Erfahrungen gemacht. Diese älteren Mitarbeiter bleiben nicht wegen jedem Schnupfen zu Hause. Die sind hartgesotten und die haben auch einen absoluten Ehrgeiz, hierher zu kommen und ihren Job durchzuziehen. Also dann ist es wirklich so, dass ich schon mal sagen muss: »Und Sie gehen jetzt heim und bleiben daheim!« Also, da führt man solche Diskussionen, das ist also tatsächlich so. Also ich sage mal: Weniger Krankenscheine kommen von diesen älteren Mitarbeitern, aber wenn sie es einmal erwischt, dann kann es sein, dass es schon etwas schwerwiegender ist und dass es dann auch etwas länger dauert. Aber auch da kommen die wieder gesund und gestärkt zurück und sind sehr dankbar, nochmal hier ihre Arbeit aufnehmen zu können.

WIE GEHT MAN DAMIT UM, WENN EIN ÄLTERER MITARBEITER DANN DOCH IRGENDWANN ABBAUT UND SIE ALS UNTERNEHMERIN BEMERKEN DAS. Ich glaube, wenn ein älterer Mitarbeiter nicht mehr das leisten kann, was hier notwendig ist: Das ist natürlich ein hochsensibles Thema, wie bringt man demjenigen das bei? Wir hatten das noch nicht, ich war Gott sei Dank noch nicht in der Lage, ein solches Gespräch führen zu müssen, aber es kann natürlich immer mal auf mich zu kommen. Es ist hochsensibel und ich denke, es wäre auch nicht einfach für mich. Aber ich denke, wenn es nicht mehr gehen würde, müsste man es transportieren und müsste eine Veränderung herbeiführen, weil – bei aller Menschlichkeit –, wir sind doch noch ein Unternehmen, und wir haben 60 Menschen hier jeden Monat zu ernähren, und auch wir müssen schauen, dass es hier immer reibungslos läuft. Aber ich hoffe, dass derjenige es dann vielleicht auch selbst spürt, wenn die Zeit gekommen ist, aufzuhören.

—

Das Gespräch wurde im Januar 2015 in Saarbrücken geführt.

HORST
MATHIS

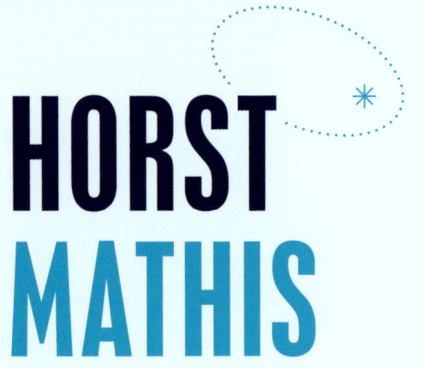

73, HAT IMMER GERNE GEARBEITET
UND BEGANN NACH RENTENBEGINN
WIEDER ALS NACHTPORTIER IM HOTEL

HERR MATHIS, WIESO SITZEN SIE NICHT IN IHREM SCHRE-
BERGARTEN ZU HAUSE, WARUM ARBEITEN SIE? Also, Schrebergarten wäre jetzt ein Hobby. Ein Hobby lenkt mich von wesentlichen Dingen ab. Und ich muss – wie soll ich sagen – ich
bin damit beschäftigt, loszulassen, von einem früheren Leben
loszulassen und das will ich dann Schritt für Schritt machen.
WIE WAR IHR FRÜHERES LEBEN? Das war sehr turbulent. Ich
habe drei Berufe gelernt, habe dann die Hotelfachschule besucht, war quasi bei der ersten Belegschaft von Neckermann-
Reisen, 4 Jahre lang, dann war ich zwei Jahre in Jugoslawien,
danach habe ich im Einzelhandel mich selbstständig gemacht,
von da aus bin ich in die Gastronomie nach Hamburg und von
da aus zurück in den öffentlichen Dienst: Ausbildung junger
lernbehinderter Menschen. Das habe ich drei Jahre gemacht,
das war mir zu bürokratisch. Und dann bin ich wieder in die
Gastronomie zurückgegangen, habe mich selbstständig gemacht, von da aus bin ich dann nach Saarbrücken, der Eltern
wegen, und bin dann im Jahr 2.000 bei der Firma Leidinger
gelandet. Hier im Domizil habe ich sieben Jahre bis zum Renteneintritt gearbeitet. Dann habe ich ein bisschen pausiert,
da war mir das hier zu hektisch, habe mich bei anderen Ho-
tels beworben und da auch gearbeitet, immer mal wieder, bis
jetzt Herr Hoffmann zu mir kam und sagte: »Es gibt keine Aus-
reden mehr, wir haben keine Gastronomie mehr!« Und nun bin
ich wieder da.

*»Zuhause sitzen,
nichts tun zu
können, das wäre
nicht möglich
gewesen.«*

Ja, der war ja nicht groß. Ich wurde dann von Kollegen, die früher in der Gastronomie gearbeitet haben, gerufen, die sich auch verändert hatten und eine Unterstützung brauchten. Das war drei Monate, vier Monate, und dann war ich wieder am arbeiten. Zunächst habe ich durchgeatmet. Ich habe vorher die Tage gezählt, es gab auch Gäste, die haben gesagt: »Na Herr Mathis, wie lange dauert es noch.« Ich konnte Tage, also Jahr, Woche, Monat, alles konnte ich aufzählen, und dann war's einmal so weit, auf Wiedersehen gesagt und nach Hause.

Zuhause ging es erst mal darum, dass ich mich regenerieren musste. Das waren immerhin 7 Jahre Nachtdienst, und man darf nicht vergessen, durch den Nachtdienst haben sie natürlich keine sozialen Bindungen aufbauen können, die ich ja vorher auch nicht hatte, denn ich war ja nicht aus dem Saarland. Da musste ich mich innerlich erst mal ein bisschen sortieren. Und da kam Gott sei Dank erst mal der Anruf von eben diesem Kollegen, und dann war ich wieder für eine Zeit lang gerettet. Und nun geht's aber so ganz langsam, ich merke, dass ich mit meiner freien Zeit sehr gut zurecht komme, ich lese, ich höre Musik, werde romantisch, schreibe Gedichte. Dieser Eintritt ins Rentenalter ist ja heute ein wesentlich härterer Einschnitt, als es früher war. Ich muss mich sozial organisieren, und ich muss mich auch ökonomisch organisieren, denn die Rente ist ja nicht das, was sie mal war. Und das dauert auch eine Weile, bis man sich an diese Möglichkeiten gewöhnt hat, die dann noch zur Verfügung stehen und damit bin ich zurzeit beschäftigt.

Also ich arbeite maximal zweimal in der Woche, dass wir so auf 45 Stunden im Monat kommen. Und der Tagesablauf – das kommt drauf an, welcher Film abends lief, dann stehe ich sehr früh auf oder eben relativ spät, versorge mich, mache mein Essen, kümmere mich um meine Wohnung, soweit das notwendig ist und gehe an die frische Luft, eine Stunde, meistens so die Strecke ungefähr bis hierher und dann wieder nach Hause, dann wird Kaffee getrunken und ein bisschen gelesen, abends Fernsehen geguckt, und dann ist Schluss. Und wenn ich hier arbeite, dann geh ich um 17 Uhr wieder zu Bett und schlafe bis 10, mach mich fertig und komm her. Um 23 Uhr ist dann Dienstbeginn bis 7 Uhr morgens.

Also ich habe nie das Gefühl gehabt, arbeiten zu müssen. Ich habe immer sehr gerne gearbeitet, weil es ja auch sehr unterschiedlich gewesen ist, was ich getan habe. Ich habe da viel Erfahrung gesammelt, konnte mich dadurch auch etwas freier bewegen als Leute, die nur in einem Beruf gearbeitet haben. Und 51 Jahre waren es insgesamt. Ich möchte sie nicht missen. Ich war auch ganz selten krank. Arbeit hat mich nie belastet.

Sinnsuche habe ich schon sehr frühzeitig aufgegeben, weil es ja keinen gibt. Das ist ja – ich will nicht sagen Selbstbetrug –, aber man hält sich an etwas fest, von Tag zu Tag weiterzukommen. Welches Ziel zu erreichen ist, weiß man nicht, also ich hatte nie ein Ziel, ich hatte auch nie ein Karriereziel, hatte nie ein Berufsziel. Ich hab immer das gemacht, was mir Spaß gemacht hat, soweit ich kam, dann hab ich was anderes gemacht.

Wenn dieser Anruf nach dem Renteneintritt nicht gekommen wäre, dann wäre ich auf Suche gegangen, denn dann merkte ich, dass ich mit der freien Zeit nicht zurechtkomme, wie man eben mit Freiheit immer sehr schwer zurechtkommt. Es wurde notwendig. Morgens aufzustehen und, wie man so schön sagt, Feierabend zu sagen, das ist auch heute noch nicht ganz mein Leben, mein Inhalt.

Also hier möchte ich so lange arbeiten, bis Herr Hoffmann

zu mir sagt: »Also, wenn ich dich hier so sehe und nachhause fahre, bekomme ich Bauchschmerzen.« Bis zu diesem Zeitpunkt möchte ich hier arbeiten.

Ich wusste nichts mit mir anzufangen. Ich würde fast sagen, es liegt auf der Hand; wenn man 51 Jahre gearbeitet hat und von eben auf gleich nichts mehr zu tun hat, weiß man mit sich und der Zeit nichts anzufangen. Es mag traurig sein, ich hatte keine Hobbys vorher, ich habe mich nie um Hobbys gekümmert. Ich hatte vielleicht Leidenschaften, aber keine Hobbys, und dann wird es notwendig, dass man sich umschaut. Zuhause sitzen, nichts tun zu können, das wäre nicht möglich gewesen. Dann wäre ich depressiv geworden, diese Phasen hat es tatsächlich gegeben, wenn die Phasen zwischen den Stellen, die ich nach dem Ruhestand hatte, zu groß wurden, dann musste ich aktiv werden.

Natürlich hinterlässt das Alter Spuren, das ist ganz normal. Einen Tagdienst morgens, eine Schicht alleine zu machen, dazu bin ich nicht mehr in der Lage, das könnte ich nicht mehr, das muss ich ehrlich zugeben. Da ist zu viel Trubel, zu viel Hektik, die Leute checken aus, da sind Rechnungen zu machen, da geht das Telefon, da kommen Fragen von Gästen, die noch da sind oder die, die auschecken wollen, dann gleich wieder reservieren. Das wäre mir zu hektisch. Also mache ich Nachtdienste oder eben so Spätdienste, die um 15 Uhr beginnen an Wochenenden, wenn eben das Telefon etwas ruhiger ist. Ich würde mich überfordert fühlen, wenn ich Frühdienst machen müsste, wenn ich zum Frühdienst eingeteilt werden würde. Da ist der Arbeitsaufwand ein zu großer, und die Flexibilität, die man dann braucht, die ist nicht mehr so vorhanden, wie ich sie von früher von mir kannte.

So ist es. Ich habe das große Glück, in diesem Hause nach wie vor einen guten Stand zu haben. Dass die Firma Leidinger in Form von Herrn Hoffmann wieder auf mich zugekommen ist – der Kontakt war nie abgerissen – und mich gebeten hat, doch nochmal darüber nachzudenken, das war ganz einfach, nachdem das Haus sich so wunderbar entwickelt hatte, da habe ich ja gesagt. Ich hatte mir aber ausbedungen, so lange Probe zu arbeiten, bis ich der Auffassung war, dass ich das auch hinkriege, und das hat dann zwei Tage gedauert. Dann fühlte ich mich fit genug, um das ganze wieder zu machen.

Das kann natürlich sein, dass das sehr viele Menschen so erleben, wie ich das erlebt habe. Und die Romantisierung – wenn ich nicht alleine zuhause wäre, wäre das vielleicht auch etwas anderes. Aber ich bin allein zuhause, und dann fällt das natürlich wesentlich mehr auf. Ist man in einer Verbindung, ist man in einer Ehe, einer Partnerschaft, dann sind noch Anforderungen da, dann wird vieles überspielt und man kann, im günstigsten Fall, was ja auch nicht immer der Fall ist, dann anfangen, gemeinsam ein Leben zu gestalten, was ja vorher nicht möglich war. Und nicht, dass die Frau sich freut, wenn es 9 Uhr ist und der Typ geht aus dem Haus, weil er nur in den Füßen rumläuft. Wenn ein Partner in Ruhestand geht – es ist ja nicht immer so, dass der Mann in den Ruhestand geht –, dann kommen Leute zusammen in einer Art und Weise, wie sie das viele Jahre oder vielleicht sogar Jahrzehnte vorher nicht waren. Da haben sich Welten herausgebildet, auf der einen wie auf der anderen Seite, die nun nicht mehr zusammenpassen.

Das Handwerkszeug, was man braucht, um hier arbeiten zu können, das ist eigentlich meiner Meinung nach nichts anderes als Menschenfreundlichkeit. Auf Menschen zugehen zu können, ein Ohr für Menschen zu haben, dann erledigt sich schon vieles von selbst, man muss

natürlich auch das Know-how haben, die Probleme, die auf einem zukommen, auch lösen zu können. Und da spielt natürlich nicht nur die fachliche Kompetenz eine Rolle, da spielen auch die Spuren, die das Leben hinterlassen hat, eine Rolle.

SOLLTE MAN EINEM UNTERNEHMER ODER EINEM ARBEITGEBER EMPFEHLEN, GEZIELT AUCH ÄLTERE MITARBEITER EINZUSTELLEN? Gut, das kann ich nicht beurteilen, ich bin kein Arbeitgeber. Aber was ich hier festgestellt habe: Es ist ein sehr gutes Miteinander. Ich bin nun wirklich der absolute Senior im Hause. Und die jungen Leute, das ist quasi für mich das Netz, der doppelte Boden. Wenn es ein Problem gibt, springen sie sofort ein, erklären es mir, und ich kann ihnen vormachen – nicht dass ich das belehrend tue – sondern alleine dass ich vormache, wie man wirkliche Probleme lösen kann, ohne dass es an die Substanz geht oder dass man sich aufregt. So ergänzen wir uns hier und das ist das, was mir auch sehr viel Freude macht. Ich muss allerdings sagen, das habe ich auch in allen anderen Betrieben, in denen ich

zwischenzeitlich war, genauso erlebt. Da war wirklicher Respekt, der einem dort entgegengebracht wurde, aber nicht mit 45-Grad-Fußwinkel, sondern aufrichtiger Respekt. Und das fand ich toll.

—

Das Gespräch wurde im Januar 2015 in Saarbrücken geführt.

KARLHEINZ
BANNWEG

54, BAUUNTERNEHMER, SCHÄTZT DIE ÄLTEREN SEHR WEGEN IHRER KOMPETENZ UND LOYALITÄT, ABER SIEHT DIE HOHE BELASTUNG AUF DEM BAU FÜR MITARBEITER ÜBER 60

WELCHE ERFAHRUNG HABEN SIE MIT ÄLTEREN MITARBEITERN AB 50? HABEN DIE MEHR KÖRPERLICHE PROBLEME, SIND DIE HÄUFIGER KRANK ODER SIND DIE EHER ERFAHREN UND KOMPETENT? Die älteren Mitarbeiter schätzen wir sehr, weil sie einfach die Erfahrung haben, es sind in der Regel loyale Mitarbeiter, die dem Unternehmen stark verbunden sind. Wir sind ein mittleres oder kleines Bauunternehmen mit insgesamt 23 Mitarbeitern. Der Durchschnitt liegt so bei 42 Jahren, wir bilden jedes Jahr aus, haben also momentan drei Auszubildende. Im 1. Lehrjahr sind die kaum im Betrieb, im 2. Lehrjahr dann schon öfters und im 3. Lehrjahr schon fast regelmäßig – die sind dann auf die einzelnen Baustellen verteilt. Ansonsten sind die Kolonnen unterschiedlich zusammengesetzt, also gemischt, ältere und jüngere Mitarbeiter. Wir haben kaum Fluktuationen, die Mitarbeiter sind lange bei uns, zum Teil haben sie schon bei meinem Vater gelernt und gehen bei uns in Rente, das hat man heute ja nicht mehr so oft. Wir schauen immer, dass wir auf der einen Seite nicht »veraltern«, auf der anderen Seite nicht zu jung sind. Wir verkaufen Qualität, und das bedeutet natürlich auch, dass die Mitarbeiter geschult sein müssen, Erfahrungen haben müssen, und genau da sind die älteren Mitarbeiter sehr wichtig. Die führen im Prinzip die Jungen, und die lernen das, was die Älteren ihnen vormachen. Ein Problem bei den Älteren ist natürlich schon, dass da schon mal das eine oder andere Wehwehchen ist und dass

»Es ist ja hier alles Baustelle«

dort schon mal die Bandscheiben schmerzen was zum Ausfall führt. In einem Projekt mit Auszubildenden haben wir jetzt einen Polier, der vor Ort der Kümmerer ist – und denselben Gedanken wollte ich auch aufgreifen in Bezug auf die Älteren, dass wir sagen, der Älteste könnte immer diesen Part übernehmen, dass er das im Fokus hat, die Themen diesbezüglich anspricht und schaut, was man einfacher machen oder ändern könnte.

DAS HEISST, MAN KÖNNTE AUCH EINEN ÄLTEREN MITARBEITER EIN BISSCHEN ENTLASTEN VON STARKER KÖRPERLICHER ARBEIT? Es ist ja hier alles Baustelle, alles läuft auf der Baustelle ab. Natürlich schaut man schon, wenn jetzt starke körperliche Arbeiten zu erledigen sind, dass da die Kräftigen, Jungen mit dabei sind, da muss man auf die richtige Mischung schauen. Da ist schon eine gewisse Rücksichtnahme untereinander wichtig, wo jeder auch auf den anderen aufpasst oder Rücksicht nimmt und auch versteht, dass der Ältere, wenn er es im Kreuz hat, dann jetzt nicht mehr so stark zupacken kann.

GAB ES SCHON DEN FALL, DASS SIE BEWERBUNGEN VON LEUTEN HATTEN, DIE MITTE 50 UND ÄLTER WAREN? WIE GEHEN SIE DAMIT UM? Das gab es vor kurzem, dass wir im Bereich Lager und Instandsetzung jemand gesucht haben. Es bewarb sich ein älterer Mann, der war 50 oder 55, hochqualifiziert. Aber unter dem Gesichtspunkt, dass mein Mitarbeiter ja auch schon um die 50 ist, also genau dasselbe Alter und wir eigentlich überlegt haben, was ist, wenn der in Rente geht, haben wir dort jemand gesucht, der jünger ist. Von der Qualifikation her hätte er absolut zu uns gepasst. Ich hatte richtig Tränen in den Augen, dass ich ihm absagen musste, denn einen so guten Mann zu finden ist normalerweise schwer.

IN WELCHEM ALTER GEHEN BEI IHNEN DIE MITARBEITER VOM BAU IN RENTE? Der eine oder andere nutzt die vorgezogene Möglichkeit, in Rente zu gehen, es ist selten, dass bis zum Ende gearbeitet wird. Was ich so wahrnehme bei meinen Mitarbeitern, die Belastung ist gerade über 60 hoch, da tun sie sich schon schwer, weil es ja auch so ist, dass wir auf den Baustellen nur bedingt Rücksicht nehmen können. Die Leistung muss ja gebracht werden, man steht in Bau- oder Handwerksunternehmen im Konkurrenzkampf, da geht es bei vielen Baustellen über den Preis, oder man positioniert sich anders, dass der Preis nicht mehr die Rolle spielt – aber das ist oft dann doch die Ausnahme.

SIE BIETEN IHREN MITARBEITERN, DIE GEHEN, AN, NOCH ETWAS LÄNGER ZU BLEIBEN ODER WIEDERZUKOMMEN UND IN TEILEN NOCH ZU ARBEITEN. WIE SIEHT DAS AUS? Das kann auf geringfügiger Basis sein, in dem Rahmen, wie es zulässig ist. Wenn die natürlich früher in Rente gehen, dürfen die ja erst mal bis zur Rente nichts dazu verdienen. Da müssten irgendwie auch andere, flexiblere Gestaltungsmöglichkeiten her, die vielleicht dort mehr Spielraum lassen. Ob das jemand will – da kommt es auf die Person an, auf die Einstellung des Einzelnen. Der eine möchte noch gerne was machen, der andere schließt im Grunde genommen ab mit dem Arbeitsleben.

WISSEN SIE, WIE ES DENEN GEHT, DIE IN RENTE SIND UND DAMIT ABGESCHLOSSEN HABEN? Wir haben regelmäßig Feste, Sommerfeste, Weihnachtsfeste, wo wir alte Mitarbeiter, ehemalige Mitarbeiter, einladen, es kommt nicht jeder, aber die, die vorher auch schon engagiert waren, kommen gerne und sind auch immer mit dabei, bringen sich ein. Wenn man dann ins Gespräch kommt: Die meisten haben sich privat irgendwelche Aufgaben gesucht, mehr im Hausbereich, machen den Garten oder so was in der Richtung.

GEHT ES IHNEN DABEI GUT? Dem einen ja, dem andern nein. Es gibt auch welche, denen fehlt da was. Also, wenn ich an den einen Mitarbeiter denke, der frühzeitig gehen musste, weil er am Ende seiner Tätigkeit einen Betriebsunfall hatte, den er selbst eigentlich verschuldet hat – er hat sich beide Arme und Beine gebrochen –, der wäre mit Sicherheit nachher auch noch sporadisch gekommen. Aber der konnte halt nicht mehr. Der ist auch immer bei dem Sommerfest und der Weihnachtsfeier dabei, und man merkt, dass er noch mit Herzblut an der Firma hängt.

Der kommt auch zwischendurch mal vorbei. Das haben wir übrigens noch oft, dass die ehemaligen Mitarbeiter dann auf der Baustelle bei den Kollegen vorbei fahren.

IST DAS THEMA DEMOGRAPHISCHE VERÄNDERUNG EIN THEMA FÜR IHR UNTERNEHMEN UND IHRE BRANCHE? Die Demographie an sich ist für uns schon ein Riesenthema: Wo hole ich meine qualifizierten Nachwuchskräfte her? Man sagt ja jetzt schon, dass in 10 Jahren 20% weniger Auszubildende da sind, und schon jetzt haben wir die Situation, dass wir für die Mitarbeiter, die ganz natürlich in Rente gehen, nicht genug Auszubildende haben. Es wird immer schwieriger zu rekrutieren, deswegen machen wir dann auch Maßnahmen wie »familienfreundlicher Betrieb«, wo wir ein Siegel bekommen haben. Das verbessert das Image nach außen, und damit können wir uns attraktiver machen.

ANDERE UNTERNEHMEN, DIE DEN MANGEL KOMMEN SEHEN, ÜBERLEGEN GEZIELT UND STRATEGISCH, DIE ÄLTEREN ZU HALTEN, SIE ZU QUALIFIZIEREN, ES ATTRAKTIV ZU MACHEN, LÄNGER ZU BLEIBEN. IST DAS FÜR SIE EINE MÖGLICHKEIT? Da sehe ich nicht allzu viel Potential für uns. Natürlich haben wir den Gedanken auch schon aufgegriffen, und das ist auch ein Projekt, was wir auch noch angehen wollen: das Gesundheitsmanagement verbessern. Wir organisieren zwar auch zusammen mit der Krankenkasse hier und da einen Tag, wo wir einen Rückentest oder einen Stresstest machen. Aber da gibt es mit Sicherheit noch viele andere Möglichkeiten, was man da machen könnte, ob es nur mal so ein Thema ist wie »Wie hebe ich richtig?«, da gibt es noch viel zu tun. Das ist in den letzten Jahren erst mehr in den Fokus gerückt. Aber man kann nur immer eines nach dem anderen machen, man hat im Moment so viele Projekte, wo es auch von staatlicher Seite so viel Unterstützung und Möglichkeiten gibt, aber das Tagesgeschäft lässt da nicht allzu viel zu.

GIBT ES EINE MÖGLICHKEIT FÜR EIN UNTERNEHMEN IHRER GRÖSSE, EINEN MITARBEITER VON EINER SCHWEREN ARBEIT AUF EINE LEICHTE ARBEIT UMZUSETZEN? Also eine Umsetzung von älteren Mitarbeitern, sagen wir mal unter dem Begriff »Schonarbeitsplatz«, ist bei uns in dem kleinen Handwerksbetrieb eigentlich nicht möglich, weil wir keinen Schonplatz haben. Die Baustellen müssen im Grunde genommen gleichermaßen bedient werden, man steht im Wettbewerb, da gibt es auch keine Stelle, wo ich sagen kann, hier kann ich langsamer machen, bei der hebe ich weniger oder betätige ich mich weniger körperlich. Das bedeutet auf der anderen Seite, derjenige bringt nicht die Leistung, die er eigentlich bringen müsste, die kalkuliert ist – das kann man sich als kleiner Betrieb eigentlich nicht leisten. Also in einem größeren Unternehmen ist das mit Sicherheit anders machbar, die haben ja ganz andere Möglichkeiten, dort dann Stellen zu besetzen.

WIE NAH SIND SIE AN IHREN MITARBEITERN DRAN? Wir versuchen, unsere Mitarbeiter im Rahmen unserer Workshops und Projekte, die wir machen, vermehrt mit einzubinden, wir fordern hier auch von den Mitarbeitern Eigenverantwortung, auch in dem Sinne, dass sie selbst Dinge ansprechen, Dinge verändern und sich in dem Zusammenhang auch Gedanken machen: Wie sieht mein späteres Rentendasein aus. Dort müssten wir als Firma auch viel mehr tun, dass wir im Gespräch miteinander die Dinge aufgreifen, also speziell dieses Thema Altersrente, wie geht es dann weiter. Ich hab mir für dieses Jahr auf die Fahne geschrieben, dass wir jetzt Mitarbeitergespräche führen, das haben wir vorher in der Form noch nicht gemacht. Denn ich habe gemerkt, je mehr ich mich auf die Organisation zurückgezogen habe und die mich in Anspruch genommen hat, um so mehr fehlt einfach der direkte Kontakt mit den Mitarbeitern. Da geht vieles verloren, wo man dann gar nicht mehr so am Ball ist und mitbekommt, was die Bedürfnisse sind. Denn es ist schon so, dass wenn die Mitarbeiter über 50 sind, dass es hier und da zwickt und es dann schon schwerer fällt. Man merkt das ja selbst, also ich bin jetzt zwar nicht auf der Baustelle tätig, aber auch hier im Büro merkt man es: Das Augenlicht lässt nach, man hat nicht mehr so die Durchhaltekraft, man merkt einfach, dass der Körper zurückbaut. Ich kann meine Mitarbeiter dann schon verstehen, dass es dann manchmal schon schwer ist: Wenn es draußen regnet und die dann raus müssen, weil man einfach eine Baustelle hat, die Druck hat und eine Konventionalstrafe hintendran steht, dann muss man sich schon zusammenreißen. Das geht natürlich auf die Knochen. Auf der anderen Seite hat der Bau auch seine schönen Seiten, schönes Wetter draußen, ich kann an der frischen Luft arbeiten, ich habe immer wieder Unikate, ich mache im Prinzip nie dasselbe, ich kann nachher sagen, das da haben wir geschaffen, ich kann es angreifen, ich kann sehen, was ich mache, es hat Sinn. Also für mich ist der Bauberuf in der Beziehung wirklich was Tolles. SIE SIND 54. WIE STELLEN SIE SICH PERSÖNLICH IHRE NÄCHSTEN 25 JAHRE VOR? MÖCHTEN SIE IN DEN RUHESTAND? Wenn ich in Richtung Ruhestand schaue: Also ich möchte zunächst mal die jetzige Intensität aus meinem Leben nehmen. Bei mir gibt es jetzt keinen 8-Stunden-Tag, dann kommt hinzu, dass ich am Wochenende eigentlich auch arbeite, Samstag, Sonntag. Von daher wäre ich schon froh, wenn ich die Intensität auf einen normalen Arbeitstag runterbrechen könnte. Ich stelle mir auch vor, dass ich nicht mit 65 aufhöre. Ich kann mir schon vorstellen, vorausgesetzt man ist gesund und noch in der Lage, dass ich bis 70, 75 arbeite, aber – ich möchte abgeben. Da muss dann die Nachfolge her, das sollte man ja schon 10 Jahre früher beginnen, die Perspektiven auszuloten. Da sind wir natürlich dran, das zu machen, und ich stelle mir vor, dass ich, wenn ich einen Nachfolger habe, abgebe und mich nach und nach dann da zurückziehe. Also den großen Schnitt wollte ich nicht machen, mein Herzblut hängt einfach am Beruf und an der Firma. Speziell für den Betrieb, der kommt ja von meinem Opa, über meinen Vater, dann in meine Generation und ist von mir weitergeführt worden bzw. neu aufgebaut worden. Ich bin damit aufgewachsen, es war früher in der Kindheit immer Thema, wenn mein Vater mittags oder abends nach Hause gekommen ist. Und das ist bei mir jetzt nicht anders, ich bin damit aufgewachsen. Mir macht eigentlich nicht unbedingt das Tagesgeschäft am meisten Spaß, sondern an der Firma arbeiten, sie besser aufzustellen, mit den Mitarbeitern zusammen bessere Umstände zu schaffen, dass es jedem auch letztendlich Spaß macht, zur Arbeit zu kommen, dass er es nicht als Arbeit in dem Sinne sieht, »ich muss«, sondern »ich darf«. Es soll jeder auch freudig zur Arbeit kommen, es soll Spaß machen. Aber perspektivisch könnte ich mir gut vorstellen, dass ich an einem der Tafelprojekte helfe, dass ich mich in der Gemeinde einbringe. Meine Frau ist dort zum Beispiel in einem Chor, einem Familienchor, der entstanden ist aus einer Eigeninitiative. Das finde ich eine sinnvolle Sache, sich in die Gemeinschaft auch einzubringen und dort positiv etwas zu bewegen.

—

Das Gespräch wurde im Januar 2015 in Saarlouis geführt.

PETRA
KRENN

48, EIGENTÜMERIN EINER DRUCKEREI,
ERMUTIGT ÄLTERE UND ERFAHRENE
MITARBEITER ZU AUSBILDUNG UND
UMLERNEN —————————————

FRAU KRENN, WIE GROSS IST IHR UNTERNFHMEN? SEIT WANN BESTEHT ES? WIE VIELE MITARBEITER HABEN SIE, MÄNNER, FRAUEN? Wir sind ein Unternehmen der Druck-branche und beschäftigen 140 Mitarbeiter. Das Unternehmen wird mittlerweile in der dritten Generation geführt und wird in diesem Jahr 75 Jahre alt. 140 Mitarbeiter sind innerhalb der Druckbranche schon relativ viel, und die Struktur von Männern und Frauen ist etwa 40% Frauen und 60% Männer. Trotz Produktion ist das ein guter Anteil an Frauen. In unserer Branche ist in den letzten Jahren ein extremer technischer Wandel erfolgt, weil die Druckproduktion ja mittlerweile auch in die digitalen Abläufe umgeswitcht ist. Vor 30, 40 Jahren hat man noch richtige Handarbeit gehabt, auch im Druckbereich. Heute sind die Maschinen natürlich sehr tech-nisch, auch mit Computern unterstützt, sodass die Mitarbei-ter sich auch dort immer weiterentwickeln müssen. Früher war es eher mechanisch, was jetzt ganz mit Computer unter-stützt wird. Ganz extrem hat sich das in dem Bereich verändert, der vor dem Drucken stattfindet. Heute werden die Daten digital angeliefert. Vor zwanzig Jahren hatten wir auch die Vorarbeiten; wenn zum Beispiel ein Buch oder eine Broschüre gemacht wurde, die ist komplett in der Druckerei erstellt worden. Sie haben das Layout gekriegt, und die Umsetzung lief dann kom-plett in unserer Produktion. Diese Dinge sind zum Teil ganz weg-gefallen. Wir hatten auch Bereiche, wo man Bilder retuschiert

*»Sie können das,
wir brauchen Sie!«*

hat – wir haben für große Schuhunternehmen gearbeitet, da hatten wir die Originalschuhe alle im Haus, um zu schauen, dass die dann nachher wirklich originalgetreu in dem Prospekt abgebildet werden.

IST ES KÖRPERLICH LEICHTER GEWORDEN, ABER VON DER TECHNOLOGISCHEN ANFORDERUNG KOMPLIZIERTER? Es ist wirklich körperlich leichter geworden, die Art der Arbeit hat sich zu viel Technik umgewandelt – also viele Computerprogramme, die man kennen muss. Was vorher Handarbeit war, wird heute alles mit Programmen erledigt. Und das machen natürlich die Mitarbeiter, die langjährig da sind; wir haben Leute, die haben noch richtig Setzer gelernt mit Bleikasten, die sind jetzt immer noch im Haus – die mussten aber jetzt das Arbeiten mit Computern lernen.

WIE GEHEN DIE ÄLTEREN MITARBEITER MIT DIESEN HERAUSFORDERUNGEN UM? Ältere Mitarbeiter gehen mit dem Wandel unterschiedlich um. Viele sagen: »Ja gut, ich muss jetzt im Prinzip das einfach nochmal anders lernen. Ich kann es ja nicht mehr so machen wie vorher, denn die Prozesse gibt es einfach nicht mehr.« Wir haben die Erfahrung gemacht, dass wir mit den Mitarbeitern gut klarkommen, weil wir uns natürlich auch mit denen besprechen und die Leute ausbilden. Das geht über externe Schulungen oder intern. Wir haben bisher sehr positive Erfahrungen gemacht. Was vorkommt ist, dass ein Arbeitsplatz komplett wegfällt, zum Beispiel Bildretuschen, die werden heute nicht mehr in großem Umfang gemacht, früher wurde noch mit aufwändigen Geräten gescannt, das wird heute alles fertig angeliefert. Und diesen Mitarbeitern hat man dann im Haus andere Arbeitsplätze angeboten. Unsere Erfahrungen sind bisher sehr positiv gewesen, was die Lernfähigkeit auch von älteren Mitarbeitern angeht, bis jetzt nur positiv. Es ist natürlich am Anfang immer ein bisschen aufwendig. Sie investieren Zeit, die zuerst nicht produktionstechnisch umgesetzt werden kann, sondern Sie müssen sich die Zeit nehmen, denjenigen nochmal in den neuen Programmen oder in neuen Abläufen anzulernen.

WER QUALIFIZIERT DIE MITARBEITER? WIE SIEHT DAS IN IHREM BETRIEB AUS? Wenn eine ganz neue Technologie eingeführt wird, dann erfolgen Schulungen mit externen Leuten, und danach läuft das innerhalb des Unternehmens mit den Kollegen, die übernehmen dann so eine Art Patenschaft. Der Lernprozess dauert natürlich unterschiedlich, je nach Abteilung, nach Maschine oder je nach Einsatzort. Bei manchen Tätigkeiten kann das ein halbes Jahr dauern, bis es soweit ist, dass derjenige tatsächlich alleine diese Tätigkeit ausführen kann.

DIE WISSENSCHAFT SAGT: »DER MENSCH IST LEBENSLANG LERNFÄHIG, ER MUSS ES SICH ZUTRAUEN, DIE HERAUSFORDERUNG ANNEHMEN.« TRIFFT DAS AUF IHRE BETRIEBLICHEN ERFAHRUNGEN ZU? Generell sehe ich das auch so, dass jeder Mensch tatsächlich, solange er noch wirklich geistig auf einem normalem Niveau ist, lernfähig ist. Wir haben zum Beispiel eine Mitarbeiterin, die ist jetzt 51. Sie war immer im Helferbereich eingesetzt und wird jetzt zur Facharbeiterin ausgebildet. Das heißt, sie macht tatsächlich eine Ausbildung mit 51, und wir haben ihr das angeboten, Mut gemacht und ihr auch gesagt, das wird sie schaffen. Als die Schule anfing, hat sie schon ein bisschen Bauchschmerzen gehabt. Die Ausbildung läuft im Moment noch, und sie ist sehr froh, dass sie das macht.

GENERELL SO ZU IHRER FIRMENPHILOSOPHIE: SIND SIE INTERESSIERT DARAN, AUCH ÄLTERE MITARBEITER ZU HABEN? Wenn ein Unternehmen schon über 70 Jahre existiert, dann haben Sie sowieso eine Mischung über alle Altersklassen. Das bedeutet, generell sind wir ganz offen, was das Alter angeht. Wenn wir Mitarbeiter suchen, dann ist uns wichtig, dass jemand ins Team passt und die Einstellung hat, die zu uns passt, das Alter für mich egal. Ich habe letztes Jahr einen Mitarbeiter eingestellt, der ist 60 Jahre alt. Der ist total glücklich gewesen, weil er auch schon lange gesucht hatte und war sehr froh, dass ich ihm die Möglichkeit gegeben habe. Aber ich habe ihm gesagt: »Sie können das, wir brauchen Sie!« und dann haben wir ihn eingestellt. Wir hatten einen Mitarbeiter, der ist nach seinem Rentenbeginn zu uns gekommen, zuerst als geringfügige Beschäftigung, und der hat dann

bei uns nochmal 20 Jahre gemacht. Mit 80 hat er dann letztendlich gesagt: »Jetzt bleib ich doch mal daheim. Aber ich muss dann schon schauen, was ich da jeden Tag mache.«

SIE SIND AUCH VIZEPRÄSIDENTIN DER IHK SAARLAND UND HABEN EINEN ÜBERBLICK ÜBER DIE WIRTSCHAFTSLANDSCHAFT IM SAARLAND. WÜRDEN SIE SAGEN, IN DEN UNTERNEHMEN GIBT ES EINE OFFENHEIT GEGENÜBER ÄLTEREN ODER IST HIER NACHHOLBEDARF? Aus meiner Erfahrung mit vielen Vorstellungsgesprächen: Da sind viele Menschen um die 50, die haben wirklich Angst, dass sie keine Arbeitsstelle bekommen, weil sie auch ganz oft die Erfahrung machen, zum Vorstellungsgespräch noch nicht einmal eingeladen zu werden. Das stößt bei mir immer auf totales Unverständnis, weil ich sage, wir haben einen demographischen Wandel und Fachkräftemangel, da kann ich mir nicht vorstellen, dass derjenige oder diejenige keine Stelle bekommen sollte. Im Moment ist es noch so, dass viele Unternehmen das vielleicht noch gar nicht realisiert haben. Das wird sich aber in den nächsten Jahren ganz umdrehen, es wird jeder eine andere Einstellung dazu kriegen müssen. Denn was eindeutig ein Vorteil

ist, ist eben die Erfahrung. Also ein älterer Mitarbeiter hat immer mehr Erfahrung – sei es im Leben oder natürlich auch in seinem Beruf – als ein jüngerer Mitarbeiter. Das ist ganz klar.

GAB ES AUCH BEI IHNEN DEN WUNSCH LÄNGER ZU ARBEITEN UND WENN, WIE STEHEN SIE DAZU? Bisher war es so, dass die Leute meistens im normalen Renteneintrittsalter auch ihre Rente angetreten haben. Das ist aber auch so ein Phänomen in der aktuellen Situation, dass die Leute wirklich schon lange gearbeitet haben – 45 Jahre – und dann natürlich sagen: »So, jetzt will auch endlich mal nichts mehr machen.« Das verstehe ich, aber auf der anderen Seite bin ich da ganz offen. Wenn jemand gerne länger arbeiten möchte, da werden wir Lösungen finden. Es gibt Menschen, die arbeiten einfach nur, um zu arbeiten, um ihren Lebensunterhalt zu realisieren, und die wollen dann natürlich auch irgendwann nicht mehr arbeiten. Aber es gibt Menschen, die Arbeit als eine Aufgabe sehen, die sie gerne tun und Menschen mit dieser Einstellung, die können gerne auch länger arbeiten. Deswegen finde ich auch die Idee oder den Ansatz, eine flexible Rente einzuführen, sehr gut.

IHR UNTERNEHMEN BIETET FAMILIENORIEN-

TIERTE ARBEITSZEITEN AN, IST ENGAGIERT ZUM THEMA »LEBENSPHASENORIENTIERTES ARBEITEN«, WAS MEINT, AUCH ARBEITSZEITEN UND -PHASEN ÜBER EIN LÄNGERES LEBEN ANDERS ZU VERTEILEN. Nach meiner Erfahrung wird sich in Zukunft vieles verändern, was die Arbeitszeiten angeht, ob bei Leuten, die älter sind oder bei Jüngeren. Ich würde sagen, dass wir als Unternehmer in den nächsten Jahren umdenken müssen. Das ist zwar schwierig in einem Schichtbetrieb, weil man schauen muss, dass die Schichten auch ausgelastet sind, es ist schwierig, mit mehreren Leuten eine Schicht abzustimmen. Das läuft eine Zeit lang, aber sobald jemand Urlaub hat oder krank ist, funktioniert das Team eben nicht mehr. Da mache ich mir auch schon meine Gedanken. Das wird zwar in den nächsten Jahren noch laufen, gerade bei uns in der Branche, aber man muss sich darauf einstellen, dass sich das ändern wird. Man muss wahrscheinlich davon abgehen, nur in 40-Stunden-Woche zu denken. Ich bin da ganz offen. Es ist nicht so, dass wir sagen, wir bleiben bei den alten Strukturen, das war schon immer so, sondern man

muss wirklich offen sein. Es hat sich ja schon sehr vieles geändert, gerade in dem Bereich Familie und Beruf. Wir sind ganz flexibel. Wir haben auch Mitarbeiter, meistens Mitarbeiterinnen, die schon älter sind und die pflegebedürftige Angehörige zu Hause haben. Das bedeutet auch Vereinbarkeit von Familie und Beruf, nicht nur die Kinderbetreuung, sondern auch die Betreuung von Angehörigen und das funktioniert sehr gut. Wir können auch Home-Arbeitsplätze einrichten – je nach Art der Tätigkeit. Das wird sich in den nächsten Jahren noch weiterentwickeln. Man muss als Unternehmer ganz flexibel bleiben, auch von der Einstellung her. Nur so haben sie auch motivierte Mitarbeiter.

SIE HABEN HIER IN IHREM UNTERNEHMEN EINE ALTERSSTRUKTURANALYSE GEMACHT. WIE KAM ES DAZU? WIE SIEHT SO ETWAS AUS? WAS HABEN SIE FÜR ERKENNTNISSE DARAUS GEWONNEN? Ganz aktuell beschäftigen wir uns mit unserer Altersstruktur. Das Thema demographische Entwicklung/Fachkräftemangel hat uns dazu bewegt, dass wir genauer hinschauen, wie die Altersstruktur im Unternehmen und die Verteilung innerhalb der Abteilungen ist. Das gehen wir im Detail an. Wir werden uns jede Abteilung einzeln vornehmen. Im Moment haben wir die Analyse für das komplette Unternehmen erstellt und da ist der Altersdurchschnitt bei uns so um die 43, 44 Jahre, das ist natürlich sehr hoch. Wir haben in den 80er Jahren einen enormen Mitarbeiterzuwachs gehabt, und deswegen haben wir viele Mitarbeiter, die mittlerweile so um die 50 aufwärts sind. Und das bewegt uns, um zu fragen: Wo stehen wir in fünf oder zehn Jahren? Die Altersstrukturanalyse wird so aufgestellt, dass Sie jeden einzelnen Mitarbeiter einer Abteilung zuordnen, das Alter, den Ausbildungsgrad, ob Facharbeiter oder Helfer, erfassen. Und dann sehen Sie die Struktur in dieser Abteilung, zum Beispiel welche Mitarbeiter wann normalerweise in Rente gehen würden.

HAT SICH IHRE GANZ PERSÖNLICHE EINSTELLUNG IM LAUFE DER ZEIT AUCH EIN STÜCK VERÄNDERT? VERGLICHEN MIT DER ZEIT NACH DEM STUDIUM – JETZT SIND SIE IN DEN MITTLEREN JAHREN, VERÄNDERT SICH MIT DER EIGENEN ENTWICKLUNG AUCH DIE EINSTELLUNG? Das kann schon sein, wobei ich da immer offen war. Also man schaut immer nach vorne, fragt »was kann kommen«, man schätzt Situationen ein oder Entwicklungen, Trends und muss natürlich auch auf viele Dinge eingehen. Das war bei uns im Haus bereits so, als die ersten Männer kamen und Elternzeit nehmen wollten. Unser Betriebsleiter in der Produktion dachte dann zunächst: »Das kann doch nicht sein!« Er ist auch Vater, aber natürlich von mittlerweile schon älteren Kindern, das stieß zuerst mal auf Unverständnis. Aber ich habe gesagt: »Leute, das wird normal, das ist ganz normal. Das müssen wir machen, und ich finde es auch toll, dass die Väter auch dann zu Hause bleiben und die Frau nochmal arbeitet.« Das hat sich mittlerweile normalisiert, das ist Standard mittlerweile. Aber am Anfang ist es gerade die Einstellung – ich denke, das ist in anderen Unternehmen auch so, dass es bisschen schwieriger ist, Strukturen oder Verkrustungen aufzubrechen. Und ich denke, lebensphasenorientierte Modelle, Arbeitszeitmodelle, müssten in jedem Unternehmen möglich sein. Wo ein Wille ist, ist auch ein Weg. Man muss zusammen mit den Mitarbeitern Lösungen finden, die für beide Seiten sinnvoll sind. Für das Unternehmen, denn wir brauchen die Produktionszeiten – und auf der anderen Seite die Mitarbeiter, da wird es immer Modelle geben. Das ist ein Aufwand, aber das ist immer eine Frage der Kommunikation, wie man miteinander umgeht. Diese Dinge muss man miteinander besprechen. Man kann einfach nicht als Geschäftsleitung sagen: »Das machen wir jetzt so!«, sondern das muss miteinander vereinbart und besprochen werden, dann klappt das auch.

WELCHE BEDEUTUNG HAT ARBEIT FÜR SIE PERSÖNLICH? Ich muss sagen, ich arbeite sehr gerne und ich hab auch immer im Kopf, dass ich eine Aufgabe habe, bis ich nicht mehr kann – also eigentlich am Besten, bis man stirbt. Das ist mein Ziel. Was das genau sein wird, kann ich jetzt noch nicht sagen, aber meine Idee ist, dass ich immer irgendeine Aufgabe haben möchte. Vielleich eine Mischung, dass man noch ein Projekt annimmt und dann trotzdem auch eine Erholungsphase hat. Aber gar nichts tun, das habe ich noch nie vor Augen gehabt.

—

Das Gespräch wurde im Januar 2015 in Ottweiler geführt.

FREDERICK
HARTMAN

65, BESCHÄFTIGT IN SEINEM UNTER-NEHMEN ÜBERWIEGEND ÄLTERE MITARBEITER, ERHÄLT DAFÜR KEINE STAATLICHE HILFE ——————————

»Ich habe einige ältere Leute ange-stellt und mir ging ein Licht auf...«

IHR UNTERNEHMEN VITA NEEDLE PRODUZIERT UND MONTIERT MEDIZINISCHE NADELN IN EINZELFERTIGUNG UND HANDAR-BEIT. WIE KAM ES DAZU, DASS SIE ÜBERWIEGEND MIT ÄLTEREN MITARBEITERN ARBEITEN? Wir haben hier über 50 Leute ange-stellt, zwei Drittel Männer, drei Viertel über 65, der Rest jünger, in unterschiedlichen Altersstufen. Es war eine Änderung in unse-rer Geschäftspolitik im Jahr 1989. Ich kam aus der Stadt nach Needham zurück, und unser Unternehmen war damals in wirt-schaftlichen Schwierigkeiten, aber ich musste einige Leute anstellen. Und die Leute, die damals zur Verfügung standen, waren nur Ältere, die entlassen worden waren. So habe ich einige ältere Leute angestellt und — mir ging ein Licht auf. Ich hatte nicht vorhergesehen, dass es eine so gute Entscheidung sein würde, wie es sich dann herausgestellt hat. Der Arbeits-ethos, die Loyalität, das Bewusstsein für Qualität — als ich die-se älteren Menschen angestellt habe, bekam ich dies zu sehen. Damals fing das an, und es sind nun 25 Jahre, dass wir dieses zum Programm gemacht haben.

SIE HABEN DIE ÄLTEREN NICHT GEZIELT GESUCHT? Ich war froh, überhaupt jemanden zu finden, der bereit war, in dieser Unternehmenssituation Teilzeit zu arbeiten. Damals geschah es eher aus Verzweiflung. Aber ich hatte keine Angst, das Ri-siko einzugehen. Es hat nicht lange gedauert, bis mir klar wur-de, dass es eine sehr gute Entscheidung war, mit einer Menge Vorteilen. Es war mehr, als nur Arbeitskräfte anzustellen.

WAS WAREN DIE VORTEILE? Ich habe herausgefunden, dass die Menschen eher geerdet sind, wenn sie älter sind. Es braucht vielleicht ein wenig mehr Geduld und ein wenig mehr Coaching, ihnen neue Dinge beizubringen. Aber ganz sicher ist die Befähigung zu lernen und sich neue Fähigkeiten anzueignen da. Denn wenn es in einem Unternehmen passiert, wo so viele verschiedene Erfahrungen sind, dann funktioniert das sehr gut.

WAS IST SIND DIE MOTIVE DER ÄLTEREN MITARBEITER, HIERHER ZU KOMMEN? Ich glaube, das stärkste Motiv ist, dass sie einen Ort wünschen, wo sie Teil eines erfolgreichen Teams sein können, wo sie etwas beitragen können und eine sinnvolle Arbeit haben, wo sie Kontakte haben. Geld ist für einige hilfreich, aber eine Menge der Leute hier haben bereits eine Rente, eine soziale Absicherung. Daher glaube ich, das Geld ist zweitrangig – aber wir werden doch auch alle gerne bezahlt für das, was wir tun.

DIE MITARBEITER KÖNNEN FLEXIBEL IHRE ARBEITSZEIT EINTEILEN. WIE ORGANISIEREN SIE DAS? Wenn Sie Flexibilität im Unternehmen haben wollen, müssen Sie mehr als nur eine Standard-Anzahl von Mitarbeitern haben. In Bereichen, wo andere 20 Leute anstellen würden, haben wir 30 Leute. Denn wir verstehen, dass die Menschen auch Zeit brauchen für ihre eigenen Aktivitäten. Wenn wir also zusätzliche Leute haben, die übergreifend angelernt und vielseitig sind, können sie verschiedene Aufgaben übernehmen. Das macht es möglich, dass wir unsere Aufgabe in hoher Qualität erfüllen.

GIBT ES VON STAATLICHER SEITE UNTERSTÜTZUNG FÜR IHR UNTERNEHMEN? Nein, wir haben keine Unterstützung oder Hilfe von der Regierung. Wir bekommen die Leute durch Mund-zu-Mund-Propaganda, wir dürfen – es ist gesetzlich verboten – keine Anzeigen schalten, denn das wäre Diskriminierung. Es wäre Diskriminierung gegenüber den Jungen, wenn wir per Anzeige Ältere suchen würden. Daher müssen wir unsere 60- und 70-Jährigen über Mundpropaganda finden. Leute erzählen es ihren Freunden und Kollegen, und so bekommen wir unsere Mitarbeiter.

KÖNNTE IHR MODELL VORBILD FÜR ANDERE UNTERNEHMEN SEIN? Ich kenne kein Unternehmen, das dieses Business-Profil hat wie wir.

Wir haben einige einzigartige Charakteristika: Wir machen kleine Stücke, wir sind im Nadel-Geschäft, wir montieren Dinge in einem manuellen Prozess, mit einfachen Maschinen. Man könnte so keine Autos bauen, man kann so keine Chemikalien herstellen oder Ölfelder bearbeiten. Man braucht das richtige Produkt, um den Vorteil, den ältere Mitarbeiter mit ihren Fähigkeiten bieten, zu nutzen. Also ich sehe mittlerweile z.B. in Lebensmittelgeschäften auch mehr Ältere als Jüngere. Aber wir haben einen Vorteil: Bei uns können sie an großen Tischen, an Werkbänken sitzen, und in den Läden stehen sie den ganzen Tag. Also nochmal, es ist ein Vorteil, dass wir im Nadel- und Montagegeschäft arbeiten.

GEHT DIESES KONZEPT ZU LASTEN IHRER GEWINNE? Nein, wir sind ein Unternehmen, um Gewinn zu machen. Wir haben in all den 82 Jahren, in denen wir auf dem Markt sind, Gewinne gemacht. Aber ich finde, es ist wichtig, dass wir die Gewinne mit den Leuten teilen, die in unserem Team sind. Daher ist ein wichtiger Teil unseres Konzeptes, dass wir am Jahresende, zur Weihnachtszeit, in die Bücher schauen, wie viel Geld wir gemacht haben. Und ehrlich gesagt, teilen wir die Gewinne lieber mit unseren Leuten, als dass wir es dem Staat in Form von Steuern geben.

KEINE STAATLICHE UNTERSTÜTZUNG GIBT ES, SAGTEN SIE. GIBT ES STAATLICHE AUFMERKSAMKEIT FÜR DAS, WAS SIE TUN? Die Regierung kümmert sich nicht um uns. Wir sind hier ein lokales wohlgehütetes Geheimnis. Wir sind auf der zweiten Etage eines alten Kinos in der Innenstadt von Needham, ein angestammter Platz. Wir könnten dieses Umfeld so heute gar nicht wieder erschaffen wegen der Vorschriften zur gewerblichen Nutzung, die es heute gibt. So bleiben wir unauffällig hier in der Kommune, aber ich glaube, wir erfahren große Sympathie, wir bekommen unsere Beschäftigten, wir haben unsere Lieferanten, wir versuchen halt, es jeden Tag richtig zu machen.

WIE IST DIE GESUNDHEITLICHE VERFASSUNG IHRER MITARBEITER? Ich denke, sie sind gesünder als andere. Erstens haben sie jeden Morgen einen Grund aufzustehen, sie haben einen Ort, an den sie gehen müssen, wo sie etwas beitragen können, wo sie Teil eines guten Teams sind. Das gibt eine Menge Motivation, die die Leute am Laufen hält. Ich habe viele Beispiele gesehen, wo Leute in Rente gingen und nichts mehr zu tun hatten und es mit ihnen bergab ging. Und im Gegensatz zu dem, was man so allgemein denkt: Unsere älteren Leute kümmern sich um sich, sie essen bewusst, nehmen sich genügend Auszeiten, und sie haben eine Motivation, morgens aufzustehen und zur Arbeit zu gehen.

Ich erzähle Ihnen das Beispiel von Rose. Das waren wirklich traurige Umstände. Rose kam zu uns, um nach Arbeit zu schauen, da war sie 85. Sie war sehr lange Bedienung in einem Lokal hier im Ort und suchte nun Arbeit. Sie lernte an verschiedenen Maschinen hier und kam jeden Tag zur Arbeit. Und sie sagte sehr oft zu mir, dass die Wochenenden die schlimmsten Tage für sie seien. Sie kam wirklich so gerne hierher, mochte es, etwas hier tun zu können, einen Platz zu haben, wo sie Sinn erfuhr. Unglücklicherweise lebte sie bei ihrem Sohn, und der beschloss, in eine andere Stadt umzuziehen, weit weg, das war vor ein paar Jahren. Sie zog irgendwann nach, und so musste sie ihren Job aufgeben. Sie hielt den Rekord, mit 101 war sie unsere älteste Mitarbeiterin. Aber als sie diesen Ort hier nicht mehr hatte, wo sie jeden Tag hingehen konnte, ging es mit ihrer Gesundheit bergab, und so starb sie. Das ist traurig.

WIE FUNKTIONIERT DAS MITEINANDER VON JUNGEN UND ÄLTEREN IN IHRER FIRMA? Ich war zunächst beunruhigt, ob man jüngere Leute mit den älteren Menschen hier in der Firma integrieren kann. Die Befürchtungen haben sich als falsch herausgestellt. Wir schauen sehr genau, welche Jüngeren wir anstellen. Bevor wir sie bei Vita Needle engagieren, finden wir heraus, ob sie Erfahrung haben im Umgang mit älteren Menschen, vielleicht mit Großeltern oder älteren Eltern. Und es hat sich als positiv herausgestellt, dass die Jungen den Älteren etwas über neue Technologien beibringen können, über Handys, über DVDs, all das. Aber die jungen Leute, die wir haben, haben eine Menge an Arbeitsethos

und Kommunikationsfähigkeiten von den Älteren gelernt. Also, der Mix funktioniert viel besser, als ich erwartet habe.

WAS SIND IHRE PLÄNE FÜR DAS ALTER? Ich habe nicht vor, jemals in Rente zu gehen. Ich liebe das, was ich tue. Die Arbeit gibt mir Energie. Ich denke, ich kann durch meine Erfahrung dem Unternehmen vieles geben. Es ist ein großes Erbe. Mein Großvater gründete das Unternehmen. Er starb mit 97, wenige Tage nachdem er aufhörte zu arbeiten. Mein Großonkel, der in der zweiten Generation in dem Unternehmen ist, starb mit 88. So hat die Familie eine große Tradition, alles Leute, die weiterarbeiten, auch nach dem normalen Rentenalter.

—

Das Gespräch wurde im November 2014 in Needham bei Boston geführt.

HOWARD
RING

80, MUSS UND WILL BEI VITA NEEDLE
ARBEITEN UND SCHÄTZT DIE FLEXI-
BILITÄT, DIE ER IN DER GESTALTUNG
SEINER ARBEITSZEIT HAT

WARUM ARBEITEN SIE IM ALTER VON 80 HIER BEI VITA
NEEDLE? Ich arbeite hier zum einen, weil ich das Geld brauche. Ich habe mein Geld an der Börse verloren. So habe ich
nur eine kleine staatliche Rente. Daher arbeite ich hier, um zu
überleben, um mein Leben so fortführen zu können wie zuvor.
Und während ich das tat, habe ich entdeckt, dass es gut für
mich ist, weil ich neue Leute kennenlerne. Wenn ich zuhause
sitzen würde, ich würde nichts tun. Meine Freunde würden
mich rügen: »Geh raus und mach was in einem Krankenhaus,
mach Freiwilligenarbeit«, aber ich kann das nicht. Ich hasse
Krankenhäuser. Daher ist das hier gut. Und es hat etwas zu
tun mit dem, was ich früher getan habe.

WELCHEN BERUF HATTEN SIE FRÜHER? Mein erster Job nach
der Schule und Studium war Maschinenbauingenieur. Dieser
erste Job war in einer Druckerei, ein altes Unternehmen, dort
arbeitete ich als Ingenieur, dann bei Xerox, bei Kodak, ich arbeitete für Digital Equipment und für einige kleinere Unternehmen. Die meisten Firmen, für die ich gearbeitet habe, haben den Betrieb im Laufe der Zeit eingestellt. Vor 15 Jahren
wurde ich entlassen, weil Digital Equipment zugemacht hat,
und ich musste etwas anderes finden. Aber es war hart, niemand wollte mich anstellen. Ich war über 60 Jahre alt, über
den Zenit, und keiner wollte mich anlernen. Und das ging so,
viele Jahre lang. Dann hatte ich zufällig etwas aus Stahl zu
schneiden, und ich erzählte, dass ich zuhause kein Werkzeug

*»Ich hasse Golf
und ich mochte
angeln noch nie.
Und arbeiten ist
für mich ein Weg,
meine Identität
zu erhalten«*

dazu habe. Und sie sagten, warum kommst Du nicht hierher und schneidest es? Ich gab ihnen einen Lebenslauf, und Mike stellte mich hier an. Ich arbeite nun seit 8 Jahren hier, und es gefällt mir sehr gut. Ich habe hier Leute, mit denen ich reden kann, eine Arbeit, die mir vertraut ist. Ich genieße es, und ich lerne neues. Als ich Ingenieur war, habe ich das meiste auf dem Papier gemacht. Hier lerne ich die andere Seite kennen, die durch die Maschinen gemacht wird, wie etwas angefertigt wird, etwas entwickelt wird und man sieht, dass es richtig funktioniert.

WAS GENAU MACHEN SIE HIER? Normalerweise arbeite ich 7 Stunden pro Tag, also etwas 35 Stunden in der Woche. Und an den normalen Tagen mache ich solche neuen Entwürfe, mache eine technische Zeichnung und überlege ein Verfahren, wie ich meine Aufgabe lösen könnte. Ich denke über Lötstellen nach, es ist ein gerades Stück, aber wir müssen es biegen. Ich muss herausfinden, wie man ein bestimmtes Teil herstellen kann, wie man es biegen kann, welche Maschinen man dafür nutzen kann. Dann muss ich eine Befestigung entwickeln, während es gebogen wird, eine Halterung, während ich es löte, während es bearbeitet wird. Ich nutze die Fräsmaschine, ich löte, wir haben eine Halterung und eine Trennsäge, um Stücke in der richtigen Größe zuzuschneiden, ich ordere von den Unternehmen, wo wir Aluminium oder Stahl oder andere Teile kaufen, was ich brauche, für das Lager. Ich frage jemanden, damit ich Schlauchmaterial in der richtigen Größe bekomme. Das ist so ein Ausschnitt von all dem, was ich tue.

HIER ARBEITEN ALLE ALTERSGRUPPEN ZUSAMMEN. GEHT DAS GUT? Die Jungen hier haben Jobs im Bereich des Verpackens, aber auch im Biegen. Sie lernen eine Menge an Arbeitsmoral, und sie lernen Techniken, die sie in Zukunft nutzen können, was auch immer sie tun werden. Die älteren jungen Leute hier sind Menschen, die ihre Jobs verloren hatten, deren Firmen nicht mehr existieren. Und sie haben hier einen regulären Job. Und dann ist das die Gruppe der über 65-jährigen, die Leute, die im Ruhestand sind, in Rente sind oder die teilweise behindert

sind. Sie machen alles mögliche, sie biegen Teile, sie verpacken Teile, die erproben Teile, wie hier einer, er ist im Ruhestand, ist 79, er schneidet Teile in eine Größe, so dass wir sie dann später löten können.

WENN SIE HIER NICHT WÄREN, WAS WÜRDEN SIE ANSONSTEN TUN? Ich denke, ich würde noch arbeiten, vielleicht nicht hier. Ich würde wahrscheinlich versuchen, in ein größeres Unternehmen zu kommen, aber es hat ja für mich nicht funktioniert. Ich habe es 6 Jahre versucht und kam nirgendwo unter. Aber wir hatten ja eine Rezession. Ich kann es nicht sagen, was wäre.

WAS IST GUT HIER BEI VITA NEEDLE? Das soziale Netzwerk ist gut, mit den Leuten reden ist gut, scherzen, Witze machen mit Leuten, über vergangene Erfahrungen reden können, sich gegenseitig helfen. Manchmal läuft einer in eine Situation, die ein anderer schon durchgemacht hat, und wir geben uns gegenseitig Ratschläge. Und wir beklagen uns über unsere Kinder!!

GIBT ES IN DEN USA VIELE UNTERNEHMEN, DIE MIT ÄLTEREN ARBEITEN? Keine Ahnung, alles, was ich weiß, ist, dass es einige wenige Unternehmen im handwerklichen Bereich gibt, die sich darauf spezialisiert haben, ältere Arbeiter in die Produktion zu nehmen. Wir haben gehört, dass es Unternehmen gibt, inklusive einem Unternehmen wie Boeing, die Verträge mit Leuten machen, wenn sie in Ruhestand gehen, damit sie zurückkommen und als Berater arbeiten. Aber ich glaube, das ist nur ein kleiner Teil im Business. Hier in dem Unternehmen ist es ein Hauptziel, ältere Arbeiter zu beschäftigen. Wir haben etwa 50 Leute in dem Unternehmen, und über 30 von uns sind alte Arbeiter. Ich denke, das Wichtigste ist die Bereitschaft zu akzeptieren, dass Ältere noch immer Menschen sind und Fähigkeiten haben, die dieses Land unterstützen können. Nicht jeder, der alt ist, kann arbeiten, manche sind krank, manche hatten körperlich harte Jobs, und wenn sie in den Ruhestand gehen, wollen sie ausruhen. Und vielleicht wollen sie ja zurückkommen, nachdem sie ein paar Jahre in Ruhestand waren. Ich war lange genug im Ruhestand und habe einen Job gesucht, es hat nicht geklappt, ich wollte wirklich gerne zurück. Eine der Dinge, die ich mit einer Gruppe von Leuten gemacht habe, bevor ich hierher kam, war die Entwicklung eines medizintechnischen Gerätes für die Medizingeräte-Industrie. Und wir arbeiten nebenbei immer noch dran, um Geld einzuwerben, es zu testen und es als ein reguläres Gerät zu produzieren.

WAS KÖNNTE DIE REGIERUNG FÜR DIE ÄLTEREN TUN? Eine mögliche Sache wäre, die Älteren zu schulen, zu trainieren. Das wurde eingeschränkt durch die Bedarfe der Immigranten. Das ist ein Problem, weil die Immigranten der Bevölkerung die Jobs wegnehmen, auch in den USA. Wir haben H-1B-Arbeiter, die ins Land kommen, weil Unternehmen sich beklagen, dass sie kein Fachpersonal bekommen – nun, das ist Unsinn. Denn was sie tun könnten ist, die älteren Menschen zu schulen, sie müssten noch nicht mal die schon in Rente Gegangenen nehmen, es könnten Leute in den 40ern, den 50ern sein, die in ihren Jobs entlassen wurden. Es gibt so viele neue Felder, man kann Frauen umschulen in Robotertechnik, in 3D-Technik, um nur zwei große Felder zu nennen. In der Biologie gibt es gentechnische Arbeiten, da sind so viele neue Sachen, die ältere Menschen nach ihrer offiziellen Verrentung tun könnten. Und wenn sie keine Vollbeschäftigten sein können, könnten sie geringfügig Beschäftigte sein.

HIER BEI VITA NEEDLE ARBEITEN MEHR MÄNNER, IST DAS RICHTIG? Ja, hier sind mehr Männer als Frauen. Es waren über lange Zeit, bis vor 15 oder 20 Jahren, mehr Frauen. Ich denke, nun sind es mehr Männer, weil wir uns mehr auf maschinelle Vorgänge konzentrieren und traditionell Männer mehr mit Maschinenarbeit vertraut sind. Ich denke, das ist der einzige Grund.

WAS BEDEUTET ES FÜR SIE PERSÖNLICH, ZU ARBEITEN? In meinem Fall, aber auch generell, würde ich sagen: Wenn man aufwächst, gibt es einige Dinge, die von einem erwartet werden: Man sollte heiraten, man sollte eine Familie gründen, man sollte eine Arbeit haben, man wird darauf trainiert, eine Karriere zu machen da, wo man einen Job findet. Das ist eine Art Identität. Wenn du mit jemanden redest, fragen die immer: Was machst du beruflich? Und so ist Arbeit ein Teil deiner Identität. Du läufst Gefahr, diese Identität zu verlieren, wenn du älter wirst und nicht mehr arbeitest. Du sagst dann: »Das und das habe ich bisher gemacht, aber nun geh ich fischen, gehe Golf spielen. Ich mache was mir Spaß macht.« Aber ich hasse Golf und ich mochte angeln noch nie. Und arbeiten ist für mich ein Weg, meine Identität zu erhalten. Arbeit erlaubt mir, einige meiner Fähigkeiten zu zeigen, ich kann damit angeben, ich kann was tun. Und ich werde weiter arbeiten. Meine Frau starb vor etwa 20 Jahren, ich habe nie wieder geheiratet, und meine Kinder kann ich auch nicht so häufig besuchen und mich aufdrängen. Daher ist es gut, mit Freunden zusammen zu sein und mit einem Job, das sind die Dinge, die bleiben.

USA HAT EIN ANTIDISKRIMINIERUNGSGESETZ, HILFT DAS NICHT DEN ÄLTEREN IN BEZUG AUF ARBEIT? Die USA unterstützt nicht das Arbeiten von älteren Menschen. Es gibt eine Antidiskriminierungspolitik für Menschen über 40, aber wenn solche einen Job wollen, werden sie ihn aus irgendwelchen Gründen nicht bekommen, das wird nicht ausgesprochen. Wenn die Firmen auf einen Lebenslauf schauen und sehen, wie viele Jobs jemand hatte, und daraus schließen können, dass jemand älter ist, dann wird den Bewerbern niemand antworten. Es gibt keine politischen Programme, um Leute umzuschulen, auch wenn sie auf Jobs trainiert sind, die nicht existieren. Und solche Schulungen müssten von den Unternehmen bezahlt werden, nicht von der Regierung. Die Regierung macht da keine gute Figur, sie müssten es in Partnerschaft mit den Unternehmen machen, so wie etwa die Ausbildungsprogramme, die Sie in Deutschland haben für die Menschen, die aus der Schule kommen, man wird ein Lehrling und dann ein Facharbeiter. Wenn du deine Zeit als Arbeiter beendest hast, könntest du ein Auszubildender für eine andere Laufbahn werden. Aber wir haben das hier nicht. Einige Firmen stellen ältere Menschen an, Firmen wie Costco and Staples und Home Depot, sie stellen für bestimmte Jobs Ältere an. Aber generell ist die Masse der Mitarbeiter in den Firmen jung. Und was hier bei Vita Needle gut ist, ist die Flexibilität. Die Tatsache, dass man nicht jeden Tag kommen muss, dass du gehen kannst, wenn du musst. Manche hier bleiben für zwei Monate weg, und wir ersetzen sie.

Manche wollen mehrmals im Jahr für zwei Wochen in den Urlaub fahren, wir fangen das dann auf. Es hat was mit dem Wunsch des Firmeninhabers von Vita Needle zu tun, der diese Art unterstützen möchte.

KÖNNTEN SIE SICH VORSTELLEN, IN SO EINER COMMUNITY FÜR ÄLTERE ZU LEBEN WIE SUN CITY? Ich besuche meine Cousins in Sun City jedes Jahr für eine Woche. Ich habe das 15 Jahre lang so gemacht. Sie bestehen drauf, dass ich nach Sun City komme, sie wollen dort mehr Verwandte habe, sie haben nicht genug. Aber ich mag das hier und das dort nur zum Besuch. Einmal hat meine Cousine ehrenamtlich in einem Krankenhaus gearbeitet und sah immer neue Patienten kommen. Ich halte Krankenhäuser nicht aus. Mein anderer Cousin, der passt auf Katzen auf, einmal die Woche. Ich halte das nicht aus, das ist auch nichts für mich. Ich brauche einen Job. In Sun City gibt es keinerlei Jobs. Das gibt es nur Jobs, die sich rund um Sun City kümmern, und einige haben diese Jobs. Das ist etwa 8 bis 10 Stunden die Woche, aber das ist nicht genug zum leben, auch wenn die Lebenshaltungskosten dort niedriger sind. Ich glaube nicht, dass ich dort leben könnte. Wie gesagt, ein schöner Platz für einen Besuch, aber nicht zum Leben.

—

Das Gespräch wurde im November 2014 in Needham bei Boston geführt.

BILL
FERSON

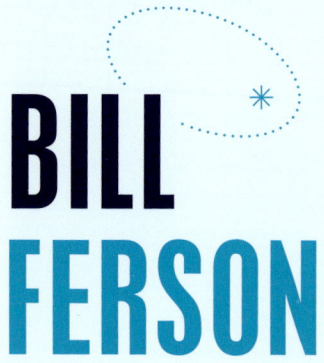

96, BEKAM NACH DEM TOD SEINER
FRAU VOM ARZT DEN RAT WEITER-
ZUARBEITEN, UM UNTER MENSCHEN
ZU BLEIBEN ─────────────

BILL, WARUM ARBEITEN SIE HIER BEI VITA NEEDLE? Nun,
das ist eine lange Geschichte. Ich ging mit 68 in Rente. Ich
war für einige Monate draußen, aber ich mochte es nicht.
Ich war damals verheiratet, hatte eine Frau. So schaute ich
mich nach einem Teilzeitjob für einige Monate um, und ich
sah eine Anzeige in der Zeitung, ich rief an – es war diese
Firma hier, ich wohne in dieser Straße, wir haben uns besprochen, und ich ging nach hause und sagte zu meiner
Frau: Ich habe die Chance auf einen Job. Gott sei Dank, sagte sie, dann hab ich Dich hier nicht mehr in den Füßen. Sie
war es nicht gewohnt, mich den ganzen Tag im Haus zu haben. Ich dachte, das werden ein paar Monate, nun bin ich
26 Jahre hier.
WIE IST DIE ZUSAMMENARBEIT MIT DEN JÜNGEREN HIER?
Kein Problem, sie respektieren mich, ich respektiere sie. Wir
machen alle unseren Job. Meine Frau starb 2001, mein Arzt
sagte zu mir: Bill, hör nicht auf zu arbeiten, arbeite weiter.
Nun lebe ich allein, habe ein eigenes Haus, versorge mich
selbst, und das hilft.
WAS BEDEUTET ARBEITEN FÜR SIE? Es hält deinen Kopf
beschäftigt, du sitzt nicht zu hause und verwahrlost. Du
hast was zu denken, du arbeitest die ganze Zeit, das hält
dich am Laufen. Würde ich nur zu hause sitzen, wäre ich
wahrscheinlich schon tot. Das hier hält mich am Laufen.
HABEN SIE FREUNDE? Ja, ich habe eine Freundin und wir

*»Ich dachte, das
werden ein paar
Monate, nun bin ich
26 Jahre hier.«*

kommen gut miteinander aus. Es ist jemand in meinem Alter, jemand zum reden. Die Jungen hier sind auch okay. Hier er, ein guter Typ, ein junger Kumpel, das hilft mir jung zu bleiben.
WAS WAR IHR BERUF FRÜHER? Ich war Schlosser, ich habe 39 Jahre für eine Firma gearbeitet. Ich bin dort weg, weil ich zu einem Freund ging. Der hatte sich selbstständig gemacht, und ich zog mit ihm. Ich arbeitete mit ihm, bis er krank wurde. So musste er den Laden zumachen, und ich ging in Ruhestand. Aber das mochte ich nicht, und so bin ich nun hier.
WOLLEN SIE NUN IRGENDWANN IN RUHESTAND? Ich arbeite, bis ich sterbe.
WAS GENAU MACHEN SIE HIER? Ich schneide das Material genau auf die Länge wie bestellt, dann bringe ich es zu den anderen Abteilungen, damit die ihren Job machen. Aber ich bin für dieses hier verantwortlich, es ist der Anfang.
MÖGEN SIE IHRE ARBEIT? Ja, es ist keine harte Arbeit, wenn es harte Arbeit wäre, könnte ich es nicht mehr machen. Es ist eine leichte Arbeit, wie man sehen kann. Meine Gesundheit ist noch gut, bisher.
WIE FÜHLEN SIE SICH? JUNG ODER ALT? Als wäre ich 21!

—

Das Gespräch wurde im November 2014 in Needham bei Boston geführt.

IMPRESSUM

1. Auflage, November 2015

Herausgeberin
Barbara Wackernagel-Jacobs
carpe diem Film & TV Produktion GmbH
Kettenstraße 2, 66119 Saarbrücken
www.carpediem-filmproduktion.de

—

Übersetzungen & Verschriftungen
Helen Küchler, Sabrina Lauer, Lara Ripplinger,
Sarah Reuter, Johanna Ungemach, Max Jacobs

—

Lektorat & Korrektorat
Barbara Wackernagel-Jacobs
Klaas Huizing
Hans-Joachim Schmidt

—

Fotos
Barbara Wackernagel-Jacobs,
Lukas Schmid, Julian Heidenreich
Alle Fotos und Film-Stills entstanden während
der Dreharbeiten.

—

Gestaltung
Anja Heidenreich · Bureau Stabil
Mühlenstraße 20, 66111 Saarbrücken
www.bureaustabil.de

—

Druck · Printed in Germany
Ottweiler Druckerei und Verlag GmbH
Johannes-Gutenberg-Straße 14, 66564 Ottweiler
www.od-online.de

—

ISBN 978-3-00-050921-6